अस्तित्ववाद से गांधीवाद तक

वाणी प्रकाशन
21-ए, दरियागंज, नयी दिल्ली-110002
फोन : 011-23273167, 23275710
फैक्स : 011-23275710
e-mail : vaniprakashan@gmail.com
website : www.vaniprakashan.com

अस्तित्ववाद से गांधीवाद तक

मस्तराम कपूर

वाणी प्रकाशन का 'लोगो'
विख्यात चित्रकार मक़बूल फ़िदा हुसेन की
कूची से

ISBN :81-7055-400-4

वाणी प्रकाशन
21-ए, दरियागंज, नयी दिल्ली-110002
द्वारा प्रकाशित
प्रथम संस्करण : 1995
द्वितीय संस्करण : 2008

मूल्य : 295.00
आवरण : वाणी प्रकाशन
जय भारत प्रिंटिंग प्रेस, शाहदरा, दिल्ली-110032
द्वारा मुद्रित

ASTIVVAD SE GANDHIVAD TAK
by : **Mastram Kapoor**

मधु लिमये की स्मृति को
जिनके सम्पर्क से मुझे इस
पुस्तक को लिखने की प्रेरणा
मिली और जो 8 जनवरी, 1995
को हमसे हमेशा के लिए
विदा हो गए।

दो शब्द

हमारे संविधान की प्रस्तावना में आए स्वतंत्रता, समता और बंधुता के शब्दों ने कुछ वर्षों से मेरे साहित्यिक और सामाजिक-राजनैतिक लेखन को प्रभावित किया है और यह पुस्तक वस्तुत: इन शब्दों के निहितार्थों के संबंध में किए गए मेरे चिंतन का ही परिणाम है। इस चिंतन की प्रक्रिया में एक ओर मैंने पश्चिमी सभ्यता को (जिसे आधुनिक सभ्यता तथा औद्योगिक क्रांति की सभ्यता भी कहा जाता है और जिससे पूंजीवादी तथा साम्यवादी व्यवस्थाएं विकसित हुईं) इन मूल्यों के संदर्भ में अधूरा पाया, हालांकि ये शब्द उसी सभ्यता ने दिए, और दूसरी ओर भारतीय समाज को, विशेषकर ह्रास-युग के भारतीय समाज को, मैंने इनके ठीक विपरीत मूल्यों अर्थात् परतंत्रता, विषमता और परस्पर द्वेष में जकड़ा देखा हालांकि मेरे विचार से ये तीनों संकल्पनाएं मोक्ष की संकल्पना का विखंडित रूप हैं। सभ्यताओं के वर्तमान संकट के बीच से उभर रही नई मानव-सभ्यता की प्रक्रिया में मैंने इन्हीं मूल्यों का रचनात्मक तनाव देखा। इस रचनात्मक तनाव को साहित्य में अस्तित्ववादियों ने और समाज तथा राजनीति में गांधी-लोहिया आदि भारतीय चिंतकों ने स्वर दिया।

मूलत: यह पुस्तक साहित्य की नई मूल्य-प्रणाली की खोज का अकिंचिन प्रयास है। इसकी आवश्यकता इसलिए महसूस की गई कि वर्तमान मूल्य-प्रणालियां —मनुवादी भारतीय समाज, साम्यवादी समाज तथा पश्चिम के पूंजीवादी अथवा आधुनिक समाज की मूल्य-प्रणालियां—उन समाजों और व्यवस्थाओं के मूल्यों को प्रतिबिंबित करती हैं जिनका या तो विघटन हो चुका है या तेजी से हो रहा है। समूचे विश्व में एक नया मानव समाज उभर रहा है और उसकी प्रसव-पीड़ा बिल्कुल नये प्रकार के साहित्य में अभिव्यक्त हो रही है। नारी-चेतना का साहित्य, दलित-चेतना का साहित्य या अश्वेत चेतना का साहित्य इस नई उठान की विविध भंगिमाएं हैं। हम इन्हें तब तक नहीं समझ सकते जब तक जीवन के मूलभूत मूल्यों, जो साहित्य-कला के मूल्य भी होते हैं, के संबंध में बंधी-बंधाई धारणाओं से मुक्त होकर एक नई विचार-प्रक्रिया शुरू नहीं करते। यह पुस्तक इस विचार-प्रक्रिया की शुरुआत के इरादे से ही लिखी गई है। पुस्तक आम पाठकों को संबोधित है और हर वह व्यक्ति जिसकी साहित्य और समाज में रुचि है, इसे पढ़ सकता है।

8 मार्च, 1995, **मस्तराम कपूर**

अनुक्रम

विषय-प्रवेश

निराशा का कारण : वैचारिक संकट

आज देश में शायद ही कोई व्यक्ति होगा जो वर्तमान स्थितियों से असंतुष्ट न हो और निराशा का बोझ मन में लिए न हो। राजनीति सिर्फ कुर्सियों का खेल है। शासन भ्रष्टाचार का पर्याय है। व्यापार-उद्योग लूट-खसोट, धोखाधड़ी और बेईमानी के अड्डे हैं। न्यायालय पैसे वालों की शरणस्थलियां हैं। राजनैतिक पार्टियां अपराधी तत्त्वों की आरामगाहें हैं। संसद और विधानसभाएं व्यर्थ विवाद की जगहें हैं। इस तरह की बातें आज गांवों, शहरों, कसबों के गली मुहल्लों में निजी बातचीत के दौरान आमतौर पर सुनी जाती हैं। सैंतालीस साल की आजादी के बाद इस तरह की निराशा व्याप्त होना आश्चर्यजनक भी है और पीड़ादायक भी।

इस निराशा का कारण है वैचारिक जड़ता। जब किसी देश में विचारों का क्रम बना रहता है तो समाज गतिशील बना रहता है और जब विचार रुक जाता है तो समाज भी रुक जाता है। पिछली दो-तीन शताब्दियों से पश्चिमी देशों की गतिशीलता और अन्य सब देशों की जड़ता का कारण यही रहा है कि पश्चिम में विचारों का क्रम बहुत तेजी से चला और बाकी समाजों में यह क्रम रुक गया। भारत में तो यह क्रम लगभग दो हजार साल से रुका है। उससे पहले भारत विचार की दृष्टि से अत्यंत सक्रिय देश था इसीलिए वह वर्धिष्णु समाज बना था।

लेकिन अब पश्चिम में भी विचारों का क्रम रुक गया है। पश्चिमी सभ्यता की मूल अवधारणाएं टूट चुकी हैं। साम्यवाद और पूंजीवाद जो इस सभ्यता की दो धाराएं थीं, शक्तिशाली की उत्तरजीविता, प्रकृति के विनाश से जुड़ी विकास की कल्पना, उपभोगवाद और हथियारी बल की मूल अवधारणाओं पर टिकी थीं। इन सारी अवधारणाओं पर प्रश्न-चिह्न लग गया है अतः वहां इतिहास के अंत और विचारों के अंत की बातें होने लगी हैं। भारत में भी अधिकतर इन्हीं

विचारधाराओं को अपनाया गया अतः यहां भी विचारों की शून्यता अनुभव की जा रही है। कुल मिलाकर इस समय भारत ही नहीं, सारा विश्व वैचारिक संकट के दौर से गुजर रहा है।

आधुनिक पश्चिमी दर्शन के पितामह देकार्त ने कहा था : 'मैं सोचता हूं इसलिए मैं हूं।' उनका आशय था कि मनुष्य की मूल पहचान है उसका विचारशील होना। हालांकि उनके इस सूत्र को आगे चलकर कांट, हीगेल, मार्क्स आदि ने इस तरह रखा कि व्यक्ति की भावनाओं को कुचल ही दिया गया और किर्केगार्द को हीगेल-कांट के विरोध में कहना पड़ा कि मनुष्य की पहचान उसकी उद्दाम भावनाएं हैं किन्तु सार्त्र ने बुद्धि-प्रेरित स्वतंत्र संकल्प को मनुष्य की पहचान बताकर विचार को भावना के साथ पुनः प्रतिष्ठित किया।

विचार कौन करता है? राजनेता, नौकरशाह, जज-वकील, व्यापारी, डाक्टर, इंजीनियर, टेक्नीशियन आदि विचार नहीं करते, वे उपलब्ध सूचनाओं का कुशलता से प्रयोग करते हैं जो कंप्यूटर का काम है। आम जनता तो सिर्फ झेलती है और उस पर कुढ़न व्यक्त करती है। विचार सिर्फ बुद्धिजीवी कर सकता है अर्थात् लेखक, कलाकार, पत्रकार, समाजशास्त्री, वैज्ञानिक, अध्यापक, इतिहासकार आदि। हमारा बुद्धिजीवी वर्ग इस समय तीन खेमों में बंटा है। सबसे बड़ा खेमा पश्चिमवादी अंग्रेजीदां बुद्धिजीवियों का है। दूसरा मार्क्सवादियों का जिसमें अंग्रेजीदां और गैर-अंग्रेजीदां दोनों शामिल हैं। तीसरा खेमा हिन्दी और भारतीय भाषाओं में लिखने-सोचने वालों का है।

विचारों की प्रक्रिया के बंद होने की सबसे अधिक जिम्मेदारी आती है सबसे बड़े खेमे के बुद्धिजीवियों पर जिनका लिखना, पढ़ना सिर्फ अंग्रेजी तक सीमित है और जिनका भारतीय भाषाओं से कभी संपर्क ही नहीं होता। वे इस देश की समस्याओं को समझ ही नहीं पाते क्योंकि उन्हें फीडबैक सिर्फ अंग्रेजी से मिलता है जिसकी इस जमीन में जड़ें ही नहीं हैं। इन पंक्तियों के लेखक ने एक बार यह बात एक विचारगोष्ठी में कह दी तो इस पर कई लोगों ने आपत्ति की जो स्वाभाविक ही था। किन्तु यदि हम स्वाधीनता के बाद के वर्षों पर नजर डालें तो मेरे कथन की पुष्टि हो जाएगी। गांधी जी इस देश के सबसे मौलिक चिंतक थे। इसका प्रमाण यह है कि उनके विचार आज भी हमें ताजा लगते हैं। किन्तु हमारे अंग्रेजीदां बुद्धिजीवी उन्हें नहीं समझ सके। उन्होंने एकमुश्त नेहरू के विचारों को ही सराहा जो पश्चिमी विचार-प्रणाली की प्रतिध्वनि मात्र थे। इन बुद्धिजीवियों ने लोहिया को भी नहीं समझा जो गांधी के बाद दूसरे मौलिक विचारक थे और जिनके विचारों ने आगे चलकर देश की राजनैतिक दिशा को काफी हद तक बदल दिया। आरक्षण-विरोधी आंदोलन के दिनों में एक-दो को छोड़कर सब अंग्रेजी पत्रकार-स्तंभकार आरक्षणों के खिलाफ खड़े थे। उनकी समझ में नहीं आ रहा

था कि समस्या क्या है। बाद में उन्हें उच्चतम न्यायालय के फैसले से सदमा लगा होगा जिसमें अमरीका के संघीय न्यायालय के फैसलों को भी आरक्षण के पक्ष में उद्धृत किया गया था। वे गैट समझौते के निहितार्थों को भी नहीं समझ रहे हैं और एकजुट इसके समर्थन में आ गए हैं। इसमें संदेह नहीं कि कुछ अंग्रेजी स्तंभकार पर्दे के पीछे झांकने की क्षमता और कुछ अश्लील चुटकुलेबाजी की बदौलत हिन्दी समाचारपत्रों पर भी छा गए हैं। किन्तु यह हिन्दी की दरिद्रता और हिन्दी संपादकों में कल्पनाशीलता के अभाव के कारण होता है न कि इन लेखकों की प्रतिभा के कारण।

विचार का मतलब (जिस अर्थ में देकार्त या सार्त्र ने इस शब्द का प्रयोग किया था) मौलिक विचार है जो स्वतंत्र चिंतन का परिणाम है। दूसरों के विचारों पर राय मात्र देना विचार नहीं, प्रतिक्रिया है। डा० लोहिया ने एक बार इसी अर्थ में कहा था कि रूस और अमरीका एजेंडा तय करते हैं और दूसरे सब देश उस पर प्रतिक्रिया मात्र व्यक्त करते हैं, अतः वे प्रतिक्रियावादी हैं। इस दृष्टि से देखा जाए तो मार्क्सवादी बुद्धिजीवी जो अपने विरोधियों को प्रतिक्रियावादी कह कर गाली देते हैं, खुद सबसे बड़े प्रतिक्रियावादी हैं क्योंकि उन्होंने मार्क्स, एंगेल्स या लेनिन आदि के शब्दों को ब्रह्मवाक्य मान कर केवल उनका आलाप किया और यह आलाप तब भी जारी है जब इन विचारों की निस्सारता इतिहास ने सिद्ध कर दी है। मार्क्सवादी अपने इन घिसे-पिटे मुहावरों से एक बौद्धिक आतंक भी पैदा करते रहे हैं और अपने से असहमत लोगों को घोर तिरस्कार से देखते रहे हैं। इस विचार-विरोधी बौद्धिकता के चलते भारत में वामपथी आंदोलन समाप्तप्राय हो गया है क्योंकि वामपंथी इस देश की समस्याओं की सही समझ कभी विकसित नहीं कर पाए।

बुद्धिजीवियों का तीसरा वर्ग मुख्यतया उन लोगों का है जो विचार करने की जरूरत ही नहीं समझते क्योंकि उनके अनुसार समस्त ज्ञान हमारे यहां पहले से ही मौजूद है। जो कुछ सोचा जा सकता है वह पहले ही सोचा जा चुका है। हालांकि यह बात सही है कि पश्चिमी दार्शनिकों ने अध्यात्म और तत्वज्ञान की जो ऊंचाइयां 18वीं और 19वीं शताब्दियों में प्राप्त कीं उनसे भारतीय दार्शनिकों ने कम से कम अढ़ाई हजार साल पहले साक्षात्कार कर लिया था। कांट, हीगेल, शोपनहावर और स्पिनोजा ही नहीं, हसरल, किर्केगार्द, हाइडेगर और सार्त्र भी उपनिषदों तथा सांख्य, वैशेषिक आदि दर्शनों को प्रतिध्वनित करते लगते हैं। हमारा यह ज्ञान कम से कम उतना पुराना तो है ही जितना सुकरात, प्लेटो, अरस्तू आदि यूनानी दार्शनिकों का। लेकिन विचार का यह सिलसिला सिकंदर के हमले के बाद आगे बढ़ता नहीं दिखाई देता। उसके बाद हमारे यहां भाष्यकार तो हुए किन्तु मौलिक विचारक बहुत कम हुए। विचारों का स्थान भक्ति-भाव ने

ले लिया और दार्शनिक चिंतन का धार्मिक साधना ने जिसमें दर्शनों का मनमाना उपयोग किया गया। गायत्री का लोप हो गया और भावना की तुलना में ज्ञान को तिरस्कृत करने की परिपाटी चल पड़ी जो आज तक बनी हुई है। लेकिन हमारा अतीत वैचारिक दृष्टि से कितना भी समृद्ध रहा हो वह हमारी वर्तमान समस्याओं का समाधान प्रस्तुत नहीं कर सकता। हमें नए सिरे से विचारों का क्रम शुरू करना होगा।

विचार के लिए लगभग सब ज्ञान-मीमांसकों ने तटस्थ दृष्टि को अनिवार्य बताया है अर्थात् हम अपनी स्थितियों से अपने को अलग करके उन पर दृष्टिपात करें। स्थितियों का यह वस्तुनिष्ठ मूल्यांकन तभी संभव है जब हम अपने स्वार्थों और पूर्वाग्रहों से ऊपर उठें। लेकिन क्या बुद्धिजीवी वर्गों के लिए आज यह संभव है? जिन लोगों का अंग्रेजी के साथ स्वार्थ जुड़ा है क्या वे उस स्वार्थ से ऊपर उठ कर सोचेंगे? जो लोग सौ साल पुरानी सैद्धांतिक अथवा राद्धांतिक कारा में बंद हैं क्या उनमें उस कारा से बाहर आने की इच्छा बची है? जो ह्रास युग की दो हजार साल पुरानी मान्यताओं में जकड़े हैं क्या वे उन्हें अपने से अलग करने को तैयार हैं?

तटस्थ और वस्तुनिष्ठ दृष्टि का दावा तो हर कोई करता है लेकिन यह काम आसान नहीं है। इसके लिए जरूरी शर्त है कि हम अपनी दुनिया को, अपने आस-पास की घटनाओं-स्थितियों को थोड़ी देर के लिए भूल जाएं जो हमें प्रभावित कर रही हैं। हर सर्जक ने यह अनुभव किया होगा कि अपने सर्जनात्मक क्षणों में वह अपने आस-पास की दुनिया की सुध खो देता है। वह आत्मस्थ हो जाता है। वितंडावादी इसे तथ्यों की उपेक्षा या यथार्थ की उपेक्षा कहेंगे किन्तु यथार्थ चिन्तन भी यथार्थ से अपने को अलग किए बिना नहीं होता। आदमी दुनिया के बीच स्थित होता है। इसे हाइडेगर ने 'देसिन' कहा है। नदी, पहाड़, मकान, मेज, कुर्सी, पुस्तकें आदि असंख्य वस्तुओं के बीच आदमी एक वस्तु की तरह होता है। अपने बारे में जानने के लिए उसे अपने को वस्तुओं से अलग करना पड़ता है। इतना ही नहीं वह जब किसी एक वस्तु को जानने का प्रयत्न करता है तो उस वस्तु को भी उसे अन्य वस्तुओं से अलग करना पड़ता है। कमरे में बिखरी अनेक वस्तुओं में से जब वह एक के बारे में कहता है कि यह कुर्सी या फूलदान है तो कमरे की और वस्तुएं कमरे में विद्यमान रहते हुए भी उसकी नजरों से ओझल हो जाती हैं। देकार्त ने इस घटना को दुनिया का ओझल होना बताया। हसरल ने इसे ओझल होना तो नहीं माना किन्तु इसे कोष्ठक में बंद होना बताया। मतलब यही है कि आदमी अपनी दुनिया से, अपने परिवेश से अलग होकर ही ज्ञान प्राप्त करता है। ज्ञान की साधना को प्रमुख ध्येय मानने वाले हमारे योगदर्शन में भी चित्तवत्तियों के निरोध को ज्ञान की पूर्व शर्त माना गया है। चित्तवृत्तियां हमें

परिवेश से जोड़ती हैं, इनका निरोध (संहार नहीं) किए बिना ज्ञान संभव नहीं होता।

ज्ञान की प्रक्रिया का अध्ययन करने वाले दार्शनिकों ने एक स्वर से माना है कि ज्ञान निषेधात्मक होता है। सतही ढंग से सोचने वाले इस कथन पर भी आपत्ति कर सकते हैं। किन्तु यह सत्य है। जब कोई किसी चीज को पहचानता है, उसे नाम देता है तो उसके कथन का अभिप्राय होता है 'यह मैं नहीं हूं।' वह वस्तुओं को अपने से भिन्न देखता है तभी उसे उनका ज्ञान होता है। जब वह कहता है कि यह मेज या कुर्सी है तो वह यह घोषणा करता है कि मैं मेज या कुर्सी नहीं हूं। यदि आदमी के पास नहीं कहने की शक्ति नहीं है तो वह किसी वस्तु को या अपने को जान ही नहीं सकता। सार्त्र ने इसे आदमी की चेतना का सबसे बड़ा गुण माना है और इसे 'नथिंगनेस' कहा है, बल्कि उसने इस शक्ति को ही मानव-चेतना कहा है। सार्त्र ही नहीं, सभी अस्तित्ववादी और आदर्शवादी पश्चिमी दार्शनिकों ने निषेध की शक्ति को ज्ञान माना है। हमारे प्राचीन दार्शनिकों की स्थिति भी इससे भिन्न नहीं है। उन्होंने भी ज्ञान को 'नेति' 'नेति' कहकर ही व्याख्यायित किया है।

ज्ञान की प्रक्रिया या 'फिनामिनोलाजी' के उपर्युक्त दो सूत्रों का उल्लेख विचार-प्रक्रिया को स्पष्ट करने के उद्देश्य से किया गया। विचार ज्ञान के बाद की दूसरी अवस्था है। जब हम अपने को, अपनी दुनिया या परिवेश को जान लेते हैं तो इस दुनिया को अपनी इच्छा के अनुसार बदलने की कोशिश करते हैं। यह विचार की प्रक्रिया है। हमारा समाज, हमारी राजनैतिक व्यवस्था, अर्थव्यवस्था, धार्मिक व्यवस्था, यह सब हमारा परिवेश है, हमारी दुनिया है। आदमी इसे बदलने के लिए, इसे अपने अनुकूल बनाने के लिए जो संकल्प करता है, जो लक्ष्य चुनता है, जो योजना मन में तैयार करता है, यह सब विचार है। इसके लिए जरूरी है अपनी इच्छा-शक्ति का प्रयोग। इच्छा-शक्ति को भी पश्चिम और पूर्व के सभी दार्शनिकों ने प्रमुख शक्ति माना है। हीगेल ने इसे 'स्पिरिट' कहा, नीत्शे ने 'विल टु पावर'। यह मतभेद तो दार्शनिकों में रहा कि इच्छा का प्रेरक तत्त्व क्या होता है। फ्रायड ने प्रसुप्त कामवासनाओं को इसका प्रेरक कहा, एडलर ने हीनता की भावना को, युंग ने जिजीविषा को, कांट ने नैतिक बोध को, हीगेल ने निरपेक्ष सत्ता को, किर्केगार्द ने उद्दाम आवेगों को और सार्त्र ने अभाव या 'लैक' को। भारतीय दार्शनिकों में भी किसी ने अमरत्व या मुक्ति को, किसी ने दुखों-द्वंद्वों के निर्वाण अथवा कैवल्य को और किसी ने महज सुख या आनंद को इच्छा का प्रेरक कहा। किन्तु इच्छा के प्रयोग को सबने मानव जीवन का प्रमुख लक्षण माना। हमारे दार्शनिकों ने आत्मा के जो लक्षण गिनाए हैं उनमें इच्छा सबसे पहले है और बाद में हैं प्रयत्न, राग-द्वेष, सुख-दुख और ज्ञान। आश्चर्य की बात है कि

पश्चिमी दार्शनिकों ने दो-तीन शताब्दियों में अलग-अलग ढंग से आत्मा के जिन लक्षणों का साक्षात्कार किया वे हमारे एक सूत्र में समाए लक्षणों से भिन्न नहीं हैं।

सारांश यह कि अपनी दुनिया को जानना (अपने को तटस्थ बना कर) उसके अभावों या कमियों को पहचानना और फिर इच्छा के प्रयोग से स्थितियों को बदलने के लिए लक्ष्य को चुनना तथा उसकी ओर बढ़ना, यह सारी विचार-प्रक्रिया है। जो लोग अपने परिवेश, अपनी दुनिया में इतने उलझे रहते हैं कि उनसे अपने को अलग नहीं कर पाते वे विचार भी नहीं कर सकते और जो अपनी इच्छा का प्रयोग करना नहीं जानते वे विचार करना भी नहीं जानते।

इच्छा के प्रयोग के लिए जरूरी शर्त है कि इच्छा स्वतंत्र हो। यह स्वतंत्र इच्छा बहुत जटिल और भयानक चीज है, बहुत दुखदायी और यातना-भरी। इसीलिए सार्त्र आदि अस्तित्ववादियों ने कहा कि आदमी स्वतंत्रता से अभिशप्त है। हर कोई स्वतंत्र इच्छा का प्रयोग नहीं कर सकता, इसीलिए हर कोई विचार भी नहीं कर सकता। अक्सर अपनी इच्छा को हम खुद तय नहीं करते। हम क्या करें, क्या न करें इसे समाज, राज्य, धर्म आदि तय करते हैं। हम क्या खाएं, क्या पहनें, कैसे उठें-बैठें या चलें इसे भी हमारा परिवेश तय करता है और हम सहज भाव से इसे स्वीकार कर लेते हैं। आज कल तो इन सारी बातों को सिनेमा, टी० वी०, समाचारपत्र और विज्ञापन माध्यमों का नियंत्रण करने वाली कंपनियां तय कर रही हैं। दुनिया के किसी एक कोने में डिज़ाइन बनता है या कोई गीत रिकार्ड होता है और सारी दुनिया उसके लिए पागल हो उठती है। सार्त्र के रूपक का इस्तेमाल करें तो गाड़ी में जुते बैल के सामने गाजर की तरह एक प्रलोभन हमारे सामने झुलाया जाता है जिसके आकर्षण में हम आगे बढ़ते जाते हैं और गाड़ी अपने आप खिंची चली आती है। यही है हमारा सामान्य जीवन। इसमें स्वतंत्र इच्छा का कहीं प्रयोग नहीं होता। हम दूसरों (व्यक्तियों और वस्तुओं) द्वारा धकेले जाते हैं। हम समझते हैं कि हम जी रहे हैं लेकिन वास्तव में हम औज़ारों की तरह इस्तेमाल किए जा रहे हैं।

स्वतंत्र इच्छा से जीने या स्वतंत्र इच्छा का प्रयोग करने का मतलब है कि हम औज़ारों की तरह इस्तेमाल किए जाने से इन्कार करें, निषेध करें। निषेध स्वतंत्र इच्छा की अनिवार्य शर्त है। गांधी जी ने स्वतंत्रता को सादगी से जोड़ा था, उसका मतलब भी यही था अर्थात् अपने को उन चीजों से स्वयं वंचित कर लेना जो स्वतंत्रता में बाधक हैं। उन्होंने मशीनों की निर्भरता से मुक्त होने और अपने श्रम पर निर्भर होने का व्रत भी इसीलिए लिया था क्योंकि वे मानते थे कि मशीन आदमी को औज़ार बना देती है।

स्वतंत्र इच्छा में बाधक इन सब बातों के अलावा बुद्धिजीवियों को कुछ सूक्ष्म

बाधाओं से भी लड़ना पड़ता है जिन्हें आम तौर पर बाधाओं के रूप में नहीं पहचाना जाता किन्तु जो निश्चय ही बड़ी बाधाएं होती हैं। ये बाधाएं हमारी तथ्यात्मकता अथवा 'फैक्टिसिटी' की होती हैं। भूत (अतीत और पंचमहाभूतों की निर्मिति के अर्थ में) से संबंधित होने के कारण इसे भौतिकता भी कहा जा सकता है। तथ्यात्मकता में वे सभी चीजें आ जाती हैं जो हमें प्राकृतिक रूप से मिली हैं। यह पूर्व-निश्चित दिए गए तथ्य हैं जैसे—हमारा शरीर, हमारा परिवेश, हमारी दुनिया, हमारी वे तमाम संस्थाएं और व्यवस्थाएं जिनमें हम रह रहे हैं, हमारा समय या काल जिसमें हम जीते हैं, हमारे वे संस्कार जो हमें अपने परिवेश से प्राप्त हुए हैं। ये तमाम चीजें हमारे स्वतंत्र निर्णय में बाधक होती हैं। शरीर को भूख-प्यास लगती है तो हम उसके निराकरण के लिए अपनी इच्छा के खिलाफ कुछ भी करने को विवश हो जाते हैं। वासनाओं के आवेग में हमारी बुद्धि भ्रष्ट हो जाती है। घृणा के उफान पर हम अंधे हो जाते हैं। इसी तरह हमारा परिवेश हम पर लगातार दबाव डालता है। समाज क्या कहेगा, रिश्ते-नाते क्या कहेंगे, कानून की नजर में हम अपराधी माने जाएंगे, राज्य हमें विद्रोही करार देगा, धर्म संस्थान हमारे खिलाफ फतवे जारी करेंगे, इन सब बातों का डर हमें स्वतंत्र इच्छा का प्रयोग नहीं करने देता। हमारा काल भी हमें बांधता है। हमारा अतीत, अच्छा या बुरा, हमारे साथ रहता है। वह हमारा पीछा नहीं छोड़ता। वह हम पर निरंतर हावी होना चाहता है। वह हमें गड़े मुर्दे उखाड़ने, पुराने बदले चुकाने या अतीत को ही वर्तमान की तरह जीने के लिए प्रेरित करता है। हमारे संस्कार, हमारी सहज मान्यताएं भी हमें बांधती हैं। स्त्रियों के मन में हजारों साल की पुरुष-दासता के संस्कार उन्हें खुद ही अपने को घूंघट-पर्दे के पीछे छिपाने, मामूली-मामूली बातों पर लजाने और खुलकर अपनी बात न कह पाने को विवश करते हैं। दरअसल संस्कारों की गुलामी सबसे भयानक गुलामी है। जातीय पूर्वाग्रह इसी का रूप है। पाप-पुण्य, शौच-अशौच के हमारे संस्कार हमें स्वतंत्र रूप से काम करने नहीं देते।

इस तथ्यात्मकता के साथ हम जीते हैं। हम इसे छोड़ नहीं सकते। लेकिन इसे हम पहचान सकते हैं और ऐसी सावधानी बरत सकते हैं कि यह हमारे स्वतंत्र चिन्तन में बाधक न बने। ज्ञान और सृजन की साधना का मतलब यही है कि हम इस तथ्यात्मकता के दबावों से मुक्त होकर वस्तुओं को देखें और चिन्तन करें। योग-साधना का लक्ष्य भी यही है। जिन व्यक्तियों ने इस तथ्यात्मकता से ऊपर उठकर सोचा-लिखा वे सही मायनों में स्वतंत्र विचारक हैं। महान लेखकों, चिन्तकों, वैज्ञानिकों के जीवन से हम साफ देख सकते हैं कि उन्होंने इस तथ्यात्मकता से कैसे संघर्ष किया। अपने परिवेश, अपनी दुनिया के दबावों से मुक्त होने के लिए वे धर्म, राजनीति, समाज ही नहीं, ईश्वर की सर्वोच्च व्यवस्था के खिलाफ भी

उठ खड़े हुए। इसके फलस्वरूप उन्हें हमेशा व्यवस्थाओं का क्रोध झलना पड़ा। किसी को देश निकाला, किसी को सजा-ए-मौत, किसी को जेल की यातना, किसी को सामाजिक बहिष्कार। इतिहास के किसी भी काल में और किसी भी व्यवस्था में सच्चा लेखक-सर्जक सुरक्षित नहीं रहा। उसे अपने आप से भी जूझना पड़ा, निजी और पारिवारिक सुखों का त्याग करना पड़ा। बदनामी झेलनी पड़ी। विषपायी बनना पड़ा। उन्हें बड़ी मेहनत से उपार्जित ज्ञान के बोझ को भी अपने सिर से उतार फेंकना पड़ा जैसे स्वामी दयानंद ने स्वामी विरजानंद से दीक्षा लेने के लिए अपनी पुस्तकों का गट्ठर जमुना में फेंक दिया था। अपने नैतिक संस्कारों के बोझ से बचने के लिए कभी-कभी उन्हें जानबूझ कर अनैतिक रास्ते पर चलना पड़ा जैसे शरतचंद्र को। उच्चवर्णीय ने अपनी जन्मजात श्रेष्ठता का, निम्नवर्णीय ने अपनी जन्मजात हीनता का, धनी ने अपने मद का और निर्धन ने अपनी विवशता का बोझ उतार फेंका, तभी वह महान लेखक-सर्जक बना।

विचार-साधना के इस कठिन मार्ग पर चलने के लिए अपने को अयोग्य पाते हुए भी मैंने विचारों के घटाटोप कुहासे के बीच अपने लिए कोई रास्ता ढूंढ़ने की कोशिश की और उसका परिणाम है यह पुस्तक। अपने लेखकीय जीवन के दौरान मैं गांधी और लोहिया के विचारों की ओर आकृष्ट रहा हूं जिन्होंने पश्चिमी सभ्यता की मूल अवधारणाओं को चुनौती दी और एक नए समाज की रूपरेखा देने की कोशिश की। कम-से-कम भारत के संदर्भ में तो उन्होंने इस समाज की धुंधली-सी रूपरेखा दी ही। अस्तित्ववाद के दर्शन की ओर भी मेरी रुचि इसीलिए बढ़ी कि यह दर्शन पश्चिम की उद्योगवादी और भोगवादी आधुनिक सभ्यता के खिलाफ विद्रोह के रूप में विकसित हुआ और इसलिए गांधी तथा लोहिया के विचारों से इसका काफी तालमेल बैठता था। इसके अतिरिक्त अस्तित्ववाद में मुझे भारतीय दर्शन-प्रणाली की, विशेष कर सांख्य की प्रतिध्वनि जगह-जगह सुनाई दी। चूंकि मैं मूलतः साहित्य के क्षेत्र का आदमी हूं और अस्तित्ववाद भी मूलतः साहित्य में ही प्रतिष्ठित हुआ, इस पुस्तक का मुख्य विषय साहित्य ही है। किन्तु यह दिखाने के लिए कि युरोप में अस्तित्ववाद के जिन विचारों का साहित्य में प्रयोग हुआ, गांधी और लोहिया ने उनका सामाजिक-राजनैतिक संदर्भ में प्रयोग किया बल्कि इन विचारों का विकास किया, पुस्तक में कुछ चर्चा साहित्येतर विषयों की भी है। आने वाले नए मानव समाज के साहित्यिक मूल्यों के साथ-साथ राजनैतिक और सामाजिक-शैक्षिक मूल्यों पर भी विचार किया गया है।

पुस्तक के पूर्वार्ध में अस्तित्ववाद की पृष्ठभूमि और इस दर्शन की प्रमुख विशेषताओं पर प्रकाश डालने के उद्देश्य से प्रसिद्ध अस्तित्ववादी लेखकों/दार्शनिकों के विचारों का सार-संक्षेप प्रस्तुत किया गया है। ऐसा करना मुझे इसीलिए आवश्यक लगा कि अस्तित्ववाद के संबंध में हिन्दी साहित्य के मूर्धन्य विद्वानों के विचार

जानकर मैं हतप्रभ-सा रह गया। किसी ने अस्तित्ववाद को घोर व्यक्तिवाद कहा, किसी ने मात्र भोगवाद, किसी ने अनैतिकता का दर्शन। हिन्दी साहित्य पर दो तरह के समीक्षकों का वर्चस्व रहा—परम्परावादी और मार्क्सवादी (वैसे इन दोनों खेमों के बीच आधुनिकतावादियों का खेमा भी उभरा लेकिन उसे जमने नहीं दिया गया) और दोनों ने अस्तित्ववाद को अपनी पूर्वधारणाओं के चश्मे से देखा। मुझे लगता है कि हिन्दी में इस दर्शन को समझने का गम्भीर प्रयास हुआ ही नहीं, केवल अस्तित्ववादी लेखकों की साहित्यिक रचनाओं के आधार पर कुछ सरसरी निष्कर्ष अपने मतलब के निकाल लिए गए।

मार्क्सवादी समीक्षकों में डॉ० रामविलास शर्मा के प्रति मेरे मन में बहुत सम्मान है। उन्होंने पार्टी-लाइन से हटकर भी बहुत कुछ सोचा और लिखा है। लेकिन अस्तित्ववाद के संबंध में उन्होंने जो रुख 'नई कविता और अस्तित्वाद' में अपनाया वह उनका स्थायी भाव बन गया 'आजकल' के सितम्बर, 1994 अंक में दिए गए एक इण्टरव्यू में भी अस्तित्ववाद को वे अमरीकी हथियार ही कहते हैं। सच्चे कम्युनिस्ट की तरह उन्होंने अज्ञेय को ही नहीं, भारतभूषण अग्रवाल, नेमिचन्द्र जैन, मुक्तिबोध, दिनकर, बालकृष्ण शर्मा 'नवीन' सबको अमरीकी हथियार के पुर्जे घोषित कर दिया! अज्ञेय और उनसे प्रभावित लेखक धर्मवीर भारती, सर्वेश्वरदयाल, श्रीकांत वर्मा, लक्ष्मीकांत वर्मा आदि (जो उन्हीं के शब्दों में लोहियावादी थे) सब पर उन्होंने अस्तित्ववादी (अतः अमरीका परस्त) का ठप्पा लगा दिया और प्रयोगवाद तथा बाद में नई कविता को मूलतः अस्तित्ववाद से प्रेरित बताया।

यह देखते हुए कि अमरीका में अस्तित्ववाद को घृणा से देखा गया और अधिकतर अस्तित्ववादी भी अमरीका से घृणा करते रहे, डॉ० रामविलास शर्मा के उपर्युक्त विचार आश्चर्य में डालने वाले हैं।

परम्परावादी समीक्षकों में डॉ० नगेन्द्र का चिन्तन बहुत साफ और उलझन-मुक्त रहा है। किन्तु अस्तित्ववाद के सम्बन्ध में उन्होंने भी बहुत सरसरी ढंग से विचार किया है। उन्होंने साठोत्तरी कालखंड के लेखन को 'नवलेखन' काल मानकर मार्क्सवाद और अस्तित्ववाद को इसकी प्रेरणा कहा। दोनों में वे प्रतिबद्धता और अप्रतिबद्धता का झीना सा भेद ही देखते हैं। 'नवभारत टाइम्स' (30 अगस्त, 1994) में कहते हैं—"अस्तित्ववादी कलाकार नैतिक, सामाजिक, आध्यात्मिक —यहां तक परम्परागत कलात्मक आदर्शों के साथ भी प्रतिबद्ध नहीं है। यह केवल तात्कालिक स्वानुभूति से ही प्रतिबद्ध है, उसी को समन्वित रूप से अभिव्यक्त करना उसके लिए कला का उपनिषद है—"काव्य का सत्य समन्विति का सत्य है—संवादिता का नहीं। कविता की सार्थकता उसके अर्थ में नहीं, वरन् उसके अस्तित्व (रूप) में ही है।"

कुल मिलाकर अस्तित्ववाद हिन्दा में बदनाम शब्द ही रहा। प्रभावशाली आलोचकों द्वारा दी गई इस बदनामी के कारण जिन्होंने अस्तित्ववादी लेखन किया वे भी अपने को अस्तित्ववादी कहे जाने से डरते रहे। उदाहरण के लिए अज्ञेय और उनसे प्रभावित कुछ लेखकों ने (जिन्हें डॉ० रामविलास शर्मा लोहियावादी कहते हैं) स्वतंत्रता की यातना का साहित्य लिखा जो वस्तुत: अस्तित्ववाद की अभिव्यक्ति थी ('मानव स्वतंत्रता के लिए अभिशप्त है' के सिद्धांत के अनुसार) किन्तु इन लेखकों में न तो अपने को अस्तित्ववादी कहने का साहस हुआ और न लोहियावादी। संभवत: यह समीक्षकों के आतंक के कारण हुआ।

अस्तित्ववादी दर्शन का सार-संक्षेप प्रस्तुत करने के पीछे मेरा निजी स्वार्थ भी रहा है। मुझे यह दर्शन बहुत आकर्षक लगा। विशेषकर भारतीय दार्शनिक प्रणाली के साथ इसका निकट संबंध देखकर मेरे मन में कुतूहल और जिज्ञासा का जो भाव पैदा हुआ, उसकी तृप्ति के लिए मुझे यह खंड लिखना पड़ा। अस्तित्ववाद की सारी बारीकियों को पकड़ना मेरे लिए संभव ही नहीं था (क्योंकि मैं दर्शन के क्षेत्र का व्यक्ति नहीं हूं) किन्तु जितना पकड़ सका उसी को सहेजने का मैंने प्रयत्न किया है।

खंड एक : अस्तित्ववाद क्या है

अस्तित्ववाद : एक झलक

अस्तित्ववाद वह सिद्धांत है जो मानव जीवन को संभव बनाता है, जो इस बात पर आस्था व्यक्त करता है कि हर सत्य और हर कर्म परिवेश को भी प्रभावित करता है और मानव मन को भी।

दास्तोएव्स्की ने एक स्थान पर लिखा है : यदि ईश्वर का अस्तित्व नहीं है तो सब कुछ अनुमत्य है। अस्तित्ववादियों का आरंभ-बिंदु यही है। यदि ईश्वर नहीं है तो आदमी अकेला और बेसहारा है क्योंकि वह न तो अपने भीतर और न बाहर कोई सहारा पाता है। इसके अतिरिक्त यदि ईश्वर नहीं है तो कोई मूल्य और आदेश भी नहीं है जो हमारे व्यवहार का औचित्य निर्धारित करे। हमारे लिए कोई बहाना नहीं है और अपने काम के लिए हम स्वयं जिम्मेवार हैं।

अठारहवीं शताब्दी के कई दार्शनिकों ने भी ईश्वर की कल्पना को नकारा लेकिन पूरी तरह नहीं। उन्होंने परोक्ष रूप से उसे स्वीकार किया जब उन्होंने सत्त्व (एसेंस) को अस्तित्व की तुलना में प्राथमिकता दी, सत्त्व को अस्तित्व से पूर्व माना। वे मानव की पूर्व विद्यमान कल्पना अथवा स्वरूप को मानते थे वैसे ही जैसे चाकू के स्वरूप की कल्पना लोहार को होती है। नास्तिक अस्तित्ववादियों (जिनमें सार्त्र आते हैं) का कहना था कि आदमी का कोई पूर्व निश्चित स्वरूप नहीं हो सकता क्योंकि ईश्वर ही नहीं है जो उस स्वरूप की कल्पना करता। न सिर्फ मनुष्य वह है जिसकी कल्पना वह खुद करता है बल्कि वह है जिसकी वह इच्छा करता है और चूंकि अस्तित्व के बाद ही वह कल्पना एवं इच्छा कर सकता है, अतः वह अपना निर्माता स्वयं है। अस्तित्ववाद का यह सर्वप्रथम सिद्धांत है जिसे सब्जेक्टिविटी या कर्त्तृत्व कहा गया है।

अस्तित्ववाद महज व्यक्तिवाद नहीं है। इसमें सारी मानवता की चिंता अंतर्निहित है। मानसिक पीड़ा (एंगुइश) जो अस्तित्ववाद का एक प्रमुख सिद्धांत है, निर्णय के उत्तरदायित्व को स्वीकार करने का फल है। यह हमें कर्म से जुदा नहीं करती बल्कि यह कर्म की मूल शर्त है। प्रत्येक व्यक्ति के साथ जो कुछ घटता है वह सारी मानवता को प्रभावित करता है गोया सारी मानवता की नजरें इस बात

पर लगी रहती हैं कि वह व्यक्ति क्या करता है और कैसे जीता है। अतः प्रत्येक व्यक्ति को अपने से यह प्रश्न करना चाहिए कि क्या वह इस तरह अपने लक्ष्य को चुन सकता है कि सारी मानवता के लिए वह कर्म उपयोगी हो। यदि आदमी ऐसा नहीं करता तो मानसिक पीड़ा को व्यर्थ गंवाता है।

उन्नीसवीं शताब्दी के फ्रांस के नैतिकतावादियों ने तर्क दिया : "ईश्वर व्यर्थ और खर्चीली कल्पना है अतः हम इसके बिना काम चलाएंगे। किन्तु यदि हमें नैतिकता, समाज और कानून को बनाए रखना है तो यह जरूरी है कि कुछ मूल्यों को गम्भीरता से लिया जाए, उनका पूर्वनियत अस्तित्व माना जाए। प्रत्येक व्यक्ति के लिए यह आवश्यक माना जाए कि वह ईमानदार हो, झूठ न बोले, अपनी पत्नी को न पीटे आदि आदि।" उनका अभिप्राय था कि ईश्वर नहीं रहेगा तो भी कुछ नहीं बदलेगा। ईमानदारी, प्रगति और मानवीयता के मानदंड ईश्वर से मुक्ति प्राप्त करने के बाद भी वही रहेंगे। यह ईश्वर को ही नैतिक मूल्यों के नाम पर पुनः प्रतिष्ठित करना है।

अधिकतर लोगों के पास कष्ट के समय अपने को दिलासा देने का एक बहाना होता है। वे सोचते हैं कि परिस्थितियां उनके खिलाफ थीं। मैं बहुत कुछ बन सकता था किन्तु परिस्थितियों ने मेरे साथ धोखा किया। अस्तित्ववाद यह बहाना स्वीकार नहीं करता है। वह आदमी को उसके वर्त्तमान और भविष्य के लिए उत्तरदायी मानता है। अगर वह कायर है तो वह अपनी कायरता के लिए खुद जिम्मेवार है। अस्तित्ववाद दिल या फेफड़ों की कमजोरी को कायरता का कारण नहीं मान सकता बल्कि वह यह मानता है कि आदमी ने कर्म के अपने निर्णय से अपने को कायर बनाया अर्थात् सही निर्णय नहीं लिया।

मनुष्य के प्रत्येक कर्म का उद्देश्य या तो जन्म, देश-काल आदि की तथ्यात्मक सीमाओं को (अपनी परिस्थितियों को) पार करना अथवा उनका विस्तार करना अथवा निषेध करना अथवा उनके अनुसार अपने को ढालना होता है। अतः प्रत्येक उद्देश्य चाहे वह कितना ही वैयक्तिक हो, सार्वजनिक महत्व का होता है।

अस्तित्ववादी इस मामले में नास्तिक नहीं होता है कि वह ईश्वर का अनस्तित्व सिद्ध करने के लिए अपनी सारी शक्ति लगा देगा। बल्कि वह कहता है कि ईश्वर होगा भी तो इससे कोई फर्क नहीं पड़ता; इसलिए नहीं कि वह ईश्वर का अस्तित्व मानता है बल्कि इसलिए कि मानव के अस्तित्व की यह वास्तविक समस्या ही नहीं है।

अस्तित्ववादियों का प्रयोजन यह दिखाना नहीं है कि आदमी दुनिया में कैसे आता है या वह दुनिया में अपने को कैसे समायोजित करता है। उनका मुख्य प्रयोजन यह दिखाना है कि दुनिया में आदमी के होने का स्वरूप क्या है और उस स्थिति का स्वरूप क्या है जिसमें आदमी अपने-आपको दुनिया में समायोजित

करता है। दूसरे शब्दों में उनकी दृष्टि सत्ता मीमांसक की है।

उनके अनुसार दो प्रकार की सत्ताएं हैं। एक वह जो स्वतः पूर्ण है और दूसरी स्व के लिए निरंतर व्याकुल है। पहली को वे en-soi और दूसरी को pour-soi कहते हैं। अंग्रेजी में इनका अनुवाद in-itself और for-itself किया गया है। एक स्व-में और दूसरी स्व-के लिए। भारतीय दर्शन की शब्दावली में इन्हें सद् और चिद् अथवा द्रव्य और आत्मा या प्रकृति और पुरुष कहा जा सकता है। पहली श्रेणी में जड़ पदार्थ अथवा वस्तुएं आती हैं और दूसरी में चेतनायुक्त प्राणी विशेष-कर मनुष्य।

आदमी इस दुनिया में आने पर अपने को वस्तुओं की दुनिया में पाता है अपने को उसके एक हिस्से अथवा एक वस्तु की तरह। किन्तु वह चेतनायुक्त है और जब वह अपनी चेतना से काम लेने लगता है तो जड़ वस्तुओं की दुनिया के बीच अपने को अलग पहचानने लगता है। उस समय जगत की उसकी चेतना अभेद-मूलक होती है अर्थात् आस-पास की दुनिया की सामान्य चेतना जिसमें वह वस्तुओं को अलग-अलग नहीं पहचानता है। जब यह चेतना भेदमूलक बनती है अर्थात् आदमी अलग-अलग वस्तुओं के बारे में सोचने लगता है जो एक मनोवैज्ञानिक क्रिया है तो उसके सामने वस्तुएं प्रकट होने लगती हैं। वस्तुओं का प्रकट होना ही ज्ञान या फिनामिनोलाजी है। इन वस्तुओं का यह प्रकट रूप फिनामिना अथवा आभास कहलाता है। मानव-चेतना में ये आभास प्रवेश करते हैं, वस्तुएं नहीं, जिनका अस्तित्व हमेशा चेतना से बाहर रहता है।

आभास के कई पहलू होते हैं। एक आदमी को इनमें से किसी एक अथवा कुछ पहलुओं से ही संतोष करना पड़ता है। वह वस्तुओं को सारे पहलुओं में नहीं देख सकता। इसीलिए वस्तुओं के संबंध में उसका ज्ञान हमेशा अधूरा रहता है।

आभासी वस्तुएं, शब्द, स्पर्श, रस, रूप, गंध आदि ऐन्द्रिय गुणों का विषय होती हैं। लेकिन मानव-चेतना इन ऐन्द्रिय अनुभूतियों तक सीमित नहीं रहती बल्कि वह इनका पारगमन करती है और इन आभासी वस्तुओं को ऐसे रूप में बदल देती है कि वह उसके लिए कोई उपयोगी वस्तु—हथियार, औजार, मेज-कुर्सी आदि बन जाएं।

मानव चेतना अपने साथ एक शून्य अथवा रिक्ति को लेकर आती है और वह इसे जगत की वस्तुओं पर आरोपित करती है ताकि वह वस्तुओं का निषेध करके अपने को वस्तुओं से अलग पहचान सके। निषेध का मतलब है वस्तुओं की यथास्थिति से असंतोष व्यक्त करना तथा उन्हें अपनी इच्छा के अनुरूप वस्तुओं में बदलना।

यह शून्य या रिक्ति जिसे सार्त्र ने 'नथिंगनेस' कहा है, आदमी को इस योग्य बनाती है कि वह अपने को वस्तुओं से और वस्तुओं को एक दूसरे से अलग

कर सके। इस शक्ति के बल पर वह तथ्य या वस्तु होने से इनकार करता है। जब वह यह कहता है कि यह मेज, कुर्सी या फूलदान है तो वह वस्तुतः यह घोषणा करता है कि मैं मेज, कुर्सी या फूलदान नहीं हूं और यह भी कि मेज, कुर्सी या फूलदान नहीं है अथवा कुर्सी, मेज अथवा फूलदान नहीं है। नहीं के प्रयोग के बिना, अर्थात् निषेध के बिना न तो वह अपने को पहचान सकता है और न वस्तुओं को जान सकता है। दूसरे शब्दों में निषेध ही ज्ञान का माध्यम है।

मनुष्य (आत्मा) स्व-में नहीं, स्व-के लिए है। वह व्याकुल चेतना है। इस व्याकुलता का कारण भी यह है कि वह स्व-में नहीं है, वह असद् अतः आधारहीन है। किन्तु वह पूरी तरह स्व-में (सद् में) नहीं बदलना चाहता क्योंकि तब वह अपनी चेतना खो देगा और जड़ वस्तु बन जाएगा। वह स्व-में और स्व-के लिए दोनों एक साथ बनना चाहता है। भारतीय दर्शन की शब्दावली में वह सद्-चिद् बनना चाहता है। सार्त्र का कहना है कि यह उसकी ईश्वर बनने की कामना है क्योंकि सद्-चिद् का समाहार केवल ईश्वर में ही संभव है जो कि एक असंभव कल्पना है।

मानवात्मा अपने को अधूरा पाती है और उस अधूरेपन को पूरा करना चाहती है। स्वतंत्रता का सही अर्थ यही है। इस स्वतंत्रता के कारण ही आत्मा अपने अधूरेपन को पहचानती है और इसे न सिर्फ एक अभाव (कमी) में बदल देती है बल्कि एक मूल्य में भी। इसका मतलब है कि मूल्य अपने में कुछ नहीं है। यह मनुष्य द्वारा तय होता है। आत्मा किसी 'वस्तु' को प्राप्त करना नहीं चाहती अपितु अपने अधूरेपन को भरने के लिए सद् का आधार प्राप्त करना चाहती है, वह सद्चिद् होना चाहती है। चूंकि यह असंभव है अतः मानव-जीवन मात्र निराशा (डिस्पेयर) है।

अपने परिवेश अथवा स्थितियों में लिप्त आत्मा अहंकार है, यह मैं की भावना है। किन्तु यह 'मैं' मनुष्य का वास्तविक स्वरूप, आत्मा, नहीं है। अपने को 'मैं' के रूप में जानने के लिए भी उसे 'अन्य पुरुष' या दूसरे व्यक्ति की जरूरत होती है क्योंकि 'मैं' दूसरे में अपना प्रतिबिम्ब देखकर ही अपने बारे में जान सकता है। इस 'मैं' को पहचाने बिना वह अपने वास्तविक स्वरूप आत्मा को पहचानने की दिशा में प्रगति नहीं कर सकता।

निस्संदेह मैं अपने बारे में जानता हूं किन्तु मेरा यह ज्ञान नितांत वैयक्तिक होता है। यह ज्ञान झूठा न सही लेकिन यह केवल मेरे लिए ही सही है। दूसरों के लिए मैं क्या हूं यह मैं तब तक नहीं जान सकता हूं जब तक मैं दूसरे व्यक्ति की नजरों का लक्ष्य नहीं बनता। अपने को मैं वस्तु के रूप में नहीं देख सकता लेकिन दूसरों की नजर में मैं वस्तु बन सकता हूं और इस तरह दूसरे के माध्यम से अपने गुणों की जानकारी प्राप्त कर सकता हूं। यही चाह मनुष्य को दूसरों से

जोड़ती है—कभी प्रेमी-प्रिय के रूप में, कभी शत्रु के रूप में।

सार्त्र की पुस्तकों 'ऐक्जिस्टेंशियलिज्म एंड ह्यूमैनिज्म' और 'टु फ्रीडम कंडेम्ड' के कुछ उद्धरणों से अस्तित्ववाद की जरा-सी झलक पृष्ठभूमि के रूप में देने के पीछे मेरा अभिप्राय यह दिखाना है कि अस्तित्ववाद आधुनिक और वर्तमान पश्चिमी सभ्यता का, जो आज सारी दुनिया की सभ्यता बन गई है, एक अत्यन्त महत्वपूर्ण उन्मेष है। अस्तित्ववाद ने इस सभ्यता को नये ढंग से परिभाषित भी किया और इसकी मूल धारणाओं तथा मूल्य-प्रणाली को चुनौती भी दी। पश्चिमी सभ्यता इस समय टूट के कगार पर पहुंच गई है। काफी हद तक अस्तित्ववाद भारतीय दार्शनिक प्रणाली के साथ मेल खाता है विशेष कर सांख्य, न्याय, वैशेषिक के साथ। अतः अस्तित्ववाद पर गंभीर चिंतनकी आश्यकता है, विशेषकर भारतीय दर्शन के संदर्भ में और पश्चिमी सभ्यता के स्थान पर एक नई मानव सभ्यता के विकास की दृष्टि से।

अस्तित्ववाद की पृष्ठभूमि

अस्तित्ववाद पश्चिम की दार्शनिक विचारधाराओं, आदर्शवाद, प्रकृतिवाद और इतिहासवाद की प्रतिक्रिया के रूप में विकसित हुआ। प्रकृतिवाद दिक्काल की समग्र सत्ता, समस्त वस्तुओं और व्यक्तियों को प्राकृतिक नियमों से चालित मानता है। इतिहासवाद इतिहास की खोज से विकसित हुआ और उसने मानविकी विज्ञानों की स्थापना की। इसमें मानव-मन को भी इतिहास की निर्मिति माना गया। आदर्शवाद ने व्यक्तियों और वस्तुओं की सत्ता को स्वीकार करने के बजाय उनके सार, सत्त्व या विचार को सर्वोपरि माना।

19वीं शताब्दी तक पश्चिमी दर्शन का इतिहास मुख्यतया आदर्शवाद से प्रभावित रहा। इसे सत्त्ववाद या एसेंशियलिज्म भी कहा जाता है।

पश्चिमी दर्शन का मूल स्रोत सुकरात, प्लेटो, अरस्तू आदि ग्रीक दार्शनिकों की प्रस्थापनाएं हैं। प्लेटो (480 ई० पू०—328 ई० पू०) की रचनाओं में दर्शन की उन मूलभूत समस्याओं से हमारा परिचय होता है जो आगे चलकर देकार्त, कांट, स्पिनोजा शॉपनहावर और हीगेल द्वारा आदर्शवाद या प्रकृतिवाद के नाम से उठाई गईं और जिनकी प्रतिक्रियास्वरूप अस्तित्ववाद का विकास हुआ। उल्लेखनीय है कि ग्रीक दार्शनिक ईसा से चार-पांच शताब्दी पूर्व जिन प्रश्नों को उठा रहे थे ठीक उसी तरह के प्रश्न भारतीय मानस को भी उद्वेलित कर रहे थे और उनकी अभिव्यक्ति उपनिषदों तथा दर्शनशास्त्रों में हो रही थी। यह कहना मुश्किल है कि ग्रीक दार्शनिक भारतीय विचार-परम्परा से किस सीमा तक परिचित थे। किन्तु ऐसा लगता है कि दोनों के बीच काफी सम्पर्क रहा होगा। प्लेटो के संवादों में अनेक स्थानों पर इसका आभास मिलता है और प्लेटो और अरस्तू के विचार मूलतः सुकरात से प्रेरित हैं जो घुमक्कड़ और अलमस्त तबियत के व्यक्ति थे। उनके अपने कथनानुसार वे ज्ञान की खोज में निकले पथिक थे। 'अपोलोजी' में वे कहते हैं : "मैं देवताओं की आज्ञा का पालन करते हुए दुनिया में भटकता हूं और यदि कोई बुद्धिमान नागरिक या अजनबी मिलता है तो मैं उससे ज्ञान के बारे में जिज्ञासा करता हूं। मैं भविष्यवक्ता के कथन की

सचाई जानने के लिए बुद्धिमान कहे जाने वालों से संवाद करता हूँ।" (भविष्य-वक्ता ने सुकरात को बताया था कि वह एथेन्स का सबसे बुद्धिमान व्यक्ति है)। दूसरे शब्दों में वे अपने ज्ञान के परीक्षण के लिए जिज्ञासु के रूप में भ्रमण करते थे और दूसरों से संवाद करते थे और अपने को एक घुड़-मक्खी मानते थे जिसे एथेन्स राज्यरूपी घोड़े को निरंतर सक्रिय रखने का काम देवताओं ने सौंपा था।

सुकरात के संवाद उपनिषदों के संवादों की तरह मन की स्वच्छन्द यात्राएं हैं। इनमें कोई सैद्धांतिक नैतिक प्रणाली नहीं मिलती किन्तु इनमें दर्शन के कुछ संकेत, कुछ सूत्र मिलते हैं जिन्हें आगे चलकर उनके शिष्यों ने विधिवत् दार्शनिक प्रणाली का रूप दिया। भारतीय दर्शन-शास्त्र का विकास भी उपनिषदों के संवादों में बिखरे सूत्रों के कालांतर में समन्वय से हुआ।

सुकरात के संवाद का एक प्रमुख सूत्र है कि आदमी सत्य, शिव और सुन्दर के प्रति स्वाभाविक रूप से आकृष्ट होता है। कोई भी आदमी इनके विपरीत नहीं चुनता है और यदि वह ऐसा करता है तो इसका कारण होता है उसका अज्ञान। सुकरात की नजर में एक ही अच्छी चीज है और वह है बुद्धिमत्ता या ज्ञान और एक ही बुरी चीज है और वह है अज्ञान या मूर्खता।

ऐसा लगता है कि सुकरात में और प्लेटो आदि में भी जन्म से पूर्व मनुष्य-आत्मा की स्थिति के बारे में एक मिथकीय विश्वास था और मृत्यु के बाद के जीवन के बारे में पुनर्जन्म की धारणा भी उनमें थी। इनके अनुसार धरती का सौंदर्य मानवात्मा को अमर्त्य स्वर्ग के उन शुद्ध, निरपेक्ष और अनाच्छादित सत्त्वों की याद दिलाता है जिनमें मानवात्मा धरती पर आने से पहले रहती थी। बुद्धि-मत्ता, न्याय, उदारता आदि सत्त्वों का धरती पर प्रतिरूप नहीं दिखाई देता किन्तु सौंदर्य के प्रतिरूप दिखाई देते हैं जो मनुष्य में स्वर्ग के शुद्ध सौंदर्य की मोहक याद दिलाते हैं। सौंदर्य का प्रेम आत्मा के मूल निवास-स्थान (स्वर्ग) की चाह की अभि-व्यक्ति है।

प्लेटो पर सुकरात के अतिरिक्त दो व्यक्तियों का विशेष प्रभाव था। एक थे हेराक्लिटस जिनका सिद्धांत था कि हर चीज़ परिवर्तनशील है, केवल परिवर्तन के नियम स्थिर हैं। वे परिवर्तनशील नहीं हैं। एक ही नदी में दोबारा प्रवेश नहीं किया जा सकता और न दोबारा प्रवेश करने वाला व्यक्ति वही व्यक्ति होता है। दृष्टि-गोचर बाह्य जगत और भावनाओं-संवेदनाओं का अंतर्जगत, विश्व और व्यक्ति सब लगातार परिवर्तन की क्रिया में हैं। ऐसे विश्व में स्थायी ज्ञान असंभव है अतः नैतिक मूल्यों की स्थिरता भी असंभव है। मनुष्य ही तमाम मूल्यों का मापदंड है और वह खुद भी परिवर्तनशील माप है। परिवर्तनशीलता का यह सिद्धांत मनुष्य को चिरव्याकुल बनाने वाला था। दूसरी ओर परमीनिडस और उसके अनुयायियों की मान्यता थी कि परम सत्ता एक ही है और वह अपरिवर्तनशील है और शेष

सारी दुनिया माया है, भ्रम है, इन्द्रियों की अवास्तविक मृग-मरीचिका है। एक तरफ निरपेक्ष, निर्विकल्प, अविभाज्य, शाश्वत सत्ता और दूसरी ओर सतत परिवर्तनशील अवास्तविक संसार।

इन दो विरोधी विचार प्रणालियों से उद्वेलित प्लेटो को सुकरात के सान्निध्य में निश्चय ही शांति मिली होगी। सुकरात का मन सिद्धांतों, मतवादों, और सुनिश्चित कट्टर विचार-प्रणाली में जकड़ा हुआ नहीं था। वे प्रत्येक मत की, प्रत्येक सिद्धांत की खुले मन से परीक्षा करने के लिए तत्पर रहते थे। उन्होंने नैतिक मूल्यों के स्थायित्व के जो विचार रखे और उनकी जो तार्किक परिभाषा प्रस्तुत की उससे प्लेटो को अपने विचार सम्यक् रूप से प्रस्तुत करने में सहायता मिली।

सुकरात ने कहा सभी संवादों में सार्वभौम सारतत्व निहित होते हैं। न्याय के अलग-अलग मामले हमें न्याय की संकल्पना देते हैं। शील के उदाहरण हमें शील की परिभाषा देते हैं। इन परिभाषाओं तक पहुँचना कठिन हो सकता है किन्तु इनके अस्तित्व को माने बिना कोई भी संवाद, कोई भी ज्ञान असंभव है।

सुकरात ने सार्वभौम तत्वों की जो परिभाषाएं दीं वही प्लेटो के लिए विचार या आदर्श की संकल्पनाएं बनीं। सुकरात ने कहा सभी संवादों में संकल्पनाएं विद्यमान होती हैं। प्लेटो ने सभी सार्वभौम संकल्पनाओं में दृश्य जगत के अनुभवों को देखा। सुन्दर वस्तुएं नश्वर हैं किन्तु 'सुन्दर' का विचार या आदर्श अनश्वर है। सभी वस्तुओं में एक सामान्य गुण है जिसे एक ही नाम दिया जा सकता है। यह सब वस्तुओं में विद्यमान सामान्य गुण प्लेटो की दृष्टि में सत्त्व या विचार है और सभी वस्तुओं के सत्त्वों का संसार आदर्श का संसार है। ये सारतत्व, रूप या विचार सुकरात की परिभाषाएं हैं जिन्हें प्लेटो की रचनाओं में स्वतंत्र सत्ताओं के रूप में परिवर्तित किया गया है। इनका यहां अपना अस्तित्व है, अपनी व्यवस्था है। यह वस्तुओं और व्यक्तियों के असली स्वरूप का संसार है जिसका स्थान और महत्व 'शिव' (श्रेयस्कर) के आदर्श से निर्धारित होता है। प्लेटो ने और बाद में अरस्तू ने भी जीवन की इस संकल्पना में कई कठिनाइयां देखीं और उन्होंने विचार या आदर्श की दुनिया तथा वस्तुओं की दुनिया के संबंध के इस रूपक को अध्यात्मवाद के कठोर नियमों का रूप नहीं दिया। लेकिन प्लेटो ने विचारों की दुनिया को गंभीरता से लिया, यह उनके संवादों से सिद्ध होता है।

लेकिन प्लेटो इन प्रस्थापनाओं से उठने वाले प्रश्नों के प्रति भी जागरूक थे और उन्होंने खुद ये प्रश्न उठाए भी जैसे : आदमी के विचार का आदमी से क्या संबंध है? कुर्सी का विचार कुर्सी से किस रूप में संबंधित है? यदि विचार, निरपेक्ष विचार-संसार की ही चीज है और हम वस्तुओं की सिर्फ ऐन्द्रिय अनुभूति प्राप्त करते हैं तो हमें विचारों का ज्ञान कैसे होगा? क्या विचार सत्य, न्याय और विवेक जैसी बातों का ही होता है अथवा कीचड और गंदगी का भी कोई विचार (आदर्श)

होता है? यदि विचारों पर विचार किया जा सकता है तो यह विचार कौन करता है, स्वयं विचार (ब्रह्म) या और कोई ?

प्लेटो के विचारों की दुनिया मूल्यों की दुनिया है। प्रोफेसर डेवी के अनुसार "प्लेटो के विचारों की दुनिया वास्तव में ऐसी वस्तुओं की दुनिया है जिनकी तमाम कमियों को दूर कर दिया गया है। यह मन की इच्छा के शुद्ध सारतत्वों की दुनिया है। सतत अस्थिरता से दुखी मन के लिए यह परिवर्तनहीन, शाश्वत संसार है। यह अव्यवस्था के दु:स्वप्नों से पीड़ित मन के लिए शाश्वत और स्थायी व्यवस्था है।"

प्लेटो की समस्त रचनाओं का उद्देश्य 'अच्छे जीवन' को परिभाषित करना है। यह काम उन्होंने सूत्रों में नहीं, प्रत्येक मानवात्मा की एकता, तारतम्य और प्रामाणिकता के विचारों की प्रस्थापनाओं से किया और ऐसा करते समय उन्होंने समस्त मानवात्माओं की एकता की कल्पना समाज और राज्य के रूप में रखी।

प्लेटो की रचनाओं में ज्ञान और सद्‌गुण की एकता पर जोर दिया गया। 'रिपब्लिक' में उन्होंने इस ऐक्य सम्बन्ध को विस्तार दिया। उन्होंने कहा कि ज्ञान का मतलब है वास्तविकता को जानना; वास्तविकता अर्थात् प्राकृतिक वस्तुओं के शाश्वत अपरिवर्तनशील तत्त्वों की मौजूदगी। वास्तविकता को जानना, प्रतीयमान तथ्यों के सम्बन्ध में सरसरी राय बनाने से भिन्न है। अत: प्रकृति, समाज और आत्मा की वास्तविकता को जानना ही अच्छे जीवन का आधार है। विश्व की वास्तविकता को जानने का मतलब है स्वाभाविक तौर पर अपनी आत्मा और समाज के श्रेयस्कर तत्व को पहचानना। जैसाकि सुकरात ने कहा था सत्य को जानने का मतलब है शिव और श्रेयस्कर को चुनना। शिव के व्यापक और सर्वोच्च आदर्श की अभिव्यक्ति ही सत्य है। अच्छा काम, सच्चा, प्रामाणिक और उचित काम है। यह शाश्वत व्यवस्था की स्पष्ट दृष्टि का दृढ़ता से अनुसरण करते हुए आत्मा की क्रिया है।

ऐसा लगता है कि ईसापूर्व पांचवी शताब्दी में एथेन्स में सुकरात का आविर्भाव एक अद्‌भुत और युगांतरकारी घटना थी। उनके विचार तत्कालीन यूनान के लिए नितांत नये और चौंकाने वाले थे। इसीलिए उनका विरोध हुआ और अन्त में सुकरात को एथेन्स के नगर-लोकतंत्र ने प्राणदंड दिया। प्लेटो के 'संवादों' से इस बात की स्पष्ट झलक मिलती है कि सुकरात के जीवन-मृत्यु, सत्य, शिव, सौन्दर्य और आत्मा-परमात्मा संबंधी विचारों और उनकी तर्क-शैली पर भारतीय दार्शनिक चिंतन का बहुत प्रभाव था। 'अपोलिजी' में वे एथेन्स वासियों को संबोधित करते हुए कहते हैं : "यदि आप समझते हैं कि मनुष्य की हत्या करके किसी को अपनी बुराइयों की आलोचना करने से रोक सकते हैं तो आप गलती पर हैं। आलोचना से बचने का यह तरीका न तो सम्भव है और न शालीन। सबसे आसान और

अच्छा तरीका है अपने को सुधारना।" मृत्यु के संबंध में वे कहते हैं: "मृत्यु या तो पूर्ण अचेतनावस्था है या आत्मा का एक दुनिया से दूसरी दुनिया में प्रस्थान। दोनों ही रूपों में यह मेरे लिए लाभदायक है। अगर यह पूर्ण निद्रा-सी अचेतनावस्था है तो मेरे लिए अनंतकाल एक रात्रि के समान है। और यदि यह आत्मा का दूसरी दुनिया में प्रस्थान है तो यह और भी खुशी की बात है क्योंकि वहां मुझे हेसियड, होमर जैसे महान लोगों के साथ रहने का अवसर मिलेगा।···मैं उस दुनिया में जाऊंगा जहां प्रश्न पूछने के लिए आदमी की हत्या नहीं की जाती।"

'क्रिटो' संवाद में हम पाते हैं कि सुकरात को जेल से निकाल ले जाने के लिए उसके शिष्य और मित्र पूरी व्यवस्था कर लेते हैं किन्तु सुकरात जेल से निकल भागने के लिए तैयार नहीं होते हैं। जिस राज्य ने उन्हें अन्यायपूर्ण मृत्युदंड दिया था, उसके प्रति और उसके कानून के प्रति इतनी निष्ठा व्यक्त करते हैं कि वह एक प्रकार से ईश्वर की निष्ठा बन जाती है। जिस दिन सुकरात को विषपान करना था उस दिन उनकी मनःस्थिति तो ऐसे योगी की थी जिसने मृत्यु पर पूर्ण विजय प्राप्त कर ली हो। उस दिन उन्होंने अपने शिष्यों के साथ सबसे लंबा संवाद किया। 'फेडो' नामक इस संवाद में उन्होंने अनेक महत्त्वपूर्ण और गूढ़ विषयों की चर्चा की जैसे—सत्य और ज्ञान का स्वरूप, आत्मा की अनश्वरता, विचार या आदर्श का शाश्वत स्वरूप, स्वर्ग और नरक, कर्मफल और पुनर्जन्म आदि। विषपान करने से पहले खुद ही स्नानागार में जाकर स्नान किया ताकि मृत्यु के बाद परिचारिकाओं को शव-स्नान न कराना पड़े। विषपान करने के बाद धीरे-धीरे विष को शरीर में फैलने की क्रिया का शांतचित्त से अध्ययन करते रहे और जब उन्हें लगा कि विष का प्रभाव हृदय पर पड़ने लगा है तो मुंह ढककर सो गए। फिर कुछ याद आया और मुंह से कपड़ा हटाकर क्रिटो से बोले, "एस्क्लिपियस का मेरे ऊपर कर्ज बचा है, एक मुर्गा, वह उसे जरूर दे देना।" और वे चिर-निद्रा में सो गए।

अंतिम संवाद 'थेटेटस' में सुकरात द्वारा अपने समय की प्रचलित दार्शनिक विचारधाराओं की तर्क-परीक्षा का वर्णन है। प्रोटोगोरस की विचारधारा कि आदमी ही सब सत्यों का मापदंड है, हेराक्लिटस का परिवर्तनवाद और परमीनिडस का एकसत्तावाद इन सबका सुकरात ने खंडन किया है। ज्ञान का अहंकार पालने वालों को उन्होंने अपनी अनुभवसिद्ध युक्तियों से पराजित किया। इस पर उनके एक विद्वान शिष्य अल्कीबियाडस ने उन्हें अद्भुत मस्तिष्क वाला विश्व तानाशाह कहा! 'सिम्पोसियम' में प्रेम पर आयोजित परिचर्चा में सबसे अन्त में बोलते हुए सुकरात ने द्योतिमा नाम की स्त्री के प्रेम संबंधी विचारों को उद्धृत करते हुए कहा कि मनुष्य अमरता के लिए जीता है जो आत्मा की सहज प्रकृति है और प्रेम का लक्ष्य नवसृजन है, सन्तान के रूप में भी और रचना के रूप में भी और यह जीवन के सातत्य में अमरता की ही उपलब्धि है।

युथीफ्रो के साथ संवाद में सुकरात ने बताया कि उसके विरोधी उस पर किस तरह के आरोप लगाते हैं : "वे कहते हैं कि मैं कवि हूं या देवताओं को गढ़ने वाला हूं। मैं नए देवताओं का आविष्कार करता हूं और पुराने देवताओं के अस्तित्व को नकारता हूं।" अपोलिजी में भी वे अपने ऊपर लगाए गए आरोपों का जिक्र करते हैं जैसे : सुकरात बुरे काम करता है और विचित्र व्यक्ति है जो धरती के नीचे और स्वर्ग में नई चीजों की खोजबीन करता है और बुरे को अच्छा तथा अच्छे को बुरा सिद्ध करता है। वह अपने उपदेशों से युवकों को गुमराह करता है आदि-आदि।

इस प्रकार आदर्शवाद (एसेंशियलिज्म) के नाम से जानी जाने वाली सभी पश्चिमी दार्शनिक प्रणालियों का मूल स्रोत ग्रीक दार्शनिक प्रणाली है। अस्तित्ववाद इनके खिलाफ विद्रोह है।

अस्तित्ववाद के प्रमुख विचारक

अस्तित्ववाद के लगभग सभी विचारक प्लेटो, अरस्तू आदि दार्शनिकों के आदर्शवाद के खिलाफ आवाज उठाते हैं क्योंकि उस आदर्शवाद ने आगे चलकर राज्य और समाज के रूप में ऐसी सत्ताओं को जन्म दिया जिन्होंने मनुष्य की व्यक्तिगत भावनाओं और क्षमताओं के दमन का काम किया। किन्तु सुकरात के प्रति लगभग सभी अस्तित्ववादी दार्शनिकों ने बड़ा आदर प्रकट किया हालांकि उन्होंने ही सर्वप्रथम सृष्टि के सारे कार्य-व्यापार में विचार अथवा आदर्श की एकता की कल्पना रखी। शायद इसका कारण है कि सुकरात एथेन्स के नगर-राज्य में अकेला आदमी था जो व्यवस्था के खिलाफ व्यक्तिगत रूप से विचारों की लड़ाई लड़ रहा था और जिसमें उसने मौत की सजा को सहर्ष स्वीकार किया था। अस्तित्ववादियों के लिए वह इसलिए आदर्श पुरुष था क्योंकि अस्तित्ववाद भी व्यवस्था के खिलाफ व्यक्ति का वैचारिक युद्ध है। अस्तित्ववाद की अधिकांश शब्दावली भी सुकरात से ली गई जैसे भाव-अभाव (बीइंग-नॉन बीइंग), अस्तित्व (एक्सिस्टेंस), नेति-नेति (नथिंगनेस), सत्त्व (एसेंस), तर्कशास्त्र (डालेक्टिस) स्व-तंत्रता (फ्रीडम) आदि। ज्ञान-मीमांसा की सुकरात की विधि व्यक्ति के अनुभवों पर आधारित थी और इसका अनुसरण भी सब अस्तित्ववादी दार्शनिकों ने किया।

यूरोप के विद्वानों ने नवजागरण काल में ग्रीक दार्शनिकों से साक्षात्कार किया। अनेक शताब्दियों के अंधकार युग से निकलने के बाद यह ज्ञान वहां नया प्रकाश लेकर आया। अराजकता के अंधकार के बीच एक नई सभ्यता के निर्माण के लिए उन्होंने इसका उपयोग किया। ग्रीक विचार भारतीय विचार की तरह ही अमूर्त्त निरपेक्ष सत्ता (ब्रह्म) की ओर ले जाता था। किन्तु दोनों में अन्तर यह था कि ग्रीक विचार का विकास नगर सभ्यता के बीच हुआ और भारतीय विचार का विकास नगरों और राजधानियों की सभ्यता से दूर आश्रमों में हुआ। ग्रीक विचार राज्य तथा समाज की अमूर्त्त-निरपेक्ष सत्ता के निर्माण में सहायक हुआ जबकि भारतीय विचार ने ब्रह्म को समाज या राज्य के रूप में देखने के बजाय एक रहस्य-

मयी सत्ता के रूप में देखा जो व्यक्तिगत साधना का ही विषय रहा। यह ब्रह्म आगे चलकर अवतारों के रूप में पूजा-उपासना का और वैयक्तिक मोक्ष की साधना का विषय भी बना। दूसरे शब्दों में इससे धार्मिक सत्ताओं का निर्माण तो हुआ लेकिन राज्य तथा समाज की सत्ता के निर्माण में इसकी विशेष भूमिका नहीं रही।

इसके विपरीत ग्रीक विचार में सुकरात के समय से ही राज्य को न्याय आदि निरपेक्ष मूल्यों की अमूर्त्त किन्तु ठोस सत्ता के रूप में देखा गया। युरोप के नव-जागरण काल में इसने एक नई सभ्यता के निर्माण में योगदान दिया।

सत्रहवीं और अठारहवीं शताब्दी के अधिकांश दार्शनिक आदर्शवादी कहलाते हैं। उन्होंने व्यक्ति की तुलना में समाज अथवा राज्य को अधिक महत्व दिया। उन्होंने व्यक्ति के अस्तित्व से पहले विचार, आदर्श, नैतिकता, तर्क-संगत नियमों को जिन्हें सत्त्व या एसेंस कहा जाता है, स्वीकार किया। इस दृष्टिकोण को मानने वालों का कहना था कि चूंकि विचार की एक सार्वभौम शाश्वत सत्ता है अतः व्यक्ति उसके अधीन रहने के लिए बाध्य है। व्यक्ति की अधीनता का यह विचार आगे चलकर राज्य अथवा समाज के लिए व्यक्ति की पूर्ण उपेक्षा का कारण बना। उदाहरण के लिए हीगेल ने राज्य को आदर्श का सर्वोत्कृष्ट रूप, निरपेक्ष सत्ता बनाया जिसने राज्य के लिए असंख्य मानव हत्याओं को भी एक तरह से जायज ठहरा दिया। इस आदर्शवाद के तर्क से ही औद्योगिक क्रांति के लिए निर्धन मजदूरों को दी गई असीम यातनाओं को, साम्राज्यवादी विस्तार के लिए दुनिया की कमजोर जातियों के जनसंहारों को, नाजीवाद, फासीवाद या साम्यवाद के नाम से हुई असंख्य मानव हत्याओं को, पूंजीवादी प्रगति के लिए चले भयानक शोषण तथा प्रकृति-विनाश को, विज्ञान की प्रगति के नाम पर मानव जाति के विनाश के साजो-सामान के निर्माण को, धर्म अथवा सभ्यता के नाम पर हुई जघन्य मानव हत्याओं को तथा विभिन्न कारणों से हुए विनाशकारी युद्धों को उचित ठहराया जाता रहा है। राज्य, समाज, धर्म, विचारधारात्मक सिद्धांत, प्राकृतिक सिद्धांत (जैसे सर्वाइ-वल आफ दि फिटेस्ट) ऐतिहासिक अनिवार्यता के सिद्धांत, सब व्यक्ति की उपेक्षा करके ही चले हैं। अस्तित्ववाद ने इन तमाम सत्ताओं के खिलाफ व्यक्ति की सत्ता को पुनर्स्थापित किया।

अस्तित्ववादी विद्रोह का प्रथम स्वर ईश्वर की सत्ता पर अगाध विश्वास रखने वालों ने उठाया हालांकि ईश्वर भी एक अमूर्त सत्ता है। संभवतः इन्होंने राज्य, समाज आदि की लौकिक सत्ताओं द्वारा ईश्वरीय सत्ता के अतिक्रमण से पीड़ित होकर ऐसा किया। इस सिलसिले का आरम्भ सेंट थामस एक्विनो से माना जाता है जिन्होंने अस्तित्व को सत्त्व (एसेंस) से प्रथम माना। उनका कहना था कि अस्तित्व और सत्त्व एक साथ सिर्फ ईश्वर में विद्यमान हो सकते हैं। अस्तित्ववाद के बीज दोस्तो-ए-व्स्की में भी देखे जाते हैं जो आर्थोडक्स चर्च पर अगाध विश्वास

रखनेवाले व्यक्ति थे। उन्होंने परिस्थितियों के सिद्धांत का खंडन करते हुए कहा कि आदमी को किसी सामाजिक संस्था के दोष पर निर्भर बनाने वाला यह सिद्धांत आदमी को नितांत व्यक्तित्वहीन बना देता है। यह उसे व्यक्तिगत नैतिक कर्त्तव्य से मुक्त कर देता है, उसकी स्वाधीनता छीन लेता है और उसे अत्यंत कष्टकर गुलामी की अवस्था में ले जाता है। अपनी डायरी में एक स्थान पर वे लिखते हैं : "कुछ लोग भयानक दुष्ट होते हैं लेकिन उनके आदर्श बहुत अच्छे होते हैं।" उनकी यह उक्ति कि ईश्वर नहीं है तो कोई नैतिक मूल्य भी नहीं है और आदमी बेसहारा है अस्तित्ववादियों का बीजमंत्र बन गया जिन्होंने ईश्वर की सत्ता से इन्कार करके मनुष्य को पूर्वनियत नैतिक मूल्यों से बरी कर दिया।

किन्तु सभी अस्तित्ववादी दार्शनिक अनीश्वरवादी नहीं थे। वस्तुत: अस्तित्व-वादियों में आस्तिक और नास्तिक का भेद महत्वपूर्ण नहीं था। उनकी लड़ाई उस आदर्श के खिलाफ थी जिसे कभी समाज, कभी राज्य, कभी धर्म और कभी ईश्वर की सत्ता के रूप में देखा गया और जिसने मनुष्य के व्यक्तित्व को, उसकी भावनाओं को तथा कुल मिलाकर उसके अस्तित्व को मानने से इन्कार किया। किर्केगार्द जैसे आस्तिक ने, जिसने ईश्वर की गोद की ओर पागल छलांग को जीवन की सर्वोत्तम स्थिति बताया, उपर्युक्त सत्ताओं पर सबसे प्रबल प्रहार किया जब उसने हीगेल की निरपेक्ष स्पिरिट की तीखी आलोचना की। नास्तिक सार्त्र ने कहा कि ईश्वर होगा भी तो इससे कोई फर्क नहीं पड़ता क्योंकि यह मानव के अस्तित्व की समस्या ही नहीं है। अस्तित्व से पूर्व सत्त्व की सत्ता को अस्वीकार करने में सभी अस्तित्व वादी एकमत हैं और यह स्वयं ईश्वर का निषेध है। बच्चा यदि जन्म के साथ अच्छे-बुरे, पाप-पुण्य, सुन्दर-असुन्दर, सत्य-असत्य आदि के नैतिक मूल्यों को लेकर नहीं आता है और केवल पैदा होने के बाद वह इन्हें प्राप्त करने लगता है तो यह विचार अथवा आदर्श की शाश्वत एवं सर्वोपरि सत्ता का असिद्ध होना ही है जिस पर सब अस्तित्ववादी सहमत हैं।

वस्तुत: अस्तित्ववाद मानव चेतना का दर्शन है। भारतीय दर्शन की शब्दावली में इसे चिद्दर्शन या आत्मा का दर्शन कहा जा सकता है। यह न तो इस बात पर विचार करता है कि सृष्टि कैसे बनी, या ब्रह्मांड की रचना कैसे हुई अथवा इसकी रचना करने वाला कौन है और न इस बात पर कि सृष्टि के नियम क्या हैं और इन्हें किसने बनाया। यह केवल इस बात पर विचार करता है कि मानव चेतना का स्वरूप क्या है, सृष्टि उसके लिए किस रूप में प्रकट होती है और वह सृष्टि को किस तरह प्रभावित करती है। इसके अनुसार न तो विज्ञान के यांत्रिक नियम मानव चेतना के सही स्वरूप की व्याख्या कर सकते हैं और न सृष्टि के किसी कल्पित रचयिता या उसकी प्रतिनिधि सत्ता, राज्य, समाज, धर्म आदि की इच्छा अथवा आदेश मानव चेतना को शासित कर सकते हैं।

ऑर्टेगा वाई गैसेट के शब्दों में मानव की कोई प्रकृति नहीं होती, उसका केवल इतिहास होता है और केवल वस्तुओं की निश्चित प्रकृति होती है। व्यवस्थाओं से संबंधित आदर्शवादी दर्शन में विषयि-विषय, कर्त्ता-कृति, विचार-सत्ता (होने के अर्थ में) की सम्पूर्ण एकता स्थापित की जाती है। अस्तित्ववाद इनका पृथक अस्तित्व मानता है। अस्तित्ववादियों का विचार है कि किसी सिद्धांत के आधार पर मानव जीवन की व्याख्या करने की कोशिश करने से सिद्धांत या विचार से मेल न खाने वाली हर चीज अवास्तविक और बेतुकी हो जाती है। सम्भवतः इसीलिए आदर्शवादी व्यवस्थाएं विरोधी विचार के प्रति असहिष्णु एवं क्रूर पाई जाती हैं। यदि निरपेक्ष को ही एकमात्र सत्य माना जाता हैं तो प्रत्यक्ष जीवन के अनुभव निरर्थक हो जाते हैं। अस्तित्ववादियों का कहना है सत्य के सिद्धांतों को जानना जीवन का सर्वोच्च लक्ष्य नहीं हो सकता किन्तु अपने अस्तित्व की अनुभूति जीवन का सर्वोच्च लक्ष्य होता है। अस्तित्ववादियों का कहना है कि हम विश्व का ज्ञान विज्ञान के माध्यम से प्राप्त करते हैं किन्तु आत्मा या स्व का ज्ञान विज्ञान से नहीं मिल सकता। यह काम दर्शन का है। अस्तित्ववादी विश्व और समाज दोनों के अस्तित्व को स्वीकार करते हैं किन्तु वे दोनों के बीच शाश्वत द्वंद्व मानते हैं।

सृष्टि की विभिन्न वस्तुएं मानव चेतना में जिस प्रक्रिया से प्रकट होती हैं अर्थात् मनुष्य को सृष्टि का ज्ञान कैसे होता है इसे दृश्य घटना-शास्त्र, गोचर शास्त्र या फिनामिनोलाजी कहा जाता है। अस्तित्ववाद का इस प्रक्रिया से गहरा संबंध है। इसलिए अस्तित्ववाद को समझने के लिए फिनामिनोलॉजी की जानकारी आवश्यक है। इस शास्त्र पर सम्यक् विचार करने वाले दार्शनिक थे एडमंड हसरल।

एडमंड हसरल

सन् 1859 में चैकोस्लोवाकिया में जन्मे जर्मन दार्शनिक एडमंड हसरल ने बर्लिन और विएना में शिक्षा प्राप्त की। हसरल की गणित, भौतिकी, नक्षत्र-विज्ञान और दर्शन में समान रुचि थी। फ्रांज ब्रेंटानो के भाषणों ने उन्हें दर्शन की तरफ मोड़ा। डेविड ह्यूम, कांट और डेकार्त की परम्परा से बहुत कुछ ग्रहण करते हुए भी हसरल ने अपना मार्ग अलग बनाया।

उनका दृश्यघटना शास्त्र प्रकृतिवाद और इतिहासवाद की प्रतिक्रिया के रूप में विकसित हुआ। प्रकृतिवाद मानव चेतना पर भी जड़ प्रकृति के नियमों को लागू करता है और इतिहासवाद मानव-मन को इतिहास की निर्मिति मानता है।

कांट ने कहा था कि भीतरी अनुभव बाहरी अनुभव के माध्यम से ही संभव होता है। हसरल ने इस विचार-बिन्दु को चेतना के अभिप्राय (इंटेंशनलिटी) का सिद्धांत बनाया जिसके अनुसार मानव चेतना किसी वस्तु या विषय की चेतना ही हो

सकती है। हसरल की दृष्टि में केन्द्रीय रहस्य मात्र सत्ता नहीं अपितु ऐसी सत्ता का होना है जो अपनी और दूसरों की सत्ता के बारे में सचेत होती है। उनका कहना था कि सत्य के नियम तथ्य के नियम नहीं हो सकते। इन दोनों के मूल भेद को न समझने से अनेक विसंगतियां पैदा होती हैं। सत्य के सापेक्षतावादी सिद्धांत में कहा जाता है कि सत्य मानव-सापेक्ष है। कुछ लोग मानव को व्यक्ति के रूप में लेते हैं और सत्य को व्यक्ति-सापेक्ष मानते हैं तथा कुछ सामान्य मानव-सापेक्ष। हसरल दोनों को अस्वीकार करते हैं और कहते हैं कि सत्य स्वत: सत्य है, निरपेक्ष सत्य है। सत्य एक ही है चाहे उसका साक्षात्कार आदमी को हो या देवताओं को। उनका कहना है कि मनोविज्ञानवाद भी एक विशिष्ट सापेक्षता का रूप है क्योंकि यह सिद्ध करना चाहता है कि मानव-मन की रचना बदल जाने से तार्किक नियम तथा सत्य का अर्थ बदल सकता है।

सत्य को जानने का साधन प्रमाण है। हसरल का मानना है कि प्रमाण आकस्मिक संवेदन या किसी समय घटी घटना नहीं हो सकता। सत्य में हमेशा विचार की संभावना होती है। सत्य को सिद्धांत के रूप में प्रमाणित होना चाहिए भले ही वह हमें दिखाई न दे। उदाहरण के लिए खरबों की गिनती मानव-मस्तिष्क से सिद्ध नहीं होगी किन्तु तर्क से सिद्ध हो जाएगी। उनके अनुसार प्रमाण का वही सिद्धांत आदर्श सिद्धांत है जिसमें वास्तविक भावनाओं, मानसिक अथवा आवेगात्मक स्थितियों का कोई संबंध न हो।

हसरल इस निष्कर्ष पर पहुंचते हैं कि सत्य के ग्रहण की प्रक्रिया में अमूर्तिकरण की प्रक्रिया से गुजरना पड़ता है लेकिन यह मात्र अमूर्तिकरण नहीं है बल्कि यह मौलिक प्रकार का तत्काल अनुभव है।

हसरल का कहना है कि प्राकृतिक विज्ञानों की सफलता के बावजूद प्राकृतिक अथवा वैज्ञानिक दृष्टिकोण का अन्त सन्देहवाद में होता है। अत: ज्ञान के संबंध में एक विश्वसनीय उत्तर की खोज आवश्यक है। यह उत्तर निगमनात्मक ज्ञान-प्रक्रिया से प्राप्त किया जा सकता है। उन्होंने प्रकट होने की क्रिया और प्रकटवस्तु में भेद किया और पहले को आभास (Noesis) तथा दूसरे को आभासी (Noema) कहा।

उन्होंने कहा कि शुद्ध सात्त्विक सत्य तथ्य के बारे में कुछ नहीं बताते। इसके परिणाम स्वरूप हम अक्सर तथ्यों की दुनिया के अत्यन्त मामूली सत्य को भी नहीं पकड़ पाते हैं।

सत्त्व (एसेंस) के संबंध में हसरल का मानना है कि सत्त्व वह है जो व्यक्ति के अन्तर्मन को बताता है कि अमुक वस्तु क्या है। इस 'क्या' को विचार के रूप में अभिव्यक्त किया जा सकता है।

सत्त्वों या सामान्यों (Universals) के सिद्धांत का प्रतिपादन करते हुए हसरल

वस्तुओं या विषयों के सामान्य तथा विशेष भेद करते हैं। लॉक का कहना था कि सामान्य का वास्तव में अस्तित्व ही नहीं है, केवल विशेष का ही अस्तित्व होता है और उन्हें ही गुणों की न्यूनाधिक समानता के अनुसार श्रेणियों अथवा प्रजातियों में विभाजित किया जाता है। हसरल इससे सहमत नहीं थे। उनका कहना था कि हर त्रिकोण में त्रिकोणात्मकता का गुण मौजूद होता है।

मानव चेतना के सम्बन्ध में हसरल की मान्यता है कि यह अभिप्राय-उन्मुख होती है। यह अर्थ की क्रिया और अर्थ-विषय, के बीच का संबंध है। प्रस्तुत करने की क्रिया में कुछ प्रस्तुत किया जाता है, निर्णय की क्रिया में किसी तथ्य को स्वीकार-अस्वीकार किया जाता है, चाहने की क्रिया में किसी चीज़ को चाहा जाता है। इस प्रकार मानव चेतना अभिप्राय-उन्मुख होने के कारण किसी विषय या वस्तु की चेतना ही हो सकती है।

हसरल का सबसे प्रसिद्ध सिद्धांत निगमन (Reduction) का है जिसके अनुसार सत्य के ग्रहण की प्रक्रिया में तथ्यात्मक वास्तविकता कोई भूमिका अदा नहीं करती। देकार्त तथ्यात्मक सत्ता का ओझल होना मानते थे किन्तु हसरल इसे कोष्ठक में बन्द होना मानते हैं।

किर्केगार्द

किर्केगार्द को अस्तित्ववाद का जन्मदाता कहा जाता है। उनका जन्म 5 मई, 1813 को डेन्मार्क में हुआ और उन्होंने अपनी आयु के 42 वर्ष कोपनहेगन में ही बिताए। इस बीच वे चार बार बर्लिन भी गए। सन् 1855 में उनकी मृत्यु हुई। वे अत्यन्त संवेदनशील थे। साधारण अनुभव भी उनके मन पर गहरा प्रभाव छोड़ते थे। उनके पिता धनी व्यापारी और धार्मिक आस्थाओं के व्यक्ति थे। किन्तु किर्केगार्द ने अधिकांश जीवन पिता तथा ईश्वर के खिलाफ विद्रोह में बिताया और केवल अन्तिम वर्षों में उन्होंने दोनों के साथ समझौता किया। वे अविवाहित रहे और उन्होंने अपनी प्रेमिका को भी अकारण छोड़ दिया।

किर्केगार्द ने सबसे पहले आदमी के अकेलेपन को तीव्र रूप से अनुभव किया। उन्होंने कहा कि सामूहिकता के आदर्श (राज्य, समाज आदि) की खातिर वर्तमान युग ने व्यक्ति का परित्याग कर दिया है। हीगेल के निरपेक्ष सत्य (राज्य) के वे कटु आलोचक थे। उन्होंने कहा कि व्यक्ति-निरपेक्ष वस्तुनिष्ठ चिंतन, व्यक्ति को आकस्मिक दुर्घटना बना देता है और मानव-अस्तित्व को किसी उपेक्षित या लोपायमान घटना में बदल देता है। उनके अनुसार व्यक्ति की संकल्पना में व्यक्ति की इच्छा, राग, चुनाव, आस्था और स्वतन्त्रता का अनिवार्य रूप से समावेश होता है। वे भावना-प्रधान जीवन को भी सर्वोच्चता देते थे। उन्होंने कहा कि आदमी दो तरह का होता है—एक जो खुद कष्ट झेलता है और दूसरा जो दूसरों के कष्ट

झेलने का व्याख्याता होता है। उनकी प्रसिद्ध उक्ति है कि एक टांग पर खड़े होकर ईश्वर को सिद्ध करना और बात है तथा ईश्वर के आभार में घुटने टेकना और बात।

देकार्त और कांट दोनों के लिए व्यक्ति की पहचान उसका सोचना है किन्तु किर्केगार्द के व्यक्ति की मूल पहचान है नैतिक अस्तित्व। सोचने के लिए भी यह अस्तित्व जरूरी है। अस्तित्व के लिए उनकी मूल शर्त है स्वतन्त्रता। उनके अनुसार तर्क या बुद्धि के आदेशों को स्वीकार करने से भी आदमी तार्किक जीवन प्रणाली का दास हो जाता है। स्वतन्त्र मानव चेतना अथवा कर्तृत्व को तर्क से वश में नहीं किया जा सकता क्योंकि इसे किसी संकल्पना में नहीं बांधा जा सकता। सही मायनों में जीने के लिए (होने के लिए) उसका विचारवान होना जरूरी नहीं, नैतिक अभिकरण होना जरूरी है। जो सत्य मनुष्य को आध्यात्मिक बल प्रदान करता है वही मनुष्य का वास्तविक सत्य है।

हीगेल के अनुसार स्वतन्त्रता व्यक्ति की नहीं, विचार या स्पिरिट की होती है जिसका इतिहास के क्रम में विकास होता है। उनके दर्शन के अनुसार स्वतन्त्रता अन्ततः व्यक्ति द्वारा युग के तार्किक आदर्शों के अनुरूप अपने को ढालने में है। हीगेल की स्वतन्त्रता ऐतिहासिक चेतना के अनुरूप बनने में है न कि उससे अपने को अलग करने में।

किर्केगार्द हीगेल की स्वतन्त्रता की इस कल्पना के प्रखर विरोधी थे। उनका कहना था कि अस्तित्व, जिसकी कि स्वतन्त्रता अनिवार्य शर्त है, व्यवस्था के अन्तर्गत संभव ही नहीं है। अतः मानव-स्वतन्त्रता और व्यवस्था में शाश्वत विरोध है। तार्किक चिंतक (जैसे हीगेल) को अपने अस्तित्व की समझ ही नहीं होती क्योंकि वह सिर्फ तर्क में जीता है, उसके लिए नैतिकता कुछ नहीं होती; इसीलिए हीगेल के दर्शन को नैतिकता-शून्य कहा जाता है।

जीवन की तीन अवस्थाओं में—(1) भावनात्मक (सौन्दर्य बोधात्मक), (2) नैतिक, (3) धार्मिक या आध्यात्मिक—किर्केगार्द पहली अवस्था को मानव के अस्तित्व की अनुभूति के लिए महत्त्वपूर्ण मानते थे जिसमें आदमी आत्मचेतना युक्त होता है और अन्य लोगों से स्वतन्त्र होता है। दूसरी अवस्था नैतिक जीवन की और तीसरी धार्मिक या आध्यात्मिक जीवन की है। हीगेल अन्तिम को सर्वश्रेष्ठ मानते थे। किर्केगार्द भी तीसरी अवस्था को सर्वश्रेष्ठ मानते थे किन्तु उनके कारण अलग थे। वे इसे तर्क-सिद्ध न होने पर भी चुनते थे। हीगेल के अध्यात्मवाद में ईश्वर को मनुष्य और मनुष्य को ईश्वर तथा अन्तर्व्यापी माना गया। किर्केगार्द का कहना था ईश्वर अगम-अज्ञेय और अपरंपार है। अतः उसे तर्क या बुद्धि से नहीं अपितु राग (Passion) में ही पाया जा सकता है।

भावनात्मक या सौन्दर्य-बोधात्मक अवस्था के बारे में किर्केगार्द कहते हैं कि

यह कविता, संगीत, दर्शन आदि के सर्जनात्मक कार्यों के लिए सर्वश्रेष्ठ होती है। यह जीवन शुद्ध तात्कालिकता का होता है। इस तात्कालिकता में सच और झूठ, संभव और असंभव का भेद नहीं होता। यह सनक का, तात्कालिक सन्तोष का जीवन होता है। इस अवस्था के आदमी के लिए कोई भी चीज अच्छी या बुरी नहीं होती।

नैतिक अवस्था समाज से इकसार व्यक्ति का जीवन होता है। इस अवस्था का व्यक्ति सामान्य (Universal) होता है। जन-सामान्य रुचियों और रुझानों के इस व्यक्ति में भीड़ की मानसिकता और सामाजिक चिंता होती है।

पहली अवस्था का व्यक्ति प्यार को अधिमान देता है और दूसरी अवस्था का शादी को जो भविष्य की प्रतिबद्धता है तथा जिसका लक्ष्य निजी तुष्टि नहीं है।

किर्केगार्द दो प्रकार का अप्रामाणिक जीवन मानते हैं, एक भाग्यवाद का और दूसरा भोगवाद का। ये इसलिए अप्रामाणिक हैं क्योंकि ये आवश्यकता में डूबे होते हैं और संभावना से कटे होते हैं। संभावना आवश्यकता की जकड़ से आत्मा को बचाती है। यदि संभावना न रहे तो व्यक्ति विवशताओं का अबूझ, अव्यक्त और अर्थहीन क्रम बन जाता है। यदि व्यक्ति संभावना को प्राप्त करने में असफल होता है तो वह हताशा, विषाद और कष्ट का शिकार हो जाता है।

आवश्यकता और संभावना ससीम और असीम जीवन की अभिव्यक्ति हैं। स्वतन्त्रता का विचार स्वतन्त्रता को आमंत्रित करता है तथा आवश्यकता परतंत्रता को आमंत्रित करती है। आवश्यकता के वशीभूत आदमी स्वतन्त्र नहीं हो सकता।

आदमी क्या है और क्या हो सकता है, इस शाश्वत तनाव में जीने के लिए वह बाध्य है। किर्केगार्द अन्त में प्रश्न करते हैं कि क्या ऐसी स्थिति में कोई स्वतन्त्र हो सकता है? संभवतः इसी प्रश्न से विवश होकर किर्केगार्द अन्त में ईश्वर की ओर हताश छलांग की बात करते हैं।

नीत्शे

नीत्शे और किर्केगार्द को ध्रुवों की तरह अलग और जुड़वां बच्चों की तरह निकट कहा जाता है। हीगेल; कांट आदि आदर्शवादियों के व्यवस्था-पोषक मूल्यों का दोनों ने तीव्र विरोध किया किन्तु नीत्शे ने जहां ससीम विश्व को स्वीकार किया, किर्केगार्द ने उसे अस्वीकार किया।

नीत्शे 24 वर्ष की अवस्था में भाषा-विज्ञान के प्रोफेसर हुए। जर्मनी के विद्वत् जगत में प्राचीन भाषा के विद्वान तथा लेखक के रूप में उन्हें अच्छी ख्याति प्राप्त हुई! बचपन से ही अनेक शारीरिक व्याधियों से पीड़ित होने के कारण उन्हें कष्ट झेलने पड़े। खराब स्वास्थ्य के कारण अध्यापन-कार्य छोड़ कर उन्हें दक्षिणी युरोप

के अनेक स्थानों में स्वास्थ्य की खोज में भटकना पड़ा किन्तु उन्हें वह प्राप्त नहीं हुआ। संभवतः इसीलिए उनका चिंतन और लेखन उन्हें शक्ति के सिद्धान्त विल टु पॉवर (अधिकार की इच्छा) और अतिमानव की कल्पना की ओर ले गया।

ग्रीक भाषा के अध्ययन के दौरान उनका दो ग्रीक देवताओं के प्रति आकर्षण हुआ। एक था डाइनीसस जो नशे और उन्माद का देवता था और दूसरा अपोलो जो शक्ति और संयम का प्रतीक था। नीत्शे ने इन दोनों का समन्वय करने का प्रयास किया।

नीत्शे ने अधिकार की इच्छा को सब मूल्यों का आधार बताया और इसीलिए उन्होंने दो प्रकार के मूल्यों की कल्पना की : स्वामी के मूल्य और दास के मूल्य। स्वामी के मूल्यों को निर्धारित करने वाली इच्छा अधिकार की इच्छा होती है। दास उन मूल्यों को अवगुण या बुराई के रूप में लेते हैं और उन मूल्यों से परहेज को महिमा-मंडित कर उनमें सन्तोष प्राप्त करते हैं। इन दास मूल्यों को महिमा-मडित करने में वे ईसाइयत की विशेष भूमिका मानते थे जिसने दुःखों और कष्टों को चुपचाप सहने का उपदेश दिया और कहा कमजोर ही दुनिया की विरासत के हकदार बनेंगे। दास हमेशा निर्धनता में जीता है अतः उसने धन को बुराई के रूप में लिया तथा नम्रता, धैर्य, विनयशीलता और विषयों से निरासक्ति को महान गुण बनाया। नीत्शे के अनुसार प्रारंभिक काल के ईसाइयों ने दास-मूल्यों को आगे बढ़ाया।

सत्य के सम्बन्ध में नीत्शे ने कहा कि सत्य की कोई सामान्य कसौटी नहीं हो सकती। जो मौत से लड़ने और जीवित रहने में मदद करे यह सत्य की व्यावहारिक कसौटी हो सकती है लेकिन व्यावहारिकता से भिन्न भी सत्य होता है। उनका विचार था कि तर्क और बुद्धि हमें विश्व की एक छद्म कल्पना देती है। वे यथार्थ और आभास में भेद नहीं करते थे और उन्होंने कहा कि यथार्थ दुनिया का अस्तित्व ही नहीं है, उसकी केवल व्याख्याएं हैं जिन्हें सत्य के रूप में प्रस्तुत किया गया है।

कांट और हीगेल दोनों ने कहा कि वैयक्तिक नैतिकता, नैतिकता ही नहीं है। उन्होंने नैतिकता को हमेशा सामाजिक मानदंड माना। इसके विपरीत नीत्शे का मत था नैतिकता व्यक्ति के मनोविज्ञान पर निर्भर है। तर्क और मनोवेग दोनों को अधिकार की इच्छा के मनोवैज्ञानिक सिद्धांत से जोड़ा जा सकता है।

स्वतन्त्रता के सम्बन्ध में नीत्शे का कहना है कि आदमी स्वतन्त्रता का प्रयास अधिकार अथवा शक्ति प्राप्त करने के लिए करता है न कि अधिकार या शक्ति का प्रयास स्वतन्त्रता प्राप्त करने के लिए। सुख भी अधिकार के साथ निकट रूप से जुड़ा है। इस तर्क को आगे बढ़ाते हुए वे कहते हैं कि शहीद होने वाले अपने प्राणों की बलि किसी सुख के लिए नहीं देते हैं अपितु वे अपनी सहज-शक्ति, अपने आत्म-

विश्वास तथा गुलामी अथवा मृत्यु में भी महत्वपूर्ण बने रहने की अपनी क्षमता को सिद्ध करते हैं।

नीत्शे और किर्केगार्द दोनों ही सुकरात को आदर्श मानते थे। किर्केगार्द की दृष्टि में सुकरात व्यक्ति के प्रति चिंतित थे किन्तु ग्रीक दर्शन प्रणाली व्यक्ति की उपेक्षा करती है। नीत्शे प्रणाली को इकतरफा, अधूरा मानते थे। उनका कहना था कि प्रणाली सत्य को तोड़-मरोड़ कर प्रस्तुत करती है जबकि किर्केगार्द मानते थे कि प्रणाली वस्तुनिष्ठ तर्काश्रित सत्य देती है, व्यक्तिनिष्ठ सत्य नहीं।

नीत्शे का प्रसिद्ध कथन कि ईश्वर की मृत्यु हो गई है, नास्तिकता की अभिव्यक्ति नहीं है बल्कि नैतिक मूल्यों के सर्वथा अभाव की चिन्ता की अभिव्यक्ति है। जैसाकि उन्होंने कहा कि ईश्वर की मृत्यु के साथ बर्बरता का युग शुरू हो गया है और हज़ार साल का पागलपन हम में आ गया है। किर्केगार्द के लिए ईश्वर की मृत्यु को स्वीकार करने से भयानक संकट उपस्थित होता है और उस संकट से बचने के लिए ईश्वर की ओर छलांग आवश्यक है। नीत्शे ईश्वर की मृत्यु से मानवता के नये युग के आगमन की कल्पना करते हैं और पुराने मूल्यों के स्थान पर नये मूल्यों की स्थापना की आवश्यकता को रेखांकित करते हैं। वे कहते हैं कि यदि ईश्वर नहीं रहा है तो पाप का महत्त्व भी खत्म हो गया है अतः इस दुनिया से पाप की कल्पना को हटा दिया जाना चाहिए।

नीत्शे का कहना था कि दास नैतिकता को मान्यता प्रदान करने में धार्मिक सत्ता का विशेष हाथ रहा है और चूंकि ईश्वर की मृत्यु के बाद धार्मिक सत्ता कमजोर होगी, दास नैतिकता वाले लोग राज्य की ओर उन्मुख होंगे। इस स्थिति में शक्तिशाली, ईसाइयत के बन्धनों से अपने को मुक्त कर लेंगे। उन्हें नये स्वामी की आवश्यकता होगी जो उन्हें सुपरमैन (अतिमानव) के रूप में मिलेगा।

नीत्शे-दास्तो-ए-व्स्की की शैतान की कल्पना से ('ब्रदर्स करमाज़ोव' में) गहरे रूप से प्रभावित थे और उनकी कृति 'जरथुश्र' में शैतान की कल्पना बौने के रूप में की गई जिसे जरथुश्र चुनौती देते हैं।

नीत्शे का अतिमानव ऐसा व्यक्ति है जो पाशविक और आत्मघाती प्रवृत्तियों पर नियन्त्रण प्राप्त करके उन्हें उदात्त बनाता है। वह इन्द्रजित होता है। उसके उदाहरण सुकरात और क्राइस्ट हो सकते हैं। वैसे नीत्शे मानते थे कि निर्बल लोगों द्वारा स्वामी नैतिकता का लगभग अन्त कर दिया गया है और शक्तिशाली की उत्तरजीविता की संभावना कमजोर की उत्तरजीविता की संभावना से कम रह गई है। सुपरमैन नीत्शे का भावी सपना था और वे कहते थे कि अधिक सुनिश्चित भविष्य के लिए ऐसी नस्ल को तैयार करना होगा जो बेहतर जीवन-मूल्यों को अपनाएं। दुर्भाग्य से नाज़ियों ने उनके इस कथन का मनमानता अर्थ लगाया और नाजीवाद के रूप में एक बर्बर व्यवस्था को जन्म दिया। नीत्शे के दर्शन की यह

भयानकतम शोकांतिका है।

हाइडेगर

हाइडेगर अपने को अस्तित्ववादी नहीं मानते थे किन्तु मानव-जीवन का उन्होंने जो विश्लेषण किया उसने बीसवीं सदी में अस्तित्ववाद के आंदोलन को शुरू किया। उन्होंने अस्तित्ववाद को अनेक संकल्पनाएं दीं जो बाद के अस्तित्ववादी लेखकों और दार्शनिकों के विचार-विवेचन का विषय बनीं।

हाइडेगर के अनुसार दर्शन का भाषा और संकल्पनाओं से गहरा सम्बन्ध है। इस दृष्टि से उसका कविता के साथ भी घनिष्ठ सम्बन्ध है। उनका कहना है कि भाषा आदमी की बहुत खतरनाक सम्पत्ति है। वह भाषा के माध्यम से ही अपने होने की घोषणा करता है। मनुष्य का अस्तित्व कवित्वपूर्ण है। कविता वस्तुओं को देखने की आदिम, भौतिक और निश्च्छल विधि है। कवि वस्तुओं को बिना पूर्वाग्रह के देखता है, वस्तुएं जैसी हैं वैसे ही रूप में। साधारण भाषा और साधारण विचार-प्रक्रिया (तर्क एवं बुद्धि-आश्रित) दार्शनिक पूर्वाग्रहों से जकड़ी होती है। इनमें दार्शकि सत्य को पकड़ने की क्षमता नहीं होती। उनके मतानुसार दर्शन को भाषा का आविष्कार करना चाहिए।

किसी चीज के अर्थ का मतलब है उसका अनावरण होना। सत्य का अर्थ अनावरण ही है अतः तत्व मीमांसा का मुख्य प्रश्न किसी वस्तु या सत्ता को अनावृत्त करना हो जाता है।

हाइडेगर अहं या 'ईगो' की सत्ता को नहीं मानते। उनके अनुसार सब सत्ताएं, सब वस्तुएं, जगत में स्थित हैं। मनुष्य भी इनमें एक है। वह देसिन (Desein) है, वहां, विश्व में। यह सत्ता (देसिन अथवा मनुष्य) ऐसी सत्ता है जो खुद अपने को भी प्रश्न का विषय बनाती है। अन्य सारी सत्ताएं (वस्तुएं) उसके समक्ष प्रकट होती हैं।

हसरल के आभास सिद्धांत से हाइडेगर सहमत नहीं हैं। उनका कहना है कि किसी वस्तु का प्रकट होना वास्तव में उसका प्रकट होना नहीं है बल्कि जो प्रकट होता है वह किसी अप्रकट की घोषणा मात्र करता है। इसे स्पष्ट करने के लिए वे रोग का उदाहरण देते हैं कि रोग के प्रकट लक्षण रोग नहीं होते, वे रोग की घोषणा करते हैं और रोग अप्रकट रहता है जिसकी जानकारी लक्षणों पर विचार करने से प्राप्त होती है। उनका कहना है कि कोई भी वस्तु अपने को समग्र रूप में प्रकट नहीं करती, उसका एक पक्ष या कुछ पक्ष ही उद्घाटित होते हैं। जो प्रकट नहीं होता वह सत्ता का ऋणात्मक गुण है और जो प्रकट होता है वह धनात्मक गुण। मनुष्य या देसिन को ही सत्ताएं प्रकट होती हैं क्योंकि वह द्रष्टा है।

देसिन की कल्पना हाइडेगर की अत्यंत मौलिक और जटिल कल्पना है। यह

सांख्य के पुरुष की तरह है जो विश्व की घटनाओं का साक्षी भी है और प्रेरक भी अथवा यह उपनिषदों के उस आत्मन् की तरह है जिसका एक रूप (पक्षी के रूप में) वृक्ष के फल खाता है और दूसरा सिर्फ देखता है।

संसार की अनंत सत्ताओं के बीच देसिन की सत्ता अभेद की स्थिति में होती है। देसिन के पास निषेध और स्वीकार की शक्तियां हैं। इन शक्तियों से वह अपने लिए चुनाव कर सकता है। ये शक्तियां उसकी स्वतंत्रता की शक्तियां है। वह निषेध के माध्यम से अन्य सत्ताओं से अपने को पृथक करता है और साथ ही अनंत सत्ताओं से किसी एक सत्ता को भी पृथक करता है। उस सत्ता या वस्तु को अपने लक्ष्य के औजार के रूप में चुनता है। जब तक कोई वस्तु उसके लक्ष्य का औजार नहीं बनती तब तक वह अन्य वस्तुओं के साथ अभेद की स्थिति में रहती है, एक प्रकार से ओझल सी।

हाइडेगर विश्व की समस्त सत्ताओं को देसिन के आस-पास बिखरे औजारों के रूप में देखते हैं। देसिन इन औजारों का उपयोग करता है किंतु वह खुद औजार नहीं है। अगर वह स्वतंत्रता का प्रयोग नहीं करता और खुद औजार बनता है तो उसका अस्तित्व अप्रामाणिक है। वह औजार न बने इसके लिए उसे अपनी स्वतंत्रता का उपयोग करना होता है। देसिन जब रोजमर्रा के औसत रूटीन में बंधा रहता है तब उसका अस्तित्व अप्रामाणिक होता है क्योंकि वह अन्य सत्ताओं के साथ अभेद की स्थिति में होता है। अन्य सत्ताओं या वस्तुओं के साथ उसका संबंध ज्ञान का नहीं, व्यवहार और उपयोग का संबंध होता है।

हमारा प्रतिदिन का अनुभव बताता है कि हम आस-पास पड़े औजारों को नहीं देखते हैं। कलम जो हमेशा मेरे इस्तेमाल के लिए मेज़ पर पड़ी रहती है, मुझे तब दिखाई देती है जब मुझे कुछ लिखना होता है और वह मेज़ से गायब होती है या उसकी निब टूट जाती है। हाइडेगर इस उदाहरण से वस्तुओं और देसिन के संबंध को स्पष्ट करते हैं।

विश्व की सब वस्तुएँ मनुष्य के आस-पास उपकरणों के रूप में होती हैं। सामान्य व्यवहार में हम इन वस्तुओं की तरफ ध्यान नहीं देते। किंतु जब कहीं कुछ अड़चन पैदा होती है तो हमें वे वस्तुओं के रूप में दिखाई देती हैं।

हाइडेगर ने तीन प्रकार की बाधाएँ बताई हैं; (1) प्रत्यक्ष बाधा जैसे औजार का बेकार हो जाना; (2) औजार का वहां न मिलना जहां उसकी उम्मीद थी; और (3) औजार का किसी दूसरी वस्तु की आड़ में छिप जाना। सांख्य दर्शन में अति-दूरी, अति-समीपता, इंद्रिय-दोष, मन की घबराहट, पदार्थ की सूक्ष्मता, आडे आ जाना या पदार्थों का गड्डमड्ड हो जाना आदि अनेक बाधाएँ गिनाई गई हैं।

हाइडेगर अभेद की स्थिति में 'ऐंटिटी' शब्द का प्रयोग करते हैं और भेद या

पहचान की स्थिति में 'थिंग' या वस्तु शब्द का।

हाइडेगर का कहना है कि विश्व के साथ हमारा आदिम परिचय संज्ञानात्मक नहीं होता। हम उसे वस्तुओं के रूप में नहीं देखते। हम विश्व को उपकरणों के समुच्चय के रूप में देखते हैं। आम आदमी (Des Mann) की स्थिति में मनुष्य केवल व्यावहारिक होता है, केवल काम चलाऊ की प्रवृत्ति वाला। इस स्थिति में वह अपनी सफलता के मानदंड स्वयं निश्चित करने के उत्तरदायित्व से मुक्त होता है। इस आदमी का जीवन सरल होता है। उसे अपने निर्णय, अपने चुनाव स्वयं नहीं करने पड़ते।

किंतु मनुष्य केवल व्यावहारिक नहीं होता। उसकी अंतिम चिंता होती है अपने को जानना। अपने स्व की खोज ही उसकी असली चिंता होती है। मैं कौन हूँ, इस प्रश्न का उत्तर देने के प्रयत्न में मनुष्य अपने को अस्तित्व के तीन रूपों में देखता है: अस्तित्व (Exitenz), तथ्यात्मकता (Facticity) और पतन (Falleness)।

अस्तित्व का मतलब है संभावना। विचार द्वारा संभावना को लक्ष्य के रूप में चुनना। तथ्यात्मकता का अर्थ है अपने को विश्व की अन्य सत्ताओं में एकसत्ता के रूप में पहचानना और यह मानना कि उसकी नियति विश्व की अन्य सत्ताओं की नियति से जुड़ी हुई है। तथ्यात्मकता हमें यह अहसास कराती है कि हम दिक्काल-युक्त विश्व में 'फेंके हुए' की स्थिति में हैं। पतन का अर्थ है अन्य सत्ताओं और विशेष रूप से अपनी सत्ता के संबंध में प्रश्न न करना। यह अपनी प्रकृति को विस्मृत करना है। यह स्थिति अप्रामाणिक अस्तित्व में होती है। हमें हमेशा पतन का खतरा बना रहता है और हममें से अधिकांश इस खतरे में अपने को खुद डाल देते हैं। रोजमर्रा का रूटीन पतन की ही स्थिति है।

हाइडेगर का कहना है कि चुनाव की स्वतंत्रता और इस स्वतंत्रता की पहचान अस्तित्व का सार या सत्त्व है। अस्तित्व, तथ्यात्मकता और पतन का अहसास मनुष्य का भविष्य, भूत और वर्तमान है और इन तीनों की एकता मनुष्य का सरोकार (Care) है। यदि मनुष्य वर्तमान के रूटीन में ही फँसा रहता है तो यह अप्रामाणिक जीवन है। प्रामाणिक जीवन भविष्य, भूत और वर्तमान की एकीकृत दृष्टि है। अप्रामाणिक जीवन की ओर आदमी आमतौर पर इसलिए झुकता है क्योंकि यह आसान होता है। इसके अतिरिक्त संत्रास प्रामाणिक जीवन से विमुख करता है।

हाइडेगर कहते हैं कि जैसे फल पककर गिरते हैं वैसे आदमी पकने की स्थिति में कभी नहीं आता। ऐसा बहुत ही कम होता है कि मृत्यु के समय आदमी पूरी तरह पक जाए। अक्सर वह 'अभी नहीं' की स्थिति में अपने को पाता है।

अधिकांश मनुष्य अपनी मृत्यु को भूले रहते हैं। इसका मतलब है कि मनुष्य

अधिकांश जीवन मृत्यु की ओर बढ़ रहे अपने आपको छिपाए रखता है। किंतु तथ्य रूप में यह सच है कि मनुष्य जब तक जीता है वह मृत्यु की ओर बढ़ता रहता है किंतु वह 'पतन' (अपने को विस्मृत करने) की प्रवृत्ति के कारण इसे भूल जाता है।

मृत्यु आदमी को 'नथिंगनेस' का अहसास कराती है। नथिंगनेस या शून्यता की भीति दूसरों की मृत्यु के समाचार से पैदा नहीं हो सकती। इस मृत्यु को हम एक दुर्घटना की तरह लेते हैं जो आए दिन आस-पास होती है। मृत्यु को आमतौर पर आदमी एक अनिश्चित घटना की तरह लेता है जो कभी आ सकती है किंतु जो अभी समक्ष उपस्थित नहीं है। यह भी आदमी के पतन के कारण होता है। किंतु जब आदमी मृत्यु के आमने-सामने होता है तो उसे प्रत्यक्ष अनुभव होता है कि सामने 'कुछ भी नहीं' (नथिंगनेस) है, उसका शरीर, उसका संसार, उसकी वस्तुएं, उसके रिश्ते-नाते, उसका मन, उसकी आत्मा और, ईश्वर, कुछ भी नहीं। सम्पूर्ण शून्यता की भीति ही मृत्यु का संत्रास (ड्रेड) है। यह मरने वाले की आंखों में प्रकट होता है।

हाइडेगर का कहना है कि यदि मनुष्य प्रामाणिक जीवन जीता है, यदि वह अपनी प्रकृति, अपने स्वभाव को (अपनी स्थितियों पर विचार करने की प्रवृत्ति को) निरंतर काम में लाता है तो वह मृत्यु को एक अनिवार्य संभावना मानकर चलेगा। वह मृत्यु के सम्मुख जाने के लिए मानसिक रूप से तैयार होगा। इस प्रकार आदमी अपनी मृत्यु का भी स्वतंत्र मन से वरण कर सकता है।

गैब्रियल मार्सल

गैब्रियल मार्सल को निराशा के बीच आशा का दार्शनिक कहा जा सकता है। उनका कहना है कि आधुनिक विज्ञान से मिला भौतिकवाद, तकनीकी ज्ञान की हमारी अतिशयता, सत्ता (बीइंग) के सरल बोध में बाधक है। हम अपने को विचार में और दृश्य संसार को सामान्यों की समूह में बदलकर वस्तुओं के स्वरूप को नहीं जान सकते।

जैसे-जैसे तकनीकी ज्ञान के दावों और मानव की अनिश्चित स्थिति का प्रतिकूल अनुपात बढ़ रहा है वैसे-वैसे निराशा का खतरा बढ़ रहा है। अतः तकनीकी प्रगति और निराशा के दर्शन के बीच सीधा सहसंबंध है।

निराशा उस दुनिया की संरचना की उपज है जिसमें हम रहते हैं। वास्तविक जीवन में कुछ भी ऐसा नहीं है जिसे श्रेय कहा जा सकता है। इसमें कोई सुरक्षा नहीं, कोई गारंटी नहीं।

निराशा की इस प्रवृत्ति के विपरीत आशा में यह विश्वास निहित होता है कि तमाम सूचियों और आकलनों के परे एक सिद्धांत ऐसा भी है जिसका मेरे साथ

तारतम्य बैठता है।

आशा के स्वरूप की झलक हमें महान संतों के जीवन से मिल सकती है जो आशा को चरम बिंदु तक ले जाते हैं। मार्सल के अनुसार सृजन आशा का सबसे बड़ा स्रोत है। जहां सृजन है वहां अवमूल्यन और ह्रास के लिए गुंजाइश नहीं। अवमूल्यन तब होता है जब सृजन अनुकरण या आत्म-मोह बन जाता है।

सृजन की ईमानदारी मार्सल के अनुसार निरे अनुकरण या किसी का अनुगामी बनने के ठीक विपरीत है। ईमानदारी उपस्थिति का सक्रिय सातत्य है। किसी व्यक्ति के प्रति उपस्थिति का मतलब है उसके लिए प्रयोज्य (disposable) बनना। यदि कोई वस्तु मेरे डिस्पोज़ल में है तो मैं जब चाहूँ उसका उपयोग कर सकता हूँ। व्यक्ति जब एक-दूसरे के डिस्पोज़ल के लिए होते हैं तो उनके बीच आत्मीय संबंध बनता है। साधारण संबंधों से यह एक-दूसरे के लिए उपस्थिति होने का संबंध बहुत गहरा तथा स्थायी होता है। उपस्थिति में उपस्थित वस्तु या व्यक्ति हमारा विषय (आब्जेक्ट) नहीं होता बल्कि उससे कहीं अधिक होता है।

निराशा तब पैदा होती है जब हम अपने को किसी अन्य के लिए उपस्थित नहीं कर पाते। जो आत्मा किसी के लिए उपस्थित है वह पवित्र और समर्पित हो जाती है। वह निराशा और आत्महत्या से सुरक्षित हो जाती है।

वह आदमी यह महसूस करता है कि मेरा जीवन मेरा नहीं है, किसी और का है और वह अपनी स्वतंत्रता का भी इस तरह उपयोग कर सकता है कि यह मात्र उसकी अपनी स्वतंत्रता नहीं है। यह बोध ही सृजनात्मकता का आरंभ बिंदु है।

स्वतंत्रता विषयि और विषय का प्राथमिक संबंध है और ईमानदारी या निष्ठा विषयि-विषय का अंतिम संबंध।

उपस्थिति और निष्ठा के स्वरूप को स्पष्ट करने के लिए मार्सल शवयात्रा के दृश्य का उदाहरण देते हैं। कुछ लोग इसमें ऐसे होते हैं जो केवल औपचारिकता निभाते हैं और जिनका व्यवहार स्वचालित मशीन की क्रिया लगता है। इसके विपरीत कुछ ऐसे होते हैं जो अपने मौन से या अपनी निगाहों से जता देते हैं कि वे शोक में डूबे हैं। पहली श्रेणी के व्यक्ति उपस्थित नहीं है जबकि दूसरी श्रेणी के व्यक्तियों की उपस्थिति असंदिग्ध है।

दो व्यक्तियों के बीच सच्चे प्यार और मित्रता का संबंध अन्यपुरुष की कल्पना को मिटा देता है। प्रत्येक दूसरे के लिए 'अन्य' हो जाता है। दोनों मिलकर उत्तम पुरुष (हम) हो जाते हैं। निष्ठा निरंतर उपस्थिति का सुख देती है। यदि एक व्यक्ति कहीं दूर चला जाए या उसकी मृत्यु हो जाए तब भी उसकी उपस्थिति दूसरे के लिए बनी रहती है।

मार्सल कहते हैं कि ईश्वर के साथ मेरा संबंध, मित्र के साथ संबंध की तरह ही, अन्य पुरुष का संबंध नहीं रहता। वह मेरा-तुम्हारा या हमारा संबंध बन

जाता है।

मार्सल कहते हैं कि हम दूसरों के लिए ही उपस्थित नहीं होते, अपने काम के लिए भी उपस्थित होते हैं जब वह काम वास्तव में मेरा काम होता है। मौलिक सृजन में व्यक्ति की उपस्थिति निहित है। चुनौती का सामना करना, उत्तरदायित्व को अपने ऊपर लेना, निर्णय करना, मूल्यांकन करना ये सब व्यक्ति के अस्तित्व की विशेषताएं हैं।

आदमी अपने को दूसरों के लिए अप्रयोज्य बनाता है, यही उसकी निराशा का मूल कारण है।

आशा का मतलब भय का नकार मात्र नहीं है बल्कि यह निराशा का नकार है। यह व्यवस्था में, मूल्यों की सुरक्षा में विश्वास है। आशा ऐसी दुनिया में ही संभव है जिसमें चमत्कारों के लिए जगह हो। मार्सल का विश्वास है कि सच्चे प्यार से 'नथिंगनेस' के अगाध गर्त्त को पार किया जा सकता है।

अपने ज्ञान और अपने विचारों के प्रति भी व्यक्ति की उपस्थिति वांछनीय है। इसका मतलब है अपने विचारों को निरंतर प्रश्न और परीक्षण का विषय बनाकर सृजनशीलता बनाए रखना। जब कोई विचार निष्क्रिय सम्पत्ति बनकर मस्तिष्क में बैठ जाते हैं तो मैं उन विचारों का इस्तेमाल करने के बजाय उनसे इस्तेमाल किया जाने लगता हूँ, जैसे आदमी अपने औजारों के वशीभूत हो जाता है। यह मतांधता और असहिष्णुता का रास्ता है। सच्चा विचारक इस खतरे से अपने को बचाए रखता है।

मार्सल किर्केगार्द की तरह ही आस्तिक अस्तित्ववादी थे।

कार्ल जैस्पर्स

कार्ल जैस्पर्स किर्केगार्द और नीत्शे से प्रभावित थे, हालांकि उनके अनुयायी नहीं थे। वे कहते हैं कि यह स्थिति जिसे मैं पूरी तरह नहीं पकड़ सकता हूँ और नहीं समझ सकता हूँ मुझमें भय पैदा करती है। स्थिति एक गति है जो अपने को और मुझे बदल रही है और मुझे उस अंधकार से, जब मेरा अस्तित्व नहीं था, उस अंधकार की ओर ले जा रही है जब मेरा अस्तिस्व नहीं होगा।

जैस्पर्स अस्तित्व को चेतना के रूप में लेते हैं और वस्तुएं उस चेतना का विषय हैं। दुनिया में, मेरी चेतना में प्रवेश किए बिना कुछ भी नहीं घट सकता है।

चेतना-युक्त होने का मतलब है किसी वस्तु या विषय की तरफ मुखातिब होना। जैस्पर्स इसे 'इंटेंशनलिटी' कहते हैं। चेतना वस्तुओं को ही लक्ष्य नहीं बनाती, अपने को भी लक्ष्य बनाती है। इस प्रकार मैं एक साथ दो चीजों के प्रति सचेत होता हूँ—एक वह जिसे मैं जानता हूँ और दूसरा यह कि मैं जानता हूँ।

ज्ञान और ज्ञान के ज्ञान का युगपात चेतना में होता है ।

जैस्पर्स स्वतंत्र इच्छा और संकल्प को अलग-अलग स्थितियां मानते हैं । वे कहते हैं : "संकल्प में मैं स्वतंत्रता में छलांग लगाता हूं इस उम्मीद के साथ कि नीचे तल में मैं अपने को पा लूंगा । यह इसलिए कि मैं इच्छा कर सकता हूं किंतु मेरा संकल्प मेरे मूर्त्त चुनाव में अभिव्यक्त होता है । यह चुनाव पूर्णतया अप्रत्यक्ष होता है क्योंकि यह संभावना के क्षेत्र की वास्तविक स्थितियों पर विचार करने के बाद किया जाता है और चिंतन-अनुचिंतन से गुजरता है, तब कहीं यह सर्वोच्च निर्णय बनता है । यह इस सोच-विचार का परिणाम नहीं होता हालांकि वह इस सोच-विचार की प्रक्रिया से गुजरता है अतः निर्णय सोच-विचार के बिना नहीं होता किंतु संकल्प पर छलांग से ही पहुंचा जा सकता है ।"

मार्सल के अनुसार संकल्प में सत्य की अंतिम कसौटी सफलता नहीं, असफलता में भी संकल्प का सच्चा बने रहना है ।

संकल्प अंतर्दृष्टि के विपरीत तत्काल इकतरफा क्रिया है । यह अपनी इच्छा को अपने अस्तित्व के ठोसपन में जानना है । यदि संकल्प से पहले मैंने विचार नहीं किया है, सारी संभावनाओं को नहीं तोला गया है और लम्बे चिन्तन से वह नहीं गुजरा है तो इसे अंधे अंतर्बोध से प्रेरित कहा जाएगा, न कि इसे संकल्प कहा जाएगा ।

अस्तित्व का सार है निर्णय । या तो मैं खुद निर्णय करूं या कोई दूसरा मेरे बारे में निर्णय करेगा जिससे मैं किसी अन्य की वस्तु या औजार बन जाऊंगा और अपने स्वतंत्र व्यक्तित्व से हाथ धो बैठूंगा । बिना निर्णय के तो कुछ रह नहीं सकता । समय की एक सीमा होती है जिसके परे मैं निर्णय को स्थगित नहीं कर सकता ।

मार्सल का कहना है कि बिना निर्णय के चुनाव नहीं होता, बिना इच्छा के निर्णय नहीं होता, बिना आवश्यकता के इच्छा नहीं होती, और बिना सत्ता (बीइंग) के आवश्यकता नहीं होती । इनमें से प्रत्येक सूत्र अलग-अलग मात्र होने का बोध कराता है किन्तु चारों मिलकर अस्तित्व का अहसास देते हैं ।

जैस्पर्स का एक सिद्धांत है कि अस्तित्व ठोस वास्तविकता से जुड़ा होता है । सारी मानव जाति को प्यार करने वाला प्यार नहीं करता किंतु एक विशेष आदमी से प्यार करने वाला प्यार करता है । सारी दुनिया को स्थायी रूप से बदलने की इच्छा कोई इच्छा नहीं है । सही इच्छा वह है जो वास्तविक जीवन की किसी संभावना को अपना लक्ष्य बनाती है । भविष्य के रूप में काल संभावना है, भूत के रूप में निष्ठा का बंधन और वर्तमान के रूप में निर्णय । अस्तित्व की अनुभूति किसी समय में किए गए हमारे निर्णयों से ही होती है । यदि मैं किसी समय में समय से ऊपर खड़ा हो सकूं तो मैं काल की अस्थिरता पर विजय प्राप्त कर सकता हूं ।

यदि मैं किसी समय में सम्पूर्ण भाव से प्यार कर सकता हूं या अन्य कर्म कर सकता हूं तो समय शाश्वत बन जाता है।

शाश्वतता न तो कालातीत होना है और न सर्वदा सातत्य, यह मानव के अस्तित्व की कालगत अभिव्यक्ति के रूप में समय की गहराई है।

जैस्पर्स स्पिरिट, रीज़न और एक्जिस्टेंज (Spirit, Reason and Existenz) की अलग-अलग सत्ता को स्वीकार करते हैं। इन्हें आत्मा, बुद्धि और अहंकार कहा जा सकता है। उनका कहना है कि आत्मा समग्र या सम्पूर्ण बनने की इच्छा है। अहंकार प्रामाणिक बनने की इच्छा। आत्मा समग्र में प्रकट होकर सतत बोधगम्य होती है। आत्मा के रूप में मनुष्य अन्य सब मनुष्यों के साथ ऐक्यभाव में होता है किन्तु अहंकार के रूप में वह अन्य मनुष्यों के साथ या विरोध में खड़ा होता है और वह दुर्बोध होता है। बुद्धि और अहंकार के संबंध में जैस्पर्स का कहना है कि ये एक-दूसरे की विरोधी शक्तियां नहीं हैं, पूरक शक्तियां हैं। दोनों साथ-साथ रहती हैं। एक के लोप हो जाने से दूसरी का भी लोप हो जाता है। बुद्धि अहंकार का परिष्कार करती है और अहंकार बुद्धि को सार्थकता देता है। तर्कहीन काम मनुष्य को मनोवेगों, भावावेशों या सनक का सहारा लेने को बाध्य करते हैं जो अन्ततः उसके विनाश का कारण बनते हैं।

अल्बेर कामू

कामू विसंगति या बेतुकेपन (Absurdity) के दार्शनिक के रूप में प्रसिद्ध हैं। वे जीवन में बेतुकापन पाते हैं और इससे लड़ने के लिए आत्महत्या, भोलापन या विद्रोह के तीन मार्ग सुझाते हैं।

सरलता या भोलेपन का अर्थ है किसी चीज को स्वीकार न करना। यह एक निषेधात्मक मूल्य है। विद्रोह में आस्था की ओर छलांग तथा अन्य सांत्वनाकारी सिद्धांतों का स्पष्ट नकार है। कामू का कहना है कि विसंगति को जीने के लिए साहस और बुद्धि अनिवार्य संबल हैं।

विसंगति की नैतिकता यह दिखाती है कि सभी कार्य नैतिक दृष्टि से समान होते हैं इस अर्थ में कि उन पर सही या गलत के कोई भी निरपेक्ष मानदंड लागू नहीं होते।

कामू विद्रोह के जीवन के चार आदर्श प्रस्तुत करते हैं। पहला है डॉन जुआन का आदर्श जो भविष्य के जीवन की आशा को निस्सार मानता है और वर्तमान क्षण को भोगने में यकीन करता है। दूसरा है अभिनेता जो निराशा को नहीं बेतुकेपन को ही जीता है। तीसरा आदर्श विजेता का है जो शाश्वतता के बजाय इतिहास को चुनता है क्योंकि इतिहास उसके अनुभव की सीमा में आता है जबकि शाश्वतता उसे दूर की अनिश्चित वस्तु लगती है। चौथा आदर्श सर्जक है जो यह मानता है

कि सृजन करने का मतलब है दो बार जीना।

कामू ने अपने उपन्यास 'विद्रोही' में बताया है कि विद्रोह में सीमाओं को लांघने की कोशिश का अन्त हत्याओं को उचित ठहराने और तानाशाही में होता है। अब तक के सभी विद्रोहों और क्रांतियों ने पुलिस-राज को ही जन्म दिया है। कामू की यह पुस्तक विद्रोह के रोग का निदान है, रोग जो विभिन्न स्रोतों से आता है।

कामू का कहना है कि जैसे नीत्शे के विद्रोह का अन्त नाजीवाद में हुआ उसी तरह अतियथार्थवादियों (सुरीयलिस्ट) ने साम्यवाद को चुना। सर्वश्रेष्ठ की खोज में विफल इन लोगों ने सबसे बुरे को चुना।

कामू की मान्यता है कि भाषा का सही विनाश असंगति और स्वचालित लेखन से इतना नहीं होता जितना पार्टी-लाइन के लेखन से। कला राजनीति और दर्शन में सम्पूर्ण और निरपेक्ष की चाह विद्रोह की भावना का नाश करती है। अतियथार्थवादी अपने समय के नकारवाद से बचने के लिए विचारों की सम्पूर्ण गुलामी में कूद पड़े।

कामू का विचार है कि फ्रांसीसी क्रांति ने हीगेलवाद को जन्म दिया। हीगेलवाद ने भी इतिहास की प्रक्रिया में व्यक्ति को बलि का बकरा बनाया। वह भी इतिहास से निर्मित मूल्य (स्पिरिट) के अलावा किसी और मूल्य को नहीं मानता। उसने इतिहास के अन्त में विचार के निरपेक्ष सत्ता के रूप में उभरने की कल्पना की।

(उल्लेखनीय है कि इस समय जब सोवियत संघ के विघटन से अमरीकी पूंजीवाद निरपेक्ष सत्ता के रूप उभरा है और इसे इतिहास का अन्त कहा जा रहा है। सम्भवतः इतिहास के अन्त के प्रवक्ता यह मान रहे हैं कि हीगेल की कल्पना साकार हुई है)।

कामू का कहना है हीगेल से प्रभावित रूस और युरोप के कई विचारक रूसी क्रान्ति के विचार 'सर्वहारा का राज्य' को भी इतिहास के आदर्श के रूप में अवश्यंभावी मानते थे। लेकिन कामू का विचार है, कि मार्क्स ने अपनी भविष्यवाणी के विपरीत हुए ऐतिहासिक परिवर्तनों को नजरअंदाज किया। अतः मार्क्सवाद विज्ञान नहीं रहा, धर्म बन गया जो विरोधी विचार वालों को मृत्युदंड देता था।

कामू कहते हैं कि फ्रांसीसी क्रांति में ही विद्रोह ने क्रांति का रूप लिया जिसमें ईश्वर के प्रतिनिधि बादशाह को फांसी दी गई। यहीं से आधुनिक युग प्रारम्भ हुआ क्योंकि यहीं से ईश्वर के बिना और उसके विरुद्ध मनुष्य के राज्य के निर्माण की कोशिशें शुरू हुईं।

कामू की मान्यता है कि विद्रोह को हिंसा-अहिंसा, स्वतंत्रता-न्याय के विरोधाभासों को सुलझाना होगा। हिंसा विद्रोह की भावना को खत्म करती है क्योंकि यह

व्यवस्था-चालित होती है और वह इतिहास के दूरगामी लक्ष्य के लिए व्यक्ति को मात्र वस्तु बना देती है।

ज्यां पाल सार्त्र

फ्रांस के लेखक-दार्शनिक ज्यां पाल सार्त्र को अस्तित्ववाद का राजकुमार कहा जा सकता है। दूसरे विश्वयुद्ध के बाद के विश्व को सबसे अधिक प्रभावित करने वाले व्यक्तियों में सार्त्र का नाम संभवतः सबसे ऊपर आएगा। उनकी पुस्तक 'बीइंग एण्ड नथिगनेस' के अंग्रेजी अनुवादक हैजल ई० बार्नेस ने उनकी गणना बीसवीं शताब्दी के उन बहुत कम दार्शनिकों में की है जिन्होंने एक समग्र प्रणाली प्रस्तुत की।

पैरिस में 1905 में जन्मे सार्त्र दर्शन के आचार्य रहे। दूसरे विश्वयुद्ध के आरम्भ होने पर वे फ्रांस की सेना में भरती हुए। हिटलर की नाजी सेना ने उन्हें बन्दी बनाया और एक साल बाद 1941 में उन्हें रिहा किया जिसके बाद वे नाजियों के आधिपत्य के खिलाफ प्रतिरोध के आंदोलन में शामिल हुए। इसी स्थिति में उन्होंने अधिकांश रचनाएं—उपन्यास, नाटक, दार्शनिक निबन्ध आदि लिखीं। उनका निधन 1980 में पैरिस में हुआ।

शुरू में सार्त्र की रचनाओं को पश्चिम में, विशेषकर अमरीका में सन्देह की नजर से देखा गया। उदाहरण के लिए उनकी पुस्तक 'टु फ्रीडम कंडेम्ड' के अनुवादक बाडे बास्किन ने पुस्तक की प्रस्तावना में प्रश्न किया : "क्या अस्तित्ववाद को लोकप्रिय बनाने वाले वीभत्स नाटकों और अश्लील उपन्यासों का लेखक वास्तव में दार्शनिक है या महज अवसरवादी धोखेबाज़ ?" 'बीइंग एण्ड नथिगनेस' के अनुवादक ने भी अपनी प्रस्तावना में विलियम जेम्स की 'सिद्धांत की यात्रा की तीन अवस्थाओं' का जिक्र करते हुए कहा कि अस्तित्ववाद को भी इन तीन अवस्थाओं से गुजरना पड़ा। पहले उसे अनर्गल कहा गया, फिर उसे सच किन्तु महत्त्वहीन कहा गया और अन्त में उसके आलोचक कहने लगे कि उन्होंने खुद इसकी खोज की।

'बीइंग एण्ड नथिगनेस' सार्त्र की दार्शनिक प्रस्थापनाओं का सबसे महत्वपूर्ण ग्रंथ है। हालांकि इसकी कुछ प्रस्थापनाओं में सार्त्र ने बाद में खुद संशोधन किए लेकिन कुल मिलाकर इसे सार्त्र के विचारों का आधार ग्रंथ माना जा सकता है।

जैसा कि शुरू में कहा गया सार्त्र दो प्रकार की सत्ताएं (बीइंग) मानते थे। एक जो अपने में पूर्ण है और दूसरी जो पूर्णता के लिए व्याकुल है। पहली को उन्होंने en-soi और दूसरी को pour-soi कहा जिसे अंग्रेजी में in-itself और for-itself कहा जाता है। भारतीय दर्शन की शब्दावली में इसे सद् और चिद् अथवा सद्-असद् अथवा प्रकृति-पुरुष कहा जा सकता है। चिद् को वे मानव-चेतना

(Human Consciousness) भी कहते हैं और इस सत्ता का गुण वे 'नथिंगनेस' बताते हैं। 'नथिंगनेस' 'नेति नेति' के अर्थ का बोध कराने वाला शब्द है अतः इसे हम नेतित्व भी कह सकते हैं। यह मानव-चेतना की निषेध की शक्ति है जिसके द्वारा मानव-चेतना अपना और वस्तुओं का ज्ञान प्राप्त करती है। 'मैं यह नहीं' कहकर वह अपने को संसार की अन्य वस्तुओं से पृथक करती है और 'यह वह नहीं' अर्थात् आम, आमला नहीं, कहकर वह वस्तुओं को एक दूसरे से पृथक करती है। यह निषेध की शक्ति मानव-चेतना की स्वतंत्रता है जिसका प्रयोग मानव के जीने की अनिवार्य शर्त है। वह अपने अस्तित्व को स्वतंत्रता के प्रयोग से ही अनुभव कर सकती है और जीने का सही अर्थ अपने अस्तित्व को अनुभव करना ही है। इस प्रकार सार्त्र का अस्तित्ववाद एक प्रकार से स्वतंत्रता का शास्त्र बन जाता है।

हीगेल, कांट आदि के आदर्शवाद या सत्त्ववाद (एसेंशियलिज़म) डार्विन आदि के प्रकृतिवाद, देकार्त आदि के विज्ञानवाद, न्यूटन आदि के मशीनवाद और मार्क्स आदि के इतिहासवाद सब ने मानव-स्वतन्त्रता का दमन किया। इस दमन के विरुद्ध अस्तित्ववादियों ने मानव-स्वतंत्रता को सर्वोच्च मूल्य सिद्ध करने का प्रयास किया। इस दृष्टि से अस्तित्ववाद आधुनिक सभ्यता, पश्चिमी सभ्यता, विज्ञान-मशीन और भोगवाद की सभ्यता के खिलाफ विद्रोह है जिसकी चरम परिणति सार्त्र में दिखाई देती है।

मानव-चेतना का स्वरूप

'बीइंग एण्ड नथिंगनेस' के प्रारम्भ में सार्त्र मानव-स्वतंत्रता और उसके 'नथिंगनेस' के साथ सम्बन्ध को स्पष्ट करते हैं। वे कहते हैं कि स्वतंत्रता मानव के सत्त्व (आदर्शों, मूल्यों) या एसेंस से पहले मौजूद होती है क्योंकि मानव का अस्तित्व और उसकी स्वतंत्रता एक ही चीज़ है। आदर्शवादी सत्त्व को अस्तित्व से पूर्व मानते थे किन्तु अस्तित्ववादी इसके विपरीत अस्तित्व को पूर्व और सत्त्व को उसका परिणाम मानते थे। सार्त्र ने कहा "मानव-स्वतंत्रता ही मानव-सत्त्व को सम्भव बनाती है। जिसे हम स्वतंत्रता कहते हैं उसे मानव की वास्तविकता या उसकी सत्ता से अलग करना असंभव है। आदमी अस्तित्व में आने के बाद स्वतंत्र नहीं होता। आदमी के होने और उसके स्वतंत्र होने में कोई फर्क नहीं है।"

पूर्व को पर से जुदा करने वाली 'कोई चीज नहीं' (नथिंग) है। हर बाधा में कोई चीज बाधक होती है जिसे दूर करना पड़ता है लेकिन भूत और वर्तमान के बीच कोई चीज बाधक नहीं है अतः मानव के लिए आवश्यक है कि वह अपने को अपने अतीत से 'नथिंगनेस' के द्वारा जुदा माने। यह 'नथिंगनेस' निषेध का आधार है क्योंकि यह अपने भीतर 'न' कहने की शक्ति छिपाए हुए है, क्योंकि यह कोई चीज नहीं है, अर्थात् यह सत्ता का निषेध है।

किर्केगा ' से प्रभावित हाइडेगर ने दुश्चिता (एँगुइश) में 'नथिंगनेस' का बोध माना है। सार्त्र कहते हैं कि दुश्चिता में मानव अपनी स्वतन्त्रता की चेतना प्राप्त करता है अर्थात् स्वतन्त्रता चेतना के रूप में दुश्चिता में वास करती है। दुश्चिता में ही स्वतन्त्रता अपने लिए प्रश्न बनती है। दुश्चिता में जो स्वतन्त्रता अपने को प्रकट करती है वह कारण-कार्य के बीच स्थित 'नथिंगनेस' के समान होती है।

दुश्चिता या पीड़ा के कारण जब आदमी अपनी स्वतन्त्रता का प्रयोग करने से बचता है तो वह अपने आप से झूठ बोलता है और बुरी नीयत (दुर्निष्ठा) को अपनाता है। सच्ची निष्ठा अपनी स्वतन्त्रता के प्रयोग में निहित है भले ही उसमें यातना सहनी पड़े। व्यवस्था के नियमों के पालन को हम अक्सर ईमानदारी कहते हैं किन्तु यह बुरी नीयत (बैड़ फेथ) ही है क्योंकि ये नियम मानव की स्वतन्त्रता का दमन करते हैं और आदमी अपनी स्वतन्त्रता के प्रयोग से बचकर ही इनका पालन कर सकता है।

सार्त्र कहते हैं कि मेरी स्वतन्त्रता मूल्यों का अप्रतिम आधार है अत: मेरे द्वारा इस या उस मूल्य को अथवा मूल्यों के मापदंडों को अपनाने का औचित्य कोई भी चीज सिद्ध नहीं कर सकती। चूंकि मेरे कारण ही मूल्यों का अस्तित्व है अत: मैं मूल्यांकन से परे हूं, मेरा औचित्य सिद्ध नहीं है। मेरी दुश्चिता का अथवा मेरी स्वतन्त्रता की दुश्चिता का कारण यही है कि मैं या मेरी स्वतन्त्रता सब मूल्यों का आधार है किन्तु खुद आधारहीन है।

'बीइंग फार-इटसेल्फ' अर्थात् स्व के लिए व्याकुल मानव-चेतना के सम्बन्ध में सार्त्र कहते हैं कि यह ऐसी सत्ता है जो अपने में ही प्रश्नाधीन है। इसका अर्थ है मानव चेतना अपने में सम्पूर्ण रूप से एकाकार नहीं है। यह पूर्णता सद् या 'इन-इटसेल्फ' में होती है जिसके बारे में हम कह सकते हैं कि यह वही है जो है। इसका कोई भी अंश इससे अलग या दूर नहीं है, इसमें द्वैत की कोई संभावना नहीं है। इसमें कहीं जरा-सी भी खाली जगह नहीं है, अत्यन्त सूक्ष्म दरार भी नहीं जिसमें 'नथिंगनेस' का प्रवेश संभव है। किन्तु इसके विपरीत मानव चेतना की सत्ता में रिक्ति है। मेज के सम्बन्ध में मैं कह सकता हूं कि यह मेज है किन्तु अपने विश्वास के सम्बन्ध में मैं नहीं कह सकता हूं कि विश्वास, विश्वास है; मुझे कहना पड़ेगा कि यह विश्वास की मेरी चेतना है।

चूंकि नथिंगनेस सत्ता का नकार है, यह उसी सत्ता के माध्यम से आ सकती है जो खुद अपना नकार हो। यह सत्ता है मानव चेतना जो नथिंगनेस का आधार है और खुद अपने को प्रश्न का विषय बनाती है। नथिंगनेस का आधार होने के बावजूद वह 'है' अर्थात् उसकी सत्ता है भले ही उस सत्ता का स्वरूप बिल्कुल भिन्न हो। सार्त्र मानव चेतना की सत्ता के स्वरूप के सम्बन्ध में कहते हैं कि वह 'वह नहीं है जो है और वह है जो नहीं है।' इस पहेली का सरलार्थ यह है कि आदमी न तो

अतीत की निर्मिति है और न वर्तमान स्वरूप उसका सही स्वरूप है बल्कि वह, वह है जो उसे अभी बनना है। वह अपनी स्वतंत्रता से जो लक्ष्य अपने लिए चुनता है जो होने का संकल्प करता है वही, वह है। वह न तो अतीत का दास है, न परिस्थितियों का खिलौना है, वह अपना स्वतन्त्र संकल्प है, अपना भविष्य है जिसे वह खुद चुनता है।

चेतना की भौतिकता (तथ्यात्मकता)

लेकिन बावजूद इसके कि मानव चेतना अपने अतीत, अपनी परिस्थितियों का निषेध करती है, वह अतीत या परिस्थितियों से मुक्त नहीं होती बल्कि इनसे युक्त रहती है (तभी तो निषेध कर पाती है)। अलबत्ता, वह उनसे शासित होने से इन्कार करती है। उसका यह अतीत, ये परिस्थितियां, मानव-शरीर सहित, उसकी तथ्यात्मकता या Facticity है। ये मानव को 'दिए गए' तथ्य हैं। इनका चुनाव उसने स्वयं नहीं किया है ये उसे अकस्मात् मिले हैं। मनुष्य न तो अपने जन्म, परिवार, देश और काल को चुन सकता है न अन्य सारी स्थितियों को जिनके बीच वह मौजूद होता है। ये उसके भूत हैं (अतीत के अर्थ में भी और पंचमहाभूतों से मिले तथ्यों के अर्थ में भी) और वह इनका दास नहीं, स्वामी (भूतनाथ) है। मानव जीवन की सार्थकता इस बात में है कि वह भूतनाथ बने, अपनी तथ्यात्मकता से शासित न हो। इसके लिए उसे स्वतन्त्र इच्छा का प्रयोग करके अपनी तथ्यात्मकता का निषेध करना पड़ता है और अपना लक्ष्य चुनना पड़ता है। यही उसका सृजन है और इसी के माध्यम से वह अपने अस्तित्व को स्थापित कर सकता है।

सार्त्र का कहना है कि यदि मानव-सत्ता निर्दोषता एवं पूर्णता का आदर्श अपने में लिए हुए होगी तो खुद अपना आधार नहीं होगी क्योंकि यदि वह अपना आधार होगी तो वह अपने जैसी पूर्ण और निर्दोष सत्ताओं का निर्माण करेगी। दूसरे शब्दों में स्वाधार वाली सत्ता में और उसकी कल्पना अथवा सृष्टि में जरा-सा भी भेद नहीं हो सकता क्योंकि वह कल्पना या सृष्टि उसके आदर्श के ही अनुरूप होगी। (भाव से अभाव की उत्पत्ति नहीं हो सकती है)। मानव स्वचिंतन की अवस्था में अपने को आधारहीन पाता है, अपने को अधूरा पाता है। देकार्त का आत्मोन्मुख अहं (ईगो) भी अपने को अधूरा पाता है क्योंकि वह सन्देह करता है। किन्तु देकार्त अपूर्ण सत्ता में भी पूर्णता के विचार या आदर्श की विद्यमानता मानते हैं जो उनके सिद्धांत की विसंगति है।

मानव का यह अपूर्णता का बोध तथ्यात्मक्ता का बोध है। यह तथ्यात्मकता उसकी चुनी हुई नहीं, उसे दिए गए तथ्यों के रूप में मिली है। दूसरे शब्दों में यह उसकी स्थिति है जिसमें उसे फेंक दिया गया है और अकेला छोड़ दिया गया है।

यदि यह तथ्यात्मकता उसकी अपनी अर्जित वस्तु होती, अकस्मात मिली हुई

न होती तो मानव चेतना जैसे चाहे उसका उपयोग कर सकती थी, उस पर शासन कर सकती थी और उस पर गर्व भी कर सकती थी। किन्तु चूंकि यह उसे अकस्मात मिली है अतः वह उस पर निर्भर नहीं कर सकती, उसे अपना आधार नहीं बना सकती। मानव चेतना विचार की प्रक्रिया में ही तथ्यात्मकता के इस स्वरूप को समझती है और उसे आधारहीनता का बोध होता है। यह बोध ही हाइडेगर के शब्दों में प्रामाणिक जीवन है और यह बोध न होना अर्थात् तथ्यात्मकता को अपना समझ लेना अप्रामाणिक जीवन है। यह बोध अपराध-भावना के समान नहीं है तथापि इस बोध से हम अपनी नजरों में असंगत बन जाते हैं। यह जीवन की निस्सारता और बेतुकेपन की अनुभूति है।

मूल्य-चेतना

मनुष्य में इच्छा का होना ही इस बात का पर्याप्त प्रमाण है कि मनुष्य अधूरा है। उसकी अपूर्णता या अभाव ही उसका मूल्य है जिसे प्राप्त करने के लिए मानव अपनी स्वतन्त्र इच्छा का प्रयोग करके अपने लक्ष्य की ओर बढ़ता है। यह लक्ष्य उसकी संभावना है जो अपने अभाव के रूप में उसके सामने प्रकट होती है। यह अभाव अस्तित्व के बाद प्रकट नहीं होता, अस्तित्व के साथ-साथ प्रकट होता है। जन्म के साथ ही मनुष्य अपूर्णता या अभाव के साथ अपने को पाता है। अपूर्ण मानव-चेतना पूर्णता की ओर बढ़ती है। चूंकि मानव-चेतना का अपना कोई आधार नहीं है (उसका आधार नथिंगनेस है) अतः वह ऐसी सत्ता बनना चाहती है जिसका अपना आधार हो। यह सत्ता जिसकी ओर वह बढ़ना चाहती है चेतना रूप ईश्वर नहीं है (क्योंकि सद्-चिद् की एकता असंभव कल्पना है)। बल्कि यह सत्ता समग्रता है जिसका व्यक्ति एक अंश है। मानव इसलिए दुखी है कि वह उस समग्रता को प्राप्त करने के लिए सदा व्याकुल है जिसका वह अंश है किन्तु जिसे वह पा नहीं सकता क्योंकि सद् को प्राप्त करने के लिए उसे अपना चिद् खोना पड़ता है।

आदमी जो दुख झेलता है, जो यातना अनुभव करता है वह हमेशा अपर्याप्त या अधूरी होती है क्योंकि चेतना में प्रवेश करते ही वह यातना से यातना की चेतना बन जाती है। दूसरे की यातना, ठोस प्रतिमा बन जाती है, इसलिए हमें आकृष्ट करती है। वह उस वास्तविक चेतना का जो निरन्तर हमारा पीछा करती है, स्खलित समरूप होती है।

सार्त्र मानव-चेतना को निर्वैयक्तिक चेतना और अहं (ईगो) की पृथक् सत्ता नहीं मानते। वे मानव-चेतना के वैयक्तिक रूप को अहं कहते हैं। मेरेपन का भाव चेतना में हमेशा मौजूद रहता है और इस दुनिया के सम्बन्ध में मेरेपन का भाव इस अर्थ में होता है कि दुनिया मेरी संभावनाओं से भरी है और प्रत्येक संभावना

की चेतना आत्म-चेतना अर्थात् मैं हूं। इन संभावनाओं से दुनिया की एकता और सार्थकता है।

चेतना की काल-गति

कालिकता, काल अर्थात् समय के साथ हमारा सम्बन्ध है और यह हमारी तथ्यात्मकता का ही एक रूप है। लेकिन भूत, वर्तमान और भविष्य काल के तीन अलग-अलग खंड नहीं हैं अपितु यह अखंड क्षण-रचना है। अतीत स्मृति के रूप में वर्तमान के साथ रहता है। कुछ दार्शनिकों ने इन स्मृतियों को वर्तमान से अलग करने के लिए अचेतन, निष्क्रिय आदि कहा किन्तु सार्त्र अतीत और वर्तमान के बीच कोई पुल नहीं मानते, वे दोनों को बल्कि भविष्य को भी उनके साथ अविच्छिन्न मानते हैं।

मारलो ने कहा था कि मृत्यु इसलिए भयानक है कि वह जीवन को नियति में बदल देती है। सार्त्र का कहना है कि मृत्यु होने पर जो आदमी दूसरों याने मित्रों, सगे-सम्बन्धियों की स्मृति में बना रहता है, वह ठोस अतीत में चला जाता है किन्तु जहां ऐसा नहीं होता वहां उन्हें तथा उनके अतीत को पूर्णतया नष्ट कहा जा सकता है। अतीत की वर्तमान में विद्यमानता नदी के तल में पड़े पत्थर के समान मानी जा सकती है। अतीत वर्तमान के साथ प्रेत-छाया की तरह रहता है लेकिन वर्तमान नहीं बन सकता।

सार्त्र कहते हैं कि मेरा अतीत वह है जो मुझे अभी बनना है किन्तु इसका स्वरूप मेरी संभावना से अलग है। मेरी संभावना मेरी ठोस संभावना है जिसकी विपरीत संभावना भी उतनी ही संभव है अर्थात् उसमें सफलता-असफलता दोनों निहित हैं। किन्तु अतीत मेरी ऐसी संभावना है जो पूर्णतया निश्चित है। इससे बचा नहीं जा सकता। अतीत मेरा सद् है और मुझे यह सद् रूप अन्ततः प्राप्त करना ही है (मृत्यु पर), इससे कोई बचाव नहीं। मेरा सद् जिसका मैंने निषेध किया है, मेरे पीछे लगा हुआ है। यह मेरी तथ्यात्मकता है, मेरा अतीत है। मुझे इसे एक दिन प्राप्त करना ही होगा। यदि मैं अपने अतीत में पुनः प्रवेश नहीं कर सकता हूं तो इसका कारण है कि यह सद् है और मैं चिद् हूं। अतीत के विपरीत वर्तमान मेरा चिद् है। वर्तमान का अर्थ किसी के समक्ष उपस्थिति। प्रश्न है कि किस के समक्ष कौन उपस्थित होता है? जो वर्तमान है, उपस्थित है, वह सद् नहीं हो सकता क्योंकि सद् सिर्फ स्थिति है, उसकी भूत, भविष्य या वर्तमान में गति नहीं है। अतः वर्तमान में सिर्फ चिद् की उपस्थिति हो सकती है और यह उपस्थिति सद् के समक्ष होती है। चिद् की उपस्थिति समग्र रूप में सद् की स्थिति को संभव बनाती है।

वर्तमान को तत्क्षण के रूप में पकड़ना असंभव है क्योंकि तत्क्षण वह क्षण होगा जिसमें वर्तमान ठहरा हुआ होगा। किन्तु वर्तमान कभी ठहरा हुआ नहीं होता, वह

केवल गति के रूप में ही रह सकता है।

वर्तमान चिद् रूप है। वह चिद् रूपी मानव चेतना की तरह ही 'वह' नहीं है जो है (अतीत) और 'वह है', जो नहीं है (भविष्य)।

जहां तक भविष्य की बात है सद् न तो भविष्य हो सकता है और न भविष्य का कोई अंश। पूर्ण चन्द्रमा चन्द्रलेखा का भविष्य है इस तथ्य का प्रकाश मानव-चेतना के द्वारा ही संभव है। अतः भविष्य का आगमन मानव-चेतना के माध्यम से होता है। भविष्य केवल उसी का हो सकता है जिसकी संभावनाएं हैं जिसे अभी कुछ होना है। जो हो चुका है उसका भविष्य नहीं हो सकता।

मैं भविष्य की ओर उन्मुख इसलिए होता हूं ताकि मैं अपने अभाव, अपनी अपूर्णता को प्राप्त करके वह बन सकूं जो मैं हूं। इस प्रकार मानव-चेतना जिस चीज के समक्ष उपस्थित होती है वह है उसकी अपनी संभावना। भविष्य वह कल्पित बिन्दु है जहां तथ्यात्मकता (अतीत), चेतना (वर्तमान) और उसकी संभावना (भविष्य) के सहसा अनन्त संपीडन से स्व, चिद् के सद् रूप में प्रकट होता है। इस चिद् की भविष्य यात्रा सद् की ओर (अर्थात् मृत्यु की ओर) है।

भविष्य अतीत के बिल्कुल विपरीत है। अतीत 'मैं' हूं लेकिन अपने से परे हूं लेकिन इस 'मैं' का न होना मेरे लिए संभव नहीं है अर्थात् मुझे अपना अतीत बनना ही है। भविष्य, इसके विपरीत, ऐसी चीज है जिसे मैं सिर्फ पा सकता हूं, पाता नहीं हूं; मेरी स्वतन्त्रता उसे पाने के लिए हमेशा व्याकुल रहती है। मेरा भविष्य शाश्वत संभावना है जिसे मैं पूर्णतया कभी नहीं पा सकता। इस प्रकार मेरी स्वतन्त्रता जो संभावना को पकड़ने के लिए व्याकुल है, इस व्याकुलता के लिए अभिशप्त है।

काल या समय मुझे अपने से अलग करता है, जो मैं रहा हूं और जो मैं बनना चाहता हूं, जो मैं करना चाहता हूं उससे और वस्तुओं तथा अन्य व्यक्तियों से। समय को ही दूरी के व्यावहारिक पैमाने के रूप में चुना जाता है जैसे वह शहर आधा घंटा दूर है, इस काम को समाप्त करने में तीन दिन लगेंगे आदि-आदि। यहां दिक्काल की एकता देखी जा सकती है। विश्व और मानव का कालिक सम्बन्ध चकनाचूर होकर पूर्वापर सम्बन्ध रह जाता है। इस चूर-चूर हुए काल का एक कण क्षण है जिसकी स्थिति कुछ निश्चित क्षणों से पहले और कुछ के बाद है किन्तु वह क्षण अपने रूप में पूर्वापर का समावेश नहीं करता। यह अविभाज्य है और कालातीत है क्योंकि काल एक प्रवाह है।

भ्रूण में चेतना के विकास का अध्ययन करने से ऐसा लगता है कि एक क्षण ऐसा रहा होगा जब भ्रूण के पिंड में चेतना नहीं होगी और फिर सहसा चेतना प्रकट हुई होगी जिसका कोई अतीत नहीं होगा। सार्त्र कहते हैं कि इस चेतना का भी अतीत होता है किन्तु इसका यह मतलब नहीं कि यह चेतना सद् में स्थित किसी

पूर्व चेतना से आई है। इसका मतलब यह है कि चेतना सद् के निषेध से प्रकट होती है इसलिए हर चेतना के पीछे सद् अर्थात् अतीत होता है। वास्तव में चेतना द्वारा निषेध से ही अतीत प्रकट होता है। सद्-चिद् का पूर्व रूप है।

चेतना प्रकट होने की घटना जन्म है। प्रश्न उठता है कि सद् से चिद् कैसे प्रकट होता है ? क्या वह सद् से पैदा हुआ या किसी अन्य से ? ये सारे प्रश्न सार्त्र कहते हैं कि, इस तथ्य की उपेक्षा करते हैं कि चेतना के निषेध करने पर ही अतीत का उदय होता है। अर्थात् सद् से चिद् का जन्म नहीं होता बल्कि चिद् से सद् की सत्ता स्थापित होती है। जन्म के माध्यम से अतीत विश्व में प्रकट होता है।

ऐसा लगता है कि जब चेतना अपने नेतित्व (नथिंगनेस) से चुक जाती है और सद् की गिरफ्त में आती है तो उस क्षण एक नई चेतना जन्म लेती है जो विश्व के समक्ष उपस्थिति के रूप में अपना निषेध करती है और सद् में स्थित हो जाती है। प्रश्न है कि सचमुच यह नई चेतना का प्रकटीकरण है ? सार्त्र इस प्रश्न के उत्तर में कहते हैं : "सब कुछ ऐसे घटित होता है गोया वर्तमान चेतना का शाश्वत विवर (छेद) हो—जो तत्काल भर जाता है, शाश्वत रूप से नए जन्म के साथ—(अर्थात् एक चेतना के विलीन होने और दूसरी के प्रकट होने का शाश्वत क्रम वर्तमान में चलता है), गोया वर्तमान सद् या अतीत की पकड़ से दूर रहने के लिए लगातार भागता है किन्तु अन्त में सद् उसे पकड़कर अतीत में बदल देता है जो किसी चेतना का अतीत नहीं होता। सद् की यह अन्तिम विजय मृत्यु है जो कालिकता को बन्दी बनाकर समूची दुनिया को अतीत में बदल देती है।

चेतना जब अपने प्रति सचेत होती है तो वह अनुचिंतन (Reflection) की स्थिति है। इसमें मूल चेतना में प्रकट सत्ता का पुनः प्रकटीकरण होता है और यह अधिक प्रामाणिक होता है। यह संज्ञान की पुष्टि है।

चेतना की दिक्-गति

सद् और चिद् का पारस्परिक सम्बन्ध ज्ञान है। ज्ञान वस्तुतः अन्तर्ज्ञान होता है। हसरल ने तथा अन्य कई दार्शनिकों ने भी कहा है कि यह चेतना के समक्ष वस्तु की 'निजी' उपस्थिति है। अतः ज्ञान को उपस्थिति कहा जा सकता है।

मानव-चेतना प्रतिबिम्ब-प्रतिबिम्बी के छाया-द्वैत के रूप में अपने नेतित्व (नथिंगनेस) का आधार है। प्रतिबिम्ब और प्रतिबिम्बी एक-दूसरे पर आश्रित हैं उसी तरह जैसे नेतित्व और चेतना अन्योन्याश्रित हैं। अतः ज्ञान न तो दो सत्ताओं (सद् और चिद्) के बीच सम्पर्क के बाद स्थापित सम्बन्ध है, न यह इन दो सत्ताओं की गतिविधि या गुण है। यह मानव-चेतना की किसी के समक्ष उपस्थिति है।

ज्ञान मानव-चेतना को ही हो सकता है क्योंकि वह नेतित्व है, वह निषेध कर

सकती है और वह ज्ञेय की सत्ता से अपनी सत्ता को पृथक् कर सकती है। मानव-चेतना अपने समक्ष उपस्थित वस्तु को अपनी सत्ता मानने से इन्कार करती है, यही ज्ञान का आधार है। वस्तु के समक्ष उपस्थित होने पर वह घोषणा करती है कि यह मैं नहीं हूं (नेति-नेति) तभी उसे उस वस्तु का ज्ञान होता है।

चूंकि ज्ञान अनुपस्थिति नहीं, उपस्थिति है अतः ज्ञाता-ज्ञेय का पार्थक्य 'नथिंग-नेस' से ही संभव है।

विश्व के समक्ष चेतना की उपस्थिति एक या अनेक विशेष वस्तुओं के समक्ष उपस्थिति के द्वारा ही हो सकती है और इसी तरह विशेष वस्तु के समक्ष उपस्थिति विश्व के समक्ष उपस्थिति की पृष्ठभूमि में ही होती है।

चेतना किसी वस्तु के समक्ष अपनी समग्रता में उपस्थित होती है और चूंकि वह स्वयं समग्र निषेध है अतः वह निषेध भी समग्र का करती है। उसकी प्राप्त समग्रता अप्राप्त समग्रता के अंश के रूप में होती है। इस प्रकार चेतना विश्व के माध्यम से अपने को समग्रता से पृथक् हुई समग्रता के रूप में जानती है। भारतीय चिंतन में इस स्थिति को 'पूर्णस्यपूर्णमादाय पूर्णमेवावशिष्यते' से व्यक्त किया गया है। इस प्रकार ज्ञान ही विश्व है। हाइडेगर के शब्दों में विश्व और उसके बाहर कुछ नहीं (नथिंग) है किन्तु इस नथिंगनेस में मानव-चेतना का उदय नहीं होता, मानव-चेतना ही यह नथिंगनेस है, यह मौलिक निषेध है जिसके द्वारा विश्व प्रकट होता है।

दिक् या आकाश (स्पेस) कोई सत्ता नहीं है। यह असंबद्ध सत्ताओं के बीच एक गतिशील सम्बन्ध है। आकाश या दिक् का ज्ञान मानव-चेतना को होता है जो समग्र के समक्ष भी उपस्थित होती है और 'इस' विशेष वस्तु के समक्ष भी। आकाश विश्व नहीं है किन्तु यह समग्र के रूप में देखी गई विश्व की अस्थिरता है। यह न सतत है और न विच्छिन्न अपितु सतत से असतत की स्थायी यात्रा है। आकाश का होना इस बात का प्रमाण है कि चेतना किसी वस्तु के 'वहां होने' का कारण बन-कर उस वस्तु की सत्ता में 'कुछ नहीं' जोड़ती है।

मानव-चेतना के गुण व्यक्ति की आंतरिक विशेषताएं होती हैं जो आदतों तथा चरित्र का निर्माण करती हैं। चेतना की स्थितियां (मनोदशाएं) गुणों से भिन्न होती हैं जो अधिक संयोगिक और बाह्य परिवेश से प्राप्त होती हैं। जैसे घृणा, प्यार, ईर्ष्या आदि।

किसी वस्तु का गुण उसकी निजी सत्ता है जो अन्य वस्तुओं के साथ सभी सम्बन्धों से उसे अलग करने पर प्रकट होती है। वस्तु का गुण उसकी समूची सत्ता है जो आकाश (स्पेस) की सीमाओं के भीतर अपने को प्रकट करती है। इस गुण को 'पूर्णता' नहीं कहा जा सकता। यह रिक्ति को गुण की निर्धारित रिक्ति का आकार देता है। इस रूप में गुण की, पहुंच से दूर, शाश्वत उपस्थिति रहती है।

वस्तु के गुण का निरपेक्ष निर्धारण मानव-चेतना की स्वतन्त्रता करती है, उसके वर्तमान रूप में नहीं उसके भावी रूप में।

अपूर्णता और अपूर्ण का काल्पनिक समामिलन एक असंभव समग्रता की कल्पना है जो मानव-चेतना को निरन्तर व्याकुल बनाए रखती है। यह कल्पना सद्-चिद की एकता है। वस्तुओं में भी अमूर्त और मूर्त के समामिलन से सौन्दर्य की सृष्टि होती है। सत्त्व और अस्तित्व का यह मिलन भी असंभव कल्पना है। मनुष्य इस सौन्दर्य को अपूर्णता में ही पकड़ पाता है।

समस्त आदर्शवादी दार्शनिकों से भिन्न सार्त्र सम्पूर्ण अथवा निरपेक्ष की सत्ता को स्वीकार कहीं करते। न तो वे निरपेक्ष और सम्पूर्ण सत्य की कल्पना करते हैं और न निरपेक्ष तथा सम्पूर्ण सौन्दर्य की। शिव तो सार्त्र के दर्शन में संचारी भाव की तरह है जिस पर उनकी बाद की रचनाओं में सरसरी तौर पर विचार हुआ है।

पूर्णता की कल्पना ईश्वर से जुड़ी हुई है। पूर्ण और निरपेक्ष ईश्वर ही हो सकता है। सार्त्र कहते हैं कि मनुष्य ईश्वर बनना चाहता है, वह सद्‌चिद् रूप में रहना चाहता है जो असंभव कल्पना है। पूर्ण सत्य इसलिए असंभव है कि यह सद्-चिद् का विलय है। सम्पूर्ण सौन्दर्य भी इसलिए असंभव है कि यह भी मूर्त्त और अमूर्त्त का, सद् और चिद् का परस्पर विलय है। सत्य और सौन्दर्य, भविष्य की तरह हमसे हमेशा कुछ दूर ही रहते हैं। हम उसके लिए निरन्तर प्रयत्नशील रहते हैं किन्तु उसे पूर्ण रूप से पाना असंभव है। आदर्शवाद से अस्तित्ववाद इसी अर्थ में भिन्न है कि आदर्शवादियों का आदर्श या अन्तिम लक्ष्य संभव कल्पना है किन्तु अस्तित्ववादियों के लिए अन्तिम लक्ष्य या मंजिल आ अन्तिम पड़ाव कोई है ही नहीं। सतत यात्रा ही उनकी मंजिल है।

ऐसा लगता है कि सार्त्र चिद् का सौन्दर्य काल के साथ उस के सम्बन्ध में और सद् का सौन्दर्य दिक् या स्पेस के साथ उसके सम्बन्ध में देखते हैं। मानव जब काल के साथ अपनी संगति बिठाता है अर्थात् अतीत के साथ रहते हुए भी उससे स्वतन्त्र रह कर भविष्य को चुनता है तो उसका कर्म सृजन अर्थात् सौन्दर्यपूर्ण बनता है। सद् अर्थात् जड़ वस्तुएं स्पेस के साथ संगति बिठाती हैं। यह संगति वे स्वयं नहीं बिठातीं, मानव-चेतना ही यह संगति बिठाती है। चेतना अपने लक्ष्य के अनुरूप वस्तुओं को अलग-अलग पहचानकर उनका स्थान निर्धारित करती है। यह भी उसका सृजन अथवा सौन्दर्य-सृष्टि है।

मानव चेतना का अन्य के साथ संबंध

लज्जा की अनुभूति स्व-परक होती है। हम अपने पर शर्मिंदा होते हैं। हम इसके माध्यम से अपनी किसी कमी से, अपने स्व के किसी पक्ष से साक्षात्कार

करते हैं। किंतु यह अनुभूति मूलतः स्वचिंतन की नहीं है, यह हमेशा दूसरे के साथ सम्पर्क में होती है। हम हमेशा दूसरों के आगे शर्मिंदा होते हैं। स्वचिंतन या आत्म-निरीक्षण की अवस्था में किसी दूसरे का हमारी चेतना में अस्तित्व नहीं होता। इस अवस्था में मैं अपनी चेतना के सिवा किसी अन्य से सम्पर्क नहीं करता। किंतु मैं और मेरी चेतना का मध्यस्थ अन्य होता है। दूसरे को मैं जिस रूप में दिखाई देता हूं उस पर मुझे लज्जा का अनुभव होता है।

एक चेतना दूसरी चेतना को कैसे प्रभावित करती है या उससे कैसे प्रभावित होती है, इस प्रश्न को यथार्थवादियों और आदर्शवादियों, दोनों ने लगभग नजर अंदाज किया है। यथार्थवादी मन पर पड़ने वाले स्थितियों के प्रभाव पर ही अधिकतर विचार करते हैं और चेतनाओं के परस्पर प्रभाव की (तथा मन द्वारा परिस्थितियों पर डाले जाने वाले प्रभाव की भी) उपेक्षा करते हैं। दूसरी ओर आदर्शवादी (जैसे कांट) मानव चेतनाओं के सार्वभौम अथवा सामान्य नियमों की खोज के लिए इतने अधिक उत्सुक होते हैं कि उनके लिए व्यक्ति का अस्तित्व ही नहीं रहता।

अन्य व्यक्ति का केवल वैचारिक अस्तित्व नहीं होता। वह हाड़-मांस का व्यक्ति होता है, उसी तरह जैसे मेरा हाड़-मांस का अस्तित्व है, मैं महज एक विचार नहीं हूं।

आदर्शवादी के लिए दो ही रास्ते हैं। या तो वह अन्य व्यक्ति की संकल्पना बिल्कुल खारिज करदे और यह सिद्ध करे कि मेरे अनुभव की दृष्टि से अन्य व्यक्ति बेकार की चीज है या वह अन्य व्यक्ति के वास्तविक अस्तित्व को मान ले। पहला रास्ता अहंमात्रवाद (Solipsism) है। शोपनहावर इस स्थिति को पत्थरों के मजबूत मकान में बंद पागल की स्थिति कहते हैं।

अन्य व्यक्ति वह है जो मैं नहीं हूं। दोनों के बीच नकार का (नथिंगनेस) का संबंध है। आदर्शवादी इस संबंध को बाह्य निषेध से ही जान सकता है और इसके लिए उसे 'तीसरी चेतना' की कल्पना करनी पड़ती है जो मैं और अन्य दोनों को बाहर से देख सके। लेकिन तीसरा व्यक्ति दोनों को एक साथ नहीं देख सकता क्योंकि वह दोनों के लिए एक साथ उपस्थित नहीं हो सकता (ज्ञान उपस्थिति है) अतः तीसरी चेतना के रूप में ईश्वर की कल्पना करना उसके लिए अनिवार्य हो जाता है क्योंकि ईश्वर ही एक साथ सब जगह होता है और मैं तथा अन्य दोनों के लिए उपस्थित होता है।

सार्त्र कहते हैं कि यदि हम अहंमात्रवाद से बचना चाहते हैं तो हमें मैं और अन्य का संबंध सत्ता और सत्ता का मानना होगा, न कि ज्ञान और ज्ञान का। हसरल और हीगेल दोनों सत्ता और ज्ञान को एक मानते हैं। हाइडेगर इन दो दार्शनिकों से गहरे प्रभावित थे। उन्होंने कहा कि दो मनुष्यों का संबंध दो सत्ताओं

का होना चाहिए और इस संबंध से दोनों को अपनी समूची सत्ता (मन और शरीर) में परस्पर निर्भर होना चाहिए।

यदि अन्य मेरे समक्ष उपस्थित नहीं होगा, यदि उसका अस्तित्व मेरे अस्तित्व के समान ही असंदिग्ध नहीं होगा तो उसके संबंध में मेरे सारे अनुमान बेमानी होंगे।

एक व्यक्ति जब दूसरे व्यक्ति पर नजर डालता है तो उनका संबंध मात्र जोड़ का संबंध नहीं बनता जैसा कुर्सी-मेज आदि किसी वस्तु का उससे बनता है। दो व्यक्तियों का संबंध विषयि-विषय का होता है। यह संबंध इसलिए बनता है कि मानव की सत्ता 'स्व' के लिए ही नहीं, 'पर' के लिए भी होती है। आदमी अपने लिए ही नहीं, दूसरों के लिए भी जीता है।

अन्य के प्रकट होने से मेरी दुनिया, मेरी स्थितियां बदल जाती हैं। ये स्थितियां उसकी ओर उन्मुख हो जाती हैं। मेरी दुनिया और उसकी सारी चीजें जो पहले मेरी ओर देख रही थीं, इसलिए मेरी थीं, अब उसकी ओर देखने लगती हैं और उसकी हो जाती हैं। मैं उन वस्तुओं के साथ एक वस्तु बन जाता हूं, उसकी नजरों का विषय।

उसकी नजर उसकी आंखों को छिपा लेती है, वह उन आंखों के जैसे सामने प्रकट होता है। इस आभास का कारण यह होता है कि उसकी आंखें जो मेरी दृष्टि का विषय थीं ठीक उसी दूरी पर रहती हैं जहां मैं उन आंखों के लिए प्रकट होता हूं (मैं उन आंखों के समक्ष बिना दूरी के उपस्थित होता हूं किंतु मैं पहले जितनी दूरी पर ही होता हूं।) अतः मैं उसकी नजर से नजर मिलाने की कोशिश करता हूं तो मेरी नजर कुम्हलाकर पृष्ठभूमि में चली जाती है। अर्थात् जब मैं किसी की नजरें अपने ऊपर गड़ा हुआ पाता हूं तो मेरी आंखें सामने की दुनिया नहीं देख पाती हैं। वे मुझे अपनी ओर देखने को विवश करती हैं।

इस बात को स्पष्ट करने के लिए सार्त्र एक उदाहरण देते हैं। मान लो मैं ईर्ष्या या दुष्टतापूर्ण जिज्ञासा के कारण दरवाजे से कान लगाकर कमरे की अंदर का रहस्य जानने की कोशिश कर रहा हूं और चाबी के छेद में अपनी आंखें गड़ाए हूं। यह ऐसी स्थिति होगी जब मेरी चेतना अपने बारे में बेखबर होगी। वह शुद्ध चेतना होगी जो अपने अहं से मुक्त होगी और सारी वस्तुएं मेरी शुद्ध चेतना के समक्ष अपनी तरह तमाम क्षमताओं के साथ उपस्थित होंगीं। इस स्थिति में दरवाजे के कपाट, चाबी का छेद आदि वस्तुएं मेरे औजार होंगे और मेरे सारे काम प्राप्त किए जाने वाले लक्ष्य और उसमें इस्तेमाल किए जाने वाले औजारों से निर्देशित होंगे। मेरी मनःस्थिति होगी साध्य के लिए हर साधन का उपयोग जबकि मेरा स्व, मेरा विवेक, वस्तुओं द्वारा उसी तरह सोख लिया गया होगा जैसे ब्लाटिंग पेपर स्याही को चूस लेता है। यह स्थिति साध्य की सिद्धि या लक्ष्य की प्राप्ति से साधनों का औचित्य सिद्ध करती है।

किंतु जैसे ही हाल में मुझे किसी के कदमों की आवाज सुनाई देती है और मुझे लगता है कि कोई मुझे देख रहा है तो मुझे अपना भान होता है। मैं अपने को तब देखता हूँ, जब दूसरा मुझे देखता है। मेरी चेतना आत्म-निरीक्षण करने लगती है और मेरा स्व, उसका विषय बन जाता है। यह स्व चेतना के आगे तभी उपस्थित होगा जब वह किसी और की नजरों का विषय बनेगा। मुझे तब लगता है कि मेरा स्व मुझ से छूटा जा रहा है, इसलिए नहीं कि मैं अपनी नथिंगनेस का आधार हूं बल्कि इसलिए कि मेरा आधार मुझ से कहीं बाहर है। मुझे अनुभव होता है कि दूसरे के संदर्भ में ही मेरा स्व मेरा है।

यह स्व मेरा अहं है और यह मैं हूँ। यह मुझे मिला है मेरे बिना जाने क्योंकि लज्जा, गर्व आदि की स्थिति में ही मेरा इससे परिचय होता है। लज्जा, गर्व आदि में ही मुझे अन्य की दृष्टि और उस दृष्टि के दूसरे छोर पर अपने स्व (अहं) का बोध होता है। लज्जा और गर्व में ही दूसरे द्वारा देखे जाने की स्थिति को जाना नहीं, जिया जा सकता है।

यदि अन्य पुरुष है (सांख्य का शब्द 'पुरुष' मानव-चेतना के अर्थ में प्रयुक्त हुआ है) तो मेरा एक बाह्य पक्ष भी है। मेरी एक प्रकृति है। मेरा प्रारंभिक पतन (स्वर्ग से आदम और हौवा का पतन) अन्य पुरुष की विद्यमानता है। लज्जा और गर्व में मैं प्रकृति के रूप में अपने स्व का बोध प्राप्त करता हूँ यद्यपि यह प्रकृति मुझसे बाहर अज्ञात-सी रहती है। सही शब्दों में कहें तो मैं वस्तु बनने के क्रम में अपनी स्वतंत्रता को खोता हुआ नहीं पाता हूं बल्कि मेरी प्रकृति ही मेरी जी जा रही स्वतंत्रता के बाहर होती है, मेरी उस सत्ता के पूर्वनियत गुण के रूप में जो दूसरों के लिए है।

इस प्रकार अन्य सर्वप्रथम वह सत्ता है जिसके लिए मैं विषय हूँ अर्थात् वह सत्ता जिसके माध्यम से मैं अपनी विषयता का बोध प्राप्त करता हूँ। यदि मैं अपने किसी एक गुण को भी वस्तुनिष्ठ रूप में जानना चाहता हूँ तो अन्य का मेरे जीवन में प्रवेश अत्यंत आवश्यक है।

कभी-कभी हम बड़े सहज भाव से ऐसे काम करते हैं जिन्हें करने के लिए यदि कोई दूसरा आदेश दे तो हमें बहुत झुंझलाहट होती है। ऐसा द्वेष के कारण नहीं होता है। यह इसलिए होता है कि आदेश और निषेध से हमें अपनी गुलामी के समकक्ष दूसरे की स्वतंत्रता का बोध होता है।

आदमी अपने वस्तुरूप (जो दूसरों की नजरों का विषय है) को छिपाने के लिए कपड़े पहनता है। यह अपने को शुद्ध विषयि के रूप में जीने का प्रयास है जिसे दूसरों को देखने का अधिकार है लेकिन जिसे कोई दूसरा न देख सके।

गर्व और आत्म-प्रदर्शन की प्रवृत्ति बुरी नीयत है, अपने आपसे झूठ बोलने जैसा। आत्म-प्रदर्शन में मैं वस्तु (विषय) के रूप में दूसरों पर अपना प्रभाव

डालना चाहता हूं। मैं दूसरे द्वारा दिए गए गुणों को (जैसे सुंदरता, शक्ति या बुद्धिमत्ता को) दूसरों को प्रभावित करने में इस तरह इस्तेमाल करता हूं कि दूसरा मेरे उन गुणों को प्यार करने लगे। किंतु साथ ही मैं यह भी चाहता हूँ कि वह विषयि के रूप में उन गुणों को सराहे अर्थात् अपनी स्वतंत्रता के साथ। यह मेरी शक्ति या सुंदरता को वास्तविकता प्रदान करने का एक मात्र रास्ता है। यह भावना बुरी नीयत या झूठ-मूठ के विश्वास के रूप में मन में रहती है और इसकी परिणति इसके विघटन में होती है। चूंकि मेरा वस्तु बनना दूसरे पर निर्भर है और मैं दूसरे को इस तरह प्रभावित करता हूँ कि वह मेरा वस्तु रूप मेरे लिए छोड़ दे, इस क्रिया में मैं दूसरे को विषय या वस्तु बना देता हूँ ताकि मैं उसके दिल में प्रवेश करके अपने वस्तु-रूप को (जो मेरे व्यक्तित्व का रहस्य है) प्राप्त कर सकूं। लेकिन यह अंडे देने वाली मुर्गी को मार डालने जैसा है। दूसरे को वस्तु बनाकर मैं वस्तु की नजर में वस्तु (जो अर्थहीन है) बन जाता हूं और इस प्रकार आत्म-प्रदर्शन व्यर्थ बन जाता है।

मानव-देह

मेरी देह मेरी भौतिकता, मेरी तथ्यात्मकता हैं, एक दी गई वस्तु है। लेकिन यह मुझे अन्य वस्तुओं की तरह 'विश्व में' दिखाई नहीं देती। यह मेरे लिए अन्य के माध्यम से ही प्रकट होती है।

स्पर्श करना और स्पर्श पाना दो बिल्कुल पृथक अनुभूतियां हैं और दो संबाद रहित छोरों पर होती हैं।

"आत्मा को जानना शरीर को जानने की अपेक्षा आसान होता है", देकार्त ने यह इसलिए कहा था कि मानसिक तथ्यों को चेतना ग्रहण कर सकती है किंतु शारीरिक तथ्यों की गारंटी दिव्य नियति ही दे सकती है।

मेज के आमने-सामने बैठे दो व्यक्तियों के लिए मेंज पर पड़ा गिलास दाईं या बाईं ओर होगा। मानव-चेतना विश्व को इस तरह नहीं देख सकती कि यह गिलास उसे एक ही समय दाएं-बाएं, नीचे-ऊपर दीखे। दिशाओं के विलीनीकरण से यह-वह का भेद ही मिट जाएगा। जो सद् हमें इस या उस वस्तु के रूप में दिखाई देता है अभेद की स्थिति में चला जाएगा। शुद्ध बाहरी संबंध के रूप में आकाश (स्पेस) का भी लोप हो जाएगा।

आदर्शवाद ने कहा संबंध ही विश्व का निर्माण करता है। न्यूटन के विज्ञान ने भौतिक वस्तुओं की परस्पर क्रिया के संबंध को अपना आधार बनाया। किंतु उनका विश्व मानव-रहित मरुस्थल था।

शरीर मानव-चेतना से अलग कोई वस्तु नहीं है। यह चिद् में स्थित सद् नहीं है क्योंकि उस स्थिति में वह हर चीज़ को ठोस बना देगा। लेकिन यह सच

है कि मानव-चेतना आधारहीन है और इस तथ्य के कारण वह दी गई सत्ताओं के बीच एक दी गई सत्ता के रूप में कार्य-रत रहती है। अतः शरीर चेतना की स्थिति से भिन्न नहीं है क्योंकि चेतना का अस्तित्व और उसका स्थितिरत होना एक ही बात है। दूसरी ओर शरीर विश्व के साथ अभेद की स्थिति में होता है क्योंकि विश्व चेतना की समग्र स्थिति और उसके अस्तित्व का मापदंड है।

किंतु स्थिति शुद्ध रूप से दी गई विद्यमान चीज नहीं है। यह उसी सीमा तक प्रकट होती है जिस सीमा तक मानव-चेतना उसे अपना विषय बनाती है। परिणामतः शरीर जो चेतना से अलग नहीं होता चेतना का विषय नहीं बनता।

चेतना के स्वभाव का तकाजा है कि वह शरीर हो अर्थात् जब वह निषेध द्वारा अपनी सत्ता से पलायन करती है (मैं वह नहीं हूँ जो हूँ और वह हूँ जो नहीं हूँ) तो यह पलायन विश्व में कार्य-रत होने के रूप में ही होता है जिसमें शरीर अनिवार्य हैं।

प्लेटो ने कहा था कि शरीर आत्मा को व्यक्तित्व प्रदान करता है। सार्त्र इससे सहमति व्यक्त करते हैं किंतु यह भी कहते हैं : "तथापि यह मानना गलत होगा कि आत्मा शरीर से अलग होकर अपने व्यक्ति रूप को छोड़ सकती है, मृत्यु के समय अथवा शुद्ध चिंतन द्वारा, क्योंकि चेतना के वैयक्तीकरण में आत्मा और शरीर अभिन्न हैं।

इंद्रियाँ

सार्त्र, शब्द, स्पर्श, रस, रूप, गंध की अनुभूतियों की सत्ता स्वीकार करते हैं और इन्हें आँख, कान, नाक आदि इंद्रियों (शारीरिक अंगों) से अलग मानते हैं। (सांख्य में भी इंद्रियों और तन्मात्राओं को अलग किया गया है)।

सार्त्र विश्व की तमाम वस्तुओं को जिनमें हमारा शरीर भी होता है, औजारों के रूप में देखते हैं। ये औजार मानव-चेतना द्वारा अपने लक्ष्य को प्राप्त करने में उपयोगी होते हैं। इस क्रम में एक औजार दूसरे औजार पर दूसरा तीसरे पर निर्भर होता है। इस शृंखला में अंतिम औजार हमारा शरीर है। औजारों की इस दुनिया में प्रवेश करने का मतलब है अपने को भी औजार बनाना और यह काम शरीर करता है। लेकिन चूंकि मेरा शरीर अंतिम औजार है और यह मैं ही हूँ इसलिए मैं इसका इस्तेमाल नहीं कर सकता, कोई दूसरा ही इसे औजार के रूप में इस्तेमाल कर सकता है।

दूसरे के शरीर का अवबोध प्राप्त करते समय एक अबूझ तरीके से मुझे अपने शरीर का भी अवबोध प्राप्त होता है। यह अवबोध दूसरे की नजरों और इरादों के केन्द्र बिंदु के रूप में होता है।

दूसरे व्यक्ति का शरीर मुझे संश्लिष्ट समग्रता के रूप में मिलता है। मैं उस

शरीर को और वस्तुओं से अलग-थलग रूप में नहीं देखता हूँ तथा उसके प्रत्येक अंग को अपनी दिशा में मुखातिब पाता हूँ, प्राण-मांस की समग्रता के रूप में। इस प्रकार मेरा दूसरे व्यक्ति के शरीर को देखना अन्य वस्तुओं को देखने से भिन्न कोटि का होता है।

मेरे शरीर के तीन आयाम है :

(1) मैं अपने शरीर को जीता हूँ।

(2) मेरे शरीर को दूसरा व्यक्ति जानता है और वह उसका उपयोग करता है।

(3) मैं अपने शरीर को उस रूप में जीता हूँ जिस रूप में दूसरा व्यक्ति उसे जानता है।

प्रेमी-प्रेमिका एकदूसरे के सामने आने पर लजाने, शरमाने या पसीना-पसीना होने की स्थिति से गुजरते हैं जिसका मतलब है कि वे अपने शरीर के प्रति लगातार सचेत हैं लेकिन यह शरीर वह है जिसकी कल्पना दूसरे ने की है।

दूसरे की नजर का उद्देश्य होता है मेरे शरीर को वस्तु या औजार बनाना। वह मेरा विषयि और मैं उसका विषय बन जाता हूँ। मेरा शरीर मुझ से पलायन करके औजारों के विश्व में एक औजार बन जाता है। मेरा विश्व मुझ से नजरें हटाकर दूसरे की ओर देखने लगता है। इसी परिवर्तन की अनुभूति लज्जा, शरम या पसीना-पसीना होने में होती है।

ऐसा लगता है कि दूसरा व्यक्ति हमारे लिए वह काम करता है जिसे मैं खुद नहीं कर सकता लेकिन जो मेरे लिए लाज़िमी होता है, अर्थात् अपने को उस रूप में देखना जिस रूप में मैं हूँ। हम दूसरों की नजर से ही अपने को वस्तु या विषय के रूप में देख सकते हैं। हम आइने में भी अपने को देख सकते है लेकिन वह हमारी समूची सत्ता को नहीं दिखा सकता। यह काम अन्य व्यक्ति ही कर सकता है।

अन्य के साथ मूर्त्त सम्बन्ध

अन्य के प्रति सम्बन्ध शुरू में तीन प्रवृत्तियों में प्रकट होता है : प्रेम, भाषा और आतमपीड़न।

प्रेम—अन्य के लिए चेतना के होने का पहला मौलिक अर्थ टकराव है। हम अपने को दूसरे की गिरफ्त में पाते हैं। हमारा स्व किसी के कब्जे में होता है। हम उसे वापस पाना चाहते हैं ताकि उसे अपना आधार बना सकें। यह तभी संभव है जब मैं सामने वाले की स्वतन्त्रता को अपने में जज़्ब कर लूं। तथापि यह काम इस प्रकार होना चाहिए कि सामने वाले की प्रकृति ज्यों-की-त्यों बनी रही। मैं उसे विषय के रूप में जज़्ब नहीं करना चाहता हूं क्योंकि उस सूरत में मैं विषय नहीं रह जाऊंगा। मैं उसे विषयि के रूप में अपने में जज़्ब करूं तभी मैं अपने को उसके

दृष्टि-बिन्दु से विषय के रूप में पा सकता हूं।

अपने लिए अन्य व्यक्ति बनना अन्य के साथ सम्बन्ध का प्राथमिक मूल्य है। यह आदर्श असंभव है। यह बात दूसरे की उपस्थिति में मुझे निरन्तर परेशान करती है। यह ऐसा प्यार नहीं है जिसका स्वरूप उद्यम होता है अर्थात् अपनी संभावनाओं की ओर समस्त योजनाओं का जैविक समीकरण। यह प्यार का आदर्श है, उसकी प्रेरणा और लक्ष्य दोनों। यह एक अनन्य मूल्य है।

अन्य की स्वतन्त्रता मेरी सत्ता का आधार है। किन्तु चूंकि मैं अन्य की स्वतंत्रता के रहम पर अपना अस्तित्व बनाए रखता हूं अतः मैं अपने को सुरक्षित महसूस नहीं करता। इस स्वतन्त्रता के रहते मैं अपने को खतरे में महसूस करता हूं। इस लक्ष्य को प्राप्त करने का रास्ता है प्यार।

हम चाहते हैं कि कोई हमें प्यार करे। क्यों?

यदि प्यार वास्तव में शरीर पर अधिकार करने की इच्छा है तो इसे अधिकतर आसानी से संतुष्ट किया जा सकता है। लेकिन तब अधिकार में लिया गया शरीर महज लाश होगी। अतः यह निश्चित है कि प्रेमी प्रेमिका की चेतना को अपने वश में करना चाहता है।

प्यार में हम दूसरे को उसकी स्वतन्त्रता के साथ, विषयि के रूप में पाना चाहते हैं ताकि हम अपने को वस्तु-रूप में जान सकें या अपनी वास्तविक सत्ता को जो उसके अधिकार में है, वापस प्राप्त कर सकें।

प्रिय की पूर्ण गुलामी से प्रेमी का प्यार भी मर जाता है। यदि प्रिय मशीन बनकर रह जाए तो प्रेमी का लक्ष्य ही नष्ट हो जाता है। किन्तु दूसरी ओर प्रेमी प्रिय की स्वतन्त्रता के उस उच्च रूप से सन्तुष्ट नहीं होता जो वास्तव में स्वतन्त्रता होती है। प्रेम करने वाला चाहता है कि दूसरा उसे ऐसी स्वतन्त्रता से प्यार करे जो वास्तव में स्वतन्त्र न हो। वह चाहता है कि प्यार करने वाला प्यार करने के लिए विवश हो। उसकी स्वतन्त्रता सद् के वशीभूत होकर पागलपन की स्थिति में या स्वप्न की स्थिति में पहुंच जाए और अपने को मेरे वश में करने के लिए स्वयं ही तैयार हो जाए। प्रेम करने वाला चाहता है कि जिससे वह प्रेम करता है वह प्रेमी को ही अपनी समूची दुनिया मान ले।

प्यार चाहने का अर्थ है कि प्यार करने वाला उसे दुनिया के तमाम मूल्यों का स्रोत माने। इसीलिए प्रेमिका प्रेमी से सवाल करती है कि क्या वह उसके लिए सारे पारम्परिक नैतिक बन्धनों को तोड़ सकता है?

प्यार से पहले हर आदमी महसूस करता है कि वह इस दुनिया में फेंका गया है। वह एक बेकार चीज है जिसका कोई उपयोग नहीं है। लेकिन प्यार मिलने पर उसे लगता है कि उसके अस्तित्व को किसी ने अपना लिया है और उसको सम्पूर्ण रूप से किसी ने अपनी पूरी स्वतन्त्रता के साथ चाहा है। प्यार के आनन्द का यही

आधार है। जब आनन्द होता है तो हमें अपना जीवन सार्थक लगता है!

भाषा—हाइडेगर ने कहा, "मैं वही हूं जो मैं कहता हूं।" भाषा अन्य व्यक्ति के अस्तित्व को स्वीकार करने से भिन्न नहीं है। मेरे सामने दूसरे व्यक्ति का अपनी निगाह के साथ प्रकट होना मेरी सत्ता की शर्त के रूप में भाषा को जन्म देता है।

शब्द जब इस्तेमाल किया जाता है तब पवित्र होता है और दूसरा उसे सुनता है तो वह जादू होता है। इस प्रकार मैं अपनी भाषा को खुद नहीं समझता हूं उसी तरह जैसे मैं अपने शरीर को, जो दूसरों के लिए है, नहीं जानता हूं। मैं अपने को नहीं सुन सकता हूं और न अपनी मुस्कान को देख सकता हूं। मेरी भाषा की समस्या मेरे शरीर की समस्या की तरह ही है। भाषा मोहासक्ति के रूप में मुद्रित शब्द की तरह तुरन्त अपना प्रभाव दिखाती है।

अच्छा वक्ता अपने श्रोताओं को सम्मोहित कर देता है किन्तु श्रोता वक्ता को प्यार नहीं करने लग जाते। भाषा का सम्मोहन प्रेम के सम्मोहन से भिन्न है।

सम्मोहन दूसरे को विषय के रूप में जीतने की इच्छा है लेकिन यह भी प्यार नहीं है। प्रिय के मन में प्यार तभी पैदा हो सकता है जब प्रेमी अपने से पृथक् होने और प्रिय का हो जाने का प्रमाण जुटाए।

इस प्रकार प्यार करना मूलतः प्यार किए जाने का उपक्रम है।

प्रेमी की स्वतन्त्रता प्रेम पाने को कोशिश में अलग होकर (नथिंगनेस से हटकर) उस शरीर में प्रवेश हो जाती है जो दूसरे के लिए है अर्थात् दूसरे की ओर गमन करते हुए अस्तित्व में आ जाती है।

इस प्रकार प्यार का सच्चा आदर्श है अपने से कटी हुई स्वतन्त्रता। किन्तु जो प्यार पाना चाहता है किसी के द्वारा प्यार किए जाने की चाह में अपनी स्वतन्त्रता को अलग करता है। मेरी स्वतन्त्रता दूसरे के विषयि भाव के समक्ष ही विलग हो सकती है जो मेरे विषय भाव की स्थापना करती है। यदि दूसरा व्यक्ति विषय भाव में होगा तो मेरी स्वतन्त्रता कभी विलग नहीं होगी।

प्रेमी और प्रिय दोनों एक-दूसरे से प्यार पाना चाहते हैं किन्तु वे इस बात को ध्यान में नहीं रखते कि प्यार करने का मतलब है प्यार किए जाने की चाह और दूसरे से प्यार पाने की कोशिश में वह चाहता है कि दूसरा भी प्यार पाने की चाह करे।

इस प्रकार प्यार एक विसंगत प्रयास है।

मैं चाहता हूं कि प्रेमी मुझे प्यार करे किन्तु यदि वह मुझे प्यार करता है तो वह अपने प्यार से मुझे धोखा देता है। मैंने उससे चाहा था कि वह अपने विषयि भाव को बनाए रखते हुए मुझे विषय भाव (वस्तु) बना दे। किन्तु जैसे ही वह मुझे प्यार करता है वह मुझे विषयि के रूप में अनुभव करता है और मेरे विषयिभाव

के समक्ष वह सम्पूर्ण रूप से विषयिभाव बन जाता है।

तीसरे व्यक्ति के प्रकट होने से प्रेमी और प्रिय दोनों विषय भाव का अनुभव कर सकते हैं किन्तु उस स्थिति में दोनों की स्वतन्त्रता छिन जाएगी और दोनों वस्तु बनकर रह जाएंगे। इस प्रकार प्यार में उसके विनाश के बीज मौजूद रहते हैं।

आत्मपीड़न—इस परिणाम से उत्पन्न पूर्ण निराशा की स्थिति में अपने और अन्य के बीच तादात्म्य स्थापित करने की नई कोशिश की जाती है। इसमें उपर्युक्त स्थिति के विपरीत को आदर्श माना जाता है। दूसरे के अन्य भाव को बनाए रखते हुए उसे आत्मसात करने के प्रयास में मैं अन्य के द्वारा आत्मसात किए जाने का प्रयास करता हूं ताकि मैं अपने विषयिभाव से मुक्त होने के लिए उसके विषयिभाव में अपने को विलीन कर दूं। यह आत्मपीड़न का प्रयास है। इस प्रयास में मैं अपने को सम्पूर्ण रूप से विषय या वस्तु बना लेता हूं। इसमें अपने विषय भाव के लक्षण के रूप में मैं अपनी लज्जा को चाहने और प्यार करने लगता हूं। मैं किसी की चाह का विषय बनना चाहता हूं और इसके लिए अपनी लज्जा तथा अपमान को प्यार करने लगता हूं।

परपीड़ारति की तरह ही आत्मपीड़ारति में अपराध के स्वीकार का भाव रहता है। मैं विषयभाव होने के कारण ही अपराधी हूं, ऐसा मानने लगता हूं।

आत्मपीडन-रति में मैं दूसरे को अपने विषयभाव से मोहित करने का प्रयास नहीं करता हूं बल्कि अपने को ही अपने विषयभाव से मोहित करने का प्रयास करता हूं।

किन्तु आत्मपीड़ारति का प्रताड़ित होना भी निश्चित है। जो आत्मपीड़क किसी स्त्री को इसलिए पैसे देता है कि वह उसे पीटे वह उस स्त्री को औजार की तरह इस्तेमाल करता है और ऐसा करने में वह उसके सन्दर्भ में अपने विषयभाव को खोकर विषयिभाव अपना लेता है।

अन्य के प्रति दूसरी प्रवृत्ति उपेक्षा, चाह, घृणा और परपीड़ारति की है।

उपेक्षा—जब मैं दूसरे की दृष्टि के प्रत्युत्तर में अपनी दृष्टि उस पर डालता हूं तो मैं दूसरे के विषयिभाव को धराशायी करके अपने विषयिभाव का निर्माण करता हूं। यह दूसरे के प्रति उपेक्षा का भाव है। इस स्थिति में मैं एक प्रकार का अहंमात्रवाद अपनाता हूं। मैं उसके प्रति अन्धा बन जाता हूं अथवा मैं अपने आपको उससे छिपाने का निश्चय करता हूं। मैं इस तरह व्यवहार करता हूं गोया वह है ही नहीं और मैं दुनिया में अकेला हूं।

मैं शरमीलेपन या दीनता की मन:स्थिति से बिल्कुल विपरीत मन:स्थिति में आ जाता हूं। मैं सहज हो जाता हूं और अपने को कटा हुआ, विलग, महसूस नहीं करता।

यद्यपि दूसरे के प्रति इस उपेक्षा भाव से मैं अपनी स्वतन्त्रता के छिन जाने के डर से मुक्त दिखाई देता हूं लेकिन वास्तव में मेरी स्वतन्त्रता को इसमें खतरा होता है। मैं विषयभाव की चरम सीमा पर पहुंच जाता हूं क्योंकि मुझे कोई देखता है और मैं यह अनुभव नहीं कर पाता हूं कि मैं देखा जा रहा हूं और इसलिए मैं उस देखे जाने से अपना बचाव नहीं कर पाता हूं।

इस परेशानी के कारण मैं दूसरे की स्वतन्त्रता को अपने अधिकार में लेने का प्रयास कर सकता हूं।

वासना या चाह—दूसरे की पार्थिव काम-धर्मिता का बोध होना ही चाह है। मैं दूसरे को चाह कर (या अपने को उसे चाहने के अयोग्य पाकर) या अपने लिए उसकी चाह का बोध प्राप्त कर ही उसे कामासक्त देख सकता हूं। चाह, एक साथ मुझे अपने शरीर और दूसरे के शरीर की कामधर्मिता का बोध कराती है।

चाह अपने में संभोग की क्रिया का अर्थ नहीं देती है। वह इसका संकेत भी नहीं देती। उदाहरण के लिए छोटे बच्चे को देखकर मन में जो चाह पैदा होती है उसमें कहीं भी रति-क्रिया की चाह का संकेत नहीं होता। इसी प्रकार चाह में रति-क्रिया की एक विशेष शैली का संकेत भी निहित नहीं होता है। यह इस तथ्य से सिद्ध होता है कि विभिन्न सामाजिक समूहों में रति-क्रिया की अपनी-अपनी शैलियां होती हैं।

सामान्य तौर पर चाह क्रिया की चाह नहीं होती। क्रिया घटना के बाद की चीज है। यह चाह के साथ बाहर से जुड़ती है और इसके लिए एक प्रशिक्षणावधि को पार करना पड़ता है। यह एक उद्देश्य, एक विषय को प्राप्त करने की चाह है।

इसका विषय या उद्देश्य क्या है? क्या शरीर? एक अर्थ में यह सही है। लेकिन हमें इस अर्थ पर सावधानी से विचार करना चाहिए। इसमें सन्देह नहीं कि शरीर ही हमें व्याकुल करता है। भुजा, वक्ष आदि शरीर का उघड़ा हुआ भाग हमें चंचल बनाता है। लेकिन हम उस भुजा या उघड़े वक्ष को जीवंत तथा प्राणवंत समग्र शरीर के साथ प्राप्त करना चाहते हैं। किसी के मन में सोई हुई स्त्री के प्रति चाह पैदा हो सकती है किन्तु यह चाह तब होगी जब उस स्त्री की नींद चेतना-युक्त होगी। अतः चाहे जा रहे शरीर के क्षितिज पर हमेशा चेतना होगी। शरीर की चाह वस्तुतः उसकी चेतना की चाह होगी।

चाह एक स्पष्ट और पारदर्शी कामना होती है जो हमारे शरीर को पार कर किसी निश्चित उद्देश्य तक पहुंचना चाहती है। चाह किसी अदृश्य की व्याकुल चेतना है।

चाह में हमें अपना शरीर, (जिसकी तथ्यात्मकता से हमारी चेतना निरन्तर दूर भागती रहती है—अपनी संभावनाओं को प्राप्त करने के लिए) अचानक

हमारी तत्काल संभावना बन जाता है। यह इसलिए कि चाह हमारे लिए न केवल दूसरे के शरीर को उद्घाटित करती है बल्कि हमारे अपने शरीर को भी हमारे लिए उद्घाटित करती है।

इस प्रकार चाह एक शरीर की दूसरे शरीर के प्रति चाह बन जाती है। वास्तव में यह दूसरे शरीर की ओर उन्मुख भूख बन जाती है और यह अपने शरीर के समक्ष मानव-चेतना की पतन-भीति का रूप ले लेती है अर्थात् चेतना को अपना नियंत्रण खोने तथा शरीर के आदेश का पालन करने की विवशता का बोध होता है।

चाह में मैं अपने शरीर को दूसरे के समक्ष मांस बना लेता हूं और दूसरे के शरीर की मांस के रूप में चाहना करता हूं। चाह दूसरे शरीर को अपना बनाने की चाह है जो मुझे अपने शरीर की मांसलता को अनुभव करने में सहायक होती है।

जैसे विचार की अभिव्यक्ति भाषा में होती है वैसे ही चाह की अभिव्यक्ति स्पर्श या सहलाने में होती है। यह स्पर्श या सहलाने की क्रिया मुझे दूसरे के शरीर की मांसलता और दूसरे को भी अपने शरीर को मांसलता का अनुभव देती है। मेरे शरीर की मांसलता दूसरे के शरीर की मांसलता को जगाती है जो मेरे लिए और दूसरे के लिए भी सुखदायी होती है।

चाह का अर्थ या अभिप्राय

चेतना के मुड़कर पीछे की ओर देखने से चाह को अर्थ अथवा अभिप्राय मिलता है। प्रश्न है कि चेतना चाह के रूप में स्वयं का निषेध क्यों करती है? वह चाह क्यों बनती है?

मनोवेग या राग की तरह चाह भी विश्व के आमूल परिवर्तन के रूप में अपने को अभिव्यक्त करती है। कामेच्छा के जागने से चेतना में आमूल परिवर्तन होता है और वह पार्थिव सत्ता (देह) की सतह पर अपने को स्थापित करती है। वह भिन्न प्रकार से अपनी देह को जीने लगती है और अपनी तथ्यात्मकता में फंस जाती है। इसके साथ ही वह विश्व को बिल्कुल भिन्न रूप में देखने लगती है।

यह तो निश्चित है कि मैं दूसरे की देह को अपने अधिकार में लेना चाहता हूं लेकिन मैं उसे दूसरे की चेतना की सम्पत्ति के रूप में अपने अधिकार में करना चाहता हूं। यह चाह का असंभव आदर्श है कि वह दूसरे की चेतना को शुद्ध चेतना के रूप में प्राप्त करना चाहती है और साथ ही उसकी देह को भी जिससे दूसरा तथ्यात्मकता में बदल जाए किन्तु यह सब इस तरह से हो कि दूसरे की यह तथ्यात्मकता निरन्तर उसकी निषेधकारी चेतना के सम्मुख उपस्थित रहे।

देह की सतह पर चेतना के अवस्थित होने का अर्थ है कि देह जो निष्क्रिय

मांसलता है सहसा दूसरे का स्पर्श पाकर जाग उठती है। स्पर्श करने वाले को स्पर्शित देह में उसकी स्वतन्त्र चेतना का स्पर्श मिलता है। चाह, चाह को आमंत्रित करती है। मांसलता, मांसलता को ढूंढ़ती और उसे जगाती है। देह को धीरे-धीरे स्पर्श करने या सहलाने की क्रिया में मांसलता को मांसलता का जीवंत बोध मिलता है। इस स्थिति में जो आनन्द की सिहरन पैदा होती है वह देह में चेतना के जाग्रत होने की सूचक है। लेकिन यह तब होता है जब देह निष्क्रिय, शिथिल और तनाव-मुक्त होती है। सहलाने वाला हाथ तन जाए या अंगुलियां मांस नोचने लगें तो देह फिर मांस बन जाती है।

यही कारण है कि चाह, समग्र देह को पाने के प्रयास में शरीर के मांसल भागों को विशेष रूप से स्पर्श के लिए चुनती है। ये भाग—जैसे उरोज, नितंब, जंघाएं आदि—विशेष मांसल होने की वजह से शुद्ध तथ्यात्मकता या सद् की प्रतिमा जैसे होते हैं। रति-क्रिया में उदर, वक्ष, जांघों आदि के अत्यधिक मांसल भागों का मिलन भी इसी तथ्य पर प्रकाश डालता है।

किन्तु चाह देह को सचेतन करने तक ही अपने को सीमित नहीं रखती। वह उस देह को पाने, उस पर अधिकार करने की ओर बढ़ती है। यह संभोग क्रिया है जिसमें हाथ सहलाने के बजाय औजारों की तरह काम करने लगते हैं। दो देहों का परस्पर स्पर्श और घर्षण यांत्रिक क्रिया में बदल जाता है।

चेतना के चाह बनने का उद्देश्य अर्थात् देह और चेतना के मिलन का उद्देश्य संभोग की चरम परिणति के साथ विफल हो जाता है क्योंकि इस अवस्था में मिलने वाला अद्भुत सुख चाह को अंतिम सीमा में पहुंचा कर उसका अंत भी कर देता है। संभोग-सुख चाह का अंतिम लक्ष्य या अभिप्राय नहीं था, वह तो था चेतना और देह का मिलन, देह को सचेतन बनाना। यह कार्य देहों के सहज और तनाव मुक्त होने पर स्वतः क्रिया के रूप में होता है। जननेंद्रियों की सहज उत्तेजना एक स्वतः क्रिया है। इस क्रिया को सायास बनाने का मतलब है जननेन्द्रियों को औजार की तरह इस्तेमाल करना।

तथापि देह द्वारा चेतना को बंदी बनाने का अपना विचित्र परिणाम होता है। एक खास किस्म का आनंदातिरेक जिसमें चेतना मात्र देह की चेतना बनकर रह जाती है और इसके बाद वह उस आनंद की पार्थिवता का अनुचिंतन करने वाली चेतना बन जाती है। चाह का अंत हो जाता है और उसका स्थान सुख की स्मृति ले लेती है। चेतना अपने उस रूप या अवतार की याद में खो जाती है जो उसे अभी-अभी मिला था। किन्तु वह दूसरी चेतना (प्रिय की) के नये अवतार को भूल जाती है और अपने में खो जाती है। इस स्थिति में दूसरी देह को सहलाने का आनंद अपनी देह को सहलाए जाने का आनंद बन जाता है। चेतना मांग करने लगती है कि वह अपने को अपनी देह में प्रसारित होता महसूस करे। यह

स्थिति अक्सर आत्मपीड़ारति की ओर ले जाती है।

परपीड़ारति : अन्य की चेतना को सदेह अपने अधिकार में लेने की चाह जब अपने असली लक्ष्य को छोड़कर अपनी देह को औजार की तरह इस्तेमाल करने लगती है तो दूसरी देह भी मात्र वस्तु बन जाती है। चाह उस देह को चेतनायुक्त सजीव अवस्था में लाना चाहती है, किन्तु इसके लिए वह हिंसा और बल का प्रयोग करती है। इससे दूसरी देह का ठोसपन और बढ़ जाता है और चाह करने वाले की स्थिति नींद में चलने वाले की-सी हो जाती है जो यह समझ नहीं पाता कि क्या कर रहा है और क्यों कर रहा है। यह परपीड़ारति की स्थिति है।

परपीड़ारति ग्रस्त व्यक्ति का लक्ष्य भी चाह के लक्ष्य की तरह दूसरी देह को न केवल वस्तु के रूप में बल्कि शुद्ध चेतना के रूप में भी प्राप्त करना होता है। किन्तु परपीड़ारत व्यक्ति का जोर दूसरे की सचेतन देह को औजार की तरह प्राप्त करने पर होता है। इसमें दूसरे की देह को सचेतन बनाने के लिए हिंसा का सहारा लिया जाता है और उस कायांतरित देह को औजार की तरह इस्तेमाल किया जाता है। परपीड़ारत व्यक्ति चाहता है कि दूसरे की चेतना को उसकी देह, मात्र मांस के रूप में प्रस्तुत करे और यह काम वह पीड़ा देकर करता है।

शील-अश्लील : परपीड़ारत व्यक्ति देह को जिस रूप में प्राप्त करना चाहता है, वह अश्लीलता है। अश्लीलता शील या प्रसाद (ग्रेस) के विपरीत कल्पना है। शील में देह चेतनायुक्त होती है और उसकी हर गति में भविष्य की नींव पर खड़ा वर्तमान दिखाई देता है। शीलपूर्ण गति में एक ओर सुपरिष्कृत यंत्र का नपातुलापन दिखाई देता है और दूसरी ओर सचेत मन की सम्पूर्ण अननुमेयता भी चूंकि मन या चेतना दूसरे के लिए अनुमेय नहीं होती। शील में देह ऐसा औजार होता है जो स्वतंत्रता को प्रकट करता है। शीलयुक्त गति में देह यांत्रिक यथार्थता के साथ-साथ अपनी विद्यमानता के औचित्य को भी क्षण-प्रति-क्षण सिद्ध करती है। यह आवरणयुक्त दैहिकता है जिसमें देह अपनी सम्पूर्ण पार्थिवता के साथ विद्यमान होती है किन्तु उसकी पार्थिवता दिखाई नहीं देती। यह अदृश्य नग्नता है।

इसके विपरीत अश्लीलता प्रकट होती है जब देह ऐसी मुद्राएं अपनाती है जो देह को निर्जीव मांसलता के रूप में प्रकट करती हैं। नग्नदेह को पीछे से देखने में अश्लीलता प्रकट नहीं होती किन्तु कूल्हों को मटकाना अश्लील हरकत लगती है। यह इसलिए कि कूल्हे टांगों के ऊपर अलग से रखे गद्दों की तरह लगते हैं, वे टांगों की गति के साथ समरस नहीं होते, उनका संतुलन निर्जीव पदार्थ के गति-नियमो से निर्धारित होता है।

शील में देह की मांसलता दूसरे की पहुंच से दूर होती है। परपीड़ारत व्यक्ति इस शील को, मांसलता की दूरी को नष्ट करना चाहता है। वह शील की आवरण युक्त मांसलता को निरावरण करना चाहता है।

परपीड़ारति भी अपने लक्ष्य में प्रताडित होती है क्योंकि वह देह को मात्र मांसलता बना देती है जो औजार की तरह काम में लाई जा सकती है। इससे परपीड़ारत व्यक्ति में पुनः चाह जाग्रत होती है। इस प्रकार परपीड़ारति चाह की विफलता है और चाह परपीड़ारति की।

घृणा : जब मानव-चेतना अन्य के साथ एकात्मकता के लक्ष्य को बिल्कुल छोड़ देती है तो वह घृणा के रूप में अन्य की मृत्यु को अपना लक्ष्य बनाती है।

घृणा एक अन्य व्यक्ति में सभी अन्य व्यक्तियों के प्रति घृणा है। घृणा घृणा की मांग करती है जिसका अर्थ है कि घृणा करने वाला अपनी स्वतन्त्रता से परेशानी महसूस करता है। किन्तु घृणा अन्य के संदर्भ में चलने वाले विषयि-विषय द्वंद्व से निजात नहीं दिलाती। यह इस द्वंद्व से निकलने का अंतिम प्रयास, हताशा का प्रयास है। इस प्रयास के विफल होने के बाद मानव-चेतना के पास विषयि-विषय के द्वंद्व-चक्र में कभी इधर, कभी उधर भटकने के सिवा कोई चारा नहीं रह जाता।

अधिकार, कर्म और जीवन

किसी चीज को प्राप्त करना (अपने अधिकार में लेना) कर्म करना और होना (जीवन जीना) इन तीनों का पारस्परिक संबंध है। किसी वस्तु के ज्ञान को भी उसे प्राप्त करना माना जाता है। किसी विषय के ज्ञानी के बारे में कहा जाता है कि उसे उस विषय का अधिकार है। कांट ने कर्म को जीवन से अभिन्न माना है। इस प्रकार मुख्य चर्चा कर्म पर केन्द्रित हो जाती है। कर्म यहां सृजन का पर्याय है।

कर्म करने का मतलब है दुनिया को नया रूप देने का प्रयास। सिद्धांततः कर्म इच्छा का द्योतक है। यदि किसी मजदूर की लापरवाही के कारण, उसके सिगरेट पीने से, कारखाने में दुर्घटना हो जाती है तो उसे मजदूर का काम नहीं कहा जा सकता किन्तु यदि मजदूर डाइनामाइट से खान में विस्फोट करता है तो यह उसका कर्म है।

कर्म लक्ष्य को चुनना है और लक्ष्य को चुनने के लिए यह जानना जरूरी है कि उसकी दुनिया में कोई कमी है, कोई अभाव है। जब तक आदमी ऐसिहासिक स्थितियों के बीच डूबा होता है वह उस राजनैतिक अथवा आर्थिक व्यवस्था की कमियों को नहीं देख पाता अतः उन स्थितियों में रहते हुए वह उन्हें बदलने का प्रयास नहीं कर पाता। यह सिर्फ इसलिए नहीं कि वह उन स्थितियों में जीने का आदी हो जाता है बल्कि इसलिए कि उसे लगता है कि यही उसके जीने की समग्र स्थितियां हैं और इनके बिना वह अपना अस्तित्व बनाए नहीं रख सकता। जिस दिन हम एक नई व्यवस्था की कल्पना करते हैं उसी दिन से हमारी समस्याएं एक

नई रोशनी में प्रकट होती हैं और हम फैसला करते हैं कि ये स्थितियां असह्य हैं।

जब वह अपनी स्थितियों को असह्य मानने के बजाय अक्सर उनके आगे समर्पण कर अपने को उनके अनुसार ढाल लेता है क्योंकि शिक्षा और विचार-शक्ति के अभाव में वह ऐसी नई व्यवस्था की कल्पना नहीं कर पाता जिसमें वे समस्याएं न हो तो वह महज जीवन-यापन करता है, कर्म नहीं करता।

सिर्फ कष्ट झेलकर आदमी कर्म के लिए प्रेरित नहीं होता, लक्ष्य-निर्धारण ही कर्म का प्रेरक होता है।

कोई भी तथ्यात्मक स्थिति कर्म की प्रेरणा नहीं बन सकती क्योंकि कर्म मानव द्वारा अपने को वह बनाने की योजना है जो वह नहीं है। कोई भी मौजूदा वास्तविक स्थिति मानव चेतना को अपने अभाव (लैक) का बोध नहीं करा सकती।

संगठित मजदूर अपने कष्टों को स्वाभाविक मानता है जिन्हें वह दूर भी करना चाहता है। किन्तु जब तक वह इन संगठनों से अपने को काट कर अलग नहीं करेगा तब तक वह अपने कष्टों को असह्य रूप देकर क्रांतिकारी कदम के लिए तैयार नहीं हो पाएगा।

कर्म एक कदम है जो हमेशा आगे की ओर बढ़ता है। अतः अतीत खुद में कर्म का प्रेरक नहीं हो सकता अर्थात् ऐसा लक्ष्य जो अपने अतीत की ओर उन्मुख हो सृजन नहीं कर सकता। कर्म ही लक्ष्य और उसका अभिप्राय निर्धारित करता है और कर्म स्वतंत्रता की अभिव्यक्ति है।

मैं ऐसी स्वतंत्रता का वर्णन नहीं कर सकता हूं जो मेरे और दूसरों के लिए सामान्य (एक ही) हो इसलिए मैं स्वतंत्रता के आदर्श की कल्पना नहीं कर सकता। मैं स्वतंत्रता को सब आदर्शों, सत्त्वों का आधार मानता हूं।

कारण, कार्य और लक्ष्य एक अविच्छिन्न संकल्पना है।

आदमी स्वतंत्र है क्योंकि वह अभावग्रस्त है और वह शाश्वत रूप से अपने अतीत और भविष्य से नेतित्व (नथिंगनेस) के द्वारा कटा हुआ है।

इच्छा और स्वतंत्रता

स्वतंत्रता खुद कोई सत्ता नहीं है किन्तु वह नथिंगनेस के रूप में आदमी की सत्ता है उसका स्व है।

स्वतंत्र कर्म को सहज-स्वैच्छिक कर्म (बिना किसी के अनुरोध से किया गया कर्म) मानने की आम प्रवृत्ति के अंतर्गत कर्म का निर्धारण रागात्मक दुनिया में सीमित किया जाता है। देकार्त की इच्छा स्वतंत्र है किन्तु वे आत्मा में रागात्मक भावों को भी मानते हैं। सार्त्र का कहना है कि या तो मानव का कर्म पूरी तरह किसी बाहरी शक्ति से नियत है (जो अमान्य है क्योंकि चेतना का बाहर से निर्धारित होना उसे चेतना नहीं रहने देगा) अथवा वह पूर्णतया स्वतंत्र है।

इच्छा लक्ष्य निर्धारित नहीं करती। लक्ष्य निर्धारित करना एक वैचारिक

निर्णय है। इच्छा आदेश देती है कि लक्ष्य का अनुसरण विचार-विवेक से किया जाए। रागात्मक आवेग भी लक्ष्य का अनुसरण करते हैं किन्तु यह कर्म राग-प्रेरित होता है, बुद्धि-प्रेरित नहीं।

अंतिम लक्ष्य निर्धारित करना मेरी सत्ता की विशेषता है और यह स्वतंत्रता के अचानक हस्तक्षेप से होता है। यह सहज क्रिया तक सीमित नहीं है। राग आदि से प्रेरित सहज क्रियाएं विषयिगत प्रवृत्तियां हैं जो मूल स्वतंत्रता द्वारा निर्धारित लक्ष्य को प्राप्त करने के लिए होती हैं। मूल स्वतंत्रता का मतलब सहज या रागात्मक क्रिया से पहले की कोई स्वतंत्रता नहीं, इच्छा या राग के साथ-साथ बल्कि उनके माध्यम से, अपने-अपने ढंग से प्रकट होने वाली स्वतंत्रता है।

मैं स्वेच्छा से काम करूंगा या राग से, इसका निर्णय मेरे सिवा कौन कर सकता है? यदि हम यह मान लेते हैं कि परिस्थितियां हमारा लक्ष्य निर्धारित करती हैं तो हम सभी प्रकार की स्वतंत्रता का दमन करते हैं।

राग-प्रेरित कर्म की तुलना में स्वेच्छा से और विचार-विवेक से किए गए कर्म में स्थिति पर वैज्ञानिक रीति से विचार किया जाएगा, जादुई समाधान को खारिज करके निश्चित क्रम और साधनों का पता लगाया जाएगा जो समस्या के समाधान में समर्थ हों। इस प्रक्रिया में अचानक हमारे सामने साधनों (उपकरणों) की दुनिया प्रकट होगी। एक उपकरण दूसरे उपकरण तक पहुँचने में मदद करेगा और इस प्रकार अंतिम उपकरण पर पहुँचकर साध्य को प्राप्त किया जाएगा।

कर्म का कारण उसका विचार तत्त्व है और प्रेरणा उसका राग-तत्त्व। अतः विगत प्रेरक और विगत कारण, वर्तमान प्रेरक और वर्तमान कारण तथा भविष्य का लक्ष्य ये सभी स्वतंत्रता के प्रकट होने के साथ ही सम्पूर्ण एकता में संयोजित हो जाते हैं। दूसरे शब्दों में कारण, प्रेरक और लक्ष्य के प्रकट होने और स्वतंत्रता के प्रकट होने को एक ही प्रक्रिया माना जाना चाहिए।

संक्षेप में स्वतंत्रता के संबंध में सार्त्र के विवेचन के निष्कर्ष इस प्रकार हैं :—

(1) मनुष्य के होने का मतलब है कर्म करना (स्वतंत्र इच्छा से लक्ष्य को चुनना और उसकी ओर बढ़ना)। कर्म के बिना आदमी का होना (अस्तित्व) भी संभव नहीं है।

(2) कर्म का संकल्प भी कर्म है। यह संकल्प अतीत से या पूर्वस्थिति से निर्देशित नहीं हो सकता। इनसे स्वतंत्र निर्णय ही कर्म है।

(3) कर्म मात्र गति नहीं है, वह संकल्प है जो यथास्थिति के पार जाकर लक्ष्य का चुनाव है।

(4) इस चुने हुए लक्ष्य के अनुरूप ही विश्व की विभिन्न वस्तुओं का क्रम निर्धारित होता है। इसी के अनुरूप आदमी अपने मूल्य निर्धारित करता है।

(5) यथास्थिति या दिए गए तथ्य कर्म का कारण नहीं बन सकते जब तक कि हम उस यथास्थिति को समझ न लें। यथास्थिति का बोध यथा-स्थिति में रहते हुए नहीं हो सकता, उसके लिए यथास्थिति से अपने को अलग करना पड़ता है या यथास्थिति को कोष्ठक में डालना पड़ता है। इसके अलावा यथास्थिति का मूल्यांकन भी लक्ष्य के प्रकाश में करना जरूरी है।

(6) स्वतंत्र लक्ष्य मेरे अस्तित्व की मूल शर्त है अतः यही मूलभूत परि-योजना है। महत्वाकांक्षा, प्यार की चाह, हीन ग्रंथि आदि को मूलभूत परियोजना नहीं कहा जा सकता।

स्वतंत्रता और तथ्यात्मकता: स्थिति

मानव की स्वतंत्रता को हर जगह कुछ बाधाओं का सामना करना पड़ता है। ये बाधाएँ उसकी निर्मिति नहीं होतीं किंतु इन बाधाओं को अर्थ, मानव के स्वतंत्र चुनाव या लक्ष्य से मिलता है।

मानव की तथ्यात्मकता उसका स्थान या देश, उसका शरीर उसका अतीत और उसकी हैसियत है जो अन्य के साथ मेरे मूलभूत संबंध से निश्चित होती है।

स्वतंत्रता द्वारा बनाए गए घेरे में सद् (जो सामान्यतया उदासीन अवस्था में होता है), बाधा के रूप में प्रकट होता है किंतु स्वतंत्रता को अपने लक्ष्य की ओर इन्हीं बाधाओं से गुजरना होता है। उसे इन बाधाओं वाले विश्व पर विजय प्राप्त करनी होती है।

अक्सर इन बाधाओं को पार करना मुश्किल होता है और अंतिम बाधा (मृत्यु) को पार करना तो असंभव ही होता है। ये बाधाएं हमारे मन में दुश्चिता पैदा करती हैं, परित्याग अर्थात् अपने लक्ष्य को छोड़ने के लिए बाध्य करती हैं और हम में बाधाओं से लड़ने-टकराने की दायित्व-भावना भी पैदा करती हैं।

जीवन का इतिहास असफलता का इतिहास है। इसमें प्रतिकूल शक्तियां इतनी प्रबल होती हैं कि मामूली सा परिणाम प्राप्त करने के लिए वर्षों के धैर्य की अपेक्षा होती है। हम प्रकृति के निर्देशों के खिलाफ नहीं जा सकते। मेरी स्वतंत्र इच्छा मेरे छोटे कद को बड़ा नहीं कर सकती। देश, काल, स्थितियों और शरीर के रूप में तथ्यात्मकता मानव-स्वतंत्रता के रास्ते में निरंतर बाधाएं उपस्थित करती हैं। एक तरह से आदमी अपनी जन्मभूमि, जलवायु, नस्ल, परिवार, वर्ग, भाषा, इतिहास, वंश-परंपरा, बचपन की स्थितियों, आदतों और जीवन की छोटी-छोटी घटनाओं की निर्मिति होता है। 'आदमी अपना निर्माता स्वयं है' इस कथन का अभिप्राय यह नहीं है कि उपर्युक्त तथ्यात्मकता की वास्तविक सत्ता नहीं है। अभिप्राय यह है कि वह इस तथ्यात्मकता को पार करने के लिए अपनी स्वतंत्रता

के बल पर प्रयास कर सकता है। उसे सफलता मिलती है या नहीं, यह दीगर बात है। वास्तव में उसे यह मानकर चलना पड़ता है कि सफलता नहीं मिलेगी। यह निराशा (डिस्पेयर) की भावना उसको कर्म से विचलित न करे, वह निराश रहते हुए कर्म करता जाए, यही कर्म का तथा मानव-स्वतंत्रता का सर्वोच्च लक्ष्य है।

यदि हम मृत्यु को छोड़ दें जो अजेय बाधा और मानव की नियति है, तो संसार की अन्यबाधाएं मानव-स्वतंत्रता के लिए चुनौती होती हैं और वह उनसे लड़ सकती है। हम देखते हैं कि भयानकतम यातनाएं और क्रूरतम दंड भी आदमी को अपनी स्वतंत्रता जीने से नहीं रोक सकते। देश-काल की स्थितियों से भी और यहां तक कि अपने स्वभाव से, अपनी आदतों से भी आदमी लड़ सकता है।

इच्छा के व्यापक रूप

आदमी मूल रूप से ईश्वर बनने की चाह है।

चाह या वासना जो इच्छा का ही एक रूप है किसी चीज़ का अभाव है अतः उसका सीधा संबंध उस अभाव से है। यह अभाव है सद् और चिद् का तादात्म्य जिसमें चेतना पदार्थ बन जाए और पदार्थ अपना कारण खुद बन जाए। यह मानवेश्वर (अथवा भूतेश्वर) की कल्पना है।

सम्पत्ति : हम किसी चीज़ को अपने अधिकार में लेने (उसे अपनी सम्पत्ति बनाने) या कुछ करने या कुछ होने अथवा बनने की इच्छा करते हैं। करना, पाना और होना मानव-कर्म की ये तीन श्रेणियां हैं। कुछ करने में कुछ पाने का भाव निहित होता है। इस प्रकार दो ही श्रेणियां मूल रूप से रह जाती हैं : कुछ पाना और कुछ होना। (लेखक की एक बाल-कथा 'आजा-होजा' में दो बच्चों का निष्कर्ष भी यही है)।

किसी चीज़ को पाना आत्म-अनात्म का मिलन है। यह चिद् या विचार की पारदर्शीयता और सद् के ठोसपन का निकट संबंध है जो स्वामित्व को निश्चित करती है।

ज्ञान : ज्ञान भी एक प्रकार की सम्पत्ति है। खोजा गया सत्य, कला-कृति की तरह, मेरा ज्ञान है। अज्ञात वस्तु निष्कलंक, बेदाग (श्वेत) और कौमार्यपूर्ण होती है जिसने अपना रहस्य अभी नहीं खोला हैं, जिसके रहस्य को आदमी ने अभी नहीं छीना है। प्रत्येक खोज में आवरण को हटाकर निरावरण करने का भाव निहित होता है।

पशु की जिज्ञासा या तो काम से संबंधित होती है या भक्षण से। ज्ञान आंखों से किसी चीज को निगलना है।

कला-कृति, मन का बाहर निकलकर स्थिरता प्राप्त करना है। मन उसका

लगातार निर्माण करता है तथापि वह उस कृति को तटस्थ भाव से ग्रहण करता है। ज्ञान में भी यही संबंध बनता है। ज्ञान की प्रक्रिया में चेतना, विषय को अपनी ओर खींचती है और अपने में रूपाकार कर लेती है। इस प्रकार ज्ञान आत्मसात करने की क्रिया है।

ज्ञान एक साथ सतह को सहलाना और वस्तु में प्रवेश करना है, वस्तु को दूर से देखना और पचाना जो अपना रूप कभी नहीं छोड़ती; सतत सृजन से विचार का निर्माण और विचार की सम्पूर्ण वस्तुनिष्ठता में प्रस्तुति।

गंभीरता : गंभीर ज्ञान दुनिया-समाज की चिंता से गाढ़ा हो जाता है। यह समाज और विश्व के लिए मानव-वास्तविकता की पूर्ण उपेक्षा करता है। गंभीर आदमी बाहर की दुनिया का आदमी होता है और उसका निजी स्रोत कोई नहीं होता। वह दुनिया से बाहर निकलने की कल्पना भी नहीं करता क्योंकि उसने अपने को एक शिला बना लिया होता है। वह स्थिरता, जड़ता और ठोसपन लिए विश्व में अवस्थित होता है। जाहिर है, गंभीर आदमी अपने को स्वतंत्रता की चेतना से छिपाता है। वह बुरी नीयत या दुर्निष्ठा में जीता है और उसकी दुर्निष्ठा का उद्देश्य होता है अपने को अपनी नजरों में परिणाम के रूप में प्रस्तुत करना। उसके लिए सब कुछ परिणाम है, प्रारंभ कभी नहीं।

क्रीड़ा : क्रीड़ा आदमी के विषयिभाव को मुक्त करती है। जब कभी आदमी अपने को स्वतंत्र महसूस करता है या फुर्सत में पाता है तो वह अपनी स्वतंत्रता का प्रयोग क्रीड़ा में करता है। क्रीड़ा का पहला सिद्धांत स्वयं मनुष्य है। इसके माध्यम से वह प्रकृति से पलायन करता है। अपने कार्य के नियम वह स्वयं निर्धारित करता है और उन अपने बनाए हुए नियमों के अनुसार ही कार्य (क्रीड़ा) करता है। (कृष्ण-भक्तों की लीला की कल्पना भी ऐसी ही है)।

खेल की इच्छा मूलतः होने की, अपने अस्तित्व की छाप छोड़ने की इच्छा है। इस दृष्टि से खेल को भी सृजनात्मक कला कहा जा सकता है।

स्वामी-सम्पत्ति संबंध : कला, विज्ञान और क्रीड़ा तीनों पूर्ण या आंशिक रूप से किसी चीज को अपने अधिकार में लेने की गतिविधियां हैं और जिसे वह अपने अधिकार में लेना चाहती हैं वह मूर्त्त विषय से परे विषय का निरपेक्ष सद्रूप है। किसी वस्तु को प्राप्त करने की इच्छा उस वस्तु के साथ आंतरिक रूप से जुड़ना है अर्थात् स्वामी-सम्पत्ति की एकता।

विलासता : विलासता स्वामित्व का ऐसा रूप है जिसमें सम्पत्ति का निर्माण स्वामी के अपने आदमियों, दासों, नौकरों आदि द्वारा होता है। धन की शक्ति से प्राप्त की गई वस्तुएं सम्पत्ति नहीं, उपकरण होती हैं। धन विषयि-विषय के तकनीकी संबंध को नष्ट करता है और इच्छा को परीकथाओं के जादू की तरह तुरंत फलीभूत बनाता है।

सृजन : किसी चीज को प्राप्त करने या उस पर अपना स्वामित्व स्थापित करने के लिए पहले उसका सृजन करना आवश्यक है। सृजन से प्राप्त सम्पत्ति के साथ सतत सृजन का लगाव बना रहता है। ऐसी सम्पत्ति को मैं अपने पूरे वातावरण के साथ जोड़ता हूँ। उसका अस्तित्व मेरी स्थिति से और उसके स्थिति में समेकन से निश्चित होता है।

यदि सृजन का अर्थ विषय और रूप को अस्तित्व में लाना है तो मैं जिस चीज का सृजन करता हूँ वह मैं ही होता है। परम सर्जक की (ईश्वर—यदि कोई है तो) विडंबना यह है कि वह अपने से बाहर नहीं आ सकता क्योंकि वह जो भी रचना करेगा वह उसकी अपनी रचना होगी। यदि रचना का विषय और रूप दोनों मुझसे आएंगे तो रचना को वास्तविकता कैसे मिलेगी ?

इस प्रकार से सार्त्र ने चिद् और सद् अथवा चेतना और उसकी भौतिकता के स्वरूप की चर्चा तक अपने को सीमित रखा है ('बीइंग एंड नथिंगनेस' में) और आध्यात्मिक तथा नैतिक प्रश्नों को खुला छोड़ दिया है जैसे चेतना का उदय क्यों होता है, कैसे होता है ? यदि चेतना सद् से प्रकट होती है तो वह प्रक्रिया क्या है ? क्या सद् में गति का तत्व ही चेतना का रूप ग्रहण करता है और यदि वह करता है तो चेतना सद् का निषेध क्यों करती है ? इसके अतिरिक्त चेतना की स्वतंत्रता, जो उसकी निषेधकारी शक्ति है, यदि अंत में प्रताड़ित होने के लिए अभिशप्त है, उसका अंत निराशा ही है तो समाज के लिए वह किस रूप में उपयोगी है, उसका नैतिक महत्व क्या है ? अपने दर्शन के नैतिक निहितार्थों का प्रतिपादन करने का प्रयास उन्होंने अपनी बाद की रचनाओं में किया है। इसकी संक्षिप्त-सी झलक प्रारंभ में दी गई है। वे अस्तित्ववाद को मानवतावाद कहते हैं और एक स्वस्थ समाज के निर्माण के लिए इसे आधार बनाने की कल्पना करते हैं। यद्यपि सार्त्र का दर्शन मुख्य रूप से स्वतंत्रता का दर्शन है और सम्पूर्ण निरपेक्ष स्वतंत्रता के आधार पर नये समाज की कल्पना करता है, अपने अंतिम दिनों में उन्होंने, स्वतंत्रता के अलावा समता और बंधुता को भी मानव की मूलभूत आकांक्षाएं माना तथा सिमोन बेवूर एवं बेनी लेवी को दिए गए साक्षात्कारों में उन पर विचार किया। कहने का मतलब यह कि अस्तित्ववाद सार्त्र के साथ रुक नहीं गया है। वह पारगमन की प्रक्रिया में है और इसकी संभावनाओं का अध्ययन किया जाना चाहिए।

खंड दो : अस्तित्ववाद से परे

अस्तित्ववाद का वैचित्र्य और उसकी प्रासंगिकता

अस्तित्ववाद को सारे विश्व में विद्रोह और उत्पाती दर्शन के रूप में लिया गया। इसका कारण संभवतः यह था कि इसका परिचय लोगों को अधिकतर साहित्य-कला के माध्यम से मिला। एक तरह से अस्तित्ववाद साहित्यिक आंदोलन के रूप में ही लोगों की नजरों में रहा जिसने अपने समय की साहित्यिक धाराओं से हटकर विध्वंसक तेवर और विद्रोही स्वर में अपनी बात कही। अमरीका के बौद्धिक जगत में सार्त्र को वीभत्स, भयानक नाटकों और अश्लील उपन्यासों के लेखक के रूप में देखा गया। 'बीइंग एंड नथिंगनेस' के अनुवादक, हैजल ई० बार्नेस ने भी स्वीकार किया कि अस्तित्ववाद को स्वीकृति से पूर्व विलियम जेम्स द्वारा बताई गई सिद्धांत की तीन यात्राओं को पार करना पड़ा अर्थात् पहले उसे अनर्गल कहा गया, फिर सही किन्तु महत्त्वहीन और अन्त में स्वीकार्य।

बीसवीं सदी के उत्तरार्द्ध में पश्चिमी दुनिया में जितने भी नकारात्मक विध्वंसात्मक या विद्रोही आंदोलन चले उन सबको किसी न किसी रूप में अस्तित्ववाद से प्रभावित बताया जाता है। इन आंदोलनों में साठ के दशक में फ्रांस में और बाद में अन्य युरोपीय-अमरीकी देशों में चले छात्र आंदोलन, स्त्री-स्वातंत्र्य आंदोलन से लेकर अस्मिता के नाम से चले अनेक आतंकवादी आंदोलन शामिल हैं। इनमें हिप्पी, बीटनिक आदि आंदोलनों को भी गिनाया जाता है और अनेक धार्मिक अथवा आध्यात्मिक आंदोलनों को भी शामिल किया जाता है। भारत में भी यह दर्शन अधिकतर कामू, काफ्का और सार्त्र की साहित्यिक रचनाओं के अनुवाद के माध्यम से पहुंचा और इसे उपद्रवकारी साहित्य-धारा के रूप में ही ग्रहण किया गया। किसी ने इसे महज व्यक्तिवाद कहकर तिरस्कार से देखा, किसी ने ऊब-उबकाई का साहित्य कह कर इसे समाज-विरोधी कहा। कुछ बुद्धिमान लोगों ने तो अस्तित्ववाद का इतना ही अर्थ लगाया कि आदमी अपने अस्तित्व के लिए, खुद की भूख-प्यास मिटाने के लिए जो भी करता है, सब जायज है अर्थात् यह सामाजिक दायित्व या नैतिकता-बोध से पूर्णतया शून्य स्वार्थवाद और अहंकारवाद का दर्शन है।

किन्तु पूर्व पृष्ठों का अध्ययन करने के बाद यह स्पष्ट होगा कि अस्तित्ववाद एक समूची दार्शनिक प्रणाली है। इसमें वे तमाम विषय उठाए गए हैं जो सुकरात, अरस्तू और अफलातून से लेकर पश्चिम के तमाम दार्शनिकों ने उठाए थे हालांकि अस्तित्ववादियों की दृष्टि अन्य दार्शनिकों से भिन्न रही है। अस्तित्ववादियों ने दर्शन की समस्याओं को नया सन्दर्भ दिया किन्तु उनके विचार्य विषय अन्य दार्शनिकों से भिन्न नहीं थे। इतना ही नहीं, भारत की दार्शनिक परम्परा में जिन विषयों पर विचार-विमर्श हुआ, उनका समावेश भी अस्तित्ववादी दर्शन में है। इसका कारण है कि दर्शन की मूल समस्याएं एक ही हैं चाहे वह ग्रीक दर्शन हो, पश्चिमी दर्शन या भारतीय दर्शन। दर्शन के मूल प्रश्न हैं : संसार क्या है? मनुष्य क्या है? इन दोनों के बीच क्या सम्बन्ध है? क्या इन्हें नियंत्रित करने वाली कोई तीसरी शक्ति है, यदि है तो उसका स्वरूप क्या है? मनुष्य की भूमिका इस सारी रचना में क्या है? वह इस भूमिका को कैसे अदा करता है या उसे कैसे अदा करनी चाहिए? मनुष्य कैसे सोचता है? कैसे ज्ञान प्राप्त करता है? दूसरे मनुष्यों के साथ उसका क्या सम्बन्ध है? उसका सही कर्म क्या है? उसके जीवन का लक्ष्य क्या है और इस लक्ष्य को वह कैसे प्राप्त कर सकता है? ये सारे प्रश्न भारतीय दर्शन का विषय भी रहे और ग्रीक, युरोप तथा अन्य देशों के दार्शनिक चिन्तन का विषय भी।

ग्रीक दर्शन की विरासत को लेकर युरोप में जिस दार्शनिक चिंतन का विकास हुआ उसमें 17वीं शताब्दी में प्रमुख भूमिका निभाने वाले थे देकार्त, बेकन, लॉक स्पिनोज़ा और लीबनेज़। देकार्त और बेकन को पश्चिमी दर्शन के पितामह माना जाता है। देकार्त ने प्रसिद्ध सूत्र दिया, "मैं सोचता हूं इसलिए मैं हूं।" उन्होंने इस सूत्र के द्वारा मनुष्य को मूलतः बौद्धिक प्राणी माना। इसके अतिरिक्त उन्होंने गणित के सूत्रों को विज्ञान का आधार बनाया। बेकन ने विज्ञान के वर्चस्व को स्थापित किया। उनका कहना था कि मनुष्य के ज्ञान का लक्ष्य प्रकृति पर (और मनुष्य पर भी) वर्चस्व स्थापित करना है। देकार्त ने आत्मा को चेतना युक्त और विस्तार रहित तथा प्रकृति को विस्तार युक्त और चेतना रहित माना। उन्होंने द्रव्य (सब्सटेंस) में चेतन-अचेतन, आत्मा-प्रकृति का भेद किया। स्पिनोज़ा और लीबनेज़ दोनों ने प्रकृति और आत्मा में अद्वैत देखा। उल्लेखनीय है कि सृष्टि या संसार के स्वरूप की व्याख्या के लिए सभी दार्शनिकों ने परतमजातियों या कैटेगरीज की कल्पना की। ग्रीक दार्शनिकों ने जहां द्रव्य, अनन्यत्व, विभिन्नता, गति और अगति को परतम जातियां कहा वहां भारतीय दर्शन वैशेषिक में द्रव्य, गुण, कर्म, सामान्य, विशेष और समवाय को पदार्थ कहा गया। स्पिनोज़ा ने हमारे वेदांतियों की तरह ब्रह्म और ब्रह्मांड को एक ही सब्सटेंस माना और इसे चिंतन तथा विस्तारयुक्त बताया। स्पिनोज़ा की तरह लीबनेज़ ने भी चेतन-अचेतन में अद्वैत

देखा। जॉन लॉक ने प्रकृति और पुरुष में स्पष्ट भेद देखा। उनके अनुसार चेतन पुरुष ज्ञाता है और प्रकृति ज्ञान का विषय। उन्होंने प्रकृति में प्रधान और अप्रधान गुण देखे। उनके प्रधान गुणों में आकृति, विस्तार, गति और अगति तथा अप्रधान गुणों में रूप, रस, गंध, स्पर्श आदि हैं। प्रधान-अप्रधान का यह भेद वैसा ही है जैसा हमारे यहां महाभूतों और तन्मात्राओं में हुआ है।

18वीं शताब्दी में काम्टे, कांट, रूसो, ह्यूम, वाल्तेयर, बर्कले और उन्नीसवीं शताब्दी में हीगेल, डार्विन, स्पेंसर, मार्क्स, हेर्नीबर्गसां आदि नाम दार्शनिक चिंतन के क्षेत्र में प्रसिद्ध हैं। इन सबके सामने प्रश्न वही थे किन्तु किसी ने प्रकृति की रचना पर अपनी शक्ति लगाई, किसी ने मन की रचना पर। जार्ज बर्कले ने मन की रचना पर विशेष जोर देते हुए अनुभव या ज्ञान की प्रक्रिया का विश्लेषण किया। उन्होंने तीन प्रकार का अनुभव बताया : इन्द्रियों के सम्पर्क से प्राप्त, मन के उद्वेगों से प्राप्त और स्मृति-कल्पना से प्राप्त। कांट से पहले कुछ विचारकों ने कहा सारा ज्ञान बाहर से आता है। अर्थात् मन चींटी की तरह एक-एक कण बाहर से लाकर अपने भीतर संजोता है। इन दार्शनिकों को अनुभववादी कहा जाता है। इससे भिन्न विवेकवादी दार्शनिकों का मत था कि मन मकड़ी की तरह अपने भीतर के पदार्थ से ही सारा ताना-बाना बुनता है। कांट अंतर-आलोचनवादी कहलाते हैं जिनकी मान्यता थी कि मन शहद की मक्खी की तरह बाहर से रस ग्रहण करके उसे अपने भीतर ज्ञानरूपी शहद का रूप देता है। अनुभववाद बाहरी अनुभवों के विश्लेषण तक अपने को सीमित रखता है। विवेकवाद अनुभव से ज्यादा अनुभव प्राप्त करने वाले का अध्ययन करता है। अंतरावलोचन प्रत्यक्ष ज्ञान (इंद्रियों से प्राप्त प्रभाव) और मन के आवेगों को तर्क और बुद्धि से विश्लेषण के बाद प्राप्त ज्ञान को सही ज्ञान मानता है। भारतीय दर्शन में प्रत्यक्ष को सम्पूर्ण विश्वसनीय नहीं माना जाता। उसकी पुष्टि अनुमान प्रमाण और आप्तप्रमाण से करनी होती है। विषयि और विषय (चेतन मन और बाह्य प्रकृति) के सम्पर्क को तीन चरणों में देखा जाता है। दोनों का सम्पर्क मात्र बोध या परसेप्शन है। चेतना का चेत्य पर प्रभाव क्रिया और चेत्य का चेतना पर प्रभाव अनुभूति है।

सभी दर्शनों का प्रारम्भ मनुष्य की इस आदिम जिज्ञासा से होता है कि मैं कौन हूं मेरे आस-पास की दुनिया क्या है? मुझे या इस दुनिया को किसने बनाया? मैं यहां क्या करने आया हूं? मुझे बनाने वाला या इस दुनिया का संचालन करने वाला कौन है? इस आदिम जिज्ञासा ने हमारे उपनिषदों के रहस्यवाद को जन्म दिया। ग्रीक दर्शन का प्रारम्भ भी इस आदिम जिज्ञासा से हुआ। वस्तुत: सभी देशों और समाजों ने मिथक कथाओं को जन्म दिया। इन मिथक कथाओं को तमाम दर्शनों का उत्स कहा जा सकता है। संसार को भय, आश्चर्य, कुतूहल और सम्मोहन की दृष्टि से देखने पर एक अमूर्त्त और रहस्यपूर्ण सत्ता की कल्पना में

दर्शन का प्रथम उन्मेष होता है। उपनिषदों के ब्रह्म या आत्मन् की खोज इसी का परिणाम थी। ग्रीक दार्शनिकों में आइडिया या प्रत्यय (आदर्श) की कल्पना भी इसी का रूप है। प्रत्येक संवाद, प्रत्येक क्रिया और प्रत्येक वस्तु में आइडिया की खोज की गई और उसके सर्वोच्च स्वरूप को ब्रह्म की तरह सत्य, शिव और सुन्दर का मूल स्रोत माना गया। यही कल्पना ईश्वर के रूप में विकसित हुई। भारत में इसका विकास विभिन्न अवतारों और उनके अनुरूप बने धार्मिक पंथों में हुआ। युरोप में भी ग्रीक आइडिया ईसाई धर्म के ईश्वर के रूप में विकसित हुआ। भारत में और ईसाई जगत में ब्रह्म अथवा आइडिया की कल्पना ने धार्मिक सत्ताओं को जन्म दिया। चीन में यह प्रत्यय नैतिक नियम के रूप में विकसित हुआ।

युरोप में नवजागरण काल में ज्ञान का विस्फोट हुआ। विज्ञान के भिन्न-भिन्न क्षेत्रों में नई खोजों का क्रम चला। इस ज्ञान का टकराव धार्मिक विश्वासों के साथ हुआ और युरोप का चिन्तन, प्रकृति के रहस्यों, वैज्ञानिक खोजों और मानव-मन की गहराइयों की छानबीन करने की ओर उन्मुख हुआ। अब प्रत्येक क्रिया जगत्-व्यापार और मानव-व्यवहार को शासित-अनुशासित करने वाले अमूर्त्त प्रत्यय की खोज होने लगी। इससे प्रत्ययवादी चिन्तन का विकास विभिन्न धाराओं में होने लगा। देकार्त ने गणित के सूत्रों को विज्ञान का आधार बनाया। न्यूटन आदि ने भौतिक विज्ञान के नियमों को जगत के सारे व्यापार और मानव-व्यवहार का नियंता बनाने का मार्ग प्रशस्त किया। डार्विन, हर्बर्ट स्पेंसर आदि ने प्राकृतिक नियमों को सर्वव्यापी प्रत्यय के रूप में देखा। मन की गहराइयों की छानबीन करने वालों में किसी ने प्रसुप्त वासना को, किसी ने इन्द्रियानुभव को, किसी ने भावना या राग को और किसी ने बुद्धि-तर्क को मानव-व्यवहार को अनुशासित करने वाला प्रत्यय माना। डेविड ह्यूम ने बुद्धि, तर्क और विवेक का जो प्रत्यय रखा उसे कांट ने चरम परिणति तक पहुंचाया, नैतिक-बोध को मानव-व्यवहार का आदर्श बना कर। फ्रायड, युंग, एडलर आदि मनोवैज्ञानिकों ने इस नैतिक आदर्श को अस्वीकार करके प्रसुप्त वासनाओं, जिजीविषा और अभाव की पूर्ति को मानव-व्यवहार का नियंता बनाया। हीगेल ने हिस्टॉरिकल स्पिरिट (इतिहास-चेतना) को भारतीय दर्शनों के ब्रह्म की तरह सर्वोच्च आदर्श मानकर राज्य के रूप में उसकी प्रतिष्ठा की। ग्रीक दार्शनिकों (प्लेटो आदि) ने भी आइडिया की सर्वश्रेष्ठ अभिव्यक्ति के रूप में राज्य (रिपब्लिक) की कल्पना की थी। इस समग्र चिन्तन के आधार पर एक नई सभ्यता का ढांचा तैयार हुआ जिसे पश्चिमी सभ्यता या आधुनिक सभ्यता का नाम दिया गया। इस सभ्यता के अन्तर्गत जिस समाज की रचना हुई, राज्य का जो स्वरूप विकसित हुआ, उसमें जगत-व्यापार और मानव-व्यवहार को शासित करने के लिए अमूर्त्त प्रत्ययों या आदर्शों को ही आधार बनाया गया। विभिन्न प्रत्ययवादियों में आपस में टकराव जरूर रहे जैसे प्रकृतिवादियों-विज्ञानवादियों का

नैतिकतावादियों या ऐतिहासिक चेतनावादियों के साथ (जिसे यथार्थ और आदर्श का टकराव कहा जाता है जो वास्तव में सही नहीं है) किन्तु सबकी दृष्टि में एक समानता थी और वह यह कि मानव को नियमों से नियंत्रित किया जा सकता है। किसी ने आध्यात्मिक नियमों को, किसी ने नैतिक नियमों को, किसी ने प्राकृतिक और वैज्ञानिक नियमों को और किसी ने ऐतिहासिक नियमों को मानव का नियंता बनाया। इससे पहले धार्मिक सत्ताओं ने भी धार्मिक या ईश्वरीय नियमों को मानव का नियंता बनाया था। दूसरे शब्दों में यह सारा चिन्तन और उसकी नींव पर बनी सारी व्यवस्थाएं मानव की स्वतंत्रता को मानने के लिए तैयार नहीं थी। मानव को हर हालत में कुछ नियमों के, कुछ अमूर्त्त प्रत्ययों और आदर्शों के अधीन रहकर ही जीना है, यह इस सारे दार्शनिक चिन्तन का सार था। अस्तित्ववाद ने इसके खिलाफ आवाज उठाई और मानव की स्वतंत्रता को सर्वोच्च मूल्य के रूप में प्रतिष्ठित किया। इस दृष्टि से अस्तित्ववाद समूची पश्चिमी सभ्यता के खिलाफ विद्रोह है।

अस्तित्ववाद भारतीय दार्शनिक प्रणाली के काफी निकट है, विशेषकर सांख्य दर्शन के। सार्त्र के शब्द en-soi और pour-soi जिनके लिए अंग्रेजी में इन-इट-सेल्फ और फार-इटसेल्फ शब्दों का प्रयोग किया जाता है और जो अस्तित्ववाद के सारे दर्शन का विषय है, सांख्य के प्रकृति-पुरुष या सद्-चिद् के पर्याय हैं। सांख्य दर्शन ईश्वर की सत्ता को नहीं मानता हालांकि कुछ लोगों ने (जैसे आर्य समाजियों ने) वितंडावाद द्वारा उसमें ईश्वर की सत्ता को सिद्ध करने का प्रयास किया है। यह केवल प्रकृति और मानव-चेतना का दर्शन है। अस्तित्ववाद भी केवल इन दो सत्ताओं को स्वीकार करता है। सांख्य में सृष्टि के सारे कार्य-व्यापार का उद्देश्य पुरुष को बंध-मुक्त करना माना गया है जो अस्तित्ववाद के स्वतंत्रता के मूल्य के समान है। सांख्य में सृष्टि का क्रम है: सत्त्व, रज, तम गुणयुक्त मूल प्रकृति, महत्तत्व अहंकार, दस इंद्रियां और मन, पंच तन्मात्राएं और पंचमहाभूत। इस क्रम में अन्त में पुरुष को रखा गया है। यह क्रम मूल प्रकृति से जो अभेदमूलक और अलिग प्रकृति भी कहलाती है, मानव-चेतना के सम्पूर्ण विकास तक की यात्रा है। सत्त्व, रज, तम गुण-प्रधान प्रकृति जब तक साम्यावस्था में रहती है उसमें कोई गति-परिवर्तन नहीं होता। किन्तु सत्त्व, रज, तम गुणयुक्त अणुओं में क्षोभ से उसमें गतिशीलता आती है और वह निर्माण करने लगती है। इस निर्माण की पहली सीढ़ी पर महत्तत्व प्रकट होता है। इसे कुछ लोग बुद्धि भी कहते हैं। लेकिन यह वह बुद्धि नहीं है जो अन्त:करण के पूर्ण विकास के बाद इंद्रियजन्य ज्ञान को तर्क की कसौटी पर कसती है। यह मात्र जीव-बुद्धि या जीव-चेतना है जो अपने परिवेश के प्रति जागरूक होती है, उसके संवेदनों को ग्रहण करती है। जब यह जीव-बुद्धि या जीव-चेतना अपने परिवेश के साथ द्वंद्व को अनुभव करने लगती है तो वह अपने वुजूद के

प्रति सचेत होती है और अपने को परिवेश से अलग करके देखने लगती है। अपने वुजूद के प्रति जागा यह अहसास ही अहंकार है। यह 'मैं' की भावना है जो उसे परिवेश से अलग करती है। वह परिवेश का निषेध करती है। मैं परिवेश नहीं हूं, मैं जड़ प्रकृति नहीं हूं। मैं इससे अलग हूं। मैं भोक्ता हूं और मेरी प्रकृति मेरी भोग्या है, मेरा औजार है। जब जीव की यह अहंकार-चेतना प्रकृति या परिवेश का औजारों के रूप में इस्तेमाल करने लगती है तो इन्द्रियों का विकास होने लगता है क्योंकि इन्द्रियां भी औजार हैं और ये अन्तिम औजार हैं जिसके बिना परिवेश का उपयोग नहीं किया जा सकता। इन अन्तिम औजारों के संचालन और नियंत्रण के लिए मन की जरूरत पड़ती है अतः मन का विकास होता है। इन्द्रियों और मन का तन्त्र जीव को प्रकृति के शब्द, स्पर्श, रस, रूप और गंध के गुणों के प्रति जागरूक बनाता है जिसे पंच तन्मात्रा का बोध कहा जाता है और अंत में इन पंच-तन्मात्राओं के स्थूल रूप अग्नि, वायु, जल, आकाश और पृथ्वी आदि पंचमहाभूतों के प्रति उसका बोध जागता है। जीव-चेतना के इस विकास की अन्तिम सीढ़ी पुरुष या पूर्ण चेतन मनुष्य है।

सांख्य के इस सृष्टि-क्रम को हमारे लगभग सभी दर्शनों ने स्वीकार किया है। आगे चलकर धार्मिक उपासना पद्धतियों के विकास में भी इस क्रम को स्वीकार किया जाता रहा। यद्यपि उन्होंने प्रकृति और पुरुष की कल्पनाओं को अपने-इष्ट देवताओं के साथ जोड़ लिया। उदाहरण के लिए काश्मीर शैव दर्शन में आदि प्रकृति और आदि पुरुष की कल्पना परम शिव और परम शक्ति में की गई। वैष्णवों ने विष्णु और लक्ष्मी को आदि पुरुष, आदि प्रकृति माना। प्रकृति की साम्यावस्था या प्रलयावस्था को शिव-शक्ति या विष्णु की प्रगाढ़ निद्रा की स्थिति माना और उनके निद्रोन्मेष को प्रकृति की प्रथम हलचल के रूप में लेकर सांख्य के क्रम को दुहराया गया।

स्मरणीय है कि सांख्य का यह सृष्टि-क्रम, सृष्टि की उत्पत्ति का क्रम नहीं है, यह सृष्टि के प्रकटन का क्रम है। यह प्रकटन मानव-चेतना के समक्ष होता है इसलिए प्रकटन का क्रम मानव-चेतना के विकास का क्रम भी बन जाता है। प्राचीनकाल में कहीं भी सृष्टि की उत्पत्ति का (जिसे वैज्ञानिक प्रक्रिया कहा जा सकता है) वर्णन नहीं हुआ है। इस सम्बन्ध में या तो अलग-अलग देशों में अलग-अलग मिथकों की रचना हुई या उसके प्रकटन की प्रक्रिया का वर्णन हुआ। ज्ञान को भी प्रकटन कहा गया है और सृष्टि-ज्ञान की मीमांसा को फिनोमिनोलाजी या प्रकटन-शास्त्र कहा जाता है।

मानव-चेतना का विकास और प्रकृति अथवा सद् के साथ उसका सम्बन्ध अस्तित्ववादियों ने भी लगभग इसी रूप में दिखाया। उसकी इन-इटसेल्फ और फार-इटसेल्फ, (स्व-में-और स्व के लिए) की कल्पनाएं भारतीय दर्शन की सद् और चिद्

की कल्पनाओं से बहुत हद तक मिलती हैं। हमारे यहां मूल-प्रकृति, अलिंग प्रकृति या प्रधान की जो विशेषताएं बताई गई हैं लगभग वैसी ही विशेषताएं सार्त्र ने en soi या इनइटसेल्फ की गिनाई हैं। उनका pour-soi या फार इटसेल्फ चिद्-शक्ति है और इसके विकास का क्रम भी लगभग वैसा ही है जो सांख्य में दिखाया गया है। सार्त्र का कहना है भ्रूण-पिंड में किसी एक क्षण में चेतना प्रकट होती है तो वह अपने परिवेश के प्रति जागरूक होकर (महत्तत्व बनकर) अपने को निषेध के द्वारा सद् से पृथक कर लेती है। उसी क्षण से सद् उसका अतीत बन जाता है बल्कि चेतना सद् का निषेध करके उसे अतीत घोषित करती है। एक तरह से चिद् ही सद् की सत्ता स्थापित करता है क्योंकि चिद् के निषेध द्वारा उसकी पहचान होती है, उसे चिद् से भिन्न सद् का नाम मिलता है। चेतना अपने को परिवेश के बीच उस परिवेश से भिन्न स्थिति में पाती है। वह परिवेश से 'नथिंगनेस' के द्वारा पृथकता का अनुभव करती है जब वह कहती है कि यह मैं नहीं हूं (नेति नेति)। उसमें 'मैं' के बोध का जागृत होना ही अहंकार का उदय है। (सार्त्र अहंकार को चेतना की एक अवस्था मानते हैं। उसे स्वतंत्र तत्व नहीं मानते।) इसके बाद चेतना परिवेश को अपने संदर्भ में देखने लगती है, उसे अपने उपयोग की चीज मानने लगती है। वह परिवेश की प्रत्येक वस्तु को अपनी निषेध की शक्ति द्वारा अलग-अलग पहचानने और उसका उपयोग करने की ओर प्रवृत्त होती है। इसके लिए उसे अपनी देह को औजार के रूप में विकसित करना पड़ता है जिस क्रम में इंद्रियों और मन का विकास होता है। इस प्रकार अन्तःकरण के विकास के बाद महाभूतों और उनके सूक्ष्म गुणों को समझने, जानने तथा उपयोग करने में पूर्ण सक्षम मनुष्य बनता है। सार्त्र ने 'बीइंग एण्ड नथिंगनेस' में अध्यायों का क्रम भी लगभग यही रखा है।

मानव-जीवन के विविध कार्य-व्यापार सद् और चिद् के द्वंद्व परिणाम हैं। सद्, चिद् का अतीत है जो निरन्तर पीछा करता है। चिद् उसकी पकड़ से बचने का प्रयास करता है और अपनी स्वतंत्रता की चेतना से भविष्य की ओर उन्मुख रहता है। चिद् का अस्तित्व भविष्य के लक्ष्य से निर्धारित होता है इसलिए वह अतीत को हमेशा अपने से अलग रखने का प्रयास करता है जिसके लिए वह अपनी निषेध की शक्ति का इस्तेमाल करता है। इस दौड़ में अंतिम विजय सद् की होती है जो अंततः चिद् को अपनी गिरफ्त में लेता है। यही मृत्यु है। मानव-चेतना के प्रकट होने और उसके सद् में विलीन होने के बीच की अवधि मनुष्य का जीवन है जिसमें मानव-चेतना, जो स्वभाव से स्वतंत्र अथवा मुक्त है, अपनी स्वतंत्रता की बाधाओं के साथ, निरन्तर संघर्षरत रहती है। यह संघर्ष बहुत यातनापूर्ण होता है अतः स्वतंत्रता उसके लिए अभिशाप बन जाती है और वह इस स्वतंत्रता को जीने के लिए अभिशप्त होती है। स्वतंत्रता की उसकी बाधाएं सद् की उपज होती हैं, परिवेश,

देह, संस्कार या चित्तवृत्तियां, अतीत सब सद्‌रूप हैं जो उसकी स्वतंत्रता में बाधक होते हैं और जिनसे उसे निरन्तर लड़ना पड़ता है। मनुष्य इस संघर्ष से बच नहीं सकता, भाग नहीं सकता, क्योंकि ऐसा करने के प्रयास में उसे अपनी स्वतंत्रता खोनी पड़ती है और यह चिद् के अस्तित्व का नाश होता है। इस प्रकार मनुष्य हमेशा आजादी और गुलामी के तनाव के बीच जीने के लिए अभिशप्त है। यह तनाव इसीलिए भी है कि चिद् नथिंगनेस है, निषेध है और उसका कोई ठोस आधार नहीं है। सद् उसका ठोस आधार हो सकता है लेकिन इस आधार को वह अपना अस्तित्व खोए बिना प्राप्त नहीं कर सकता। वह सद्‌चिद् बनना चाहता है ताकि उसे सद् का ठोस आधार भी मिले और उसे अपना चिद्, अपनी स्वतंत्रता भी न खोनी पड़े। यह सद्‌चिद् रूप ईश्वर की कल्पना है, वह ईश्वर बनना चाहता है। किन्तु यह असंभव कल्पना है और इसीलिए हमेशा उसे असम्भव लक्ष्य को प्राप्त करने के तनाव में जीना पड़ता है और इस तनाव की यातना (ऐंगुइश) भोगनी पड़ती है। इस प्रकार मानव जीवन की नियति है निराशा (डिस्पेयर)। इस निराशा को स्वीकार करते हुए और स्वतंत्रता से अपने लक्ष्य के लिए प्रयत्न करते हुए जीना ही सही जीना है। यही उसका सही अस्तित्व है। अस्तित्ववाद का निराश कर्म गीता का निष्काम कर्म ही है और यही सच्चा कर्म अथवा सृजन है। यह मनुष्य की सर्वोत्तम उपलब्धि है क्योंकि यह उसे सद् के तमाम दबावों से मुक्त करती है, उसे बन्ध-मुक्त करती है।

किन्तु इस साम्य के बावजूद अस्तित्ववाद और हमारी दार्शनिक परम्परा में मौलिक अन्तर है। दोनों में मानव की स्वतंत्रता को सबसे बड़ा मूल्य माना गया। भारतीय दर्शन में इसे मुक्ति या मोक्ष का नाम दिया गया और अस्तित्ववाद ने इसे मानव की स्वतंत्रता कहा। लेकिन भारतीय परम्परा में मुक्ति या मोक्ष को इहलोक से निकाल कर परलोक की वस्तु बना दिया गया। यह इस जीवन में सम्भव नहीं है, जन्म-मरण की अनंत श्रृंखला को पार करने के बाद किसी काल्पनिक जीवन में ही सम्भव है। इस जीवन में स्वतंत्रता को बनाए रखने के लिए न केवल उसने विशेष प्रयत्न नहीं किया बल्कि इसके विपरीत मूल्य को अपनाया। यदि यह इस जीवन में असम्भव है तो इसके लिए प्रयत्न ही क्यों किया जाए अतः शक्तिशाली के आगे समर्पण को ही बड़ा मूल्य माना गया। क्योंकि इससे सुरक्षा और शांति मिलती है। शक्तिशाली के आगे समर्पण की प्रवृत्ति केवल ईश्वर के आगे अपनी सम्पूर्ण स्वतंत्रता के समर्पण तक सीमित नहीं रही, अत्याचारी शासक, विदेशी हमलावर और डाकुओं-लुटेरों के आगे समर्पण में भी प्रकट हुई। परिणामस्वरूप भक्ति आंदोलन और गुलामी का दौर साथ-साथ लगभग दो हजार साल तक चलता रहा। वास्तव में आज भी चल रहा है।

स्वतंत्रता को जीने का मतलब है कष्ट और यातना को भोगने के लिए मन

को तैयार करना। स्वतंत्रता के समर्पण में सुरक्षा, शांति और मन का सकून मिलता है। हम शांति और सकून के लोभ में समझौते करते हैं। अपनी आजादी को किसी के आगे गिरवी रखते हैं। हम कर्म से बचते हैं और कर्मकांड के पीछे भागते हैं। यथार्थ से घबराते हैं और स्वप्न के मोह में फंसे रहते हैं। इस जीवन का अपमान करते हैं और मृत्योपरान्त के कल्पित जीवन की झूठी आशा में मन को बहलाए रखते हैं। हम मोक्ष की आशा में अपने बंधनों को प्यार करते हैं, समता की आशा में विषमता को जीने में गर्व अनुभव करते हैं और सत्य को पाने की आशा में असत्य की पूजा-उपासना में लगे रहते हैं।

कभी-कभी यह सोचकर आश्चर्य होता है कि इतना अच्छा चिन्तन, इतनी अच्छी ज्ञान-संपदा पास होने पर भी हमारे समाज का यह स्वरूप क्यों बना, कैसे बना? हमारा दार्शनिक चिन्तन ग्रीक या युरोपीय देशों के दार्शनिक चिन्तन से किसी भी रूप में कम नहीं था। क्या वजह है कि जहां ग्रीक-युरोप के दार्शनिक चिन्तन ने एक कर्मठ, गतिशील और वर्धिष्णु समाज का निर्माण किया, हम गतिशीलता से जड़ता की ओर बढ़ते गए?

एक बार मैंने इस प्रश्न को लेख के माध्यम से हिन्दी दैनिक 'नवभारत टाइम्स' में उठाने की कोशिश की (देखें पहला लेख)। लेख तो उस पत्र में नहीं छपा लेकिन पत्र के सम्पादक डॉ० विद्यानिवास मिश्र ने 18 लेखों की एक लेखमाला अपने पत्र में प्रकाशित कर दी जिसमें भारतीय चिन्तन और भारतीय संस्कृति का विशद विवेचन किया गया था। अर्वाचीन और प्राचीन भारतीय साहित्य के मर्मज्ञ और उच्चकोटि के लेखक की कलम से निकले ये लेख निश्चय ही भारतीय संस्कृति का एक मनोहारी चित्र प्रस्तुत करते हैं। सहज और लालित्यपूर्ण शैली के कारण ये लेख पाठक को सम्मोहन में बांधने की क्षमता रखते हैं। इनसे भारतीय संस्कृति और भारतीय जीवन के अनेक अनबूझे और अनचीन्हें पहलुओं पर प्रकाश पड़ता है किन्तु यह प्रश्न अनुत्तरित बना रहता है कि इतनी अच्छी विचार-सम्पदा के होते हुए हमारे समाज का पतन क्यों हुआ? अन्तिम लेख में उन्होंने स्वीकार किया कि आदर्शों के अनुरूप समाज नहीं बना और इसके उत्तर को उन्होंने प्रत्येक व्यक्ति के विवेक पर छोड़ दिया। मुझे लगता है कि भारत में विचार का उपयोग समाज के निर्माण में नहीं किया गया। इसका उपयोग व्यक्तिगत साधना में अधिक हुआ। अपने-अपने लिए मोक्ष या बन्ध-मुक्ति की तलाश में समर्थ व्यक्ति दैवी शक्तियों और सिद्धियों के बल पर शिव, विष्णु, सिद्ध, तथागत और अर्हंत बनने का प्रयास करते रहे। शक्ति को जगाकर शिव बनने की साधना ने तो अनेक वामाचारों को जन्म दिया। कृष्ण-राधामय या राम-सीतामय होने के लिए भक्ति का ऐसा ज्वार उठा कि सामाजिक निर्माण के सारे काम उपेक्षित हो गए। भिक्षुओं भिक्षुणियों, सिद्धों-साधुओं और साध्वियों, पंडे-पुजारियों के परजीवी हुजूम समाज

की निर्माण-शक्ति का क्षय करने लगे। जन्म-आधारित वर्ण-व्यवस्था ने वैसे ही समाज को जातियों के हजारों बन्द कपाटों में बांट रखा था। इन सब कारणों से समाज दुर्बल और क्षीण होता गया और उसे लम्बी गुलामी झेलनी पड़ी।

इस समाज का पुनर्निर्माण अब अतीत की विचार-सम्पदा के आधार पर नहीं हो सकता भले ही यह कितनी ही बहुमूल्य रही हो। अतीत को पुनर्जीवित करना असम्भव कार्य है। हमें नये सिरे से सोच शुरू करनी होगी। इसमें हमारी बहुमूल्य विरासत सहायक हो सकती है लेकिन केवल विरासत के भरोसे ही पुनर्निर्माण का सपना पालना मूर्खता होगी। स्वतंत्रता-प्राप्ति के बाद हमने इस दिशा में कोई विशेष प्रयत्न नहीं किया। हमने पश्चिमी सभ्यता के अनुकरण में ही अधिक शक्ति लगाई है जो अब अस्ताचल की ओर बढ़ रही है। हमारे जिन चिन्तकों ने इस सभ्यता के क्षय का पूर्वानुमान लगाकर एक नए समाज की रचना के सम्बन्ध में सोचा उनकी हमने प्रमादवश उपेक्षा की किन्तु पश्चिम के विद्वान समाजशास्त्री जो एक नई सभ्यता और नई समाज-व्यवस्था के लिए चिन्तित हैं, भारत के इन मनीषियों की ओर देख रहे हैं। ये मनीषी हैं महात्मा गांधी और राममनोहर लोहिया। नई सभ्यता के निर्माण के लिए अस्तित्ववाद से भी बहुत-सी बातें ग्रहण करनी होंगी क्योंकि अस्तित्ववाद पश्चिमी सभ्यता के खिलाफ विद्रोह से निकला है। लेकिन अस्तित्ववाद एक स्थान पर आकर ठहर गया दर्शन नहीं है। यह निरन्तर गतिशील दर्शन है। यह मानव-चेतना का दर्शन है जिसका धर्म रुकना या ठहरना नहीं निरन्तर पारगमन करना है। अतः अस्तित्ववाद से परे देखने की जरूरत है।

सामाजिक-राजनैतिक संदर्भ

(नया समाज)

अस्तित्ववाद की सबसे बड़ी विशेषता है कि यह मानव-स्वतंत्रता को सबसे बड़ा मूल्य मानता है और इसके आगे तमाम नैतिक-सामाजिक-राजनैतिक और धार्मिक मूल्यों को गौण मानता है। उसकी इस विशेषता के कारण ही इसे उन लोगों द्वारा नकारात्मक और विध्वंसात्मक दर्शन कहा गया जिनकी चिंता व्यक्तिगत नैतिकता, सामाजिक और राजनैतिक कर्तव्य-बोध तथा धार्मिक मूल्यों के रक्षण-पोषण की रही है। अस्तित्ववाद अन्य सभी मूल्यों को मानव-स्वतंत्रता से प्रवाहित होने वाले मानता है, उन्हें मानव-स्वतंत्रता के अधीन मानता है जबकि अन्य विचारधाराएं स्वतंत्रता को अन्य मूल्यों के अधीन बनाए रखने के लिए प्रयत्नशील रही हैं।

इस दृष्टि से अस्तित्ववाद भारतीय चिंतन के बहुत अधिक निकट है जिसमें मोक्ष या मुक्ति को परम पुरुषार्थ कहा गया और उसे धर्म, अर्थ, काम की सभी मानव-गतिविधियों का लक्ष्य कहा गया। मोक्ष या मुक्ति परम स्वतंत्रता की कल्पना है किन्तु उसे इस जीवन में संभव अथवा प्राप्य नहीं माना गया। यह कल्पना की गई कि जन्म-मरण की अनंत श्रृंखला के बाद मन की साधना से या ईश्वर-भक्ति से ही इसे प्राप्त किया जा सकता है। किन्तु यह स्थिति एक प्राक्कल्पना ही है, एक विश्वास ही है जिसे निर्विवाद रूप से सिद्ध नहीं किया जा सकता। यह प्राक्कल्पना कई और प्राक्कल्पनाओं पर निर्भर है जैसे आत्मा नाम की किसी अनश्वर चीज की कल्पना जो मरने के बाद दूसरी देह धारण करती है; ईश्वर या ब्रह्म नाभ की किसी सर्व-शक्तिमान शक्ति की कल्पना जिसके सन्निध्य से अथवा जिसमें एकाकार होने जाने से मुक्ति संभव होती है। ये सहायक प्राक्कल्पनाएं भी मात्र विश्वास हैं तथा इन्हें सिद्ध नहीं किया जा सकता। इस प्रकार भारतीय दार्शनिक चिंतन के अनुसार मानव की पूर्ण स्वतंत्रता महज विश्वास एवं आस्था की चीज है, आकाश-कुसुम है अथवा ग़ालिब के शब्दों में दिल को बहलाने के लिए

एक अच्छा खयाल भर है। प्रत्यक्ष जीवन में तो स्वतंत्रता का लगभग निषेध है!

अस्तित्ववाद की स्वतंत्रता एक ठोस वस्तु है, वास्तविक अहसास है जिसे जीवन के प्रत्येक क्षण में महसूस किया जा सकता है और जिया जा सकता है। कम-से-कम इसकी पीड़ा को, यातना को, तो मनुष्य भोगता ही है। लेकिन यह स्वतंत्रता सरसरी तौर पर देखने पर कुल मिलाकर नकारात्मक मूल्य है। इसकी तलाश का अंत निराशा या डिस्पेयर है। निराशा जीवन में प्रवृत्त करने वाला भाव नहीं, उससे विमुख करने वाला भाव है। निराशा की चरम सीमा का क्षण मृत्यु का क्षण होता है जिसमें स्वतंत्रता के लिए निरंतर व्याकुल मानव-चेतना हार जाती है और अपनी सारी कोशिशों को त्याग देती है। जीवन का अंत मृत्यु को सामने पाकर एक भयावह संत्रास (ड्रेड) में होता है जिसमें मानव-चेतना को अपनी शून्यता का (नथिंगनेस) का बोध होता है। मृत्यु के भय (भारतीय शब्दावली में अभिनिवेश) से मुक्ति अस्तित्ववाद के अनुसार संभव नहीं है। मृत्यु अटल है, अनिवार्य है इसे तो हर विचारधारा स्वीकार करती है, प्रत्येक मनुष्य भी इसे स्वीकार करता है। किन्तु मनुष्य हमेशा यह स्वप्न पाले रहता है कि वह एक दिन मृत्यु पर विजय प्राप्त कर लेगा, वह अमर हो जायेगा। कम से कम अभी नहीं मरेगा जैसा कि युधिष्ठिर ने एक यक्ष प्रश्न के उत्तर में कहा अथवा हाइडेगर ने कहा कि आदमी फल जैसी पकने की स्थिति में अक्सर अपने को नहीं पाता। भारतीय मोक्ष या मुक्ति की कल्पना में अमरता का विश्वास निहित है। इस विश्वास ने (भले ही यह झूठ-मूठ का हो) मनुष्य को मृत्यु के भय को झेलने की शक्ति दी है। किन्तु अस्तित्ववाद से यह झूठमूठ का आश्वासन भी नहीं मिलता। यदि जीवन मृत्यु के अंधकारपूर्ण विवर की ओर बढ़ने का ही नाम है तो आदमी में जीने की इच्छा क्यों होती है?

अस्तित्ववाद में यह प्रश्न अनुत्तरित रह जाता है। इसी विरोधाभास से पराजित होकर किर्केगार्द अंत में ईश्वर की गोद में अंधी छलांग लगाने के लिए कहता है। हाइडेगर ने प्रामाणिक (सही) जीवन द्वारा मृत्यु को सहजभाव से स्वीकार किए जाने की संभावना अवश्य व्यक्त की किन्तु कुल मिलाकर अस्तित्ववाद इस गुत्थी को नहीं सुलझा पाता कि निराशा आदमी को जीवन की प्रवृत्ति की ओर कैसे ले जाएगी।

सार्त्र आदि सभी अस्तित्ववादियों ने (गैब्रियल मार्सल को छोड़कर) निराशा को मानव-जीवन में अनिवार्य माना है। यह बौद्धों के दुःखवाद के समान है। सार्त्र ने निराश कर्म को सर्वोत्तम कर्म (सृजन) कहा। यह गीता के निष्काम कर्म की स्थिति से भी एक कदम आगे की स्थिति है क्योंकि गीता में उस कर्म के फल की किसी न किसी रूप व्यवस्था की गई है। यह फल या तो ईश्वर देता है या कर्म-फल के नियम के अनुसार स्वयं मिलता है। अस्तित्ववादियों का निराश कर्म

शुद्ध निराश कर्म है। डॉ० लोहिया के निराशा के कर्त्तव्य की तरह यह काम यह मानकर किया जाता है कि मुझे फल नहीं मिलेगा, मैं सफल नहीं हूंगा। इस स्थिति के लिए अपने आपको तैयार करना बहुत कठिन साधना है। यह हर मनुष्य के बस की बात नहीं है। अतः इसे सामान्य जीवन के लिए व्यावहारिक नहीं कहा जा सकता। किन्तु यह कहा जा सकता है कि सृजन भी हर एक मनुष्य के बस की बात नहीं है। सही मायनों में सर्जक बिरले ही व्यक्ति होते हैं और सृजन भले ही निराशा तथा भयंकर यातना से जन्म ले, अंततः वह सर्जक के लिए अपूर्व आनंद-दायक होता है। इसे सुख की संज्ञा तो नहीं दी जा सकती किन्तु उसके आनंद-दायक अथवा तृप्तिदायक स्वरूप से कैसे इन्कार किया जा सकता है? अतः यह जीवन के प्रति विरति पैदा करने वाला कर्म नहीं हो सकता। इस प्रकार अस्तित्व-वाद सर्वोत्तम व्यक्ति के सर्वोत्तम कर्म (सृजन) का दर्शन है। निश्चय ही यह आम आदमी की पहुंच से बाहर है। किन्तु दुनिया के सभी दर्शन सर्वोत्तम लक्ष्य को ही निर्धारित करते हैं। आम जीवन और सृजनात्मक जीवन में हमेशा अंतर रहता है, बल्कि विरोध रहता है, जैसाकि हाइडेगर ने कहा कि आम आदमी केवल कामचलाऊ प्रवृत्ति का होता है, रुटीन में बँधा हुआ। दर्शन उसकी मंजिल तय करता है जिसकी ओर बढ़ने का वह कभी भी निश्चय कर सकता है। अस्तित्व-वाद व्यक्ति को सृजनोन्मुख बनाने वाला दर्शन है, अतः इसे नकारात्मक दर्शन नहीं कहा जा सकता।

किन्तु अस्तित्ववाद मात्र व्यक्तिवादी दर्शन नहीं है जैसा कि आमतौर पर माना जाता है। यह वर्त्तमान सामाजिक और राजनैतिक व्यवस्थाओं को त्रुटिपूर्ण मानता है इस मायने में कि ये व्यवस्थाएं अनिवार्यतः व्यक्ति-स्वातंत्र्य को कुचलती हैं। किन्तु वह समाज-विरोधी दर्शन नहीं है। वह एक बेहतर समाज की तलाश करता है। इस संदर्भ में सार्त्र के निम्नलिखित शब्द द्रष्टव्य हैं जो उनकी पुस्तक 'ऐक्जिस्टेंशियलिज्म एंड ह्यूमैनिज्म' से लिए गए हैं :

> "अस्तित्ववाद महज व्यक्तिवाद नहीं है। इसमें सारी मानवता की चिन्ता अंतर्निहित है। मानसिक पीड़ा (ऐंगुइश) हमें कर्म से जुदा नहीं करती, बल्कि यह कर्म की मूल शर्त है। प्रत्येक व्यक्ति के साथ जो कुछ घटता है वह सारी मानवता को प्रभावित करता है गोया सारी मानवता की नजरें इस बात पर लगी रहती हैं कि वह व्यक्ति क्या करता है और कैसे जीता है। अतः प्रत्येक व्यक्ति को अपने से यह प्रश्न करना चाहिए कि क्या वह इस तरह अपने लक्ष्य को चुन सकता है कि सारी मानवता के लिए वह कर्म उपयोगी हो। यदि आदमी ऐसा नहीं करता तो वह अपनी दुश्चिता या मानसिक पीड़ा को व्यर्थ गँवाता है।"

अस्तित्ववाद को समाजोन्मुख दर्शन बनानेवाला सबसे महत्वपूर्ण सिद्धांत अन्य पुरुष का सिद्धांत है। व्यक्ति का अस्तित्व दूसरे व्यक्ति के अस्तित्व पर निर्भर होता है। दूसरे व्यक्ति (अन्य पुरुष) की सहायता से मनुष्य को अपने अस्तित्व का बोध होता है। व्यक्ति अपने को वस्तुगत रूप में नहीं जान सकता। वह अपने उस रूप को अन्य पुरुष के माध्यम से ही जान सकता है। मैं क्या हूँ, कैसा हूँ, सुंदर हूँ या असुंदर हूँ, भला हूं या बुरा हूँ, उपयोगी हूँ या अनुपयोगी हूँ इस बात का निर्णय मैं खुद नहीं कर सकता। अपने बारे में मैं खुद जो कहता या मानता हूँ उसका कोई महत्व नहीं होता, मेरे लिए भी नहीं। महत्व इस बात का होता है कि दूसरा मेरे बारे में क्या कहता है, क्या सोचता है। मेरे मन में हमेशा यह जानने की इच्छा रहती है कि दूसरों की नजर में मैं क्या हूँ। विषयि के रूप में मैं खुद अपना विषय नहीं बन सकता किन्तु दूसरे विषयि की नजरों का विषय बन सकता हूं। मैं अपने को विषय के रूप में जानना चाहता हूँ (यह जाने बिना मैं अपने सम्पूर्ण अस्तित्व को नहीं प्राप्त कर सकता) अतः मैं किसी का विषय बनना चाहता हूँ। मेरी यह चाह प्रेम किए जाने की चाह है। किसी का प्रिय बनकर मैं किसी का विषय बनता हूँ फिर मैं प्रेम करने वाले को अपना विषय बनाकर (उससे प्रेम करके) उसके हृदय में बसी अपने विषय रूप की छवि को पाना चाहता हूँ। प्रेम सबसे शक्तिशाली सामाजिक भाव है। सार्त्र जैसे अस्तित्ववादियों के मतानुसार प्रेम का लक्ष्य रति-क्रीड़ा या संभोग नहीं है (संभोग तो प्रेम का विनाश है), प्रेम का लक्ष्य अपने को वस्तु रूप, विषय रूप, में जानना और प्राप्त करना है।

सार्त्र के अनुसार अन्य पुरुष के साथ संबंध की दो प्रकार की परिणतियाँ होती हैं। अन्य पुरुष को विषयि के रूप में ग्रहण करने पर प्रेम, भाषा और आत्मपीड़ा रति में व्यक्ति की परिणति हो सकती है और अन्य पुरुष को विषय के रूप में ग्रहण करने पर उपेक्षा, वासना या चाह, घृणा और परपीड़ारति में व्यक्ति की प्रवृत्ति हो सकती है। मानव जीवन के ये सारे स्थायी भाव अन्य पुरुष के अस्तित्व पर ही निर्भर हैं और ये सभी व्यक्ति को सामाजिक बनाते हैं। अतः अस्तित्ववाद मूलतः समाजोन्मुख दर्शन है।

सांख्य दर्शन की तरह अस्तित्ववाद में भी पुरुषों की बहुलता को स्वीकार किया गया है। इन्हें अस्तित्ववाद में 'सब्जेक्टिविटीज' कहा गया है। मानव जाति असंख्य मानवों का समूह है। ये मानव विषयि भी हैं और दूसरे के विषय भी। इनके बीच जो विषयि-विषय द्वंद्व चलता है वही मानव समाज की विविध गतिविधियों को जन्म देता है।

लेकिन यह सच है कि इस स्पष्ट समाजोन्मुख चेतना के बावजूद अस्तित्ववाद नये समाज की रचना के लिए कोई रूपरेखा नहीं दे पाया। इसका एक कारण तो संभवतः यह है कि अस्तित्ववाद मूलतः साहित्य-कला के क्षेत्र का आंदोलन रहा

और यह क्षेत्र व्यक्तिगत लड़ाई का क्षेत्र होता है। साहित्य व्यक्ति के सृजनात्मक क्षणों की चीज़ होता है। झुंड बांधकर या पार्टी बनाकर साहित्य की रचना नहीं होती। हालांकि अस्तित्ववादी दार्शनिक और लेखक अपने समय की राजनैतिक और सामाजिक गतिविधियों के साथ जुड़े रहे, उन्हें अपने विचारों का सामाजिक-राजनैतिक सदर्भों में व्यावहारिक प्रयोग करने का अवसर बहुत कम मिला। केवल दूसरे विश्वयुद्ध में जब नाजी सेनाओं ने फ्रांस को अपने कब्जे में ले लिया तो सार्त्र आदि अस्तित्ववादियों ने स्वतंत्रता की रक्षा के लिए प्रतिरोध (रिज़िस्टेंस) का आंदोलन चलाया। उनकी सहानुभूति वामपंथ की ओर रही किन्तु स्टालिन द्वारा अपने देश में मानव-स्वतंत्रता के क्रूर दमन के बाद अस्तित्ववादियों का साम्यवाद से मोहभंग हो गया। पूंजीवादी व्यवस्था की स्वतंत्रता भी आर्थिक शोषण के कारण उनकी नजरों में अधूरी स्वतंत्रता थी। अत: उनका झुकाव लोकतांत्रिक समाजवाद (डेक्रेमोटिक सोशलिज्म) की ओर रहा अर्थात् वे मध्यमार्गी रहे। कभी उन्हें नव-मार्क्सवादी कहा गया, कभी समाजवादी। सार्त्र ने 'हम विषयि' और 'हम विषय' के रूप में हाइडेगर की 'मित्सिन' की कल्पना का (जो सांख्य की अनेक पुरुषवाद की कल्पना के तुल्य है) विवेचन किया और वर्ग-संघर्ष की रूपरेखा देने की कोशिश अवश्य की। किन्तु वह उनके चिन्तन का मुख्य सरोकार नहीं बना। राजनैतिक कार्रवाई में उनका झुकाव साम्यवाद की ओर रहा यद्यपि साम्यवादियों ने उन्हें नहीं स्वीकारा और उनका बहुत विरोध किया। उनके कुछ दूसरे साथी साम्यवाद से काफी दूर चले गये और इसकी वजह से प्रतिरोध आंदोलन में दरार भी आ गई। युरोप के साम्यवादियों पर जब भी हमले हुए सार्त्र साम्यवादियों के समर्थन में खड़े हुए। कामू साम्यवादी व्यवस्था के मुखर विरोधी हो गए। अपने उपन्यास 'विद्रोही' में उन्होंने बताया कि क्रांति की सीमाओं को लांघने की कोशिशों का अंत हमेशा ही हत्याओं को उचित ठहराने और तानाशाही में होता है। उन्होंने कहा सभी विद्रोहों और क्रांतियों ने पुलिस-राज को ही जन्म दिया है। कामू ने मार्क्सवाद की डटकर आलोचना की। उनका विचार था मार्क्स ने अपनी भविष्य-वाणी के विपरीत हुए परिवर्तनों को नजरअंदाज किया अत: मार्क्सवाद विज्ञान नहीं रहा, धर्म बन गया जो विरोधी विचारवालों को दंड देता था। कामू ने जीवन के बेतुकेपन से लड़ने के लिए विद्रोह को एकमात्र रास्ता बताया किन्तु उनका कहना था कि विद्रोह को हिंसा-अहिंसा, स्वतंत्रता-न्याय के विरोधाभासों को सुलझाना होगा। उन्होंने स्पष्ट मत व्यक्त किया कि हिंसा विद्रोह की भावना को खत्म करती है क्योंकि यह व्यवस्था-चालित होती है और वह इतिहास के दूरगामी लक्ष्य के लिए व्यक्ति को मात्र वस्तु बना देती है।

सार्त्र ने मार्क्सवाद का इस तरह खुलकर विरोध नहीं किया। किन्तु वे मार्क्स के सभी सिद्धान्तों को मानने के लिए तैयार नहीं थे। वयस्क मताधिकार को वे

ठोस सामाजिक सम्बन्धों (उत्पादन-सम्बन्धों) की मूल अभिव्यक्ति मानते थे। वे मार्क्स के अनुसार उत्पादन-सम्बन्धों को ही मानव-मानव के बीच एक मात्र सम्बन्ध मानने को तैयार नहीं थे। उनका कहना था कि 'सुपरस्ट्रक्चर' (ऊपरी ढाँचा) के सम्बन्ध में मार्क्स ने अच्छा काम किया लेकिन यह कल्पना बिलकुल गलत है क्योंकि व्यक्ति-व्यक्ति के बीच प्राथमिक सम्बन्ध कुछ और होता है और उसी का हमें पता लगाना है। ये बातें उन्होंने बेनी लेवी के साथ हुई बातचीत में कही थीं जिसमें 'बन्धुता' की कल्पना पर विचार किया जा रहा था। (देखें परि-शिष्ट-एक)।

सार्त्र ने 'सर्च फार मेथड' में अपनी कल्पना के समाज की रूपरेखा देने की कोशिश की किन्तु इस प्रयास को उन्होंने बीच में ही छोड़ दिया। इसी प्रकार अल्जीरिया की हिंसक क्रान्ति के दिनों में उन्होंने क्रान्ति का समर्थन किया और यह सिद्धान्त रखा कि समान (मुश्तरिका) शत्रु के खिलाफ हिंसा की भावना भी बन्धुता या भाईचारे को जन्म दे सकती है लेकिन बाद में उन्होंने अपने इस विचार को भी छोड़ दिया।

दार्शनिक के रूप में अस्तित्ववादी, हिंसा को किसी भी रूप में स्वीकार करने के लिए तैयार नहीं थे। मानव-स्वतन्त्रता को सबसे बड़ा मूल्य मानने वाला जीने की स्वतन्त्रता के छीने जाने का समर्थन कैसे कर सकता है? सार्त्र हिंसा का प्रेरक घृणा को मानते हैं। उनका कहना है कि मानव चेतना अन्य पुरुष से (दूसरों के साथ) एकात्मता के लक्ष्य को बिलकुल छोड़ देती है तो वह घृणा के रूप में 'अन्य' की मृत्यु को अपना लक्ष्य बनाती है। किन्तु घृणा (या हिंसा) अन्य के सन्दर्भ में चलने वाले विषयि-विषय द्वंद्व से निजात नहीं दिलाती। यह इस द्वन्द्व से निकलने का अन्तिम प्रयास, हताश प्रयास है। इस प्रयास के विफल होने के बाद मानव-चेतना के पास विषयि-विषय के द्वन्द्व-चक्र में कभी-इधर, कभी-उधर भटकने के सिवा कोई चारा नहीं रह जाता।

सार्त्र की साहित्यिक और दार्शनिक दृष्टि बिलकुल स्पष्ट रही किन्तु राज-नैतिक दृष्टि के मामले में वे हमेशा व्यामोह-ग्रस्त रहे। वे यह निर्णय नहीं कर पाए कि वर्त्तमान व्यवस्थाओं के विरोधाभासों का समाधान कैसे होगा।

शुरू में अपने ग्रुप के लिए सार्त्र आदि ने मार्क्स और प्राऊधन के सिद्धान्तों पर आधारित युटोपियन दृष्टि से 120 धाराओं का एक संविधान बनाया किन्तु इसे गम्भीरता से नहीं लिया गया और इसे लगभग भुला दिया गया। अपने निबन्ध '1947 में लेखक की स्थिति' में अलबत्ता सार्त्र ने अपने साथी लेखकों से कहा कि वे उन पार्टियों से अलग रहें जो समाजवाद को निरपेक्ष अन्तिम लक्ष्य मानती हैं। हमारी नजर में समाजवाद अन्तिम लक्ष्य नहीं, अन्तिम लक्ष्य की शुरुआत है अर्थात् अन्तिम लक्ष्य है मानव को उसकी स्वतन्त्रता दिलाना। हम न तो साधन से साध्य

को परखेंगे, न साध्य से साधन को। हम साध्य और साधन की संश्लिष्ट एकता को लेकर चलेंगे।

अस्तित्ववादी विचार का सामाजिक और राजनैतिक प्रयोग बहुत कठिन और जोखिम-भरा है। नीत्शे ने मानव-मूल्यों का स्वामी के मूल्यों और दास के मूल्यों में जो विभाजन किया उसका उद्देश्य हिटलर के नाजीवाद जैसी क्रूर व्यवस्था का निर्माण करना नहीं था। नीत्शे का कहना था कि दास नैतिकता को मान्यता प्रदान करने में धार्मिक सत्ता का विशेष हाथ रहा है और चूंकि ईश्वर की मृत्यु के बाद धार्मिक सत्ता कमजोर होगी, दास नैतिकता वाले लोग राज्य की ओर उन्मुख होंगे। इस स्थिति में शक्तिशाली लोग ईसाइयत के बन्धनों से अपने को मुक्त कर लेंगे। उन्हें नए स्वामी की आवश्यकता होगी जो उन्हें सुपरमैन (अति-मानव) के रूप में मिलेगा। उनका सुपरमैन ज़रथुश्र था जो पाशविक और आत्म-घाती प्रवृत्तियों पर नियन्त्रण प्राप्त करने वाला 'इन्द्रजित' था। किन्तु नाज़ियों ने नीत्शे का मनमाना अर्थ लगाकर सुपरमैन की जगह एक शैतान पैदा कर दिया।

सार्त्र के अनुसार कर्म का मतलब है अपने अभाव (लैक) को जानकर अपनी स्वतन्त्र इच्छा का प्रयोग करते हुए दुनिया को नया रूप देने का प्रयास। उन्होंने कहा : "जब तक आदमी ऐतिहासिक स्थितियों के बीच डूबा होता है वह उस राजनैतिक अथवा आर्थिक स्थितियों की कमियों को नहीं देख पाता अत: उन स्थितियों में रहते हुए वह उन्हें बदलने का प्रयास नहीं कर पाता। यह सिर्फ इस-लिए नहीं कि वह उन स्थितियों में जीने का आदी हो जाता है बल्कि इसलिए भी कि उसे लगता है कि यही उसके जीने की समग्र स्थितियाँ हैं और इनके बिना वह अपना अस्तित्व बनाए नहीं रख सकता। जिस दिन हम एक नई व्यवस्था की कल्पना करते हैं, उसी दिन से हमारी समस्याएँ एक नई रोशनी में प्रकट होती हैं और हम फैसला करते हैं कि ये स्थितियाँ असह्य हैं।" इसी प्रसंग में आगे चलकर वे कहते हैं : "संगठित मजदूर अपने कष्टों को स्वाभाविक मानता है जिन्हें वह दूर भी करना चाहता है। किन्तु जब तक वह अपने को इन संगठनों से काट कर अलग नहीं करेगा तब तक अपने कष्टों को असह्य रूप देकर क्रांतिकारी कदम के लिए तैयार नहीं हो पाएगा।"

अस्तित्ववादी वर्तमान पश्चिमी सभ्यता के स्थान पर (जिसके खिलाफ उन्होंने वैचारिक विद्रोह किया) एक नई सभ्यता, नई व्यवस्था की कल्पना नहीं कर सके इसका एक कारण यह भी रहा कि वे उसी सभ्यता में पले-बढ़े थे और उसकी कमियों को स्पष्ट रूप से देखना-पकड़ना उनकी क्षमता से बाहर था। डॉ० राममनोहर लोहिया ने भी एक स्थान पर कहा है कि "जो लोग एक विशेष प्रकार की जीवन-शैली के आदी हो जाते हैं उनके लिए अपनी जीवन-शैली में परिवर्तन करना बहुत मुश्किल होता है। अत: क्षयमान पश्चिमी सभ्यता के स्थान पर नई

सभ्यता के निर्माण में तीसरी दुनिया के देशों की विशेष भूमिका होगी।"

पश्चिमी सभ्यता का यह विकल्प देने का काम महात्मा गांधी ने किया जिसे डॉ० राममनोहर लोहिया ने परिमार्जित करने का प्रयास किया।

महात्मा गांधी पश्चिमी सभ्यता की उपज नहीं थे। वे इस सभ्यता को अन्य पुरुष के रूप में तटस्थ दृष्टि से देख सकते थे। इसलिए उन्होंने इस सभ्यता की त्रुटियों को सदी के शुरू में ही पहचाना और इसका संकेत उन्होंने 1909 में प्रकाशित अपनी पुस्तक 'हिन्द स्वराज' में दिया। इस पुस्तक के अनेक संस्करण हुए किन्तु गांधी ने इस पुस्तक में दी गई अपनी धारणाओं में संशोधन करने की आवश्यकता नहीं समझी। उनके विचार उत्तरोत्तर स्पष्ट होते गए और इस सभ्यता की त्रुटियों के बारे में उनकी धारणाएँ अधिकाधिक मजबूत होती गईं। उन्होंने इस सभ्यता की मूल अवधारणाओं के स्थान पर अपनी अवधारणाएँ रखीं और इस तरह एक नई सभ्यता, नई व्यवस्था की रूपरेखा विश्व के समक्ष प्रस्तुत की। उन्होंने पश्चिमी सभ्यता का विरोध मुख्यरूप से इन कारणों से किया :

(1) **पश्चिमी सभ्यता के हिंसात्मक साधन** जिसके विकल्प के रूप में उन्होंने सत्याग्रह, असहयोग, सविनय अवज्ञा और 'करो या मरो' के अहिंसात्मक साधनों से मानव-जाति को हिंसात्मक शक्ति से चलने वाली व्यवस्था से निजात दिलाने का विचार रखा।

(2) **पश्चिमी सभ्यता की विकास की कल्पना** जिसमें प्रकृति का विनाश निहित है, जिसमें बड़े-बड़े कारखानों के उत्पादन से कुछ लोगों को समृद्धि और बहुसंख्यक जनता को निर्धनता और बेरोजगारी मिलती है और जिसमें मनुष्य की सृजनात्मकता का क्षय होता है तथा आदमी कल-पुर्जा बन जाता है। इसके विकल्प में उन्होंने हाथ के श्रम को प्रतिष्ठा दी और ग्राम तथा कुटीर उद्योगों पर जोर दिया।

(3) **पश्चिमी सभ्यता की आर्थिक कल्पना** जिसमें बाजार के लिए किए गए उत्पादन को ही उत्पादन माना जाता है, अपने उपयोग के लिए किए गए उत्पादन को नहीं। गांधी जी ने स्वावलंबन और आत्म-निर्भरता की कल्पना रखकर यह विचार दिया कि अपने लिए किया गया उत्पादन भी उत्पादन है और उस उत्पादन को शामिल किए बिना राष्ट्रीय उत्पादन और राष्ट्रीय आय की पश्चिमी कल्पना गलत है। उन्होंने सतत बढ़ती जरूरतों और सतत बढ़ते उपभोग-स्तर को सभ्यता का मापदण्ड मानने से भी इन्कार किया और जरूरतों को कम करने तथा सादगी का जीवन जीने पर जोर दिया।

(4) **पश्चिमी सभ्यता की शक्ति की धारणा** जिसमें शस्त्र-बल को ही बल माना जाता है और जिसमें यह माना जाता है कि शक्तिशाली को ही जिन्दा रहने का अधिकार है। इसके विकल्प में उन्होंने निर्बल के जिन्दा रहने के अधिकार

को प्राथमिकता दी और अहिंसात्मक हथियारों से निर्बल की निर्बलता को महान शक्ति में बदल दिया। शक्ति की धारणा का ही एक पहलू है होड़ या प्रतियोगिता। गाँधी जी ने प्रतियोगिता के स्थान पर सहयोग पर जोर दिया।

(5) **पश्चिमी सभ्यता की केन्द्र-अभिमुख लोकतान्त्रिक व्यवस्था** जिसके स्थान पर उन्होंने जन-अभिमुख लोकतन्त्र की कल्पना रखी और राजकीय प्रयासों से अधिक जनता के सामूहिक प्रयासों को महत्व दिया। उन्होंने उच्चवर्गों की समृद्धि और उस पर आधारित प्रतिव्यक्ति आय या खपत को राष्ट्रीय समृद्धि का पैमाना न मान कर दरिद्रनारायण या सबसे नीचे के आदमी की स्थिति को राष्ट्रीय समृद्धि का पैमाना बनाया।

(6) **गांधी ने साध्य और साधन की एकता की शर्त रखी।** उनका कहना था कि साध्य की सिद्धि से साधनों का औचित्य सिद्ध नहीं होता है। बुरे साधनों से प्राप्त किया गया लक्ष्य भी भ्रष्ट होता है। हिंसात्मक साधनों से शांति का लक्ष्य प्राप्त नहीं हो सकता। युद्धों से विश्व-शांति स्थापित नहीं हो सकती। चोरी और बेईमानी से अर्जित धन से कोई अच्छा काम नहीं हो सकता, विकास नहीं हो सकता। मानव के स्वत्त्व का हरण करने वाली टेक्नोलाजी से मानव का उत्कर्ष नहीं हो सकता। पश्चिमी विचार आमतौर पर यह मानकर चला कि साध्य से साधनों का औचित्य सिद्ध होता है। इस विचार के अन्तर्गत शक्तिशाली राज्य (हीगेल की निरपेक्ष कल्पना) और वर्गहीन समाज (मार्क्स की कल्पना) के साध्य के लिए मानव-हत्याओं का भी औचित्य माना गया।

(7) **मानव और प्रकृति के बीच सम्बन्ध :** बेकन के समय से लेकर ही पश्चिम में मानव और प्रकृति के बीच शत्रुतापूर्ण सम्बन्ध की कल्पना की गई और मानव-ज्ञान का लक्ष्य प्रकृति पर वर्चस्व प्राप्त करना माना गया। गाँधी ने प्रकृति के साथ साहचर्य सम्बन्ध पर जोर दिया और प्रकृति के साथ तालमेल के जीवन को आवश्यक बताया।

गांधी जी के बाद डॉ० राममनोहर लोहिया ने दृढ़ आस्था के साथ इन विचारों को आगे बढ़ाया। उन्होंने समाजवादी पार्टी के विभिन्न कार्यक्रमों में इन अवधारणाओं को व्यावहारिक स्वरूप देने का प्रयास किया। स्मरणीय है आजादी प्राप्त होने पर कांग्रेस के नेताओं ने गाँधी के इन कार्यक्रमों को अव्यावहारिक कह कर छोड़ दिया और उन्होंने पश्चिम के अनुकरण पर भारत का विकास करने का संकल्प किया। गांधी के विचारों का व्यावहारिक प्रयोग करने का अवसर तो नहीं आया क्योंकि डॉ० लोहिया के विचारों की पार्टी कभी इतनी मजबूत नहीं बनी कि केन्द्रीय सत्ता के संचालन का दायित्व उसे सौंपा जाता। किन्तु लोहियाजी के कार्यक्रमों की ओर आम जनता अधिकाधिक आकृष्ट होती गई और इन विचारों की प्रासांगिकता उत्तरोत्तर अधिक स्पष्ट होती गई। डॉ० लोहिया ने विश्व की

जनता का ध्यान भी इन नए विचारों की ओर खींचा। 1951 में उन्होंने अनेक देशों का भ्रमण किया। इसके दौरान उन्होंने घोषणा की कि पश्चिमी सभ्यता का तेजी से क्षय हो रहा है, बल्कि वह मर चुकी है और लाश के रूप में पचासेक साल तक घिसटती रह सकती है। इसका स्थान जो नई सभ्यता लेगी उसमें गांधी के विचारों का महत्वपूर्ण योगदान रहेगा। उन्होंने गांधी को सदी का सबसे बड़ा आविष्कार कहा। डॉ० लोहिया की यह भविष्यवाणी आज सच होती दिखाई दे रही है। पश्चिमी सभ्यता एक ऐसे संकट से गुजर रही है जिससे उबर पाना असंभव दीखता है। पश्चिमी सभ्यता की सहोदर प्रणाली, साम्यवादी प्रणाली टूट चुकी है। पूँजीवादी व्यवस्था भी विघटन के कगार पर पहुँच चुकी है। यह व्यवस्था अपने चरम उत्कर्ष पर पहुँचने के बावजूद दुनिया की दो-तिहाई गरीबी और भुखमरी को दूर नहीं कर सकी। इसके अतिरिक्त पश्चिमी सभ्यता की मूल अवधारणाओं—मशीनवाद, उपभोगवाद और शक्तिवाद ने भस्मासुर का रूप धारण करके मानव जाति को विनाश के करीब पहुँचा दिया है और अब पश्चिम के विद्वान भी इस सभ्यता के विनाश की आशंका से भयभीत हैं तथा एक नई सभ्यता के बारे में गम्भीर रूप से सोच रहे हैं। पश्चिमी सभ्यता के उत्थान और पतन की प्रक्रिया और उसमें गांधी, लोहिया तथा अन्य विचारकों के योगदान का विवरण एक पृथक निबन्ध में (परिशिष्ट-दो) दिया जा रहा है।

जिस मानव-स्वतन्त्रता को अस्तित्ववादी दार्शनिकों ने तत्व-चिन्तन के स्तर पर सर्वोच्च मूल्य घोषित किया उसका गांधी ने जीवन में प्रयोग किया और उसे मनुष्य-जीवन की सबसे बड़ी भूख, प्रेरणा और शक्ति बना दिया। उन्होंने अपने लम्बे जीवन-संघर्ष में स्वतन्त्रता का ऐसा स्वरूप प्रस्तुत किया कि वह व्यक्तिगत जीवन का ही नहीं, सामाजिक जीवन का भी सबसे बड़ा मूल्य बन गया। दक्षिण अफ्रीका में श्वेत लोगों द्वारा अश्वेतों पर लादी गई गुलामी के खिलाफ उनका संघर्ष शुरू हुआ जिसमें अहिंसात्मक सत्याग्रह और स्वयं कष्ट झेलते हुए अन्याय का प्रतिकार करने का मार्ग अपनाया गया। बाद में वे भारत के स्वतंत्रता आंदोलन के कर्णधार बने और उन्होंने दुनिया की सबसे बड़ी साम्राज्यवादी शक्ति के खिलाफ आजादी की लड़ाई लड़ी। भारत का स्वतंत्रता आंदोलन विश्व में बीसवीं सदी की सबसे बड़ी और अद्भुत घटना थी। एक तरफ पश्चिमी सभ्यता की शीर्ष शक्ति थी जो हिंसात्मक हथियारों से लैस थी। उसका मुकाबला था ऐसे सेनापति से जिसने हिंसात्मक हथियारों का उपयोग न करने का व्रत ले रखा था और जिसका एकमात्र हथियार था स्वयं कष्ट सहना। दुनिया की नजरों में यह हास्यास्पद स्थिति थी। किन्तु गांधी ने चमत्कार कर दिखाया। उन्होंने विशाल शक्ति को परास्त किया और भारत के लिए स्वतंत्रता अर्जित की। उन्होंने विश्व के समक्ष यह बात सिद्ध कर दी कि स्वतंत्रता मनुष्य का मूलभूत अधिकार है और आदमी में यदि

कष्ट सहने की क्षमता हो तो इस अधिकार को कोई भी ताकत नहीं छीन सकती। भारत के स्वतंत्रता आंदोलन की सफलता के बाद स्वतंत्रता की लहर सारे विश्व में चली और साम्राज्यवादी शक्तियों की गुलामी में जकड़े सारे देश एक-एक करके आजाद होने लगे। इनमें से अधिकांश देशों ने अपनी आजादी की लड़ाई गांधीजी के अहिंसात्मक रास्ते से लड़ी। अमरीका और अफ्रीका के अश्वेत लोगों ने भी गांधी के रास्ते पर चल कर आजादी हासिल की।

गांधी ने स्वतंत्रता शब्द को नया अर्थ दिया। उसे नई गरिमा प्रदान की। स्वतंत्रता केवल तत्व-चिन्तन का विषय नहीं रही, प्रत्येक व्यक्ति की रक्तशिराओं में दौड़ने वाली प्राण-शक्ति बन गई। यह व्यक्ति का जीवंत अनुभव ही नहीं समाज का जीवंत अनुभव भी बन गया। हर कोई इसे छू सकता था, महसूस कर सकता था। उसके लिए बड़े से बड़ा कष्ट सह सकता था। हंसते-हंसते अपने प्राणों की बलि भी दे सकता था। अस्तित्ववादी दार्शनिकों की स्वतंत्रता केवल यातना भरी थी, उसका अन्त निराशा में होता था जिसके कारण वह जीवन से अधिक मृत्यु की ओर ले जाने वाली थी। गांधीजी ने सिद्ध कर दिया कि स्वतंत्रता मृत्यु से अमरता की ओर ले जाने वाला परम पुरुषार्थ है। वह मृत्यु को भी हंसते-हंसते वरण करने के लिए आदमी को तैयार कर सकती है। लगभग सभी अस्तित्ववादी दार्शनिक मृत्यु के खौफ़ के आगे विवशता महसूस करते रहे हैं किन्तु गांधीजी ने स्वतंत्रता की चाह को मृत्युंजय मंत्र बना दिया।

स्वतंत्रता की रक्षा के लिए गांधीजी ने अहिंसात्मक सत्याग्रह, असहयोग-बहिष्कार, सविनय अवज्ञा और 'करो या मरो' के चरणबद्ध कार्यक्रम दिए। दूसरे महायुद्ध के समय प्रतिरोध आंदोलन चलाने वाले अस्तित्ववादियों ने भी इन कार्यक्रमों का सफलतापूर्वक उपयोग किया। ये अहिंसात्मक हथियार सारे विश्व में अपनाए जाते रहे और इनके समक्ष हिंसा के भयानकतम हथियार भी बेअसर सिद्ध होते गए।

गांधीजी ने स्वतंत्रता के शब्द को एक और नया आयाम दिया। उन्होंने स्वतंत्रता को ईश्वर से भी बड़ा मूल्य बना दिया। स्वतंत्रता उनका सत्य था। उन्होंने अपने जीवन में स्वतंत्रता के लिए जो प्रयोग किए उन्हें 'सत्य के प्रयोग' कहा। ईश्वर ही सत्य है कहने के बजाय उन्होंने कहा सत्य ही ईश्वर है। इसका अर्थ था जिसने सत्य को पा लिया, स्वतंत्रता को पा लिया, उसने मानो ईश्वर को पा लिया। गांधी से पहले यह माना जाता रहा कि सत्य, शिव और सुन्दर का मूल स्रोत ईश्वर या ब्रह्म आदि प्रत्यय (आदर्श) हैं। गांधीजी ने इन्हें स्वतंत्रता से निकले मूल्य सिद्ध किया। उन्होंने अपने जीवन से सिद्ध कर दिया कि जो चीज, जो काम हमें स्वतंत्रता की ओर ले जाए वही सत्य है, वही शिव है और वही सुन्दर है। अस्तित्ववादियों के तत्व-चिन्तन में भी (विशेषकर नास्तिक अस्तित्ववादियों के

चिन्तन में) मानव-स्वतंत्रता को सत्य, शिव और सुन्दर का मूल स्रोत कहा गया किन्तु गांधीजी ने इसे समाज में प्रयोग करके दिखाया।

गांधीजी इस अर्थ में अस्तित्ववाद से आगे गए कि उन्होंने स्वतंत्रता को व्यक्तिगत मूल्य से उठाकर सामाजिक मूल्य बना दिया। बड़े-से-बड़ा तत्व-चिन्तन भी व्यर्थ बनकर रह जाता है यदि उसका सामाजिक उपयोग न हो। भारतीय तत्व-चिन्तन के साथ यही दुर्घटना घटी। उसका समाज में उपयोग नहीं हुआ। तत्व-चिन्तन बौद्धिक व्यायाम और व्यक्तिगत साधना का विषय बना रहा और समाज अविद्या, अंधविश्वासों और कर्मकांडों के मकड़जाल में उलझता गया। निर्गुण और सगुण में भारी अन्तर ही नहीं, परस्पर विरोध भी बना रहा। गांधी द्वारा अस्तित्व के परम मूल्य, स्वतंत्रता के सामाजिक प्रयोग से एक नई सभ्यता के निर्माण का मार्ग प्रशस्त हुआ, ऐसी सभ्यता जिसमें मानव स्वतंत्रता अधिक-से-अधिक सुरक्षित हो।

जैसाकि पीछे कहा गया, गांधीजी के विचारों के व्यावहारिक और सामाजिक प्रयोग के काम को डॉ० राममनोहर लोहिया ने आगे बढ़ाया। उन्होंने समाजवादी आंदोलन को ऐसा रूप दिया कि वह भारत में ही नहीं, सारे विश्व में नये मानव-समाज के निर्माण का मंच बन सके। उन्होंने इस सारे कार्यक्रम को सप्त क्रांति का नाम दिया जिसमें कल्पना की गई कि इस नये मानव समाज में स्त्रियों को पुरुषों के बराबर अधिकार मिलेंगे; रंग, नस्ल, जाति आदि के आधार पर होने वाले सारे भेदभाव समाप्त होंगे, कोई देश दूसरे देश का गुलाम नहीं होगा, प्रत्येक व्यक्ति के निजी जीवन को अन्यायी हस्तक्षेप से मुक्त रखा जाएगा, निजी पूंजी की विषमताओं को दूर किया जाएगा और हथियारी बल को सत्याग्रह के बल से अनुशासित किया जाएगा।

डॉ० लोहिया जर्मनी में पढ़े थे। जर्मनी, फ्रांस और युरोप के अन्य देशों के बुद्धिजीवियों के साथ उनका सम्पर्क रहा। अस्तित्ववाद की मूलभूत विशेषताओं से भी वे परिचित रहे होंगे। संभवतः इसीलिए मार्क्सवाद का जादू उन पर नहीं चला हालांकि मार्क्सवाद का उन्होंने गहरा अध्ययन किया था तथा इसके कुछ पहलुओं से वे प्रभावित भी थे। किन्तु उनका दिमाग खुला था। वे युरोप की अन्य विचारधाराओं का भी खुले दिमाग से अध्ययन करते रहे थे। अस्तित्ववाद की कई बातों ने उन्हें आकृष्ट किया। मानव-स्वतंत्रता को वे भी सबसे बड़ा मूल्य मानते थे और इस स्वतंत्रता के क्रूर दमन के लिए उन्होंने साम्यवादी व्यवस्था की तीव्र आलोचना की। स्टालिन द्वारा अपने साथियों पर मुकदमे चलाए जाने पर उन्होंने अपना असंतोष व्यक्त किया। वे अस्तित्ववादियों के इस सिद्धांत के भी कायल थे कि निराश रहते हुए किया गया कर्म ही सर्वोत्तम कर्म होता है। अपनी पुस्तिका 'निराशा के कर्त्तव्य' में उन्होंने अपनी इस धारणा को स्पष्ट किया है। किन्तु उन्हें

सबसे अधिक गांधी ने प्रभावित किया। गांधीजी की जीवन-शैली, कष्ट सहने और सत्य पर दृढ़ रहने की उनकी क्षमता, अहिंसा के प्रति उनके आग्रह ने लोहिया जी को इतना प्रभावित किया कि उन्होंने गांधी को बीसवीं सदी का सबसे महत्वपूर्ण आविष्कार कहा।

ध्यान देने वाली बात है कि अस्तित्ववाद ने स्वतंत्रता को अपना परम मूल्य तो बनाया किन्तु उसके सहोदर मूल्यों समता और बंधुता की ओर विशेष ध्यान नहीं दिया। आधुनिक विश्व ने स्वतंत्रता, समता और बंधुता के रूप में तीन मूल-भूत मूल्यों की कल्पना की थी। अस्तित्ववादियों ने केवल एक मूल्य को लिया। सार्त्र को इस कमी का अहसास रहा होगा इसलिए अपने अन्तिम दिनों में उन्होंने इन संकल्पनाओं पर अपने विचार दिए। सिमों बुआ के साथ लम्बी बातचीत में उन्होंने समता के मूल्य पर भी कुछ विचार व्यक्त किए। उदाहरण के लिए पुरस्कारों के सम्बन्ध में अपनी अरुचि का कारण बताते हुए उन्होंने कहा कि पुरस्कार लेखक को ऊपर-नीचे की सीढ़ियों में बांटते हैं और लेखक का काम सीढ़ियों को नष्ट करना है। उनका अभिप्राय था कि स्वतंत्रता के लिए समता भी आवश्यक है। बंधुता के विषय पर तो उन्होंने बेनी लेवी से लम्बी बात की ही थी जिसकी झलक परिशिष्ट-एक में दिए गए लेख से मिल सकती है। किन्तु कुल मिलाकर अस्तित्व-वाद में समता और बंधुता के मूल्य उपेक्षित ही रहे।

डॉ० लोहिया ने इन मूल्यों को स्वतंत्रता के मूल्य के साथ जोड़ा। समता की ओर विश्व का ध्यान आकृष्ट करने और उसे स्वतंत्रता के समकक्ष मूल्य बनाने में डॉ० भीमराव आम्बेडकर का योगदान सर्वाधिक माना जाना चाहिए। उन्होंने विषमता की यातना झेली थी, इसलिए वे इसके अभाव को तीव्रता से महसूस कर सकते थे। यह काम न गांधी के लिए सम्भव था और न लोहिया के लिए। डॉ० आम्बेडकर ने समता के मूल्य को स्वतंत्रता के साथ जोड़ा। उन्होंने समता के बिना स्वतंत्रता को अर्थहीन घोषित किया जिसके लिए उन्हें बदनामी भी झेलनी पड़ी।

डॉ० लोहिया ने समता को व्यापक आयाम दिया और जातिगत भेदभाव के साथ-साथ रंग, नस्ल, सेक्स के भेदभावों को भी समाप्त करके सही मायनों में समतामूलक समाज की स्थापना का कार्यक्रम तैयार किया। विषमताओं को समाप्त करने के लिए उन्होंने समान अवसर के स्थान पर विशेष अवसर का सिद्धांत प्रस्तुत किया जिसके अन्तर्गत भेदभावों से पीड़ित वर्गों के लिए उन्होंने विशेष आरक्षणों की व्यवस्था करने का विचार रखा। इस सिद्धांत को अब सारे विश्व में असमानता की समस्या के समाधान के लिए (जिसे वहां एथ्निसिटी की समस्या कहा जाता है) उपयोग में लाया जा रहा है। डॉ० लोहिया बंधुता के मूल्य के प्रति भी सतत जागरूक रहे। वे मानव-मानव के बीच एक शाश्वत सम्बन्ध के आधार पर विश्व की एक परिवार के रूप में कल्पना करते थे। वसुधैव कुटुम्बकम् का उनका यह

आदर्श महज निर्गुण आदर्श नहीं था। वे इसे ठोस रूप में अनुभव करते थे इसलिए वे विभिन्न देशों के बीच आवागमन के प्रतिबंधों को हटाने की बात करते थे और इस धरती के किसी भी स्थान पर दफनाए जाने या जलाए जाने के अधिकार पर जोर देते थे। वे राष्ट्रों के संघ के बजाय मानव-संबंधों के आधार पर विश्व पंचायत बनाने के लिए प्रयत्नशील रहे। इसे वे विश्व लोकराज्य भी कहते थे। अपनी अमरीका यात्रा के दौरान उन्होंने कई स्थानों पर यह बात दुहराई कि हमें अपनी राष्ट्रीय निष्ठाओं से ऊपर उठकर समग्र मानवता के प्रति निष्ठा की भावना से काम करना सीखना चाहिए। यह समय विश्व-मन बनाने का है। उनका विश्वास था कि मनुष्य को अपनी निष्ठाओं का सतत विकास करना चाहिए। छोटी निष्ठा को बड़ी निष्ठा से अनुशासित किया जाना चाहिए किन्तु छोटी निष्ठाओं का दमन नहीं किया जाना चाहिए। गांव-शहर, प्रदेश-राष्ट्र और विश्व की निष्ठाओं में आपस में सहसंबंध होना चाहिए ताकि मनुष्य न तो संकीर्ण निष्ठा में बन्द रहे और न बड़ी निष्ठा इतनी बेलगाम हो जाए कि वह छोटी निष्ठा को कुचल दे। इसीलिए जहां वे राष्ट्रीय निष्ठा को भी मानव-जाति के प्रति सर्वोच्च निष्ठा से अनुशासित करना चाहते थे वहां वे गांव के स्तर पर स्वायत्तता भी चाहते थे।

सार्त्र ने बेनी लेवी के साथ बातचीत में बंधुता की भावना के मूल की खोज करते हुए कल्पना की कि सारे मनुष्य एक मां के गर्भ से उत्पन्न होने के कारण भाई-भाई के रिश्ते से बंधे हैं। सुकरात ने इस मां को धरती मां कहा था। सार्त्र इसे मानवता मां या कबीलों के गणचिह्न की मिथकीय मां की तरह की कल्पना मानते हैं और कहते हैं कि सारे मनुष्यों का एक ही उद्‌गम और एक ही लक्ष्य होने के कारण उन्हें एक ही मां की संतान कहा जा सकता है।

डॉ० लोहिया ने बंधुता के संबंध को स्पष्ट करने के लिए विराट और अंश की कल्पना का सहारा लिया। यह समग्र से समग्र के जुदा होने की अस्तित्ववादी कल्पना और 'पूर्णस्यपूर्णमादाय पूर्णमेवावशिष्यते' की भारतीय कल्पना के अनुरूप है। अपनी पुस्तक 'इतिहास चक्र' में लोहिया कहते हैं :

> "आमतौर, पर आदमी को औजार बनाने वाला और सोचने वाला प्राणी कहा जाता है। किन्तु मानव का विशेष गुण है अपने अस्तित्व का और विराट के साथ अपने संबंध का बोध। मनुष्य जब अपने आपको पहचानने लगता है तो उसे समग्र से जुदा होने का दुख सताता है। साथ ही उसे अपने अस्तित्व-बोध का आनंद भी मिलने लगता है और वह सोचने लगता है कि वह समय के साथ कैसे आत्मसात् हो। यहीं से उसकी लक्ष्य की खोज शुरू होती है।"

मानव अधिकारों के महत्व पर प्रकाश डालते हुए डॉ० लोहिया ने एक स्थान पर

कहा :

"मनुष्य को बचाना आज जरूरी हो गया है। वह आज राष्ट्र और जाति में इतनी बुरी तरह बंध चुका है कि जन्म, शादी, मौत में भी वह मनुष्य नहीं, बल्कि कुछ अधकटा जीव बन गया है। जो थोड़ा बहुत इस दिशा में हुआ है वह उतना ही लड़ाई और दूसरे देशों की फतेह का परिणाम है जितना कि प्रेम का। शायद प्रेम से ज्यादा फतेह का। असली दुनिया तब बसेगी जब मनुष्य सचमुच वर्णसंकर और दोगला हो जाएगा (अर्थात् अंतर्जातीय, अंतर्नस्लीय प्रेम-संबंधों और विवाहों के कारण आदमी-आदमी के बीच रक्त-संबंध बनेंगे)।"

डॉ० लोहिया को स्वतंत्रता, समता और बंधुता के अविच्छिन्न संबंध पर दृढ़ आस्था थी, भले ही ये मूल्य जाहिरा तौर पर परस्पर बिरोधी लगते हों। उनका विचार था कि जब तक समाज इन तीनों में तालमेल बिठाकर और इन्हें एक साथ लेकर नहीं चलेगा तब तक एक आदर्श मानव-समाज नहीं बनेगा। पश्चिमी सभ्यता या आधुनिक सभ्यता ने इन मूल्यों को स्वीकार तो किया किन्तु यह किसी एक मूल्य को लेकर चली और उसे भी आधे-अधूरे रूप में लिया। उदाहरण के लिए पश्चिमी लोकतंत्र या पूंजीवाद ने केवल स्वतंत्रता को लिया और यह स्वतंत्रता भी बुर्जुआ वर्ग की स्वतंत्रता रही। इसने निर्धन वर्गों और कमजोर देशों की स्वतंत्रता को कुचला। साम्यवादी व्यवस्था केवल आर्थिक समता के मूल्य को लेकर चली और उसने जाति, नस्ल, सेक्स आदि की समता की ओर ध्यान नहीं दिया तथा व्यक्ति की स्वतंत्रता को कुचल दिया। अस्तित्ववादियों ने मानव-स्वतंत्रता के दमन के खिलाफ आवाज उठाई किन्तु वे स्वतंत्रता के मूल्य को सामाजिक प्रेरणा में नहीं बदल सके और न समता तथा बंधुता का इससे तालमेल बिठा सके। गांधी ने स्वतंत्रता का सामाजिक प्रयोग किया और डॉ० आम्बेडकर ने स्वतंत्रता के साथ समता के मूल्य को जोड़ा। गांधी और आम्बेडकर के बीच का टकराव स्वतंत्रता और समता को परस्पर विरोधी मानने की गलतफहमी के कारण था। डॉ० लोहिया ने स्वतंत्रता, समता और बंधुता के समन्वय की एक समग्र दृष्टि विकसित की। उन्होंने देखा कि जैसे कोरी स्वतंत्रता के मूल्य को लेकर चलने वाली व्यवस्था समता की चाह और बंधुता की चाह से उत्पन्न टकरावों के कारण असफल रही और कोरी समता को लेकर चलने वाली व्यवस्था स्वतंत्रता की चाह के दबावों को नहीं झेल पा रही है, उसी तरह भारत में चल रहा समता का आंदोलन बंधुता की भावना के अभाव में जातीय द्वेष को जन्म दे सकता है। उन्होंने अपनी पार्टी को इसके प्रति सावधान भी किया और कहा कि बंधुता की भावना के बिना समता और स्वतंत्रता के आंदोलन विफल होंगे।

इस प्रकार अस्तितत्ववाद ने पश्चिमी सभ्यता अथवा औद्योगिक क्रांति से निकली आधुनिक सभ्यता से (जिसने मानव-स्वतंत्रता का दमन किया) विद्रोह करके नई मानव-सभ्यता के लिए दर्शन दिया। गांधी, आम्बेडकर और लोहिया ने उस दर्शन का विस्तार और विकास किया तथा उसे सामाजिक दर्शन बनाया। इसे अस्तित्ववाद का पारगमन भी कहा जा सकता है। अब इन प्रयोगों के आधार पर आने वाली सभ्यता का निर्माण किया जा सकता है। यह सभ्यता कब बनेगी, कैसे बनेगी, इसके बारे में तो कोई भविष्यवाणी करना कठिन है किन्तु इतना निश्चित है कि उसके आधारभूत मूल्य स्वतंत्रता, समता और बंधुता होंगे तथा इन मूल्यों के बीच समुचित तालमेल बिठाया जाएगा।

लेकिन इसका यह मतलब नहीं कि नई सभ्यता या नये मानव समाज में एक नये स्वर्ग का निर्माण किया जाएगा जिसमें प्रत्येक व्यक्ति को स्वतंत्रता, समता और बंधुता की पूर्ण तृप्ति मिलेगी। इस तरह का आश्वासन वैसा ही झूठा आश्वासन होगा जो अब तक की सभ्यताओं ने दिया हैं। स्वर्ग, जन्नत, बैकुण्ठ, वर्ग-रहित समाज या ऐतिहासिक स्पिरिट के निरपेक्ष सत्य की उपलब्धि की तरह नई सभ्यता किसी सम्पूर्ण आदर्श की मृग-मरीचिका में मानव को नहीं उलझाएगी। पूर्ण स्वतंत्रता, पूर्ण समता और पूर्ण बंधुता की स्थिति एक असंभव कल्पना है। यह सभ्यता संभव को अपना लक्ष्य बनाएगी। आदर्शवादी विचारधाराएं स्वप्न को सच के रूप में प्रस्तुत करती रही हैं। अस्तित्ववाद जो आदर्शवादी धाराओं के विरोध से निकला, स्वप्न को सच मानकर नहीं चलता। अस्तित्ववाद केवल कर्म का दर्शन है। फल की न सिर्फ वह कामना नहीं करता है बल्कि फल के संबंध में वह पूर्ण निराश भी है। वह जानता है कि वह अपनी मंज़िल पर नहीं पहुंचेगा किन्तु उसकी ओर बढ़ते जाना उसकी नियति है। अस्तित्ववादी शाश्वत यात्रा-कामी होता है इसलिए वह किसी स्वर्ग का, या अंतिम मंजिल का आश्वासन नहीं देता। सार्त्र कहते हैं :

> "जीवन का इतिहास असफलता का इतिहास है। इसमें प्रतिकूल शक्तियां इतनी प्रबल होती हैं कि मामूली-सा परिणाम प्राप्त करने के लिए वर्षों के धैर्य की अपेक्षा होती है। हम प्रकृति के निर्देशों के खिलाफ नहीं जा सकते। मेरी स्वतंत्र इच्छा मेरे छोटे कद को बड़ा नहीं कर सकती। देश, काल, स्थितियों और शरीर के रूप में तथ्यात्मकता मानव-स्वतंत्रता के रास्ते में निरंतर बाधाएं उपस्थित करती है। एक तरह से आदमी अपनी जन्म-भूमि, जलवायु, नस्ल, परिवार, वर्ग, भाषा, इतिहास, वंशपरम्परा, बचपन की स्थितियों, आदतों और जीवन की छोटी-छोटी घटनाओं की निर्मिति होता है। 'आदमी अपना निर्माता स्वयं है' इस कथन का अभिप्राय यह नहीं है कि

तथ्यात्मकता की वास्तविक सत्ता नहीं है। अभिप्राय यह है कि वह इस तथ्यात्मकता को पार करने के लिए अपनी स्वतंत्रता के बल पर प्रयास कर सकता है। उसे सफलता मिलती है या नहीं यह दीगर बात है। वास्तव में उसे यह मानकर चलना पड़ता है कि सफलता नहीं मिलेगी। यह निराशा की भावना उसे कर्म से विचलित न करे, वह निराश रहते हुए काम करता जाए, यही कर्म का तथा मानव-स्वतंत्रता का सर्वोच्च लक्ष्य है।"

डॉ० लोहिया का भी सतयुग या स्वर्णयुग पर विश्वास नहीं था जिसमें कोई द्वंद्व न हो। वे मनुष्यों और राष्ट्रों के बीच सम्पूर्ण बराबरी को भी संभव नहीं मानते थे बल्कि हमेशा संभव बराबरी की बात करते थे। संभवतः वे द्वंद्व-रहित स्थिति को (पूर्ण स्वतन्त्रता, पूर्ण समता और पूर्ण बंधुता की स्थिति को) प्रलय की स्थिति की तरह मानते थे। वे विचार और पदार्थ, आदर्श और भौतिक स्थिति, सामान्य लक्ष्य और आर्थिक लक्ष्य के द्वैत को भी नहीं मानते थे। सामाजिक और आध्यात्मिक लक्ष्यों के परस्पर वैर को भी वे अस्वीकार करते थे और कहते थे कि पूर्व की सभ्यताएँ आध्यात्मिक समानता के साथ सामाजिक असमानता के भार से टूट गईं और आधुनिक सभ्यता सामाजिक समानता के साथ आध्यात्मिक असमानता के भार से टूट रही है।

तथाकथित स्वर्णयुग के बारे में लोहिया कहते हैं : "जो लोग सुदूर भविष्य के स्वर्णयुग में विश्वास करते हैं वे प्रायः अजीव भ्रम का शिकार होते हैं। वे ऊँचे आदर्शों को पाने के लिए घृणित काम करते हैं और सोचते हैं कि इन घृणित कामों का औचित्य सुदूर भविष्य के परिणाम से सिद्ध हो जाएगा। किन्तु हम अपने काम में तात्कालिकता के सिद्धांत का समावेश करेंगे, भले ही हम उत्पादन अथवा वर्ग-संघर्ष का काम कर रहे हों या वर्ग-रहित तथा जाति-रहित समाज बनाने का या ऐसा समाज बनाने का काम कर रहे हों जिसमें शक्ति और समृद्धि एक स्थान से दूसरे स्थान पर पींगें न भरें तो हम क्षण को तात्कालिक और शाश्वत रूपों में एक साथ लाने में सफल हो सकते हैं। इसी धरती पर, इसी युग में स्वर्णयुग लाने के प्रयास में शायद हम निर्धनता-मुक्त और भय-मुक्त अवस्था लाने में अगली पीढ़ियों की मदद कर सकते हैं।"

यदि ऐसी सभ्यता विकसित हुई जिसमें झूठमूठ की आशा और कोरे प्रलोभनों के लिए कोई स्थान नहीं हो तो यह निश्चित है कि इसमें धर्म और मजहब पर चलने वाली दुकानें बन्द हो जाएंगीं। ईश्वर का आदर्श (प्रत्यय) भी महत्वहीन हो जाएगा क्योंकि जिस सांत्वना और प्रेरणा के लिए आदमी इस प्रत्यय की ओर उन्मुख होता है उसके लिए आदमी स्वतंत्रता, समता और बंधुता के प्रत्ययों की ओर उन्मुख होगा जो सत्य, शिव और सुन्दर का मूल स्रोत हैं।

नैतिक निहितार्थ

(नया आदमी)

कुछ वर्ष पहले चंडीगढ़ में पंजाब विश्वविद्यालय के कई विभागों ने मिलकर मानव-मूल्यों की पहचान करने के लिए एक संगोष्ठी का आयोजन किया। इसकी प्रेरणा राष्ट्रीय शैक्षिक अनुसंधान और प्रशिक्षण परिषद के उस बालक-विरोधी और शिक्षा-विरोधी अभियान से मिली थी जिसे यह संस्था क्रांतिकारी शैक्षिक कार्यक्रम कहकर पेश करती है। इस अभियान के पीछे मुख्य विचार यह था कि बच्चा सूखा ठूंठ है और शिक्षा नैतिक मूल्यों का इंजेक्शन देकर उसमें रस-संचार करती है, कुछ-कुछ वैसा ही जैसे भोजन के लिए पाले जाने वाले पशुओं को इंजेक्शन आदि देकर मोटा-ताजा किया जाता है। पता चला कि इस संगोष्ठी के अत्युत्साही आयोजकों ने 83 मूल्यों की सूची बना ली थी और उन्हें उम्मीद थी कि वे 300 मूल्यों की सूची बनाने के लक्ष्य में सफल हो जाएंगे। संगोष्ठी में सारी चर्चा मूल्यों की परिभाषा पर हुई और निष्कर्ष निकाला गया कि बच्चे में जो-जो अच्छे गुण भरे जाने चाहिए वे सब मूल्य हैं। इस आधार पर जब मूल्यों को गिनाया जाने लगा तो पता चला कि सत्य साईं बाबा की शांति या 'सुशांति' साधना और निर्मला देवी की कुंडलिनी साधना से लेकर प्याज-लहसुन न खाने और हर मंगल-वार-शनिवार को हनुमान-मंदिर में जाने तक सभी 'अच्छी-अच्छी बातें' मूल्यों के रूप में बच्चों में भरी जा सकती हैं। एक सेवानिवृत्त सैनिक अधिकारी, जो संगोष्ठी के एक सत्र की अध्यक्षता कर रहे थे, सैनिक अनुशासन को ही सबसे बड़ा मूल्य सिद्ध करने में जुट गए बिना यह महसूस किए कि सैनिक प्रशिक्षण सर्कस के जानवरों के प्रशिक्षण से ज्यादा भिन्न नहीं है और इस अनुशासन वाला समाज फासीवादी तथा तानाशाही व्यवस्थाओं को ही जन्म दे सकता है।

मुझे लगता है कि भारतीय समाज में नैतिक मूल्यों पर जितना जोर दिया जाता है उतना दुनिया के किसी समाज में नहीं दिया जाता होगा। नैतिक मूल्यों को ही यहां धर्म कहा गया। धर्म के दस लक्षणों में धृति, क्षमा, दम, अस्तेय, शौच,

इंद्रिय-निग्रह, धीः विद्या, सत्य और अक्रोध को गिनाया गया। इसमें से किसी भी कर्त्तव्य का सम्बन्ध पूजा-पाठ, भजन-कीर्तन या ईश्वर के आगे अपने को समर्पित करने से नहीं है जिस अर्थ में आज धर्म को लिया जाता है। धर्म या कर्त्तव्य के इन्हीं नियमों को किंचित हेरफेर के साथ विभिन्न अनुशासनों के अंतर्गत भी स्वीकार किया गया। योग साधना के लिए अहिंसा, सत्य, अस्तेय, ब्रह्मचर्य और अपरिग्रह को नियम तथा शौच, संतोष, तप, स्वाध्याय और ईश्वर-प्रणिधान को उपनियम कहा गया। यदि इसमें से ईश्वर-प्रणिधान को छोड़ दें तो बाकी कर्त्तव्य धर्म के ऊपर बताए गए लक्षण ही हैं। जैन-बौद्ध आदि अन्य सम्प्रदायों ने भी इन मूल्यों को अपनाया यद्यपि किसी ने अहिंसा-अपरिग्रह आदि पर अधिक जोर दिया तो किसी ने क्षमा-करुणा पर। कर्त्तव्यों के साथ-साथ अकर्त्तव्यों या वर्जनाओं का भी निर्धारण किया गया और इन्हें भी लगभग सब सम्प्रदायों ने स्वीकार किया। काम, क्रोध, मद, लोभ, मोह को पांच शत्रु कहा गया। मत्सर को भी कभी-कभी इनमें गिनाया जाता है। पूर्व मीमांसा में तीन तरह के नियमों की कल्पना की गई। प्राकृतिक नियम जो अटल होते हैं और प्रकृति से निर्धारित होते हैं। नैतिक नियम जिन्हें धर्म या कर्त्तव्य भी कहा जाता है जिन्हें अपनी और समाज की जरूरतों को देखते हुए हमें अपने विवेक से अपनाना पड़ता है। तीसरे नियम राजनियम हैं जिन्हें राज-शक्ति से लागू होने के कारण अनिवार्य माना जाता है।

इन नैतिक नियमों या कर्त्तव्यों और वर्जनाओं से भारत की आम जनता भी परिचित रही। हजारों साल से इनका उपदेश धार्मिक कथाओं और प्रवचनों में, कविताओं और सुभाषितों में दिया जाता रहा किन्तु क्या सिर्फ इसी तथ्य के आधार पर हम अपने समाज को नैतिक समाज कह सकते हैं? आम जनता की तो बात दूर, अपने को धर्म का प्रतिनिधि मानने वाले लोगों का जीवन भी आज धर्म के दस लक्षणों के विपरीत हो गया है। अयोध्या में बाबरी मस्जिद के विध्वंस और राम-मन्दिर के निर्माण के लिए जुटे धार्मिक नेताओं में धृति या सहनशीलता के बजाय असहनशीलता, क्षमा के बजाय प्रतिशोध, दम या संयम के बजाय असंयम, अस्तेय के बजाय अनस्तेय धन का उपयोग, बुद्धि के बजाय दुर्बुद्धि, सत्य के बजाय असत्य और अक्रोध के बजाय क्रोध अपने प्रबल रूप में दिखाई दिया था।

यहां पर डॉ० विद्यानिवास मिश्र की लेखमाला के अन्तिम लेख के इन शब्दों पर विचार की आवश्यकता है: "ऐसी जीवन्त चिन्तन-धारा के रहते हुए भारत में इतना पिछड़ापन, इतना अन्याय और इतनी निकृष्ट लोभ-वृत्ति क्यों है जिसमें भोग भी पूरे मन से नहीं, पर दूसरों का भोग छीनकर भोग्य-वस्तु का संग्रह ही जीवन का लक्ष्य हो रहा है? अपने स्वरूप की इतनी विस्मृति क्यों घटित हुई, इसकी ऐतिहासिक या दार्शनिक मीमांसा से केवल वाग्विलास ही सम्पन्न होगा, कुछ और फल नहीं निकलेगा।...हमें आत्म-परीक्षण करने की आवश्यकता है।"

किन्तु आतम-परीक्षण के लिए ऐतिहासिक या दार्शनिक मीमांसा व्यर्थ की चीज नहीं है। इससे बचकर हम आतम-परीक्षण भी नहीं कर सकते।

सच बात यह है कि हमारा सारा नैतिक-बोध उपदेश के स्तर पर रहा। हमने इन नैतिक मूल्यों को नित्य प्रति के जीवन में नहीं अपनाया। जब भी नित्य प्रति के जीवन में ये नैतिक मूल्य हमारे आड़े आए हमने इनसे बचने के लिए कोई-न-कोई रास्ता निकाल लिया। कभी हमने इसे आपद्धर्म कहा, कभी व्यावहारिकता। धर्मराज युधिष्ठिर ने घुमा-फिरा कर अश्वत्थामा के मारे जाने की सूचना देकर जिस आपद्धधर्म को निभाया वह आपद्धर्म आगे चलकर पूरा शास्त्र ही बन गया। वास्तव में हमारा समूचा नीतिशास्त्र या धर्मशास्त्र अनैतिकता और अधर्म को बनाए रखने का साधन वन गया। अब हमारे पास प्रत्येक अनैतिक काम के लिए कोई न कोई शास्त्र-सम्मत स्पष्टीकरण मौजूद है। अगर हमारे समाज में अन्याय और अत्याचार है, भुखमरी और बीमारी है, समाज का एक बड़ा वर्ग कौओं-कुत्तों की तरह अधम स्थितियों में जीवन बिताता है तो इसका कारण यह है कि इन लोगों ने पिछले जन्म में बुरे कर्म किए थे और समाज में जो अन्याय, अत्याचार और शोषण कर रहा है उसे पिछले जन्म के अच्छे कर्मों का फल मिल रहा है। यदि वर्तमान समाज में अन्याय और अत्याचार सहने वाले चुपचाप सहन करते रहेंगे तो अगले जन्म में उन्हें इन दुखों से निजात मिल जाएगी। यह ईश्वरीय व्यवस्था है और हर आदमी के माथे पर जन्म के साथ ही ईश्वर उसका भाग्य लिख देता है तथा उसके लिखे हुए को कोई शक्ति नहीं मिटा सकती। इस ईश्वरकृत व्यवस्था को बदलने, अन्याय और अत्याचार से आदमी को मुक्त करने के लिए कोई काम नहीं किया जाना चाहिए क्योंकि यह ईश्वर के काम में दखलंदाजी होगी, ईश्वर से विद्रोह होगा, धर्म की और शास्त्रों की अवज्ञा होगी। इसके अतिरिक्त ऐसे प्रयासों का विफल होना भी निश्चित है क्योंकि होना तो वही है जो विधि ने रच रखा है। आदमी की क्या हैसियत जो इस स्थिति को बदले ?

यह है हमारे समाज की आम मानसिकता जो हमें उस नैतिक और धार्मिक विरासत से मिली जिसे दुनिया में सर्वश्रेष्ठ कहा जाता है और जिसके आधार पर भारत को विश्व-गुरु कहा जाता है। इसी मानसिकता ने हमें दो हजार वर्ष की राजनैतिक गुलामी दी और हमें अपनी गुलामी को प्यार करना सिखाया। उसने स्त्री-जाति के दिल में, जो प्राणों की बाजी लगाकर पुरुष को जन्म देती है, यह विचार भर दिया कि वे पूर्व जन्म के पापों के कारण स्त्री-योनि में पैदा हुई और उन्हें हर हालत में पतियों की गुलामी करनी है, उनकी मारपीट सहकर भी उन्हें परमेश्वर मानना है। इस मानसिकता ने शूद्र कहे जाने वाले वर्ग को, जो अपनी मेहनत से सारे समाज को पालता है, यह विश्वास दिला दिया कि उसे जिस हाल

में रखा गया उसी में खुश रहना है, उसे बदलने की कोशिश नहीं करनी है, इच्छा भी नहीं करनी है, वरना ईश्वर अगले जन्म में उसे और कठोर दंड देगा। इस मानसिकता ने सम्पन्न-सुखी लोगों के मन में भी यह भाव भर दिया कि कोई भी पाप, अधर्म या अनैतिक काम वर्तमान जीवन में कोई नुकसान नहीं पहुंचा सकता, कोई सुविधा नहीं छीन सकता, क्योंकि यह सुख-सुविधा विधि-विधान के अन्तर्गत पूर्व जन्म के कर्मों के पुरस्कार के रूप में मिली है। न ही अनैतिक कामों से डरने की जरूरत है क्योंकि भगवान बड़ा दयालु है और तुम उसके पास जाओगे, उसे खुले दिल से प्रसाद चढ़ाओगे या अश्रुपूरित नयनों से प्रार्थना करोगे कि मेरे समान दुनिया में कौन खल-कामी है, मेरे गुनाहों को माफ कर दे तो वह जरूर तुम्हारे गुनाहों को माफ कर देगा तथा कर्म से पतित होने पर भी तुम्हें छाती से लगाकर पावन बना देगा। यदि कोई नृशंस, अत्याचारी देशी-विदेशी राजा तुम्हारे बीबी-बच्चों की क्रूर हत्या करता है, अनेक अत्याचार करता है और तुम्हें गुलाम बना लेता है तो उसका विरोध मत करो, प्रतिकार मत करो, भगवान की शरण में जाओ जो उससे तुम्हारी रक्षा करेगा या तुम्हें मानसिक शांति देकर उस अत्याचार या गुलामी को सहन करने की क्षमता देगा। धर्म की रक्षा और अधर्म का विनाश उसी का काम है और उसे ही करना चाहिए। जो शक्तिशाली है, जो समर्थ है उसे दोष मत दो, उसकी गलतियां मत देखो। वह लात भी मारता है तो उसके पांव चूम लो। लेकिन जो तुमसे कमजोर है, स्त्री, शूद्र या बच्चा है उसे दबा कर रखो, उसकी ताड़ना करो और वह तुम्हारी बात न माने तो उसके मुंह, कान, आंख में जलते लोहे की गरम सलाख डालने से भी न हिचको, उसको जिन्दा जलाने में गुरेज न करो।

हमारी नैतिकता के तमाम उच्च मूल्य सामाजिक मानसिकता तक आते-आते विकृत और विपर्यस्त हो गए। शक्तिशाली के आगे धृति रखो, सहनशील बनो लेकिन कमजोर के प्रति असहनशील। शक्तिशाली और अत्याचारी के आगे अक्रोध और अहिंसा को अपनाओ और कमजोर और पीड़ितों को भयानक से भयानक दंड दो। अत्याचारी को क्षमा करो, अपने अधीनस्थ को कभी नहीं। अस्तेय (चोरी न करने) के सिद्धांत की पूजा करो लेकिन घूस और पाप की कमाई को धर्म (दस्तूरी) मानो। सत्य को भगवान मानो लेकिन असत्य को आपद्धर्म या रणनीति के रूप में स्वीकारो। स्त्रियों को देवी कहो लेकिन उन्हें पांव की जूती बनाकर रखो। अपरिग्रह की बातें करो और दूसरों के हिस्से को लूट कर भी अपना घर भरो। संयम, दम और इंद्रिय-निग्रह की कसमें खाओ और अन्तिम सांस तक भोग-लिप्सा में डूबे रहो। अनश्वर आत्मा की बातें करो और वीभत्स स्थितियों में जिन्दगी के साथ जोंक की तरह चिपके रहो। भगवान के आगे सबकी बराबरी की शेखी बघारो और व्यक्तिगत तथा सामाजिक जीवन में गैरबराबरी के कीचड़ में सूअर की तरह

खुश रहो। ऊंचे विचारों और ऊंचे कर्मों की दार्शनिक बहस करो और विचार को प्रतीक-पूजा में और कर्म को कर्मकांडों में बदलकर संतुष्ट हो जाओ। काम, क्रोध, मद, लोभ, मोह, मत्सर के शत्रुओं को बस में करने के लिए माला के मनकों को फरो लेकिन मन से, दिल और दिमाग से, इन शत्रुओं को दूर न हटाओ। ब्रह्मचर्य और सदाचार के उपदेश दो और नौजवानों की ऐसी पीढ़ी तैयार करो जो सेक्स के रोगी हों, जो अपने साथ पढ़ने या काम करने वाली लड़कियों को सिर्फ भोग्य-वस्तु मानें और कभी भी उनके साथ सहज इन्सानी रिश्ते से न जुड़ सकें।

हमारे व्यक्तिगत जीवन और सामाजिक जीवन की हर क्रिया छलयुक्त है। 'सत्यमेव जयते' को हमने एक नारे की तरह दीवार पर टांग रखा है लेकिन हम निरंतर झूठ में जीते हैं। हम बड़ी सहजता से, बिना संकोच या पीड़ा के ईश्वर को भी धोखा दे सकते हैं, अपने आपको भी, सामाजिक जीवन में सम्पर्क में आने वाले अन्य व्यक्तियों को भी और सार्वजनिक संस्थाओं को भी जिसमें हम काम करते हैं। हमारी जीने की कला इस धोखे में समाई हुई है क्योंकि न हम स्वतंत्र मन से सोच सकते हैं और न स्वतंत्र मन से जी सकते हैं। स्वतंत्रता को जीना पीड़ादायक है, उसमें कष्ट हैं, उसमें सुख-सुविधा और आराम नहीं है (जिसे हम शांति का गलत नाम देते हैं) इसलिए हम अपनी स्वतंत्रता को पहला मौका मिलते ही, सुख-सुविधा के बदले में गिरवी रख देते हैं। हम अपनी अंतरात्मा की आवाज से खौफ खाते हैं और प्रतीक्षा करते हैं कि कोई दूसरा हमें निर्देश दे, हमारी मंजिल तय करे।

हमारा सामाजिक और राजनैतिक जीवन ऐसे ही व्यक्तियों से संचालित हो रहा है इसलिए वह भी इन तमाम रोगों से ग्रस्त है। जब तक एक नये आदमी का निर्माण नहीं होता, वर्तमान राजनैतिक और सामाजिक व्यवस्था में किसी सार्थक परिवर्तन की संभावना नहीं है। अतः हमें नैतिक मूल्यों पर नये सिरे से विचार करना होगा।

नैतिकता का आधार

नैतिकता मनुष्य के सामाजिक सम्बन्धों की जरूरत है। सामाजिक होने का मतलब ही है, कुछ नैतिक दायित्वों को स्वीकार करना। यदि एक आदमी काल्पनिक रॉबिन्सन क्रूसो की तरह किसी द्वीप में नितांत एकांत में रहता है तो संभवतः उसे नैतिक मूल्यों की आवश्यकता नहीं होगी। तब वह केवल प्रकृति के नियमों के अधीन रहकर ही जिएगा। किन्तु ऐसा व्यक्ति वास्तविक नहीं हो सकता, वह केवल काल्पनिक हो सकता है। मानव सामाजिक प्राणी है और उसका अपने से भिन्न व्यक्तियों के साथ अटूट सम्बन्ध होता है। पशु भी जब सामाजिकता में जीने लगते हैं, उनका परस्पर और आदमियों के साथ सम्बन्ध होता है तो उनमें भी सामाजिकता के गुण आ जाते हैं हालांकि हम उन्हें नैतिकता का नाम नहीं देते।

अस्तित्ववाद और सांख्य की भाषा में अन्य पुरुष के साथ सम्बन्ध से हममें नैतिक बोध पैदा होता है।

बच्चा जब पैदा होता है तो अपने को नितांत अकेला महसूस करता है। उसे लगता है कि उसे ऐसी दुनिया में फेंक दिया गया है जहां उसका कोई नहीं है। धीरे-धीरे वह अपनी मां को, फिर पिता को, फिर दूसरे व्यक्तियों और वस्तुओं को जानने लगता है और उनसे अपना सम्बन्ध स्थापित करने लगता है। शुरू में उसके लिए जीवित प्राणियों और निर्जीव वस्तुओं में भेद करने की क्षमता नहीं होती है। वह दुनिया की तमाम वस्तुओं के बीच अपने को भी एक वस्तु अथवा वस्तुओं को भी अपने जैसा समझने लगता है। लेकिन फिर एक-एक करके उनमें भेद करने लगता है और उनके साथ सम्बन्ध स्थापित करता है। अभेद से भेद की स्थिति में आना ही ज्ञान की प्रक्रिया है जिसके लिए वह निषेध की या 'नेति नेति' की क्षमता का उपयोग करता है। किसी भी वस्तु या व्यक्ति को जानने या पहचानने के लिए उसका यह महसूस करना जरूरी है कि यह मैं नहीं हूं। यह निषेध की क्षमता जिसे अस्तित्ववाद में 'नथिंगनेस' कहा गया है, चेतना या आत्मा की सहज शक्ति या स्वभाव है। यह उसके अस्तित्व की पहली शर्त है। इस शक्ति का दूसरा नाम स्वतंत्रता भी है क्योंकि इसीके बल पर वह अपने को दूसरी वस्तुओं से भिन्न (स्वतंत्र) मानती है और फिर अपने लक्ष्य को चुनती है। इसी तरह उसमें जो अभेद की दृष्टि शुरू में होती है वह उसकी समता और बंधुता की अन्तर्जात, स्वाभाविक प्रवृत्ति है। यह ऐसी मानसिक स्थिति है जिसमें वह किसी को अपने से बड़ा या छोटा नहीं मानती और किसी को अपने से पृथक और अजनबी नहीं पाती। भारतीय दर्शन की शब्दावली में कहें तो यह मुक्त आत्मा की स्थिति है और मुक्ति आत्मा या चेतना का स्वभाव है। देह धारण करने के साथ ही वह अनेक बंधनों में बंधने लगती है। उसके ये बंधन पार्थिव देह तथा देश और काल के अतिरिक्त उन सम्बन्धों के होते हैं जिन्हें अपने जीवन की प्रक्रिया में वह विभिन्न व्यक्तियों और वस्तुओं से स्थापित करती है। ये सम्बन्ध कभी प्यार के होते हैं जो उसे सुख देते हैं कभी भय या विराग के जो उसे दुख देते हैं। किन्तु हर सम्बन्ध बंधन होता है क्योंकि उसमें उसे कुछ मिलता है तो कुछ देना भी पड़ता है। बिना आदान-प्रदान के सम्बन्ध हो नहीं सकता। जब किसी सम्बन्ध में आदान-प्रदान का संतुलन बिगड़ जाता है तो सम्बन्ध तनावपूर्ण हो जाता है। हम उस सम्बन्ध को तोड़ते हैं और नया सम्बन्ध जोड़ते हैं। मनुष्य-जीवन इन सम्बन्धों के जुड़ने और टूटने का ही नाम है इसलिए वह हमेशा तनाव-ग्रस्त रहता है। इसे हम जीवन का द्वंद्व भी कह सकते हैं। मृत्यु सब सम्बन्धों को तोड़ देती है। द्वंद्व का समाप्त होना ही मृत्यु है।

संक्षेप में बच्चा जन्म के साथ कोई नैतिक मूल्य (पूर्व निर्धारित प्रत्ययों या आदर्शों के रूप में) लेकर नहीं आता। वह केवल अस्तित्व को लेकर आता है जिस

की पहचान स्वतंत्रता, समता और बंधुता की मूल आकांक्षाएं होती हैं। अस्तित्ववाद की भाषा में इसे कहा गया कि एसेंस (मूल्य) अस्तित्व से पूर्व नहीं होते, इन्हें अस्तित्व ही निर्धारित करता है।

जैसाकि सभी दर्शन मानते हैं यह द्वंद्व प्रकृति और पुरुष का, स्पिरिट और मैटर का, मन और परिस्थितियों का, ब्रह्म और माया का, आध्यात्मिकता और भौतिकता का, बाहर और भीतर का द्वंद्व कहलाता है। इस द्वंद्व में आदमी बनता भी है और टूटता भी है।

अन्य पुरुषों या समाज के साथ जब आदमी संबंध जोड़ता है तो उसे समाज से प्राप्त सुख-सुविधा के बदले अपनी स्वतंत्रता, समता, और बंधुता की स्वभावगत थाती का कुछ त्याग करना पड़ता है। वह समाज का सदस्य बनता है और समाज की कुछ शर्तों को (नैतिक मूल्यों के रूप में) स्वीकार करता है। दूसरे शब्दों में वह अपनी स्वतंत्रता, समता आदि का कुछ अंश समाज को सौंप देता है। बच्चा परिवार की सुरक्षा प्राप्त करता है और साथ ही पारिवारिक नैतिकता को ग्रहण करता है। वह स्कूल से जुड़ता है तो स्कूल के नियमों को स्वीकार करता है और अपनी स्वतंत्रता आदि के जन्मजात अधिकारों को उनके अधीन बना लेता है। इसी तरह जैसे-जैसे वह राज्य आदि वृहत्तर समाज का सदस्य बनता जाता है उसकी स्वतंत्रता, समता आदि की सहज आकांक्षाओं पर उत्तरोत्तर अंकुश लगता जाता है। ये अंकुश उसके लिए जरूरी होते हैं क्योंकि इनके बिना वह समाज का सदस्य (सभ्य) नहीं बन सकता। लेकिन कभी-कभी ये अंकुश उसके लिए असह्य हो जाते हैं क्योंकि उसकी स्वतंत्रता, समता आदि की सहज आकांक्षाएं कुचली जाने लगती हैं। तब उसमें विद्रोह पैदा होता है और अपनी कुचली हुई आकांक्षाओं (अस्मिता) को पाने के लिए वह साहित्य, कला आदि संस्कृति की ओर मुड़ता है जो पुनः उसे खोई हुई स्वतंत्रता, समता आदि को लौटाती है।

इस प्रकार जिसे हम मनुष्य जीवन कहते हैं और मनुष्य के सामाजिक प्राणी होने के कारण जिसे सामाजिक जीवन भी कहा जा सकता है, उसमें नैतिक मूल्यों का संबंध सिर्फ आदमी की सहज आकांक्षाओं पर लगे अंकुशों से नहीं होता है, उनका संबंध स्वतंत्रता, समता आदि की सहज आकांक्षाओं से भी होता है; बल्कि उनका प्राथमिक संबंध इन सहज और मूलभूत आकांक्षाओं से होता है क्योंकि इनके कुचले जाने पर आदमी आदमी नहीं रहता, बिना सींग-पूंछ का पशु बन जाता है। जिस नैतिक प्रणाली में स्वतंत्रता, समता और बंधुता का दमन होता है उसे नैतिक नहीं, अनैतिक प्रणाली कहा जाना चाहिए।

आम तौर पर नैतिक मूल्यों को समाज या वातावरण तय करता है और ये मूल्य व्यक्ति के परम मूल्यों (आत्मा के स्वभाव—स्वतंत्रता, समता आदि) के विरुद्ध जाते हैं। उनकी प्रवृत्ति मानव की अंतर्जात प्रवृत्तियों पर अंकुश लगाने की ओर तथा

आदमी को पालतू बनाने की ओर होती है। इस प्रकार एक मजबूत समाज या राज्य के निर्माण की प्रक्रिया में व्यक्ति के निरपेक्ष अधिकारों का दमन होता है। लेकिन इससे समाज का अंततः नुकसान होता है क्योंकि इससे आदमी के व्यक्तित्व का क्षय होता है जो अंततः समाज या राज्य के क्षय का कारण बनता है। यह स्थिति तब आती है जब समाज व्यक्ति के निरपेक्ष अधिकारों को बिल्कुल नजर-अंदाज करके मनमाने ढंग से अपने मूल्य तय करता है। अस्तित्ववाद ऐसे ही नैतिक मूल्यों के खिलाफ विद्रोह है। वह व्यक्ति की स्वतत्रता, समता और बंधुता के मूल्यों को परममूल्य या निरपेक्ष मूल्य मानता है और कहता है कि यदि आदमी अपनी स्वतंत्रता का उपयोग किए बिना या स्वतंत्रता के कष्ट से बचने के लिए समाज द्वारा तय किए गए मूल्यों को स्वीकार करता है तो यह सार्त्र के शब्दों में दुर्निष्ठा (बैडफेथ) और हाइडेगर के शब्दों में अप्रामाणिक जीवन है। किंतु अस्तित्ववाद समाज की सत्ता को नहीं नकारता और न समाज द्वारा निर्धारित नैतिक मूल्यों की सत्ता को। समाज की सत्ता को तो वह व्यक्ति के अस्तित्व के लिए अनिवार्य मानता है क्योंकि उसके अनुसार 'अन्य पुरुष' के साथ विषयि-विषय संबंध स्थापित किए बिना व्यक्ति को अपने अस्तित्व का बोध ही नहीं हो सकता। अतः अस्तित्ववाद एक ऐसे समाज की कल्पना करता है जो अपने मूल्य (नैतिक मूल्य) व्यक्ति की सहज प्रवृत्तियों का विकास करने की आवश्यकता को ध्यान में रखते हुए बनाए न कि उनके दमन को उद्देश्य मानकर। अब, ऐसा समाज जिसमें समाज और व्यक्ति के बीच कोई द्वंद्व न रहे, महज कल्पना है, एक असंभव लक्ष्य है किन्तु अस्तित्ववाद का आग्रह इस असंभव लक्ष्य को पाने का नहीं, इसकी ओर निरंतर बढ़ते जाने का है।

शिक्षा और चरित्र-निर्माण

शिक्षा के क्षेत्र में नैतिक मूल्यों का आग्रह बच्चे के चरित्र-निर्माण की दृष्टि से किया जाता है। लेकिन अक्सर यह आग्रह बच्चे के चरित्र को कमजोर करने या उसे पालतू बनाने का काम करता है। हम उस पर ऐसे मूल्य लादते हैं जो उसे स्वतंत्र रूप से जीने, सोचने और निर्णय लेने में अक्षम बनाते हैं और उसमें विषमता तथा अलगाव की भावना भरते हैं। यह गलतफहमी के कारण होता है। हम बच्चे को एक जंगली प्राणी मानते हैं जिसे सिधाना या पालतू बनाना शिक्षा का काम माना जाता है। किन्तु यह सत्य नहीं है। बच्चा स्वतंत्रता, समता और बंधुता के निरपेक्ष मूल्यों के साथ पूर्णत्व लिए आता है और इस पूर्णत्व को जीना चाहता है। अपनी पार्थिव सीमाओं में जीने की प्रक्रिया में उसे अपना पूर्णत्व खोना पड़ता है। शिक्षा का काम है उसके विकास में इस तरह मदद देना कि उसके पूर्णत्व का, उसकी मूलभूत क्षमताओं का विकास हो तथा उनका कम से

कम क्षय हो।

महात्मा गांधी ने शिक्षा का लक्ष्य बताया है बच्चे की भौतिक, मानसिक और आध्यात्मिक शक्तियों को बाहर लाना और उनका विकास करना। यह शिक्षा की सही दृष्टि है जिसमें यह मानकर चला जाता है कि बच्चा खाली घड़ा या मिट्टी का लोंदा नहीं है जिसमें बाहर से कुछ भरा जाना है या जिसे ठोक-पीट कर किसी उपयोगी पदार्थ में बदला जाना है। बल्कि इसमें माना जाता है कि वह पूर्ण है, उसके भीतर ही वे तमाम गुण हैं जो आदमी को समाज का उपयोगी सदस्य बनाते हैं तथा शिक्षा का काम उन शक्तियों का विकास करना है। बर्ट्रेंड रसेल ने भी बच्चे के चरित्र-निर्माण के लिए उसमें चार गुणों के विकास को आवश्यक माना है। ये चार गुण हैं शक्ति, साहस, बुद्धि और सहानुभूति। शक्ति का सम्बन्ध उसके शारीरिक स्वास्थ्य से है और बुद्धि का उसके स्वस्थ मानसिक विकास से। साहस स्वतंत्र निर्णय की क्षमता की अभिव्यक्ति है और सहानुभूति अर्थात् दूसरों के सुख-दुख में भागी होना, समता तथा बंधुता की भावना की द्योतक। वस्तुतः सभी अच्छे शिक्षा-शास्त्रियों ने इस सिद्धांत को स्वीकार किया है किन्तु इसके अनुसार शिक्षा का ढांचा अभी बना नहीं है। आमतौर पर शिक्षा को समाज की वर्तमान जरूरतों के अनुरूप उपयोगी 'माल' तैयार करने के काम में ही लगाया गया है। कभी बच्चों को अच्छा सैनिक बनाने का काम शिक्षा को सौंपा गया, कभी वैज्ञानिक, इंजीनियर, अफसर, जज-वकील, डाक्टर या कोई महापुरुष बनाने का। समाज को जब जिस तरह के आदमियों की जरूरत हुई शिक्षा ने उसी तरह के आदमी गढ़ने का काम किया।

शिक्षा की दो प्रमुख समस्याएं हैं। एक है उन औजारों का विकास और परिष्कार करना जिनसे बच्चा आगे चलकर काम लेने वाला है और दूसरी है उसके चरित्र का निर्माण करना ताकि वह बाहर की दुनिया के साथ सही सम्बन्ध स्थापित कर सके तथा जीवन की विविध स्थितियों में सही ढंग से निर्णय ले सके और काम कर सके। बच्चे का शरीर उसके औजारों का समुच्चय है। शरीर की दस इन्द्रियां तथा अंतःकरण (जिसमें मन, चित्त, बुद्धि, अहंकार सम्मिलित है) उसके औजार हैं। बच्चे की शिक्षा इन्द्रियों की क्षमता के विकास से शुरू होती है। स्कूलपूर्व की अवस्था में शिक्षा का लक्ष्य रहता है उसकी शब्द, स्पर्श, रस, रूप और गंध की क्षमताओं अर्थात् ज्ञानेन्द्रियों का तथा हाथ, पैर आदि शरीर के अन्य अंगों अर्थात् कर्मेन्द्रियों का प्रशिक्षण। अक्षर-ज्ञान के बाद उसकी मानसिक शक्तियों का विकास किया जाता है और यह क्रम अंत तक चलता है। यह शिक्षा का स्थूल किन्तु महत्त्वपूर्ण प्रयोजन है। किन्तु वर्तमान शिक्षा प्रणालियां यह काम भी नहीं करतीं। इसमें यह बात निहित है कि बच्चे को सिखाया जाए कि उसे अपनी बुद्धि, अहंकार, मन की कल्पना या चित्त की स्मृतियों का किस प्रकार

इस्तेमाल करना है। किन्तु हमारी शिक्षा-प्रणाली बच्चे में मात्र कुछ उपयोगी जानकारी ठूंसकर अपने कर्त्तव्य की इतिश्री मान लेती है। बच्चे को वह कम्प्यूटर मानकर चलती है जिसमें कुछ जानकारी भरी जानी होती है ताकि उसका समय पर उपयोग किया जा सके।

मनुष्य के आस-पास बिखरी सारी वस्तुएं, जिनमें उसका शरीर भी शामिल है, उसके औजार या साधन हैं जिनका उपयोग वह किसी साध्य या लक्ष्य को प्राप्त करने के लिए करता है। लक्ष्य का उसे स्वयं (स्वतंत्र इच्छा से) निर्धारण करना होता है। यदि लक्ष्य किसी दूसरे के द्वारा निर्धारित होता है तो वह खुद भी औजार बन जाता है क्योंकि तब कोई दूसरा अपने लक्ष्य के लिए उसका इस्तेमाल कर रहा होता है। आदमी खुद कर्ता न बनकर किसी का औजार बने यह आदमी का पतन है। जहां तक औजारों की बात है बच्चे को उनका ज्ञान और उनके इस्तेमाल का टेक्नीक सिखाना जरूरी है। शिक्षा का काम है बच्चे को इन औजारों अर्थात् विभिन्न वस्तुओं और पदार्थों के सम्पर्क में लाना और इनके उपयोग की विधि सिखाना। एक औजार से काम लेने के लिए हमें दूसरे, तीसरे, चौथे औजार की जरूरत पड़ सकती है। दीवार पर तस्वीर टांगने के लिए कील की जरूरत होगी। कील ठोंकने के लिए हथौड़ी और दीवार की ऊंचाई में हथौड़ी चलाने के लिए स्टूल की जरूरत होगी। औजारों की इस शृंखला के अंत में आएगा हमारा शरीर, हमारे हाथ, पैर, आंख, मुंह, मस्तिष्क आदि। इन सभी औजारों के सही और कुशल उपयोग का प्रशिक्षण देना शिक्षा का एक काम है और यह काम भी बहुत महत्त्वपूर्ण है।

किन्तु उसका दूसरा काम अधिक महत्वपूर्ण है। यह काम है बच्चे को इस बात का प्रशिक्षण देना कि वह अपने लक्ष्य का चुनाव कैसे करे जिसे प्राप्त करने के लिए उसे अपने औजारों का इस्तेमाल करना है। पहला काम कौशल का विकास है और दूसरा काम चरित्र का विकास। चरित्र में वे तमाम गुण आते हैं जो उसे अपना लक्ष्य निर्धारित करने और उसकी ओर बढ़ने में सहायक होते हैं। इन्हें नैतिक मूल्य भी कहा जाता है। इनमें से कुछ मूल्यों का सम्बन्ध स्वयं से होता है और कुछ का दूसरों के साथ अर्थात् कुछ का भीतरी दुनिया से और कुछ का बाहरी दुनिया से। लेकिन यह भेद बहुत सूक्ष्म होता है और बारीकी से देखने पर तो यह गायब ही हो जाता है। मैं क्या खाता हूं, क्या पहनता हूं, किस चीज को पसंद या नापसंद करता हूं यह मेरा व्यक्तिगत मूल्य हो सकता है किन्तु मेरी इन व्यक्तिगत रुचियों को मेरा माहौल, मेरे संगी-साथी, मेरा समाज भी तय करता है और ये रुचियां उस माहौल और उस समाज को प्रभावित करती हैं। सच बोलना मेरा व्यक्तिगत मूल्य भी है और सामाजिक मूल्य भी है। चोरी न करना सामाजिक मूल्य है किन्तु यह व्यक्तिगत मूल्य भी है क्योंकि यह मेरे मन को दुर्बल

और भीरू बनाता है। अहिंसा सामाजिक मूल्य ही नहीं है, यह मेरे मन को वैर-मुक्त और शक्तिशाली भी बनाती है। शौच मात्र शारीरिक स्वास्थ्य का मूल्य नहीं है यह शरीर को (जो मात्र साधन है) आत्मा मानने की गलती से हमें बचाता है (योग की भाषा में स्वांगजुगुप्सा पैदा करता है)। अपरिग्रह केवल व्यक्ति के लिए ही अच्छा नहीं है, यह सामाजिक मूल्य भी है। लोभ व्यक्ति का भी क्षय करता है और समाज के लिए भी बुरा है। मद आदमी की बुद्धि को भी भ्रष्ट करता है और समाज में अशांति तथा हिंसा भी फैलाता है। इन मूल्यों की सूची बहुत लम्बी हो सकती है। नैतिक-शास्त्रियों का काम इनकी सूची तैयार करना रहा है। भारत और ग्रीक के दार्शनिकों तथा कई अन्य दार्शनिकों एवं नीतिशास्त्रियों ने इन सारे मूल्यों का समाहार सत्य, शिव और सुन्दर के प्रत्ययों में किया है।

लेकिन ये मूल्य आदमी में बाहर से इंजेक्शन देकर नहीं भरे जा सकते। ये हर आदमी के भीतर मौजूद होते हैं और शिक्षा का काम उन्हें विकसित करना होता है। वर्तमान शिक्षा प्रणाली यह काम करने में असमर्थ है क्योंकि वह व्यवस्था का अंग है तथा उसे उस व्यवस्था की जरूरतों को पूरा करना होता है। राजनैतिक, सामाजिक या धार्मिक व्यवस्थाएं जिन मूल्यों को अपने लिए फायदेमंद समझती हैं उन्हीं को शिक्षा के माध्यम से बच्चों में भरती हैं और प्रत्येक व्यक्ति को अपने ढंग से स्वयं विकास करने का मौका न देकर उसे अपनी जरूरत के मुताबिक ढालती हैं। यह एक तरह से आदमी को पालतू बनाने की प्रणाली है। बच्चे में सत्य, शिव और सुन्दर की भावनाएं मजबूत हों, इसमें व्यवस्थाओं को कोई लाभ नहीं दीखता। उन्हें लाभ इस बात में है कि बच्चे बड़ों का कहना मानें, झूठ न बोलें, माता-पिता और गुरु के चरण छुएं, ईश्वर की प्रार्थना करें, देश-भक्ति की भावना मन में लाएं और उसके लिए जान देने को तैयार हों, राज्य और समाज के कानूनों-नियमों का पालन करें, रस्मों और परम्पराओं के अनुसार चलें आदि-आदि। ये सतही मूल्य कभी डंडे का डर दिखाकर भरे जाते हैं, कभी कोरे उपदेशों के द्वारा, इसलिए शिक्षण संस्थाओं से बाहर निकलते ही बच्चे इन मूल्यों का उप-हास करने लगते हैं। इसके साथ-साथ उनमें कुछ उपयोगी जानकारी भरी जाती है ताकि वे व्यवस्था के कल-पुर्जों के रूप में कुछ काम कर सकें। ऐसी शिक्षा-प्रणाली से जो बच्चे निकलते हैं उनमें आमतौर पर आत्मविश्वास की कमी होती है। वे खुद अपने निर्णय नहीं ले सकते और चाहते हैं कि कोई दूसरा उनके जीवन से सम्बन्धित महत्त्वपूर्ण फैसले करे। वे फिल्म-दूरदर्शन के सितारों की नकल करते हैं, कम्पनियों के विज्ञापन देखकर अपनी रुचियां तय करते हैं, फैशन की लहर में बह जाते हैं, और यहां तक कि अपना जीवन-साथी चुनने में भी मम्मी-पापा का मुंह जोहते हैं। मानवीय सम्बन्धों की उनकी जानकारी फिल्मों और घटिया साहित्य तक सीमित होती है। वे अच्छी नौकरी, अच्छी बीवी (जो सती सावित्री हो) और

ऐश की जिन्दगी को अपने जीवन का परम लक्ष्य मानते हैं। भावनाओं में इतने अपरिपक्व होते हैं कि उनकी किशोरावस्था चालीस-पैंतालीस साल की अवस्था तक बनी रहती है।

अस्तित्ववाद की नैतिकता

अस्तित्ववाद बाहर से थोपी जाने वाली इस सारी नैतिकता के खिलाफ विद्रोह है इसलिए सतही ढंग से सोचने वालों ने अस्तित्ववाद को नैतिकताहीन दर्शन कहा। यह धारणा विशेषकर अस्तित्ववादी लेखकों की साहित्यिक रचनाओं के पढ़ने के बाद बनती है। अधिकतर ये रचनाएं अस्तित्ववाद के सिद्धान्तों के प्रतिपादन के लिए दृष्टान्त के रूप में लिखी गई हैं। उदाहरण के लिए अस्तित्ववाद आदमी की स्वतंत्र इच्छा और स्वतन्त्र कर्म को इतना महत्त्व देता है कि अस्तित्ववादी साहित्य के पात्र स्थितियों के दबाव से मुक्त होकर अचानक कुछ अप्रत्याशित काम करते हैं अथवा वे थोपी गई नैतिकताओं के खिलाफ विद्रोह करने के लिए ऐसे काम करते हैं जो लोगों को अनैतिक लगते हैं। लेकिन इसका यह अर्थ नहीं कि अस्तित्ववाद नैतिकता-विरोधी दर्शन है।

अलबत्ता, अस्तित्ववाद उस नैतिकता को नैतिकता नहीं मानता जो ऊपर से थोपी जाती है और जिसे आदमी अपने स्वतंत्र चुनाव द्वारा नहीं अपनाता। उसका मानना है कि चूंकि स्वतंत्रता मानव-चेतना का स्वभाव है, सारे नैतिक मूल्यों का उत्स स्वतन्त्रता है। सत्य, शिव और सुन्दर के प्रत्यय, जिन्हें आदर्शवादी विचारधाराओं ने सारे नैतिक मूल्यों का उत्स माना, भी अस्तित्ववाद की दृष्टि में निरपेक्ष मूल्य नहीं हैं। आदर्शवादी विचारधाराओं ने सत्य, शिव और सुन्दर को निरपेक्ष मूल्य माना और उनमें ईश्वर को देखा या उन्हें ईश्वर, ब्रह्म आदि प्रत्ययों का गुण कहा। अस्तित्ववाद ने इन्हें मानव-स्वतन्त्रता से निकले हुए मूल्य माना। आदर्शवादियों का कहना था ईश्वर ही सत्य है, शिव है और सुन्दर है। इसका अर्थ था कि ये मूल्य मानव-अस्तित्व से पहले मौजूद थे। अस्तित्ववाद अस्तित्व से पूर्व किसी विचार को नहीं मानता। अस्तित्ववादियों ने कहा मानव-स्वतन्त्रता ही सत्य, शिव और सुन्दर है। महात्मा गांधी ने भी 'ईश्वर ही सत्य है' कहने के बजाय 'सत्य ही ईश्वर है' कहा और उनका सत्य था स्वतन्त्रता। इसका अर्थ था जिसने स्वतन्त्रता को पा लिया उसने मानो ईश्वर को पा लिया, सत्य, शिव और सुन्दर को पा लिया और इनकी ओर ले जाने वाले तमाम नैतिक मूल्यों को पा लिया। इस प्रकार अस्तित्ववादियों ने स्वतन्त्रता को निरपेक्ष मूल्य माना और जैसा कि पीछे कहा गया कि स्वतन्त्रता के साथ समता और बंधुता का अविच्छिन्न सम्बन्ध है, अतः स्वतन्त्रता, समता और बंधुता, मानव-चेतना के ये स्वभावगत मूल्य ही निरपेक्ष मूल्य हैं और तमाम नैतिक मूल्य (सत्य, शिव और सुन्दर सहित) इन

निरपेक्ष मूल्यों से निर्धारित होते हैं।

नैतिकता के सम्बन्ध में यह धारणा बहुत क्रांतिकारी है। इसमें यह अभिप्राय: निहित है कि जो काम हमें स्वतन्त्रता, समता और बंधुता की ओर ले जाए वह नैतिक है, जो इन निरपेक्ष मूल्यों का दमन करे या उनसे विमुख करे वह अनैतिक है। समाज, राज्य अथवा धर्म द्वारा आदमी पर लादे गए नियम-कायदे और नैतिक मूल्य अनैतिक हैं किंतु मनुष्य अपने स्वतन्त्र निर्णय द्वारा इन मूल्यों को यदि अपनाता है तो वे अनैतिक नहीं हैं। सार्त्र का कहना है कि मानव-चेतना अपनी तथ्यात्मकता (फैक्टिसिटी) से जुदा नहीं हो सकती और यह तथ्यात्मकता मानव-चेतना की स्वतंत्रता की अनिवार्य बाधा है। यदि किसी का कद छोटा है तो स्वतन्त्र इच्छा उसके कद को नहीं बढ़ा सकती। स्वतन्त्र इच्छा का प्रयोग तथ्यात्मकता की सीमाओं में करना होता है। वह स्वतन्त्र इच्छा से निर्धारित लक्ष्य को तथ्यात्मकता के दबाव के कारण छोड़ भी सकता है। सार्त्र किसी पर्वतीय स्थल की कठिन यात्रा करने वाले कुछ यात्रियों का उदाहरण देते हैं जिनमें से एक थकान की वजह से अधबीच में ही यात्रा का विचार छोड़ देता है। सार्त्र का कहना है कि अपने पूर्व निर्धारित लक्ष्य को छोड़ना या उसमें संशोधन करना भी स्वतन्त्र इच्छा का प्रयोग है। इसमें एक लक्ष्य के अन्त और दूसरे लक्ष्य के प्रारम्भ के क्षण में स्वतन्त्र इच्छा का प्रयोग निहित है। कहने का अभिप्राय यह कि स्वतन्त्रता के अंकुश भी स्वतन्त्र मन से स्वीकार किए जाने चाहिए। सामाजिक नियम या राजनैतिक कायदे-कानूनों को जब तानाशाही ढंग से थोपा जाता है तो उनका विरोध किया जाना चाहिए किन्तु यदि इन्हें आपस में मिल-बैठकर स्वयं तय किया जाता है तो उन्हें स्वीकार किया जाना चाहिए। सार्त्र खेल को सर्जनात्मक क्रिया इसलिए मानते हैं कि ये अपने बनाए नियमों से खेला जाता है। दूसरे शब्दों में पूर्ण लोकतांत्रिक व्यवस्था के नियम नैतिक हैं किन्तु किसी भी प्रकार की तानाशाही के अंकुश अनैतिक हैं।

सत्य, शिव और सुन्दर को ग्रीक दार्शनिकों ने ईश्वर या स्वर्ग के गुण कहा जो मानव के मन में पूर्वस्थित (ईश्वर के सान्निध्य की स्थिति) की स्मृति के रूप में विद्यमान रहते हैं। यह मान्यता सारे धार्मिक समाजों में है। यूरोप के नवजागरण काल के बाद 17वीं से 19वीं शताब्दी के कुछ दार्शनिकों ने इन्हें ईश्वर से जोड़े बिना भी शाश्वत मूल्य माना। किन्तु अस्तित्ववाद इन्हें शाश्वत मानने के लिए तैयार नहीं है। वह उन्हें मानव स्वतन्त्रता से (जो मानव-अस्तित्व का ही दूसरा नाम है) निकले हुए मूल्य मानता है। सत्य के सम्बन्ध में अस्तित्ववादियों का मानना है कि निरपेक्ष सत्य हो ही नहीं सकता। पदार्थ या सृष्टि की वस्तुएं अपने समूचे रूप को कभी प्रकट नहीं करतीं। हम उनके आंशिक सत्य को ही पकड़ सकते हैं और इसे हम अपनी स्वतन्त्र इच्छा की शक्ति से पकड़ते हैं। दूसरे शब्दों

में सत्य स्वतन्त्रता पर निर्भर है। इसी तरह शिव के बारे में भी कहा जा सकता है कि जो मूल्य हमें स्वतन्त्रता की ओर ले जाए, समता और बंधुता की ओर ले जाए, वह शिव और कल्याणकारी है तथा जो हमें गुलामी दे, हमारे मन में भेद-भाव और विद्वेष की भावनाएं पैदा करे वह अशिव है। सौंदर्य के सम्बन्ध में भी यही बात लागू होती है। जो हमें स्वतन्त्रता, समता और बंधुता का अहसास कराए वही सुन्दर है और जो इसके विपरीत हो वह असुन्दर।

इससे यह निष्कर्ष निकलता है कि शिक्षा का परम लक्ष्य है बच्चे में स्वतंत्रता, समता और बंधुता की भावनाओं को मजबूत करना। ऐसा करने पर तमाम नैतिक मूल्य बच्चे में स्वतः ही आ जाएंगे और यदि शिक्षा बच्चे की स्वतन्त्र इच्छा-शक्ति और निर्णय-शक्ति को कुचलती है, उसे ऊंची-नीची सीढ़ियों में विभाजित करती है या अपने से भिन्न व्यक्तियों एवं समूहों के प्रति उसके मन में द्वेष की भावना पैदा करती है तो वह बच्चे में नैतिक भावना का विकास नहीं कर सकती।

जो बच्चा स्वतन्त्रता, समता और बंधुता की अपनी मूल प्रवृत्तियों के प्रति जागरूक हो जाता है और उन्हें जीने लगता है वह कायर और डरपोक नहीं होगा, उसमें साहस का गुण स्वतः आ जाएगा क्योंकि उसके निर्णय अपने निर्णय होंगे और वह उनका उत्तरदायित्व स्वयं वहन करेगा। वह किसी का पिछलग्गू नहीं होगा, किसी का अनुकरण नहीं करेगा, उसके हर काम में मौलिकता होगी। वह सृजनशील होगा क्योंकि स्वतंत्रता के प्रयोग से ही सृजनशीलता आती है। वह चोरी, झूठ, फरेब, छलकपट आदि बुराइयों से मुक्त होगा क्योंकि ये बुराइयां तब आती हैं जब कोई सत्य से आंखें चुराता है और आत्मविश्वास खो देता है। वह किसी को अपने से छोटा मानकर उसका अपमान नहीं करेगा। किसी को अपना शत्रु नहीं समझेगा। वह किसी के बहकावे में नहीं आएगा। असफलता मिलने पर इतना हताश नहीं होगा कि आत्महत्या या अपराधवृत्ति की ओर चला जाए। वह किसी का मन जानबूझकर नहीं दुखाएगा। किसी से घृणा नहीं करेगा क्योंकि वह सबको अपने समान समझेगा और सबके साथ बंधुता का रिश्ता जोड़ेगा। वह हिंसा की ओर उन्मुख नहीं होगा क्योंकि यह स्वतन्त्रता-विरोधी भाव है। उसमें अहंकार या दंभ नहीं होगा। वह वचन का पक्का होगा और किसी को धोखा देने की उसमें प्रवृत्ति नहीं होगी। बड़ी से बड़ी मुश्किल में भी कर्तव्य से पलायन नहीं करेगा। वह अपने समाज-राष्ट्र के प्रति अधिक जिम्मेदारी का रुख अपनाएगा क्योंकि ये निष्ठाएं उसकी स्वतः स्वीकृत होंगी। किसी के द्वारा लादी गई नहीं। वह जिस भी संस्था का काम करेगा उसके प्रति वह पूरा वफादार रहेगा और उन संस्थाओं को लक्ष्य-भ्रष्ट होने से बचाएगा। वह खुद स्वाभिमान से जिएगा और दूसरे के स्वाभिमान को ठेस नहीं पहुंचाएगा। वह शक्तिशाली के आगे आत्म-

समर्पण नहीं करेगा और कमजोर को नहीं सताएगा। वह आत्मकेन्द्रित नहीं होगा बल्कि सबके सुख-दुख को अपना सुख-दुख समझेगा। वह उदार होगा, कट्टर और मतांध नहीं होगा। वह बेहतर नागरिक, बेहतर शिक्षक, जज-वकील, राजनेता या सरकारी कर्मचारी होगा। यह नया आदमी होगा।

क्या वर्तमान शिक्षा-प्रणाली इस नये आदमी के निर्माण का दायित्व ले सकती है? जाहिर है यह काम उसकी क्षमता से बाहर है। यह शिक्षा-प्रणाली आज भी औपनिवेशिक गुलामी की मानसिकता को नहीं छोड़ पाई है। मैकाले की शिक्षा-नीति का उद्देश्य औपनिवेशिक तंत्र के लिए क्लर्कों और बाबुओं का निर्माण करना था। वर्तमान शिक्षा-प्रणाली का उद्देश्य भी यही है हालांकि अब हम क्लर्कों-बाबुओं के अलावा डॉक्टर, इंजीनियर, जज-वकील, ब्यूरोकेट भी तैयार कर रहे हैं। किंतु शिक्षा का लक्ष्य वही है—व्यवस्था को चलाने के लिए उपयोगी कर्मचारियों (पुर्जों) का निर्माण। हम कुछ कौशल सिखाकर, कुछ जानकारी भर अपने लिए या विदेशों के लिए मजदूर-कर्मचारी तैयार कर रहे हैं। हम निर्यात के लिए डॉक्टर, इंजीनियर और वैज्ञानिक तैयार कर रहे हैं जो उपनिवेश काल की गिरमिटिया प्रथा से भिन्न नहीं है। शिक्षा के मामले में हमारी अपनी कोई दृष्टि, कोई सोच नहीं। विश्व-बाजार के लिए माल तैयार करने का अभियान ही चल रहा है। बच्चा इस शिक्षा की दृष्टि में कच्चा माल या 'संसाधन' बन गया है। जहां तक नैतिक भावना की बात है इस शिक्षा-प्रणाली से निकले बच्चों में न तो आत्मविश्वास होता है और न अपने पैरों पर खड़ा होने की क्षमता। नौकरी के अलावा वे कुछ नहीं कर सकते और नौकरियों में कमी होने की आशंका होती है तो वे बसें जलाने, दंगे करने और आत्मदाह करने पर उतर आते हैं। ऐसी स्थिति में स्वतन्त्र, सृजनशील और अपनी पूर्ण क्षमताओं का उपयोग करने वाले नये आदमी के निर्माण का दायित्व साहित्य-कलाओं पर आता है जिस पर हम आगे विचार करेंगे।

साहित्यिक दिशाएं

(नया साहित्य)

पूर्व पृष्ठों की चर्चा से यह स्पष्ट होगा कि अस्तित्ववाद एक सम्पूर्ण जीवन-दर्शन है और यह एक समूची जीवन-प्रणाली या सभ्यता का आधार बन सकता है। यह दर्शन आदर्शवादी अथवा प्रत्ययवादी विचारधाराओं के विरोध से निकला जिन्होंने ऐसे समाजों का निर्माण किया जिनमें व्यक्ति के रूप में मनुष्य के अस्तित्व को नकारा गया और आदर्शों की सत्ता रूपी व्यवस्थाओं को मनुष्य के ऊपर मजबूती से स्थापित किया गया। विशेष रूप से यह औद्योगिक क्रांति के गर्भ से निकली आधुनिक सभ्यता के खिलाफ विद्रोह था जिसे पश्चिमी सभ्यता भी कहा जाता है और जिसके पूंजीवादी लोकतंत्र और साम्यवादी तानाशाही (भले ही सर्वहारा की हो) दो प्रसिद्ध रूप अस्तित्ववादियों के सामने थे। अस्तित्ववादियों ने दोनों को अस्वीकार किया हालांकि वे किसी नई प्रणाली की स्पष्ट कल्पना नहीं कर सके।

पश्चिमी सभ्यता के बारे में सार्त्र ने अपनी पुस्तक 'साहित्य क्या है ?' में लिखा कि यह सभ्यता मृतप्राय है और एक भयानक युद्ध उसे नष्ट करने वाला है। वर्तमान समय को एक नई विचारधारा की जरूरत है जो आदमी को जिंदा रहने की स्थितियां उपलब्ध कराए।

अस्तित्ववादियों की नजर में आदमी के जिंदा रहने की स्थिति है उसकी स्वतंत्रता की रक्षा। साम्यवाद की स्वतंत्रता के सम्बन्ध में सार्त्र ने कहा कि इसकी स्वतंत्रता हीगेल की स्वतंत्रता है जिसका मतलब है विवशता को स्वीकार करना। पश्चिमी लोकतंत्र की स्वतंत्रता के सम्बन्ध में सार्त्र ने लिखा कि इसके नाम पर गुलामी की प्रथा को भी अमरीका में उचित सिद्ध किया जाता रहा है। इसके अन्तर्गत अन्यायी अन्याय करने के लिए स्वतंत्र है और पीड़ित अन्याय सहने के लिए स्वतंत्र है।

किन्तु अस्तित्ववादियों के विचारों ने किसी प्रणाली का रूप ग्रहण नहीं किया क्योंकि यह आंदोलन मुख्यतया साहित्य और कलाओं के क्षेत्र में चला। तथापि साठ के दशक के अन्तिम वर्षों में इसने यूरोप के छात्र-मजदूर आंदोलनों को जन्म दिया जिनमें आधुनिक पश्चिमी सभ्यता के मूल्यों को चुनौती दी गई और एक नई

सभ्यता की खोज आरम्भ हुई जिसे आधुनिकोत्तरवाद कहा गया। यद्यपि आधुनिकोत्तरवाद शब्द की व्याख्या अमरीकी पूंजीवाद अपने उत्कर्ष एवं वर्चस्व और जनवादी साम्यवाद अपने उत्कर्ष एवं वर्चस्व के रूप में कर रहा है किन्तु वस्तुतः यह एक नई मानव सभ्यता की सुगबुगाहट है और इसके लिए सबसे उपयुक्त भूमि तीसरी दुनिया है विशेषकर भारत जहां पश्चिमी सभ्यता के पूंजीवादी और साम्यवादी रूपों से बहुत पहले मोह-भंग हो चुका था। इसकी प्रतिध्वनि हमें गांधी-लोहिया आदि के विचारों मिलती है।

बहरहाल, इस नई मानव-सभ्यता के उदय में सबसे बड़ी भूमिका साहित्य और कलाओं को ही निभानी है क्योंकि मूल्यों की स्थापना का सबसे अच्छा माध्यम साहित्य ही होता है। दार्शनिक बहस या उपदेश मात्र इस काम में असमर्थ होते हैं अतः अस्तित्ववाद और उसके विकास की साहित्यिक संभावनाओं पर विचार करना आवश्यक है।

अस्तित्ववाद की साहित्यिक दृष्टि

अस्तित्ववाद की साहित्यिक दृष्टि को समझने के लिए सार्त्र की पुस्तक 'व्हट इज़ लिटरेचर' (साहित्य क्या है) को आधार बनाया जा सकता है। पुस्तक के एक निबन्ध '1947 में लेखक की स्थिति' में सार्त्र ने लिखा : "हम तीसरी पीढ़ी के लेखकों की स्थिति जिन्होंने दूसरे विश्वयुद्ध के आस-पास लिखना शुरू किया, चार्ल्स बावरी जैसी थी जिसे पत्नी की मृत्यु के बाद उसके प्रेम पत्रों को पढ़कर ऐसा लगा कि उसका बीस साल का सुखी वैवाहिक जीवन अचानक गायब होता जा रहा है।"

यह स्थिति तब बनी जब हिटलर और स्टालिन की दोस्ती हुई, हिटलर की नाज़ी सेनाओं ने फ्रांस पर अधिकार कर लिया और फ्रांस के लेखकों को अपनी आजादी की रक्षा के लिए प्रतिरोध आंदोलन चलाना पड़ा। उन्होंने देखा कि पाठ्य-पुस्तकों के रूप में बच्चों को पढ़ाए जाने के लिए या शाश्वतता अथवा अमरता का पद पाने के लिए जो साहित्य अब तक लिखा जा रहा था, वह उनके काम का नहीं है। स्थितियों से तटस्थ या बेलाग रह कर लिखा गया साहित्य मनोविलास ही हो सकता है। उन्होंने निश्चय किया कि स्थितियों में रहते हुए, इतिहास की प्रक्रिया में संलग्न रहते हुए तथा अपनी आजादी की रक्षा का संघर्ष करते हुए साहित्य लिखा जाना चाहिए। उन्होंने आत्यंतिक स्थितियों का साहित्य लिखने का निश्चय किया। उन्होंने कहा कि हम सौन्दर्य को रूप और पदार्थ से परिभाषित नहीं कर सकते, हमें उसे मनुष्य के भविष्य के सन्दर्भ में परिभाषित करना होगा। प्रतिरोध आंदोलन में इन लेखकों ने आततायी-सत्ता के खिलाफ हर तरह से विद्रोह किया। उन्होंने रेल-गाड़ियों को ध्वस्त किया, पुल तोड़े, कानून की अवज्ञा की, झूठ भी बोला अर्थात्

आजादी के लिए हर काम को जायज माना, घोर यातनाएं मिलने पर भी अपने निश्चय से नहीं डिगे और अपनी आजादी का सौदा नहीं किया। इस प्रकार उन्होंने देखा कि स्वतन्त्रता के दो रूप हैं—निषेध और निर्माण। निषेध के द्वारा आदमी अतीत को अस्वीकार करता है और निर्माण अपने भविष्य को स्वतन्त्र रूप से चुनने में है। उन्होंने निश्चय किया कि उन्हें उपभोग का साहित्य नहीं लिखना है जिसमें होने या जीने का मतलब है प्राप्त करना, बल्कि उन्हें ऐसा साहित्य लिखना है जिसमें जीने का मतलब है कर्म करना। सार्त्र ने लिखा : "उपभोग के साहित्य के स्थान पर निर्माण के साहित्य को अपनाकर हम यह दावा नहीं करते कि हमने साहित्य लेखन की कला का मूल मंत्र प्राप्त कर लिया है। संभव है यह विचार भी जल्दी ही पुराना पड़ जाए। लेकिन हम यह मानते हैं कि एक समाजवादी व्यवस्था में ही तटस्थता और संलग्नता, निषेध और निर्माण का लक्ष्य प्राप्त किया जा सकता है, जिसे सम्पूर्ण साहित्य की संज्ञा दी जा सकती है।"

अपनी आजादी के लिए लिखने वाला लेखक किसी भी पार्टी को अपना वोट तो दे सकता है किन्तु अपनी लेखनी से किसी पार्टी की सेवा नहीं कर सकता। सार्त्र ने लिखा : "हमारा मार्गदर्शक सिद्धांत यह होना चाहिए कि सम्पूर्ण स्वतंत्रता के अधिकार का अर्थ है औपचारिक और भौतिक दोनों प्रकार की स्वतंत्रता।··· अन्याय और अनाचार की बढ़िया शैली में भर्त्सना करना ही काफी नहीं है, न पूंजीवादी व्यवस्था के नकारात्मक पहलुओं का विद्वत्तापूर्ण अध्ययन प्रस्तुत करना काफी है और न ही साहित्य की रक्षा के लिए समाजवादी पार्टियों की लेखनी से सेवा करना।···हमें उन सब पार्टियों से दूर रहना चाहिए जो समाजवाद को निरपेक्ष लक्ष्य कहती हैं। हमारी नजर में यह अन्तिम लक्ष्य नहीं, अन्तिम लक्ष्य की शुरुआत होनी चाहिए। अन्तिम लक्ष्य होना चाहिए आदमी को उसकी स्वतंत्रता देना।"

सार्त्र ने कहा कि पूंजीवादी दृष्टि विश्लेषणात्मक है जबकि वे मानव की संश्लिष्ट कल्पना को लेकर चलते हैं। पूंजीवादी अथवा वैज्ञानिक दृष्टि के अनुसार आदमी आक्सीजन, हाइड्रोजन आदि प्राकृतिक पदार्थों की तरह अपरिवर्तनीय और निर्विकार है। इसकी अभिव्यक्ति 'सभी मनुष्य बराबर हैं' जैसे कपट-वाक्यों में होती है जो विश्लेषणात्मक समाज के अन्तर्विरोधों को ढकने का काम करते हैं। संश्लेषणात्मक दृष्टि में यह मान कर चला जाता है कि समग्र का मतलब अंशों का जोड़ मात्र नहीं होता। हमारी दृष्टि में मानव की समानता उसके स्वभाव में नहीं होती बल्कि उसकी स्थितियों में, स्थितियों के दबावों में, मरने और जीने की अनिवार्यताओं में होती है। हर व्यक्ति अपने में पूर्णता, समग्रता है। चूंकि आदमी समग्रता है अतः उसे केवल वोट का अधिकार देना काफी नहीं है, उसके व्यक्तित्व का निर्माण करने वाले अन्य कारकों की ओर भी ध्यान देना होगा। दूसरे शब्दों में

हमें उसे पूर्ण स्वतन्त्र बनाना होगा।

सार्त्र ने कहा : "स्वतन्त्रता अभिशाप हो सकती है, बल्कि है भी। किन्तु यह मानव की महानता का एकमात्र स्रोत भी है।...यदि समाज व्यक्ति को बनाता है तो व्यक्ति भी समाज को बनाता है।"

अपने निबन्ध 'साहित्य क्या है?' में सार्त्र कविता की तुलना में गद्य का पक्ष लेते हुए दिखाई देते हैं। इस आरोप के उत्तर में कि वे कविता को हीन दृष्टि से देखते हैं, सार्त्र कहते हैं : "कवि शब्दों का उपयोग नहीं करता, वह शब्दों की आज्ञा का पालन करता है। कवि भाषा का उपयोग करने से बचता है और न ही वह स्थितियों को नाम देता है और इस प्रकार वह वस्तुतः नाम देने से कतराता है क्योंकि नाम देने का अर्थ है जिस विषय को नाम दिया जाना है उसके लिए नाम (शब्द) का बलिदान।" नाम देने से विषय या वस्तु फोकस में आ जाती है, शब्द गैरजरूरी हो जाता है। अतः सार्त्र कहते हैं कि गद्य-लेखक के लिए शब्द पालतू और उपयोगी औजार होते हैं जबकि कवि के लिए ये शब्द धरती पर स्वच्छन्द रूप से उगने वाली घास और पेड़ों की तरह होते हैं। कवि शब्दों से मोहित होता है अतः वह उनसे खेलता है। वह स्थितियों को निरावरण करने में शब्दों से काम नहीं लेता। गद्य-लेखक का लक्ष्य व्यक्तियों के चरित्र और स्थितियों के सही स्वरूप को उद्घाटित करना होता है और इस काम में वह शब्दों से अनुचरों की तरह काम लेता है। नाम लेने का अर्थ है व्यक्ति और समाज का चेहरा न केवल उस व्यक्ति और समाज के लिए बल्कि सभी के लिए उद्घाटित करना और उस व्यक्ति या समाज को यह बोध कराना कि उन्हें और कोई भी देख रहा है। यह बहुत जोखिम का काम है जिससे कविता आमतौर पर बचती है किन्तु गद्य लेखक नहीं बच सकता। गद्य-लेखक का वस्तुओं और व्यक्तियों को उद्घाटित करने का काम निर्माण के प्रयोजन से होता है। यह सृजन है क्योंकि वह उदघाटन के द्वारा स्थितियों को बदलना चाहता है। व्यक्ति और समाज अपने सही रूप को प्रेम, घृणा, क्रोध, भय, सुख, तिरस्कार और प्रशंसा, आशा और निराशा आदि में व्यक्त करते हैं और लेखक इन्हींके माध्यम से सत्य को उद्घाटित करता है।

उद्घाटन के द्वारा लेखक समाज को और व्यक्ति को उसकी अपनी छवि दिखाता है जैसे आइना व्यक्ति को उसकी छवि दिखाता है। समाज अपनी कुरूपता को नहीं देखना चाहता इसलिए लेखक और समाज अथवा व्यवस्था के बीच शाश्वत टकराव चलता है। समाज के रूढ़िवादी तत्त्व जिस संतुलन को बनाए रखना चाहते हैं, लेखक उन्हें उलटता रहता है। इस प्रकार नाम लेने (उद्घाटित करने) का अभिप्राय है सबको दिखाना और दिखाने का अर्थ है परिवर्तन करना।

व्यवस्था के लिए लेखक का काम निष्प्रयोजन, व्यर्थ तथा बाधक मात्र होता है। इसलिए कोई भी व्यवस्था लेखक को उसका उचित पारिश्रमिक नहीं देती।

उसका केवल भरण-पोषण किया जाता है, समय के अनुसार कभी अच्छा और कभी बुरा। समाज की नजरों में लेखक इसलिए कंटक होता है क्योंकि वह समाज को उसका अपना चेहरा दिखाकर उसमें अपनी कुरूपता का आत्मबोध जगाता है। लेखक का काम इसलिए बेकार और अनुपयोगी माना जाता है क्योंकि उपयोगिता की परिभाषा समाज अपने मूल्यों, उद्देश्यों और संगठनों के हित की दृष्टि से करता है और ये मूल्य तथा लक्ष्य पहले से तय होते हैं।

गद्य-लेखन की तुलना में कविता के प्रति सार्त्र का उपेक्षा-भाव इसलिए था कि कवि जब शब्दों से खेलने लगता है तो उसका कथ्य, मनोभाव, राग-बोध आदि यदि कविता में आते भी हैं तो भी शब्दों का सम्मोहन उन पर हावी हो जाता है और उनका स्वरूप बदल जाता है। दूसरे शब्दों में कविता व्यवस्था के साथ सीधे टकराव से बचती है।

स्मरणीय है कि सार्त्र इन शब्दों को लिखते समय अपनी समकालीन कविता पर टिप्पणी कर रहे थे जो मुख्यतया प्रयोगवादी या 'सुरियलिस्ट' थी और शब्द-जाल से ग्रस्त थी। सार्त्र अश्वेत कविता के बड़े प्रशंसक थे। अमरीका की अश्वेत कविता के एक संग्रह की समीक्षा के रूप में लिखे गए लेख 'दि ब्लैक ऑर्फियस' में वे स्वीकार करते हैं कि अपने पूरे तीखेपन के साथ आजादी की चाह को व्यक्त करने वाली ये कविताएं केवल अश्वेत लोगों को ही नहीं छूती हैं, श्वेत भी इनके सौन्दर्य को ग्रहण कर सकते हैं। इनकी संवेदना सार्वभौम बन जाती है।

संक्षेप में सार्त्र लेखन की एकमात्र प्रेरणा स्वतन्त्रता को मानते हैं। लेखक इसलिए लिखता है क्योंकि यह स्वतन्त्रता को जीने का रास्ता है। वह स्वतन्त्रता की तमाम बाधाओं के साथ—ईश्वर, धर्म, समाज और राजनीति की सत्ताओं के साथ—निरन्तर युद्ध की स्थिति में होता है। कविता (अश्वेत कविता अपवाद है) इस युद्ध को छाया-युद्ध बना देती है किन्तु गद्य-लेखक को यह युद्ध वस्तुतः चलाना पड़ता है। पाठक के साथ लेखक का सम्बन्ध भी स्वतन्त्रता के मूल्य से निर्धारित होता है। लेखक अपनी स्वतन्त्रता को जीता है किन्तु वह यह भी चाहता है कि पाठक अपनी स्वतन्त्रता के साथ उसे पढ़े और उसे ग्रहण करे। लेखक निबन्धकार हो, उपन्यासकार हो, पैम्फलेट लिखे या व्यंग्य, व्यक्तिगत भावनाओं को विषय बनाए या सामाजिक व्यवस्था पर प्रहार करे, वह हमेशा स्वतन्त्र व्यक्ति के रूप में स्वतन्त्र पाठकों को संबोधन कर रहा होता है। संलग्नता या प्रतिबद्धता का एक ही अर्थ है—स्वतन्त्रता की रक्षा। सार्त्र साहित्य के पठन को भी सर्जनात्मक क्रिया मानते हैं क्योंकि इसमें पाठक की स्वतन्त्र क्रिया (कर्त्तृत्व) निहित है। सार्त्र लिखते हैं : "क्योंकि सृजन की सार्थकता या निष्पत्ति पढ़े जाने में है, चूंकि कलाकार अपनी कृति दूसरे के हाथ देकर यह उम्मीद करता है कि जो काम उसने शुरू किया है, दूसरा उसे सही परिणति तक ले जाए, चूंकि पाठक की चेतना के माध्यम से ही

लेखक अपने को अपनी कृति के लिए अत्यावश्यक मान सकता है अतः समस्त साहित्यिक रचनाएं पाठक को की गई अपील होती हैं, इस बात की अपील कि पाठक लेखक द्वारा भाषा के माध्यम से किए गए उद्घाटन को ठोस अस्तित्व प्रदान करे। लेखक पाठक की स्वतन्त्रता से अपील करता है कि वह साहित्यिक कृति की निष्पत्ति में सहयोग करे।"

इसीलिए सार्त्र मानते हैं कि पाठक की स्वतन्त्रता को स्वीकार कर चलना लेखक के लिए बहुत जरूरी है। इस शर्त का तकाजा है कि लेखक सुनियोजित ढंग से पाठकों की भावनाओं को (करुणा, हास्य, रति, क्रोध आदि) को उभारने की कोशिश न करे, क्योंकि इससे पाठक की स्वतन्त्रता बाधित होती है और यह उसके अपने लक्ष्य के विपरीत जाता है। साहित्यिक रचना से यदि भावनाएं उभरती हैं तो उनका मूल लेखक की स्वतन्त्रता में होना चाहिए। लेखक और पाठक के बीच उदारता का सम्बन्ध होना चाहिए। लेखक यह न सोचे कि पाठक उसकी स्वतन्त्रता का उपयोग कर लेगा और पाठक यह न सोचे कि लेखक ने उसकी स्वतन्त्रता का उपयोग किया है।

सार्त्र इस बात को नहीं मानते कि लेखक अपने सामाजिक वातावरण का उत्पाद होता है। उनके अनुसार यह नियतिवाद है। किन्तु उसकी रचना एक विशेष वातावरण में रहने वाले पाठक वर्ग को संबोधित होती है। हर रचना में उस पाठक का तसव्वर मौजूद रहता है जिसको वह संबोधित होती है। सार्त्र का कहना है कि दृश्य-प्रचार माध्यमों का उपयोग अपने पाठक वर्ग तक पहुंचने के लिए किया जाना चाहिए यह जानते हुए भी कि इससे लेखक को अपनी स्वतन्त्रता का कुछ अंश खोना पड़ सकता है। किन्तु इस बात की सावधानी बरती जानी चाहिए कि साहित्य औद्योगिक उत्पाद न बन जाए। ये माध्यम हमें पाठक तो दे सकते हैं किन्तु वे 'सामाजिक' नहीं जो हमारी रचना को पूर्णता प्रदान करते हैं।

सार्त्र ने आलोचकों के सम्बन्ध में बहुत तीखे विचार व्यक्त किए हैं। अपने एक निबंध 'नेशनलाइजेशन आफ लिटरेचर' में वे कहते हैं कि लेखकों और कलाकारों को राष्ट्रीय धरोहर बनाने की आलोचकों की प्रवृत्ति साहित्य के लिए हानिकारक है। इस प्रवृत्ति के अनुसार रचना को कच्चे-अधपके फल की तरह नहीं लिया जाता जिसके पकने के लिए, अपना सम्पूर्ण अर्थ प्रकट करने के लिए कुछ समय की जरूरत होती है बल्कि इसे किसी दिग्गज के स्वागत समारोह और भव्य कार-शो की तरह लिया जाता है। कुछ समीक्षक बुजुर्गाना अंदाज में पाठकों को परामर्श देते हैं, 'इसे अवश्य पढ़ें, यह बहुत महत्त्वपूर्ण है'—किसी लीडर के इंटरव्यू की तरह महत्त्वपूर्ण। हर नई रचना के बाद समीक्षक का रवैया ऐसा होता है गोया यह रचना साहित्य के इतिहास का अंत है। वह समकालीन साहित्य के आय-व्ययपत्र की बात करने लगता है। आलोचक रचना को अपने पोतों-प्रपौतों की नजर से

देखने लगता है और उस पर ऐसी टिप्पणी करने लगता है जैसी साहित्य की पाठ्य-पुस्तकों या हस्त-पुस्तकों में डेढ़ सौ साल पुराने साहित्य पर आमतौर पर की जाती है। इन आलोचकों की निगाह में मन की कृति के प्रभाव को पाठ्य-पुस्तिका ही समझ सकती है। सार्त्र कहते हैं कि मन की कृति को वैसा आदर देना जो मृत विभूतियों को दिया जाता है, कृति की हत्या के खतरे से भरा है क्योंकि अपने जीवन-काल में ही राष्ट्रीय स्मारक बन जाना कोई अच्छी बात नहीं है। आलोचक प्रायः वर्तमान घटनाओं का वर्गीकरण करने और उन पर लेबल चिपकाने में व्यस्त रहते हैं। दूसरे शब्दों में वे भावी पीढ़ियों के लिए बीसवीं सदी के इतिहास की हस्त-पुस्तिका लिखते हैं। हम अपने को कितनी ही ऊँचाई से देखने का नाटक करें, भावी इतिहासकार हमारा मूल्यांकन उससे भी बड़ी ऊँचाई से करेंगे और जिस पर्वत पर हमने अपना गरुड़-निकेतन बनाया है वह उनके लिए राई के समान होगा। सावधानी के तौर पर सार्त्र कहते हैं : "बड़े आदमी की हमेशा प्रतीक्षा की जाती है क्योंकि राष्ट्र को गर्व होता है कि उसने उसे पैदा किया है किंतु महान विचार की प्रतीक्षा नहीं की जाती क्योंकि यह हमें ठेस पहुँचाता है।"

एक स्थान पर सार्त्र आलोचकों के सम्बन्ध में कहते हैं : "वे कब्रिस्तान के चौकीदार की तरह होते हैं।···जब कोई समकालीन लेखक मरने की कृपा करता है तो उनके लिए खुशी का दिन होता है। उन्हें वास्तविक, जीवित दुनिया से कुछ लेना-देना नहीं होता—खाने-पीने के सिवा, और चूंकि उनके लिए दूसरे मनुष्यों के साथ सम्बन्ध स्थापित करना नितांत आवश्यक होता है अतः वे मुर्दों से सम्बन्ध स्थापित करते हैं।"

अपने ग्रुप की पत्रिका 'ल टेम्प माडर्न' के समारंभ के समय प्रस्तावना में सार्त्र ने साहित्य की शाश्वतता एवं अमरता के सम्बन्ध में लिखा : "मरणोपरांत यश की चाह मिथ्या धारणा पर आधारित होती है। वे उन भतीजों के बारे में क्या जानते हैं जो उन्हें हमारे बीच में से ढूंढ निकालेंगे ?···अमरता के पीछे भागने से हम अपने को शाश्वत नहीं बना सकते। हम इसलिए शाश्वत नहीं होंगे कि हमने कुछ जर्जर सिद्धांतों को अपनी रचनाओं में प्रतिबिंबित किया है बल्कि इसलिए कि हमने अपने समय में सम्पूर्ण राग-बोध के साथ संघर्ष किया है।"

सिमों बुआ के साथ लम्बी बातचीत में जो 'ऑडियू' नामक पुस्तक के रूप में छपी है, सार्त्र ने साहित्य सम्बन्धी अपनी मान्यताओं को और स्पष्ट किया है। एक स्थान पर वे कहते हैं कि साहित्य में पहला काम चुनाव का करना पड़ता है अर्थात् कुछ पहलुओं को लेना पड़ता है और कुछ को छोड़ना पड़ता है। यह काम डायरी-लेखन से भिन्न होता है जहाँ चुनाव लगभग सहज होता है जिसका ठीक से स्पष्टीकरण देना कठिन होता है।" साहित्यिक सम्मानों और पुरस्कारों का वे इस आधार पर विरोध करते थे कि ये सम्मान-पुरस्कार लेखक का वर्गीकरण और

स्तरीकरण करने का हास्यास्पद प्रयास होते हैं। उनका कहना था कि कांट, देकार्त या गेटे को कौन पुरस्कृत कर सकता है? साहित्य और साहित्यकार को ऊँची-नीची सीढ़ियों में बांटना गैर-साहित्यिक विचार है। ऊँची-नीची सीढ़ियाँ निहायत बेतुकी हैं। लेखक की या रचना की अमरता के सम्बन्ध में उनका कहना था कि लेखक का यह विश्वास कि मरने के बाद भी उसकी रचना पढ़ी जाएगी, उसका भविष्य है। सत्य, शिव और सुन्दर के मूल स्रोत के रूप में ईश्वर को अस्वीकार करते हुए उन्होंने कहा जो मानव-स्वतंत्रता के लिए लाभदायक हो वही शिव है और जो उसके हित में न हो वह अशिव है। 'कला-कला के लिए' के सिद्धांत के विपरीत वे साहित्य-लेखन को महत्त्वपूर्ण सामाजिक गतिविधि मानते हैं और कहते हैं कि साहित्यकार पाठकों को उनकी अपनी स्थितियों के सामने ला खड़ा करता है और उन्हें उत्तरदायित्व लेने के लिए तैयार करता है।

अस्तित्ववाद के जीवन-दर्शन और साहित्यिक दृष्टि के सम्बन्ध में कामू के कुछ विचार भी बहुत महत्त्वपूर्ण हैं। 1946 में कोलंबिया विश्वविद्यालय के छात्रों के समक्ष दिए गए भाषण में उन्होंने अपने समय की स्थितियों पर प्रकाश डालते हुए कहा : "जब हमने अपने को हिटलर के आतंक के सामने पाया तो हम किस मूल्य से सांत्वना प्राप्त कर सकते थे? यदि समस्या राजनैतिक विचारधारा के दिवालियेपन की होती तो यह आसान बात होती। किन्तु जो कुछ हुआ वह आदमी और समाज की जड़ों से सम्बन्धित था। इसकी पुष्टि दिन-प्रतिदिन हो रही थी अपराधी तत्वों के व्यवहार से इतनी नहीं जितनी कि औसत आदमी के व्यवहार और आचरण से। तथ्य बताते थे कि आदमी के साथ जो कुछ हो रहा है वह उसीके लायक है।"

इसी भाषण में कामू आगे कहते हैं कि "आज जो भी शक्ति, योग्यता और ऐतिहासिक कर्त्तव्य के संदर्भ में मानव-अस्तित्व की बात करता है वह हिटलरवाद का प्रचार करता है। वह वास्तविक अथवा संभावी हत्यारा है। यदि मनुष्य की समस्या को 'ऐतिहासिक कर्त्तव्य' के संदर्भ में देखा जाएगा तो आदमी इतिहास के कच्चे माल के सिवा कुछ नहीं ठहरेगा और उसके साथ जो मन में आए किया जा सकता है।"

हंगरी के विद्रोह पर टिप्पणी करते हुए 1950 में कामू ने कहा : "तानाशाही तंत्र जिन बुराइयों को दूर करने का दावा करते हैं उनमें से कोई भी बुराई तानाशाही तंत्र से बुरी नहीं है।"

अस्तित्ववाद इस मायने में तो निराशा का दर्शन है कि अंतिम लक्ष्य अथवा मंजिल के सम्बन्ध में उसका दृष्टिकोण निराशा का है अर्थात् वह किसी दिव्य स्वर्ग, मुक्ति आदि को नहीं मानता, किन्तु मनुष्य की क्षमताओं के सम्बन्ध में यह दर्शन पूरी तरह आशावान है। इस बात को कामू इन शब्दों में व्यक्त करते हैं :

"ईसाई धर्म मनुष्य के सम्बन्ध में निराशावादी है किन्तु उसकी मंजिल के सम्बन्ध में आशावादी है। मैं कहूँगा कि मैं मंजिल के सम्बन्ध में निराशावादी हूँ किन्तु मनुष्य के सम्बन्ध में आशावादी हूँ।" यह विचार अस्तित्ववादी रचनाओं में सर्वत्र पाया जाता है।

गाँधी जिसे सत्याग्रह कहते थे और सार्त्र जिसे प्रतिरोध कहते थे, कामू उसे विद्रोह कहते हैं। उनकी दृष्टि में इस बेतुकी दुनिया में आजादी की रक्षा का एक-मात्र उपाय है विद्रोह। विद्रोह उनके लिए आनंद का स्रोत भी है, जीवन का अर्थ भी और सामाजिक कर्म तथा साहित्यिक सृजन का प्रयोजन भी।

जीवन के बेतुकेपन के बारे में लगभग सभी अस्तित्ववादी लेखक एकमत थे। सबसे पहले इस बेतुकेपन को काफ्का ने देखा था जिन्होंने अपनी रचनाओं में जीवन को नियंत्रित करने वाली अबूझ, अदृश्य और भयानक सत्ता को देखा जिससे कोई छुटकारा नहीं था। किर्केगार्द के विचारों से प्रभावित होकर काफ्का ने 'दि कैस्सल' आदि अपनी रचनाओं में इस विचार से साक्षात्कार किया कि आदमी का फर्ज है कि वह अपने जीवन को उन नियमों पर चलाए जिन्हें वह नहीं समझ सकता है और इस सम्बन्ध में उसे ईश्वर से भी कोई मदद नहीं मिल सकती। काफ्का का व्यामोह था कि अगर मैं दुनिया को अच्छा नहीं देखता हूँ तो मेरा अपराध-बोध तीव्र होता है और यदि उसे अच्छा देखने का नाटक करता हूँ तो मैं अहंकार का दोषी होता हूँ। सत्य के सम्बन्ध में काफ्का का दृष्टिकोण है कि सत्य हमेशा अपना मुखौटा उतारने और भ्रम के रूप में अपने को प्रकट करने की स्थिति में होता है, इस डर से कि कोई उसे पहचान न ले। एक स्थान पर वे कहते हैं: "परमाणुओं या आत्माओं की घनी आबादी वाले विश्व में सीढ़ीनुमा व्यवस्था आवश्यक है तथापि इस जटिल व्यवस्था में साधन लगभग अनिवार्य रूप से साध्य बन जाते हैं। पाठकों का अस्तित्व इसलिए जरूरी हो जाता है ताकि लाइब्रेरियन कार्ड-सूची बना सके, विद्यार्थी इसलिए जरूरी हो जाते हैं ताकि शिक्षा-शास्त्री शिक्षा-विधियों पर पुस्तकें प्रकाशित कर सकें, श्रद्धालू भक्त इसलिए जरूरी हो जाते हैं ताकि गिरजों के चौकीदार गिरजों में झाड़ू लगा सकें या उन पर ताले लगा सकें।…भीड़ भरे विश्व का नियोजन होना ही चाहिए भले ही नियोजन मूर्खतापूर्ण हो या जरूरत से ज्यादा सावधानी बरत कर किया गया हो।"

वर्त्तमान विश्व की अस्तव्यस्तता, नियमहीनता, अनैतिकता और उसका बेतुकापन अस्तित्ववादी लेखकों को निरंतर परेशान करने वाली बातें हैं। इस मानसिकता का उद्‌गम उनकी अपनी स्थितियों में हैं जिन्होंने 18वीं और 19वीं शताब्दी की महान मानी जाने वाली विचारधाराओं को भोथरा सिद्ध करके विश्वयुद्धों, यातना-शिविरों तथा सामूहिक मानव-हत्याओं को जन्म दिया। अतः इस साहित्य को संक्रांतिकाल की चरम स्थितियों का साहित्य कहना उचित ही

है। इस साहित्य में नई मानव-सभ्यता, नये मानव-समाज की तलाश की छटपटाहट है। जैसा कि पीछे कहा गया इस नई मानव-सभ्यता का स्वरूप कुछ-कुछ उभरने भी लगा है और इसमें भारत के दो मनीषियों, गांधी तथा लोहिया के विचारों ने महत्त्वपूर्ण योगदान दिया है।

साहित्य के क्षेत्र में भी अस्तित्ववाद की संकल्पनाओं को व्यापक परिप्रेक्ष्य में विकसित करने की आवश्यकता है और भारत इसमें महत्त्वपूर्ण योगदान दे सकता है।

अस्तित्ववाद ने मानव-स्वतंत्रता को जीवन का मूलभूत मूल्य माना और शेष सब मूल्यों को मानव-स्वतंत्रता से प्रवाहित माना। अस्तित्ववादी साहित्य का मूलभूत मूल्य भी मानव-स्वतंत्रता है। जिस तरह गांधी और लोहिया ने स्वतंत्रता के साथ-साथ समता और बंधुता को भी आधारभूत मानकर एक नई सभ्यता की कल्पना की, उसी प्रकार स्वतंत्रता, समता और बंधुता इन तीनों को साहित्य-कलाओं का उत्स मानकर नये साहित्य के सृजन की ओर बढ़ा जा सकता है। भारत इसके लिए उर्वर भूमि होनी चाहिए। एक तो इसलिए कि इसके पास गांधी-लोहिया के विचारों की नींव है और दूसरे इसलिए कि अस्तित्ववाद और भारतीय दार्शनिक प्रणाली में काफी समीपता है यद्यपि हमारे लिए अपनी पुरानी धारणाओं को छोड़ना बहुत कठिन होगा।

समतामूलक समाज के मानव-मूल्य

समकालीन भारतीय समाज समतामूलक समाज के लक्ष्य को लेकर चल रहा है। यह समाज पारम्परिक भारतीय समाज की कड़ी होते हुए भी अपने स्वरूप और लक्ष्यों में उससे काफी भिन्न है। हमारे वर्तमान समाज के सर्वोच्च मूल्य हैं स्वतन्त्रता, समता और बन्धुता जिन्हें हमने अपने संविधान का आधार बनाया है। ये मूल्य हमारे प्राचीन समाज के सर्वोच्च मूल्यों से भिन्न नहीं हैं। भिन्नता केवल इन मूल्यों के व्यावहारिक स्वरूप में है।

हमारे प्राचीन साहित्य और हमारी तमाम दार्शनिक धाराओं जैसे आर्य, बौद्ध और जैन धाराओं में जीवन को पूर्वजन्म-परजन्म की अनंत शृंखला के रूप में देखा गया और जीवन का अन्तिम लक्ष्य इस शृंखला से मुक्ति माना गया। जीवन के इस अंतिम लक्ष्य को मुक्ति, मोक्ष, निर्वाण, कैवल्य आदि के शब्दों से अभिहित किया गया। धर्म, अर्थ, काम और मोक्ष जीवन के इन चार पुरुषार्थों का क्रम भी यही दिखाता है कि मोक्ष को मानव-जीवन का परम लक्ष्य माना गया।

हमारे वर्तमान समाज के सर्वोच्च मूल्य स्वतंत्रता, समता और बंधुता इसी मुक्ति, मोक्ष, कैवल्य, निर्वाण आदि की कल्पना से निकले हैं। यह ठीक है कि अपने वर्तमान स्वरूप में ये मूल्य फ्रांसीसी क्रान्ति के बाद विश्व के समक्ष आए लेकिन इनका मूल मुक्ति-मोक्ष आदि की कल्पना है। बहुत संभव है कि पश्चिम के विद्वानों ने अपने नवजागरण काल में पूर्वी साहित्य के सम्पर्क में आने के बाद इन मूल्यों से साक्षात्कार किया होगा और मोक्ष की कल्पना को खंड-खंड करके देखा होगा जबकि हमारे यहां मोक्ष आदि की कल्पना में स्वतंत्रता, समता और बंधुता के गुण अविभाज्य रूप में गुथे हुए थे।

भारतीय विचार-परम्परा के ज्ञाता जानते हैं कि मोक्ष में परम स्वतंत्रता अर्थात् हर प्रकार के बन्धनों या गुलामी से मुक्ति, परम समता अर्थात् हर प्रकार की भेद-भावना से मुक्ति और परम बन्धुता अर्थात् विराट के साथ एकता की अनुभूति शामिल है। लेकिन प्राचीन भारतीय समाज में इन सर्वोच्च मानव मूल्यों को आध्यात्मिक जीवन तक सीमित रखा गया और प्रत्यक्ष जीवन में, दिन-प्रतिदिन

के जीवन में इन्हें स्वीकार नहीं किया गया। इससे इन मूल्यों का स्वरूप सीमित हो गया। उदाहरण के लिए स्वतंत्रता की कल्पना रही जन्म-जन्मान्तर के बन्धन से मुक्ति, आवागमन के चक्कर से मुक्ति और माया के बन्धन से मुक्ति। किन्तु नित्य-प्रति के जीवन में स्वतंत्रता आदि के लिए कोई स्थान नहीं था। अथवा यह भी कह सकते हैं कि प्रत्यक्ष जीवन में हमने इन मूल्यों के ठीक विपरीत मूल्य अपनाए। मसलन यह मान लिया गया कि जीवन एक अनिवार्य बन्धन है, कर्मों का बन्धन और जब तक यह जीवन है तब तक हमें बन्धन में बंधकर ही रहना पड़ेगा। इससे यह मानसिकता बन गई कि भौतिक जीवन जीते हुए स्वतंत्रता की कामना करना और उसके लिए प्रयत्न करना बेकार है। सम्भवतः हमारे देश की लम्बी गुलामी के पीछे यह मानसिकता भी कारण रही अथवा यह मानसिकता लम्बी गुलामी का फल रही।

यही बात समता के मूल्य के सम्बन्ध में भी कही जा सकती है। मोक्ष के साधक के लिए समदृष्टि को प्राप्त करना आवश्यक होता है। इस स्थिति में जीव सारे भेदों से मुक्त होकर शुद्ध, बुद्ध और निर्मल हो जाता है। लेकिन प्रत्यक्ष जीवन में हमने तरह-तरह के भेदों की सृष्टि की। इसमें आकस्मिक जन्म पर आधारित जाति और लिंग के भेद सबसे भयानक हैं जिन्होंने हमारे समाज में अनेक विकृतियां पैदा कीं। बन्धुता के मूल्य की सर्वोत्कृष्ट अभिव्यक्ति 'तत्वमसि' और 'अहंब्रह्मास्मि' सूत्रों में होती है जिसमें आत्मा विराट के साथ पूर्ण एकात्मभाव स्थापित करती है। लेकिन प्रत्यक्ष जीवन में हम विराट की ओर अग्रसर होने के बजाय जाति, धर्म, भाषा, क्षेत्र आदि की संकीर्णताओं में बंधना ज्यादा पसन्द करते रहे और छुआछूत की भावना तो इसकी चरम विकृति है। इस प्रकार स्वतंत्रता, समता और बन्धुता के ठीक विपरीत हमने परतंत्रता, विषमता और अस्पृश्यता को प्रत्यक्ष जीवन में न केवल अनिवार्य माना बल्कि उसका महिमा-मंडन भी किया। व्यवहार और आदर्श, सगुण और निर्गुण, भौतिक जीवन और आध्यात्मिक जीवन का यह विरोधाभास हमारे पारम्परिक जीवन की प्रमुख विशेषता रही।

शायद इसका कारण यह है कि हम प्रकृति और पुरुष, माया और ब्रह्म, सगुण और निर्गुण, व्यवहार और लक्ष्य, मैटर और स्पिरिट, तात्कालिक लक्ष्य और दूर-गामी लक्ष्य (ये सब पर्यायवाची शब्द हैं) के बीच सही सम्बन्ध स्थापित नहीं कर पाए। जब दूरगामी लक्ष्य तात्कालिक लक्ष्य से, स्पिरिट मैटर से और ब्रह्म माया से इतनी दूर हो कि उनके बीच कोई सम्बन्ध न रहे तो जीवन में विकृति आना स्वाभाविक होता है। स्वतंत्रता, समता और बन्धुता को हमने दूरगामी लक्ष्य तो माना लेकिन तात्कालिक जीवन में उनकी आवश्यकता को बिल्कुल नकार दिया जिसका परिणाम हुआ कि हमारे व्यावहारिक मूल्य और आध्यात्मिक मूल्य एक दूसरे के विपरीत हो गए।

जब शंकर ने 'ब्रह्मसत्यजगन्मिथ्या' कहकर इस संसार को नकार दिया तो एक तरह से उसने व्यावहारिक जीवन से अच्छे-बुरे का भेद मिटा दिया। परिणाम-स्वरूप हम अपनी स्वतंत्रता को गिरवी रखते हुए भी मोक्षकामी बने रहे, नरक के भय और स्वर्ग के लोभ में पूरा जीवन बिताते हुए भी निष्काम कर्म की माला जपते रहे, मौत के डर से तरह-तरह के समझौते करते हुए भी और घोर अपमान का जीवन जीते हुए भी अनश्वर आतमा का राग अलापते रहे और भोग में लिप्त रहते हुए भी समाधि की अवस्था प्राप्त करने की खुशफहमी पालते रहे।

यह थी हमारे समाज में जीवन की कल्पना। यह कल्पना कुछ लोगों को आज भी प्रिय हो सकती है। लेकिन आज प्रबुद्ध नागरिक, विशेषकर सर्जक, जिसे मानव-मूल्यों की लड़ाई लड़नी होती है, जीवन की इस संकल्पना को लेकर नहीं चल सकता। वह वर्तमान जीवन के अन्याय का औचित्य पूर्व जन्म के कर्मों का तर्क देकर सिद्ध नहीं कर सकता और न परलोक में मिलने वाले सुख से इस जीवन के दुःख को हल्का कर सकता है। उसके लिए चौरासी लाख योनियों को पार करके मिलने वाली स्वतंत्रता का कोई मूल्य नहीं है और न समदर्शी भगवान की नजरों में मिलने वाली समता का कोई महत्त्व है। वह स्वतंत्रता को इसी जीवन की, बल्कि इस जीवन के प्रत्येक क्षण की चीज मानता है और वह शिक्षा, समाज, राज-सत्ता आदि जीवन के प्रत्येक क्षेत्र में समता का अधिकार प्राप्त करना चाहता है। वह दिखावे का भाईचारा नहीं, सच्चे अर्थों में मानव-जीवन के बीच बनी ऊंच-नीच और घृणा की दीवारों को टूटता देखना चाहता है। संक्षेप में, वह स्वतंत्रता, समता और बन्धुता को जीवन की सर्वोत्तम उपलब्धि ही नहीं, जीने की अनिवार्य शर्तें भी मानता है। वह मानता है कि ये मूल्य उसके जन्मसिद्ध अधिकार हैं। ये अधिकार पैदा होते ही प्रत्येक व्यक्ति को अपने-आप मिल जाते हैं और कोई राज्य, समाज या संस्था इन अधिकारों को नहीं छीन सकती।

यही हैं हमारे वर्तमान जीवन के आधारभूत मूल्य। वैसे हम और भी कई मूल्यों की बात करते हैं। जैसे राष्ट्रीय मूल्य, सामाजिक मूल्य, धार्मिक मूल्य, सांस्कृतिक मूल्य आदि। वास्तव में मानव जीवन की हर गतिविधि के अलग-अलग मूल्यों की पहचान की जा सकती है क्योंकि हर गतिविधि का अपना अन्तिम लक्ष्य होता है और अन्तिम लक्ष्यों, परम लक्ष्यों को ही मूल्य कहा जा सकता है। लेकिन ये तमाम मूल्य किसी-न-किसी व्यवस्था के दिए हुए होते हैं। उदाहरण के लिए सामाजिक मूल्यों को समाज निर्धारित करता है। ये सामाजिक अथवा नैतिक मूल्य जिन्हें इथॉस से उद्‌भूत होने के कारण इथिक्स भी कहा जाता है, समाज की स्वीकृति अथवा अस्वीकृति से तय होते हैं। राष्ट्रीय मूल्य संविधान में निहित राष्ट्रीय लक्ष्यों से तय होते हैं और धार्मिक मूल्य धर्म-संस्थाओं और धर्म-पुस्तकों के अनुमोदन पर निर्भर होते हैं। लेकिन मानव-मूल्य जिन्हें अध्यात्मिक या सांस्कृतिक

मूल्य भी कहा जा सकता है किसी राज्य, समाज, धर्म-संस्थान या अन्य संस्था द्वारा तय नहीं होते बल्कि प्रत्येक व्यक्ति को जन्म के साथ ही स्वत: प्राप्त होते हैं। दर-असल, ये मूल्य जीवन का ही पर्याय हैं और सही जीवन जीने का मतलब इन मूल्यों को जीना होता है। इसीलिए इन्हें जीवन का परम लक्ष्य माना गया है और जीवन के धर्म, अर्थ, काम सम्बन्धी तमाम कार्यकलापों का अन्तिम लक्ष्य इन मूल्यों को प्राप्त करना कहा गया है। ये मूल्य दिक्काल युक्त विराट के साथ मानव-सम्बन्धों की खोज से निकलते हैं। कोई विराट को ईश्वर या भगवान न मान ले इसलिए यह स्पष्ट करना आवश्यक है कि विराट से आशय ईश्वर या भगवान से नहीं है।

हर मनुष्य जो इस संसार में आता है, विराट का अंश होता है और इस विराट के साथ अपने सम्बन्ध की खोज में वह पैदा होते ही लग जाता है। मैं कौन हूं, कहां से आया हूं, मुझे कहां जाना है, इस विराट विश्व में मेरा क्या स्थान है, क्या भूमिका है इत्यादि प्रश्न उसे परेशान करने लगते हैं। आदिम मनुष्य के मन में जब ये सवाल उठने लगे और उसने सूर्य-चांद, आंधी-वर्षा, बादल-बिजली, बाढ़-भूकम्प, आदि को देखा तो उसने विराट के साथ सम्बन्ध स्थापित करने के प्रयास में मिथक-पुराणों को जन्म दिया। ज्यों-ज्यों उसकी समझ विकसित होती गई, त्यों-त्यों उसकी अभि-व्यक्ति के रूप भी विकसित होते गए और आज हमारे सामने मिथक-पुराण और साहित्य-कलाओं का विशाल भंडार है। इस व्यापक सांस्कृतिक भंडार में हम मानव की उन इच्छाओं और आकांक्षाओं को अभिव्यक्त पाते हैं जिसकी अभिव्यक्ति राजनैतिक, सामाजिक या धार्मिक कार्यकलाप में या तो पर्याप्त नहीं हो पाती या उनका दमन होता है।

उदाहरण के लिए पैदा होते ही मनुष्य यह भाव अपने साथ लेकर आता है कि वह स्वतंत्र है, किसी के अधीन नहीं है। वह यह अहसास भी लेकर आता है कि वह किसी से छोटा नहीं है बल्कि सबके बराबर है। इसके अतिरिक्त वह यह बोध भी लेकर आता है कि वह विराट का हिस्सा है, इस संसार में उसकी एक जगह है, उसकी अपनी अस्मिता या पहचान है। लेकिन जीवन की वास्तविकताएं उसकी इन इच्छाओं और आकांक्षाओं को प्रताड़ित करती हैं। उसे जीवन की सारी परिस्थितियां इन लक्ष्यों में बाधक लगती हैं, इसलिए वह उन परिस्थितियों से संघर्ष करने लगता है। जब परिस्थितियां उसे कष्टकर लगने लगती हैं और वह कष्टों से बचने और सुविधा की खोज करने लगता है तो वह संस्थाओं को जन्म देकर उनकी अधीनता स्वीकार कर लेता है। परिवार, समाज, राज्य, धर्म, ईश्वर, मन्दिर-मस्जिद, गुरुद्वारा-चर्च, जात-बिरादरी, ट्रेड यूनियन, चैम्बर्स आफ कामर्स से लेकर संयुक्त राष्ट्र संघ तक अनगिनत संगठन और संस्थान मनुष्य ने अपनी सुविधा की खोज के लिए बनाए और उनके नियम-कायदों की अधीनता स्वीकार करके अपनी आजादी का कुछ अंश उनके आगे गिरवी रख दिया।

संस्थाएं और संगठन बनाना और उनके कायदे-कानूनों में बंधना हमारे भौतिक जीवन की आवश्यकताएं हैं। सुविधा और व्यवस्था की चाह संस्थाओं और संगठनों को जन्म देती है। लेकिन ये संस्थाएं हमारी नैसर्गिक आकांक्षाओं स्वतंत्रता, समता आदि को कुचलती हैं इसलिए हमें समय-समय पर अपने खोए हुए नैसर्गिक अधिकारों की तलाश में साहित्य और कलाओं की सांस्कृतिक दुनिया से सम्पर्क करना पड़ता है। यदि हम साहित्य-कलाओं से वंचित रहते हैं तो हमारा जीवन पालतू पशु के समान हो जाता है। संभवतः इसे देखते हुए ही एक संस्कृत सुभाषित में कहा गया है कि साहित्य, संगीत, कला विहीन व्यक्ति बिना सींग के पशु समान होता है।

संक्षेप में, हम दो परस्पर विरोधी प्रवृत्तियों में जीने को बाध्य हैं। एक प्रवृत्ति हमें सभ्यता की ओर और दूसरी संस्कृति की ओर ले जाती है। इन दो शब्दों के अर्थ और स्वरूप के सम्बन्ध में विद्वानों में अलग-अलग धारणाएं रही हैं। तथापि हम इन प्रवृत्तियों को स्पष्ट देख सकते हैं। हमारे प्राचीन साहित्य में इनके लिए भौतिक जीवन और आध्यात्मिक जीवन कहा गया है। एक प्रवृत्ति हमारे भौतिक अस्तित्व के लिए जरूरी है। हम जंगल राज में नहीं रह सकते। इसलिए हमें व्यवस्था के लिए, सामूहिक सुरक्षा और सामूहिक कल्याण के लिए सामाजिक, राजनैतिक, धार्मिक आदि संस्थाओं का निर्माण करना पड़ता है और उनकी अधीनता स्वीकार करनी पड़ती है। दूसरी प्रवृत्ति हमारे आध्यात्मिक अस्तित्व के लिए जरूरी है। इसके लिए हमें ऐसी गतिविधियों का सहारा लेना पड़ता है जो हमें स्वतंत्रता, समता और विराट के साथ एकात्मता का अहसास कराए। साहित्य-कला आदि संस्कृति के विविध रूप हमें यह अहसास देते हैं।

उपर्युक्त विवेचन में मानव-मूल्यों को आध्यात्मिक और सांस्कृतिक मूल्य भी कहा गया है। संस्कृति शब्द को आज जो अर्थ दिया गया है उससे भिन्न अर्थ में मैंने इस शब्द का प्रयोग किया है। संस्कृति का आम तौर पर प्रचलित वर्तमान अर्थ साम्राज्यवाद के हरावल दस्ते मिशनरियों ने दिया था और इसके अन्तर्गत रहन-सहन की विविध शैलियों, त्योहारों-उत्सवों के साथ-साथ टोने-टोटकों और अन्धविश्वासजन्य अमानवीय प्रथाओं को भी शामिल किया था। दुर्भाग्य से हमारे विश्वविद्यालय आज भी संस्कृति के इसी अर्थ को लेकर चल रहे हैं। भारतीय समाज के लिए संस्कृति की यह कल्पना अजनबी है। हमारे यहां आध्यात्मिक मूल्य ही सांस्कृतिक मूल्य हैं।

मनुष्य जीवन की सार्थकता इन मानव-मूल्यों (अथवा आध्यात्मिक एवं सांस्कृतिक मूल्यों) को प्राप्त करने अथवा कम से कम इनकी झलक पाते रहने में है। केवल भौतिक जीवन मनुष्य को पूर्णता की अनुभूति नहीं देता। भौतिक सुखों में लोटपोट व्यक्ति भी मन की शांति या आत्मिक सुख के लिए तड़पते हैं। साहित्य,

संगीत, कला आदि के माध्यम से इन आध्यात्मिक मूल्यों के सम्पर्क में आकर मनुष्य जीवन की पूर्णता का अनुभव करता है। लगता है हमारे मनीषियों ने साहित्य-कला के लिए यही भूमिका निर्धारित करनी चाही थी। धर्म, अर्थ, काम और मोक्ष इन चार पुरुषार्थों का क्रम यही दिखाता है। साहित्य के सभी रसों का अंत निर्वेद या शांत रस में इसीलिए अभीष्ट माना गया है क्योंकि इस रस की मनःस्थिति विमुक्त मन की स्थिति होती है।

लेकिन इतिहास की किसी अवस्था में हमारे आध्यात्मिक मूल्य धार्मिक मूल्य बन गए। सम्भवतः इसका कारण हमारी धर्म की प्राचीन धारणा हो जिसके अनुसार धर्म आध्यात्मिक साधना ही था और उसमें धृति, क्षमा आदि दस लक्षणों का समावेश तो था किन्तु पूजा, उपासना और भक्ति का कोई स्थान नहीं था। लेकिन आगे चलकर जब धर्म पूजा, उपासना और भक्ति से जुड़ गया तो आध्यात्मिकता को भी धार्मिकता से जोड़ा जाने लगा। जब तक मामला ब्रह्म और माया के द्वंद्व तक सीमित था, आध्यात्मिक मूल्य नैतिक मूल्य ही थे। लेकिन जब ब्रह्म को ऐश्वर्य से विभूषित कर उसे ईश्वर बना दिया गया तो आध्यात्मिकता भौतिकता की चाशनी में लिपट गई और विराट सीमा में बंध गया। फिर अवतारों की कल्पना और मूर्तियों के निर्माण ने धर्म को इन्द्रियों का विषय बना दिया और आध्यात्मिकता से उसका सम्बन्ध-विच्छेद हो गया। भक्ति ने तो आराध्य-आराधक के बीच स्वामी-दास भाव की कल्पना कर स्वतंत्रता और समता को नकार ही दिया। सांस्कृतिक मूल्यों का धार्मिक मूल्य बनना हमारे सांस्कृतिक पतन की शुरूआत थी। उसके बाद हमारा देश दर्शन, चिन्तन, सृजन आदि सांस्कृतिक उपलब्धियों में पिछड़ता ही गया।

साहित्य के आधारभूत मूल्य और लेखक का संकट

मानव जीवन के आधारभूत मूल्य—स्वतंत्रता, समता और बंधुता—ही साहित्य के आधारभूत मूल्य हैं। इन्हीं मूल्यों के लिए साहित्य-कला की रचना होती है।

लेखकीय स्वतन्त्रता का जिस अर्थ में प्रयोग हम आज करते हैं, उस अर्थ में प्राचीन काल में इसका प्रयोग नहीं होता था। मेरे कहने का मतलब है कि स्वतंत्रता की हमारी आज जो कल्पना है, वह नितांत आधुनिक है। प्राचीन काल में उस तरह की कल्पना नहीं थी।

आज स्वतन्त्रता मनुष्य के रूप में जीने की अनिवार्य शर्त है। मनुष्य जन्म से ही इस अधिकार के छीने जाने की कोशिशों के खिलाफ संघर्ष करने लगता है। पैदा होते ही वह अपने आपको जिन परिस्थितियों के बीच पाता है उनके साथ उसका द्वंद्व शुरू हो जाता है। परिस्थितियां उसकी स्वतन्त्रता पर अंकुश लगाती हैं और वह उनके खिलाफ संघर्ष करने लगता है। मन और परिस्थितियों का यह द्वंद्व ही जीवन है। इस संघर्ष का प्रत्यक्ष दर्शन पालने से लेकर बड़ा होने तक बच्चे की क्रियाओं का बारीकी से अध्ययन करके पाया जा सकता है। बच्चे की सारी क्रियाएं बन्धनों से बगावत करने और स्वतन्त्रता को जीने की ही क्रियाएं हैं। यह काम बहुत यातनापूर्ण भी होता है और बहुत सुखद भी। बच्चा जब पालने की कैद से आजाद होने के लिए हाथ-पैर मारता है, अपनी वाणी को आजाद करने के लिए चीखता और रोता है, चलने की आजादी प्राप्त करने के लिए घुटनों को तोड़ता है तो वह कम यातना नहीं भोगता और जब इन बाधाओं को पार कर लेने पर वह हंसता है, मुस्कराता है और दौड़ता-भागता तथा नाचता है तो उसे अपार सुख भी मिलता है। स्वतन्त्रता को जीना ही मानव की सर्वोत्तम क्रिया, सृजन है और यही सौन्दर्य से साक्षात्कार है।

मनुष्य स्वतन्त्रता के लिए अभिशप्त है, अस्तित्ववादियों के इस सुप्रसिद्ध वाक्य

का अर्थ यही है कि मनुष्य यदि मनुष्य की तरह जीना चाहता है तो उसे अपनी स्वतन्त्रता की हर कीमत पर रक्षा करनी पड़ेगी और इस प्रक्रिया में उसे यातना से गुजरना ही पड़ेगा। उसे संघर्ष में सफलता मिलेगी या नहीं, मिलेगी तो कितनी मात्रा में मिलेगी, यह सब तो अनिश्चित होता है किन्तु यातना से गुजरना तो निश्चित होता है। अस्तित्ववादियों के अनुसार इस संघर्ष में पूर्ण सफलता मिलती ही नहीं इसलिए वे जीवन में निराशा (डिस्पेयर) को अनिवार्य मानते हैं। किन्तु आंशिक सफलता भी सुख का स्रोत है इसलिए जीने की चाह बनी रहती है। आदर्शवादी दर्शन मोक्ष, कैवल्य आदि की किसी काल्पनिक स्थिति में पूर्ण स्वतन्त्रता मानकर अपना दिल बहला लेते हैं लेकिन यथार्थवादी दर्शन इसकी जरूरत नहीं समझते। वे किसी बैकुंठ की कल्पना नहीं करते इसीलिए वे स्वतन्त्रता के लिए सतत संघर्ष और सतत यातना को अनिवार्य मानते हैं।

अपनी स्वतन्त्रता की रक्षा के लिए सतत यातना को सहना हर किसी के लिए सम्भव नहीं होता। साधारण मनुष्य इस यातना को नहीं झेल पाता इसलिए उसकी प्रवृत्ति अपनी स्वतन्त्रता को किसी के पास गिरवी रख देने की होती है। दास्तोएव्स्की के शब्दों में स्वतन्त्रता तवे से उतरी गरम रोटी की तरह होती है जिसे हाथ में लेते ही हाथ जलने लगता है और हम जल्दी-से-जल्दी उसे किसी और को सौंप देना चाहते हैं।

स्वतन्त्रता के संघर्ष की यातना को समझने के लिए स्वतन्त्रता के स्वरूप को समझना जरूरी है। स्वतन्त्रता आखिर है क्या और उसके जीने का अर्थ क्या है? इसका अर्थ है अपने भविष्य का, अपने लक्ष्य का, अपने कर्म का स्वतन्त्र निर्णय। यातना इस निर्णय में निहित होती है क्योंकि जब हम कोई निर्णय लेते हैं, तो उस निर्णय के सारे परिणामों की जिम्मेदारी लेने के लिए हमें अपने को तैयार करना पड़ता है। युद्ध-भूमि में जब दोनों ओर सेनाएं तैयार खड़ी हों, सेनापति जब 'फायर' का आदेश देने को होता है तो उसके सामने असंख्य मौतों और बेहिसाब बरबादी की जिम्मेदारी उठाने का सवाल होता है जिसकी वजह से उसे भयानक यातना से गुजरना पड़ता है। निर्णय इसीलिए यातनापूर्ण होता है कि उसमें परिणामों की जिम्मेदारी उठाने के लिए तैयार होना पड़ता है।

इसीलिए साधारण मनुष्य स्वयं निर्णय लेने से बचना चाहता है। वह चाहता है कि कोई दूसरा उसके लिए निर्णय ले। किसी के चलाए चलने में, किसी के बताए काम को करते जाने में, दूसरों की पसन्द को अपनी पसंद बनाने में, दूसरों के बनाए मूल्यों को अपना मूल्य बनाने में, दूसरों के विचारों को अपने विचार और दूसरों के शब्दों को अपने शब्द बनाने में उसे आराम और सुविधा महसूस होती है क्योंकि इसमें निर्णय की यातना से नहीं गुजरना पड़ता। आराम और सुविधा की चाह और कष्ट की भीति उसे स्वयं निर्णय लेने के अपने अधिकार को किसी को सौंपने

के लिए प्रेरित करती है। यही स्वतन्त्रता को गिरवी रखने की प्रवृत्ति है। सुख-सुविधा की चाह व्यक्ति को भी परतन्त्र बनाती है और समाज तथा राष्ट्र को भी और कष्ट सहने की क्षमता व्यक्ति की स्वतन्त्रता के लिए भी जरूरी है और समाज या राष्ट्र की स्वतन्त्रता के लिए भी।

सुख-सुविधा की इच्छा और यातना से बचने की प्रवृत्ति के कारण मनुष्य ने कई संस्थाओं को बनाया जो उसके लिए निर्णय लें और उसके भाग्य का फैसला करें। उसने ईश्वर का आविष्कार किया और उसके हाथ अपने भाग्य की डोर सौंप दी। वह यह मानकर निर्द्वन्द्व हो गया कि ईश्वर जो कराता है मैं वही करता हूं और मैं निमित्त मात्र हूं। इसी तरह उसने राजा का आविष्कार किया और उसको ईश्वर का प्रतिनिधि मानकर उसे अपनी किस्मत सौंप दी या धर्म-संस्थाओं का आविष्कार किया और उन्हें ईश्वर का प्रवक्ता मानकर अपनी स्वतन्त्रता उनके पास गिरवी रख दी। उसने जात-बिरादरी से लेकर राज्य तक अनेक संस्थाओं का निर्माण किया और हर संस्था को अपनी कुछ स्वतन्त्रता सौंप दी। संस्थाओं को अधिकारों से सम्पन्न करना और फिर उनकी अधीनता स्वीकार करना मनुष्य की नियति है। संस्थाएं बनाना उसके लिए बहुत जरूरी हो सकता है, सुविधाप्रद तो होता ही है, इस काम को मनुष्य जीवन के लिए अनिवार्य भी कहा जा सकता है। किन्तु इस बात पर विवाद नहीं हो सकता कि ये तमाम संस्थाएं हमारी स्वतन्त्रता पर अंकुश लगाती हैं, भले ही इनका निर्माण करके यह अंकुश हमने खुद ही लगाया हो।

जहां अविकसित सभ्यताओं में मनुष्य धर्म, अन्धविश्वास, टोने-टोटकों और आदिम निष्ठाओं का बन्दी होकर रह जाता है वहां सभ्यता के विकास में ज्यों-ज्यों मनुष्य-निर्मित सस्थाओं का विकास होता है त्यों-त्यों मनुष्य की परतन्त्रता के बंधन मजबूत होते जाते हैं जैसाकि आज मानव मशीन का एक पुर्जा बनकर रह गया है। इन बन्धनों से छूटने की बेचैनी भी आदमी में बढ़ती जाती है और उसकी स्वतंत्रता का संघर्ष अधिक यातनापूर्ण हो जाता है। उसके इस संघर्ष की अभिव्यक्ति संस्कृति में होती है। साहित्य और कलाओं के सम्पर्क में आकर वह अपनी खोई हुई स्वतन्त्रता को प्राप्त करने की कोशिश करता है और इसमें उसे रास्ता दिखाता है लेखक, कलाकार और चिन्तक।

लेखक का काम पाठक की मांग के अनुसार लिखना नहीं होता। मांग के अनुसार वस्तु का उत्पादन उद्योग-धंधे करते हैं। लेखक उपभोक्ता वस्तुओं का निर्माता नहीं होता। लेखक का काम पाठक को उसकी खोई हुई स्वतन्त्रता लौटाना होता है। यह काम कैसे होता है, इसे समझने के लिए हमें मनुष्य जीवन की मूल मानसिक क्रियाओं पर दृष्टिपात करना होगा।

मनुष्य-जीवन की तीन मूल क्रियाएं हैं : सुख-दुख को महसूस करना; उसके

कारणों के बारे में सोचना और सुख को सहेजने तथा दुख का निवारण करने के लिए कर्म करना। कुछ मनुष्य सुख-दुख को सिर्फ महसूस कर सकते हैं। उन्हें न तो सुख-दुख के कारणों की जानकारी होती है और न वे सुख को सहेजने और दुख का निवारण करने का उपाय कर सकते हैं। कुछ मनुष्य सुख-दुख को महसूस भी करते हैं और उसके कारण भी जान सकते हैं किन्तु उपाय के सम्बन्ध में निर्णय नहीं कर पाते। निर्णय की क्षमता सृजन की क्षमता है जो स्वतन्त्रता का प्रयोग किए बिना नहीं आ सकती। लेखक-कलाकार परोक्ष रूप से मनुष्य की इस क्षमता को विकसित करता है। लेखक स्वयं जिन अनुभवों से गुजरता है पाठक उन्हें परोक्ष रीति से प्राप्त करता है। ये परोक्ष अनुभव उसे सृजन में प्रवृत्त करने में सहायक होते हैं। चूंकि सृजन-शक्ति के विकास के बिना मनुष्य के जीवन में अधूरापन रह जाता है और साहित्य उस अधूरेपन को भरता है इसलिए साहित्य-कलाओं के संसर्ग के बिना मनुष्य बिना सींग के पशु के समान होता है। साहित्य पाठक के लिए वह काम करता है जिसे पाठक करना तो चाहता है लेकिन कर नहीं पाता।

इस दृष्टि से लेखक, चिन्तक और कलाकार की सामाजिक भूमिका अत्यन्त महत्त्वपूर्ण हो जाती है। वे इस अर्थ में असाधारण होते हैं कि जहां साधारण मनुष्य में सृजन की क्षमता का आमतौर पर अभाव होता है, इनमें सृजन की शक्ति होती है और वे अपने सृजन से साधारण जन को भी सृजनशील बना सकते हैं। चूंकि सृजनशीलता स्वतन्त्रता के प्रयोग का ही दूसरा नाम है अतः यह भी कहा जा सकता है कि लेखक की स्वतन्त्रता पर किसी भी प्रकार का अंकुश लगाना समाज के स्वस्थ विकास के लिए हानिकारक है।

समाज ने स्वतन्त्रता पर अंकुश लगाने वाली जो संस्थाएं ईजाद की हैं सच्चा लेखक उनके आगे जवाबदेह नहीं होता क्योंकि वह इन संस्थाओं की निर्मिति नहीं होता अपितु स्वयंभू होता है। इसीलिए वह मानव-मन को बंधनों से मुक्त कर सकता है और उसे स्वतन्त्रता का सुख दे सकता है। ईश्वर, धर्म, जाति, समाज अथवा राज्य इन सबके अनुशासन से लेखक मुक्त होता है अथवा उसे मुक्त होना चाहिए क्योंकि ये तमाम संस्थाएं मानव-स्वतन्त्रता का हरण करने वाली हैं और लेखक का काम उन सबसे विद्रोह करना है जो स्वतन्त्रता को छीनती हैं।

समाज में लेखक की इस स्थिति को ध्यान में रखकर ही सोल्जिनित्सिन के एक पात्र ने कहा था कि किसी देश में एक बड़ा लेखक होने का मतलब होता है एक अलग सरकार का होना, इसलिए कोई भी सरकार बड़े लेखकों को पसन्द नहीं करती, केवल घटिया लेखकों को ही चाहती है।

सरकार ही नहीं, सभी संस्थाओं के लिए जिनके अपने-अपने निहित स्वार्थ होते हैं, लेखक खतरनाक प्राणी होता है। इसलिए लेखक की स्वतन्त्रता पर हमेशा अंकुश लगाए जाते रहे हैं और आगे भी लगाए जाते रहेंगे।

लेखक की स्वतन्त्रता पर लगने वाले अंकुशों को दो श्रेणियों में रखा जा सकता है। आंतरिक अंकुश और बाह्य अंकुश। आंतरिक अंकुश वे हैं जिन्हें लेखक स्वयं अपने ऊपर लगाता है और बाह्य अंकुश विभिन्न संस्थाओं द्वारा लगाए जाते हैं। कुछ आंतरिक अंकुश तो भाषा, शैली और टेक्नीक आदि के कारण लगते हैं। वैसे इन्हें अंकुश मानना ठीक नहीं क्योंकि ये अनुशासन अभिव्यक्ति की पूर्णता के लिए होते हैं और जब ये अभिव्यक्ति में बाधक होने लगते हैं तो लेखक स्वयं इनसे मुक्ति पा सकता है। किन्तु कुछ अन्य प्रकार के आंतरिक अंकुश बहुत खतरनाक होते हैं। लम्बी गुलामी में रहते-रहते आदमी अपनी गुलामी से ही प्यार करने लगता है जैसे बैल अपनी रस्सी से, कुत्ता अपनी जंज़ीर से, अज्ञानी अपने अंध-विश्वासों से, औरतें अपने गहनों से और पुरुषों द्वारा लादी गई गुलामी से, गुलाम देश के लोग अपने शासकों की भाषा-संस्कृति से, आदि-आदि। लेखक जब इस तरह के अंकुश अपने ऊपर लगा लेता है तो उसकी अभिव्यक्ति में स्वतन्त्रता का तत्व नहीं रहता। इसके अतिरिक्त जब लेखक मानव की आजादी पर पाबंदी लगाने वाली संस्थाओं, धर्म, राज्य आदि से जुड़ता है तो भी उसके लिए अपनी लेखकीय स्वतन्त्रता को बनाए रखना असंभव हो जाता है।

लेखकीय स्वतन्त्रता के बाह्य अंकुश धर्म, राज्य, समाज, जात-बिरादरी आदि संस्थाएं और अर्थ-व्यवस्था को नियंत्रित करने वाली वे तमाम संस्थाएं लगाती हैं जो मनुष्य की स्वतन्त्रता को हथिया कर अपने निहित स्वार्थ बना लेती हैं। इन तमाम संस्थाओं के लिए लेखक खतरनाक प्राणी होता है। इसलिए कभी धर्म के ठेकेदार लेखक के खिलाफ फतवे जारी करते हैं, कभी शासक लेखक पर पाबन्दी लगाते हैं, कभी जात-बिरादरी के संकीर्ण समूह लेखक के खिलाफ आन्दोलन करते हैं और कभी समाचारपत्रों, प्रकाशन संस्थाओं और संचार-माध्यमों को नियंत्रित करने वाले निहित स्वार्थ लेखक का गला घोंटने का प्रयत्न करते हैं। चंकि सभ्यता के नाम पर बनने वाली इन संस्थाओं का निर्माण ही मानव-स्वतन्त्रता के हरण के लिए होता है, स्वतन्त्रता के लिए लड़ने वाले लेखक से उनका टकराव अवश्यंभावी हो जाता है। दूसरे शब्दों में लेखक को हमेशा व्यवस्था के विरुद्ध मोर्चा लेना पड़ता है। यह मोर्चा कभी खत्म नहीं होता क्योंकि लड़ाई शाश्वत चलती है। इस लड़ाई में लेखक को तरह-तरह की यन्त्रणाएं भोगनी पड़ती हैं। कभी उसे सूली पर टांगा जाता है, कभी जहर पिलाकर मार दिया जाता है, कभी आजीवन काल कोठरी में बन्द कर दिया जाता है, कभी हाथी के पैरों के नीचे कुचलवा दिया जाता है, कभी गुण्डों से मरवा दिया जाता है और कभी कुप्रचार करके बदनाम किया जाता है। लेकिन यह सब खेल का हिस्सा है। इसमें कोई कुछ नहीं कर सकता। कोई भी सरकार, कोई भी व्यवस्था इसमें परिवर्तन नहीं ला सकती है। यह आजादी और गुलामी का शाश्वत संघर्ष है जिसे सत्याग्रह, असहयोग, सविनय अवज्ञा, या, करो

या मरो के साधनों से हमेशा चलाते रहना पड़ता है और इन साधनों को अपनाने का मतलब है भीषण यातनाओं को झेलते जाना।

इतिहास में कभी भी ऐसा समय और ऐसी व्यवस्था नहीं रही जब स्रष्टा को, रचना-कर्म करने वाले को, चाहे वह साहित्य-कला के क्षेत्र का हो या मौलिक सृजन के किसी अन्य क्षेत्र का, कठिनाइयों और जोखिमों से न जूझना पड़ा हो। प्राचीन काल से आधुनिक काल तक यह क्रम अविराम चला है। साम्यवादी, पूंजीवादी, लोकतांत्रिक, राजतांत्रिक और तानाशाही किसी भी व्यवस्था में यह क्रम रुका नहीं है। दी गई यातना में मात्रा-भेद हो सकता है लेकिन कोई भी व्यवस्था लेखक के लिए खतरे से खाली नहीं होती।

लेखक के इस खतरे का, चारों ओर तथा हर समय विद्यमान उसके संकट का मुख्य कारण उसके रचना-कर्म की प्रकृति है। ईश्वर को संसार का स्रष्टा मानने वाली व्यवस्था में रचनाकार के सृजन को ईश्वर के खिलाफ चुनौती के रूप में लिया जाए तो क्या आश्चर्य? लेकिन अनीश्वरवादी व्यवस्थाओं में भी सर्जक को खतरनाक ही माना जाता है।

बात यह है कि लेखक-कलाकार जिन मूलभूत मानव-मूल्यों के लिए रचना करता है वे समाज की विभिन्न व्यवस्थाओं के मूल्यों के विरुद्ध होते हैं। स्वतंत्रता, समता और बंधुता ये तीन अधिकार हर मनुष्य अपने जन्म के साथ ही लेकर आता है। लेकिन विकास की प्रक्रिया में ये अधिकार उससे धीरे-धीरे छिनने लगते हैं। नन्हा शिशु जब इस संसार में आता है तो वह इन मूल्यों का साकार रूप ही होता है लेकिन ज्यों-ज्यों वह बड़ा होता है वह इन्हें खोने लगता है। कभी दूसरे उसके अधिकारों पर प्रतिबन्ध लगाते हैं जैसे, माता-पिता, शिक्षक आदि और कभी वह खुद ही इन्हें दूसरों को सौंपने लगता है। जब बच्चा संसार के साथ, अपने बाह्य विश्व के साथ, सम्बन्ध स्थापित करने लगता है तो वह इन अधिकारों का लेन-देन करने लगता है। नया मित्र बनाने के लिए बच्चा दोस्त को अपना प्यारा खिलौना देता है और बदले में दोस्त की कोई चीज प्राप्त करता है। सम्बन्ध स्थापित करने के लिए यह आदान-प्रदान जरूरी होता है। मानव-जीवन संबंधों का ही खेल है। जन्म से लेकर मृत्यु तक हम संबंधों को बनाने और उन्हें तोड़ने या टूटा जाते देखने में संलग्न रहते हैं और इस क्रम में तरह-तरह के सुख-दुःखों के बीच से गुजरते हैं। ये सम्बन्ध हम सिर्फ व्यक्तियों से ही नहीं, स्थितियों से भी स्थापित करते हैं। अपने आस-पास, दूर-दराज की चीजों से और फिर समस्त ब्रह्माण्ड या विराट से। यह बन्धुता की ओर हमारी गति है। संबंधों के जोड़-तोड़ की इस प्रक्रिया में आदान-प्रदान की प्रक्रिया भी चलती है। हर संबंध तनाव पैदा करता है। हम कुछ देते हैं और बदले में कुछ लेते हैं। जब यह लेन-देन असंतुलित होता है और अक्सर वह असंतुलित होना है, तो उससे तनाव पैदा

होता है। तनाव के बढ़ने पर संबंध टूटता है और तब फिर नए सम्बन्ध की खोज में हम नया लेन-देन करने लगते हैं। इस प्रक्रिया में हमें अपनी जन्म-जात सम्पत्ति, स्वतंत्रता, समता और बन्धुता के अधिकारों को धीरे-धीरे खोना पड़ता है लेकिन इन्हें खोने का अहसास जब-जब हमें होता है (यह अहसास हमेशा और हर आदमी को नहीं होता, लेखक-कलाकार को यह अहसास बहुत तीव्र होता है खास कर सृजन के क्षणों में) तब-तब हम भयानक यातना से गुजरते हैं और इस यातना से बचने के लिए कभी हम विपरीत स्थितियों के साथ समझौता करते हैं, कभी हम उनसे दूर भागते हैं और कभी उन स्थितियों से विद्रोह करते हैं। यह है मन और परिस्थितियों का द्वन्द्व जिसे उपनिषद काल के ऋषियों से लेकर मार्क्स और लोहिया तक सब दार्शनिकों-चिन्तकों ने अपने-अपने ढंग से व्याख्यायित किया है। इस द्वन्द्व की परिणति है रचना—कविता, कहानी या अन्य किसी मौलिक विचार का सृजन और यह रचना कभी रमण की अर्थात् परिस्थितियों के साथ तालमेल को, कभी पलायन की और कभी विद्रोह और संघर्ष की होती है।

साहित्यकार-कलाकार अपनी रचना में स्वतंत्रता, समता और बन्धुता के मूल अधिकारों को एसर्ट करता है। इसके लिए उसे सभ्यता के क्रम में बनी तमाम व्यवस्थाओं का विरोध करना पड़ता है। चूंकि उसके मूल अधिकारों को व्यवस्थाएं कुचलती हैं, इन सारी व्यवस्थाओं का विरोध करना उसके लिए अनिवार्य हो जाता है। वह स्वतंत्रता, समता और बन्धुता के खिलाफ की गई तमाम किलेबन्दियों को तोड़ने लगता है और अपने अधिकारों को जीने लगता है। इस तरह वह अपने अस्तित्व को सिद्ध और स्थापित करता है क्योंकि उसका अस्तित्व इन अधिकारों से ही होता है जो उसे जन्म के साथ मिले थे। वह व्यवस्थाओं द्वारा छीनी गई अपनी स्वतंत्रताओं को वापस हासिल करने के लिए लिखता है, व्यवस्थाओं द्वारा बनाई गई गैर-बराबरी की सारी दीवारों को तोड़ने के लिए लिखता है और मानव-मानव तथा मानव-विराट सम्बन्धों की बाधाओं को दूर करने के लिए लिखता है। जाहिर है उसे इस क्रम में सारी व्यवस्थाओं के खिलाफ विद्रोह करना पड़ता है और ये सारी व्यवस्थाएं उसके खिलाफ खड़ी हो जाती हैं। साहित्यकार-कलाकार का सबसे बड़ा संकट इसी से पदा होता है।

महाकवि कालिदास के जीवन के सम्बन्ध में एक किंवदन्ती प्रचलित है। कहते हैं वह बचपन में इतना मूर्ख था कि पेड़ की जिस शाखा पर बैठा था उसी को काट रहा था। एक विद्वान स्त्री से पराजित पण्डित ऐसे ही मूर्ख की तलाश में थे जिसकी शादी वे उस स्त्री से कराकर अपने अपमान का बदला लेना चाहते थे। मुझे लगता है यह कहानी कालिदास ने ही गढ़ी होगी क्योंकि कवि-कर्म की इससे अच्छी व्याख्या क्या होगी? हर सच्चा लेखक कलाकार और स्रष्टा जिस डाल पर बैठा होता है उसी को काटने का प्रयास कर रहा होता है। वह जिस

समाज में रहता है उसकी तमाम व्यवस्थाओं को तोड़ने का काम करता है। परिवार से लेकर राज्य तक वह सभी व्यवस्थाओं का अंग भी होता है और उनका शत्रु भी। हालांकि उसकी शत्रुता रोगोपचार करने वाले वैद्य की होती है जो कड़वी दवाई पिलाकर रोगी को परेशान करता है लेकिन शत्रु तो उसे समझा ही जाता है। इसलिए उसका काम अत्यन्त कष्टकर भी होता है और जोखिम-भरा भी। कष्टकर इसलिए कि उसे अपने ही खिलाफ लड़ाई लड़नी पड़ती है, अपने परिवार-जनों का और प्रियजनों का विरोध सहना पड़ता है। इसके अतिरिक्त जिन मूल्यों की लड़ाई वह लड़ता है उन्हें जीना बहुत यातनापूर्ण होता है। जब वह व्यवस्था के मूल्यों और मानदण्डों से हटकर स्वतंत्र रूप से कोई निर्णय लेता है तो उसे न केवल व्यवस्था द्वारा उपलब्ध कराई गई सारी सुविधाओं से वंचित होना पड़ता है अपितु उसे एक और यातना से भी गुजरना पड़ता है। यह यातना होती है अपने स्वतंत्र कर्म में निहित जिम्मेदारी की। इसके अतिरिक्त व्यवस्थाओं के विरोध द्वारा उनकी शत्रुता मोल लेने के कारण भी उसका जीवन खतरों और जोखिमों से घिर जाता है। यह सब लेखक अन्ततः समाज की भलाई के लिए ही करता है क्योंकि वह अपनी रचना से पाठकों को मुक्ति का परम सुख देता है, उसे निरे पशु जीवन से ऊपर उठाता है और उनके खोए हुए अधिकार बहाल करके उन्हें जीवन की सार्थकता एवं पूर्णता देता है। तथापि उसे व्यवस्था का विरोध तो सहना ही पड़ता है।

सवाल उठता है कि लेखक को यदि यंत्रणा ही भोगनी है तो वह लिखता ही क्यों है?

लेखक क्यों लिखता है, यह सवाल साहित्य-शास्त्र का बहुत पुराना विषय है। लेकिन हमारे प्राचीन साहित्य-शास्त्र में इसे बहुत सरसरी तौर पर लिया गया। हमारे साहित्य-शास्त्र में बहस का मुद्दा अधिकतर सृजन नहीं है, सम्प्रेषण रहा अर्थात् साहित्य पाठकों पर क्या और कैसे प्रभाव छोड़ता है और क्यों तथा कैसे ग्राह्य अथवा अग्राह्य होता है। या फिर वहां साहित्य लिखने की तकनीकों और कौशलों की अधिक चर्चा हुई। हमारे रस-शास्त्र और अलंकार-शास्त्र इन्हीं सवालों से मुख्य रूप से जूझते रहे। हमारी काव्य की परिभाषाएं जैसे, रसात्मक वाक्य ही काव्य है, रमणीयार्थ प्रतिपादक शब्द ही काव्य है, पाठक पर पड़ने वाले प्रभाव से संबंधित हैं। लेखक क्यों लिखता है इस सवाल के जवाब में केवल एक मान्यता प्रसिद्ध है जिसके अनुसार लेखक या तो यश और धन अर्जित करने के लिए लिखता है या व्यवहार-कुशल होने के लिए या अपनी व्याधियों के निवारण के लिए या फिर कांतासंमित उपदेश देने के लिए, आदि। जाहिर है हमारे प्राचीन साहित्य का ज्यादा सरोकार सम्प्रेषण की समस्या से रहा न कि सृजन की समस्या से।

लेखक अपने लिए, अपनी स्वतंत्रता, समता, बन्धुता को व्यवस्था की जकड़नों से मुक्त करने के लिए लिखता है। यह स्वांतः सुखाय भी है और स्वांतः दुखाय भी। रचना यातना से गुजरे बिना जन्म नहीं लेती, दर्द के बिना कोई कविता-कहानी नहीं बनती। और फिर रचना का अपना सुख भी होता है, ऐसा सुख जिसे ब्रह्मानन्द सहोदर कहा गया है। यह अलौकिक सुख स्वतंत्रता, समता और बन्धुता को जीने से मिलता है। जिसे इन मूल्यों का, इन अमृत रसों का जरा-सा भी स्वाद मिल जाता है, वह बड़ी से बड़ी यातना को हंसकर सह लेता है। वह सुकरात और मीरा की तरह हंसकर विष का प्याला भी पी सकता है, फरहाद की तरह पहाड़ खोद सकता है। गांधी ने स्वतंत्रता-रस का आस्वाद लिया और दुनिया की सबसे बड़ी हथियारी शक्ति को चुनौती दे दी। जब संत कबीर सहज समाधि में समता रस का पान करते हैं, जब वे ब्राह्मण और शूद्र, राजा और रंक, हिन्दू और तुरुक के भेद की दीवारों को तोड़कर समता से साक्षात्कार करते हैं तथा सारे जगत के साथ सम्बन्ध स्थापित करते हैं, तभी वे अनहद नाद में डूबकर अलौकिक आनन्द का रसास्वादन करते हैं। कुंडलिनी के जाग्रत होने पर ब्रह्मरंध्र पर पहुंचकर अमृत रस पीने की बात एक प्रतीक मात्र है। मानव-जीवन के सुन्दरतम मूल्य स्वतंत्रता, समता और बन्धुता अक्षय आनन्द के स्रोत हैं। स्रोत हमारे भीतर ही हैं लेकिन संसार के माया-जाल में ये सूखते जाते हैं। इन्हें उन्मुक्त करना और ऊर्ध्व-मुखी बनाना ही कुंडलिनी-साधना है।

कहा जाता है कि रचनाकार अपने रचना कर्म द्वारा सौंदर्य की सृष्टि करता है। यह भी कहा जाता है कि वह आनन्द की सृष्टि करता है। वास्तव में दोनों एक ही हैं। जो आनन्द देता है वह सुन्दर है और जो सुन्दर है वह आनन्द देता है। लेकिन सौंदर्य और आनन्द हैं क्या? सौंदर्य सृजन का अनिवार्य फल है। हर कर्म जो बाधाओं से लड़ते हुए उन पर विजय प्राप्त करने के लिए किया जाता है, सौंदर्य की सृष्टि करता है। सौन्दर्य को स्त्री-पुरुषों के चेहरों या शरीर से जोड़ना सौन्दर्य की नितान्त घटिया कल्पना है। जिस चीज से हमें सुख मिले उसे सुन्दर कह देना भी सौन्दर्य की सतही दृष्टि है। सौन्दर्य सृजन में निहित है। सौन्दर्य अन्धकार से प्रकाश की ओर, मृत्यु से अमृत की ओर जाने में है। यह गुलामी से आजादी की ओर, विषमता से समता की ओर और संकीर्णता से व्यापकता (विराट) की ओर गमन में है।

लेखक-कलाकार इसी पथ का यात्री होता है, इसीलिए उसकी रचना सौन्दर्य की सृष्टि करती है।

विश्व की सभी महान रचनाएं स्वतंत्रता, समता और बन्धुता के मूलभूत मानव-मूल्यों से प्रेरित हैं। इसीलिए वे पाठक को इन मूल्यों की अनुभूति कराकर आनन्द देती हैं। वे पाठकों को लिबरेट करती हैं, आदमी-आदमी के बीच बनी

दीवारों को तोड़ती हैं और हर प्रकार की संकीर्णताओं से ऊपर उठाकर उसे विराट के साथ एकाकार होने की स्थिति की ओर ले जाती हैं। वे जो सौन्दर्यानुभूति कराती हैं, जो आनन्द प्रदान करती हैं, वह इन मूल्यों का ही सौन्दर्य और आनन्द है। साहित्य के प्रमुख स्थायीभाव हमें स्वतंत्रता, समता और बन्धुता की ही अनुभूति कराते हैं। प्रेम स्वतंत्रता और बन्धुता का साधक है। वीर रस व्यक्ति में स्वाभिमान की भावना जगाकर समता की अनुभूति कराता है और करुणा या संवेदना विराट विश्व के साथ हमें जोड़कर बन्धुता के भाव को पुष्ट करती है। वस्तुतः साहित्य के तीन रस हैं: स्वतंत्रता रस, समता रस और बन्धुता रस और इन्हीं तीन श्रेणियों के अंतर्गत विश्व के सारे साहित्य को वर्गीकृत किया जाना चाहिए।

विश्व की सभी महान रचनाएं अपने समय की स्थितियों और व्यवस्थाओं से विद्रोह की रचनाएं हैं। वे अपने समकालीन समाज की गली-सड़ी परम्पराओं और आदमी की आजादी पर लगाई गई पाबन्दियों के खिलाफ आवाज़ उठाती हैं।

जब लेखक अपनी बात कहने के लिए शब्द चुनता है तो वह वास्तव में अपनी स्वतंत्रता का प्रयोग करता है। जब वह किसी तथ्य को अपनी भाषा में प्रस्तुत करता है तो तथ्यों का स्वतंत्र मन से चुनाव और प्रयोग करता है। शब्द, भाषा, रेखा और रंग-छैनी उसकी स्वतंत्रता के औजार हैं। वह इन औजारों से मनचाही वस्तु का निर्माण करता है। वह चरित्र गढ़ता है, आकारों का निर्माण करता है, स्थितियों और दृश्यों की कल्पना करता है। उसकी ये तमाम सृष्टियां ईश्वर से विद्रोह होती हैं क्योंकि सृष्टि करना तो ईश्वर का काम माना जाता है। ईश्वर के खिलाफ की बनाई सृष्टि में लेखक और कलाकार त्रुटियां पाता है और उन्हें अपनी रचना में ठीक करता है। इसी तरह समाज की बनाई हुई परम्पराओं और व्यवस्थाओं में वह त्रुटियों को देखता है और उनमें अपनी स्वतंत्र इच्छा से संशोधन-परिवर्द्धन करता है। इस तरह उसकी रचना में अनिवार्यतः विद्रोह का समावेश हो जाता है।

लगभग सभी महान रचनाओं का विषय प्रेम है। अन्य सभी भाव प्रेम के अनुषंगी होते हैं, इसीलिए प्रेम को रस-राज भी कहा जाता है। यह प्रेम का भाव व्यवस्था के खिलाफ सबसे बड़ा विद्रोह होता है। प्राचीन भारतीय साहित्य-शास्त्र के मर्मज्ञ पं० हजारी प्रसाद द्विवेदी ने भी प्रेम को विद्रोह की अभिव्यक्ति कहा है। यह वह भाव है जिसके कारण आदम और हौवा को स्वर्ग से निकाला गया था। सभी धार्मिक व्यवस्थाओं में प्रेम करना गुनाह है और सभी समाजों में प्रेम पर तरह-तरह की पाबन्दियां लगाई गई हैं। प्रेम अपनी आजादी को एसर्ट करने, अपनी समता की आकांक्षाओं को पूरा करने (प्रेम न देखे जातपात) और जाति, वर्ग, क्षेत्र आदि की तमाम संकीर्णताओं से उठने की प्रवृत्ति है। उर्दू भाषा की

अधिकांश सुन्दर कविताओं में प्रेम या इश्क, ईश्वर या धर्म की व्यवस्था से खुले विद्रोह के रूप में आया है। प्रेम का गुणगान करने वाले सूफियों को इस्लाम का विद्रोही ही तो कहा जाता है। प्रेम करने वाला ईश्वर की खिल्ली उड़ाता है, मुल्ला काजियों का उपहास करता है और यह उपहास जितना ही तीखा होता है प्रेम की कविता उतनी ही सुन्दर लगती है।

प्रेम के साथ वियोग की यातना और आत्म-बलिदान की भावना भी जुड़ी हुई है। अर्थात् अपनी स्वतन्त्रता को जीने के लिए विद्रोह करना अनिवार्य होता है और विद्रोह के लिए यातना भोगना तथा आत्म-बलिदान करना अनिवार्य होता है। इसीलिए घनानंद ने प्रेम के पंथ को तलवार की धार पर चलने से उपमा दी है।

हिन्दी साहित्य में मानव-प्रेम की कविता पर बीसवीं सदी से पहले अघोषित प्रतिबन्ध लगा हुआ था। अपवाद स्वरूप कुछ उदाहरणों को छोड़कर सारी कविता कृष्ण और राधा को पात्र बनाकर लिखी गई। सूफियों ने जैसे रूहानियत की आड़ लेकर प्रेम पर लगी सारी पाबन्दियों को तोड़ा वैसे ही रीतिकालीन कवियों ने कृष्ण और राधा का नाम लेकर प्रेम पर प्रतिबन्ध लगाने वाली सामाजिक और धार्मिक व्यवस्था के खिलाफ विद्रोह किया और साहित्य के विद्यार्थी जानते हैं कि इस कविता में समाज की किसी सीमा को तोड़े बगैर नहीं छोड़ा गया। हिन्दी साहित्य में मीरा का प्रेम इस विद्रोह का सर्वश्रेष्ठ उदाहरण है जिसने स्त्री जाति पर लगी सारी पाबन्दियों को तोड़ा है।

प्रेम के अलावा अन्य विषयों पर लिखी गई महान रचनाओं में भी विद्रोह का भाव प्रमुख दिखाई देगा। राम के प्रति भक्ति-भाव से लिखे गए प्रथम महाकाव्य 'रामायण' में कवि की वाणी ही क्रौंच की वियोग-पीड़ा से मुखरित होती है और उनकी समग्र रचना का केन्द्र-बिन्दु बन जाता है सीता का धरती-प्रवेश, गोया कवि कहना चाहता हो कि राम अपनी समस्त महानताओं के बावजूद ऐसा था कि सीता को उसकी शक्ल से भी नफरत हो गई और वह धरती में समा गई। 'महाभारत' में तो कवि ने समकालीन समाज की समस्त विद्रूपताओं का खुलकर वर्णन किया और महानता का लबादा ओढ़े किसी भी पात्र को नहीं बखशा। इस महाकाव्य के सभी पात्र किसी न किसी बिन्दु पर आकर मान-मर्दित, पतित और क्लीव दिखाए गए हैं। महाकवि कालिदास के 'अभिज्ञान शाकुन्तलम्' का अद्भुत सौन्दर्य भी शकुन्तला के विद्रोह और पराक्रमी राजा दुष्यन्त के मानमर्दन से प्रकट होता है।

स्वतन्त्रता, समता और बन्धुता को जीने वाले हर व्यक्ति को विद्रोह का रास्ता अनिवार्य रूप से चुनना पड़ता है क्योंकि हर व्यवस्था किसी न किसी रूप में इन मूल्यों को कुचलती है। यह विद्रोह सर्जनात्मक तब बनता है जब विद्रोह अहिंसात्मक होता है। हिंसक विद्रोह सर्जनात्मक नहीं हो सकता क्योंकि हिंसा

अपने प्रतिद्वन्द्वी को जो एक प्रकार से उसका महबूब भी होता है, हमेशा के लिए दूर हटाने, उसे समाप्त करने के लक्ष्य को लेकर चलती है। प्रतिद्वन्द्वी के समाप्त होने पर निर्माण की सारी संभावनाएं ही खत्म हो जाती हैं। हिंसक व्यक्ति जब अपने प्रतिद्वन्द्वी की हत्या कर देता है तो वह प्रतिद्वन्द्वी को अपने अनुकूल बनाने की, जो उसका वास्तविक लक्ष्य होता है, सारी संभावनाओं को खो देता है। इसलिए उसका प्रयास अन्ततः नकारात्मक ही सिद्ध होता है। सर्जनात्मक विद्रोह का सबसे सुन्दर उदाहरण महात्मा गांधी ने स्वतन्त्रता आन्दोलन के दौरान पेश किया है जिसमें वे सत्याग्रह, असहयोग सविनय अवज्ञा और 'करो या मरो' के चार चरणों में विकसित अहिंसात्मक विद्रोह को स्वतन्त्रता-प्राप्ति का हथियार बनाते हैं। साहित्य और कलाओं में इसी सर्जनात्मक विद्रोह की अभिव्यक्ति होती है।

लेखक अपनी बात कहने के लिए कभी रोमांस का रास्ता चुनता है, कभी यथार्थ चित्रण का। रोमांस में वह अपनी कल्पना को छूट देता है और उसके बल पर अपनी मनपसन्द सृष्टि की रचना करता है। यह सृष्टि विश्वामित्र की नई सृष्टि की तरह व्यवस्था के देवताओं के लिए चुनौती बन जाती है। यथार्थ स्थितियों का चित्रण करने वाला लेखक वर्तमान विकृतियों और विद्रूपताओं को सामने लाकर व्यवस्था को चुनौती देता है। दोनों प्रकार के लेखक विद्रोह को अपनी-अपनी विशिष्ट शैली में दर्ज करते हैं।

यूरोप के देशों में स्वतन्त्रता, समता और बन्धुता के मानव-मूल्यों का युद्ध छेड़ने वाले रोमांटिसिज्म (स्वछन्दतावाद) के लेखक और कवि ही थे जिन्होंने अपनी उन्मुक्त कल्पना से प्यार, संवेदना, आशा, विद्रोह और कष्टों को सहने की क्षमता की अद्भुत सौन्दर्य-सृष्टि की। दूसरे विश्वयुद्ध के समय फ्रांस के अस्तित्ववादी लेखकों और कवियों ने भी स्वतन्त्रता और समता के अपने अधिकार को हर कीमत पर बनाए रखने और उनके प्रयोग से अपने अस्तित्व की घोषणा करने के लिए विद्रोह (रिजिस्टेंस) के रास्ते को अपनाया। हिन्दी साहित्य के जिस काल में यह देश अपनी खोई हुई आजादी के लिए, विश्व में बराबरी का स्थान पाने के लिए और विश्व-बिरादरी में एक स्वाभिमानी सदस्य के रूप में शामिल होने के लिए संघर्ष-रत था, उस समय सारे छायावादी कवियों ने शैले, कीट्स, बॉयरन जैसे विद्रोही कवियों से प्रेरणा ग्रहण कर उन्मुक्त प्यार, पूर्ण स्वतन्त्रता और अबाध स्वच्छन्दता का साहित्य लिखा।

संभवतः इसीलिए शैले, कीट्स, बॉयरन आदि कवि आधुनिक युग के मानव-अधिकारों के उद्घोषक के रूप में जाने जाते हैं। उस युग के कवियों और लेखकों की दृष्टि का संकेत हमें शैले की एक छोटी-सी कविता में मिल सकता है जिसका भावानुवाद इस प्रकार है :

"कहती आस सीमातीत ऐसी पीर सहना
कलुष जो यामिनी-सा हो उसे भी क्षमा कहना
और करना सर्वशक्तिमान सत्ता का उल्लंघन
प्यार करना, कष्ट सहना, तब तलक आशा धरे मन
जब तलक आशा स्वयं निज खंडहरों से
रच नहीं ले गीत नव, चिरंतन स्वरों के
यही स्वच्छन्द सुन्दर हर्षमय जीवन यही है
यही है सफलता साम्राज्य सुख, जीवन यही है।

रोमांटिसिज्म के कवियों ने अपनी स्वच्छन्द कल्पना से जो काम किया, वही यथार्थ स्थितियों का चित्रण करने वाले डिकन्स और ज़ोला जैसे उपन्यासकारों ने किया।

पीछे कहा जा चुका है कि मन और परिस्थितियों के द्वन्द्व की तीन दिशाएं होती हैं। कभी मन परिस्थितियों के अनुसार अपने को ढाल लेता है, कभी वह परिस्थितियों का त्याग और तिरस्कार कर उनसे दूर हो जाता है और कभी परिस्थितियों के आमने-सामने खड़ा होकर संघर्ष की मुद्रा अपनाता है। परिस्थितियों के अनुसार अपने को ढाल लेने की स्थिति अक्सर तब आती है जब लेखक व्यवस्था का अंग बन जाता है और चारण की भूमिका निभाने लगता है। अन्य दोनों स्थितियों में लेखक विद्रोह की मुद्रा में होता है। पलायन की मुद्रा का विद्रोह विशेष प्रभावकारी नहीं होता यद्यपि व्यवस्था के प्रति तिरस्कार और नितान्त उपेक्षा का कुछ सकारात्मक प्रभाव अवश्य होता है। इसका उदाहरण हमारा भक्ति-साहित्य है। संघर्ष की मुद्रा का साहित्य अत्यन्त प्रभावशाली होता है और विद्रोह में बहिष्कार से लेकर 'करो या मरो' का संकल्प हो तब तो यह महाशक्तिशाली व्यवस्थाओं को बदल सकता है।

समता की चाह : नारी और दलित चेतना का साहित्य

हिन्दी का अधिकांश साहित्य (और संभवत: अन्य भाषाओं का भी) स्वतंत्रता की चाह से लिखा गया है। बंधुता की चाह वैसे तो समस्त श्रेष्ठ साहित्य में अंतर्निहित होती है किन्तु इससे प्रेरित विशिष्ट साहित्य भी हो सकता है। अभी तो बंधुता का दार्शनिक विवेचन भी बहुत कम हुआ है। समता की चाह से प्रेरित साहित्य लिखा तो गया है किन्तु मात्रा अधिक नहीं है। कारण, यह साहित्य उसी व्यक्ति द्वारा लिखा जा सकता है जिसने विषमता की यातना झेली हो। भारतीय समाज में विषमता की यातना झेलने वाला वर्ग स्त्री-शूद्र वर्ग है और चूंकि उसे सदियों तक विद्या से वंचित रखा गया, वह अपने मन को अभिव्यक्त करने में सक्षम नहीं रहा। इसका यह मतलब कतई नहीं कि जो इस वर्ग में नहीं आता वह समता का साहित्य लिख ही नहीं सकता। निश्चय ही लेखक में दूसरों की यातना को अपनी यातना बनाने की क्षमता होनी चाहिए। किन्तु यह पर-काया-प्रवेश जैसी साधना कोई बिरला लेखक ही कर पाता है। इसलिए सवर्ण जातियों में पैदा लेखकों द्वारा शूद्रों की वास्तविक पीड़ा को स्वर देने वाली रचनाएं कभी-कभार ही सामने आती हैं। अधिकतर तो ऐसी रचनाओं में भावुकता, कृत्रिमता और लेखक के अपने पूर्वाग्रहों का आरोप ही मिलता है। बाल-साहित्य के साथ भी ऐसा ही होता है। बाल-साहित्य उस व्यक्ति द्वारा लिखा जाता है जो बालक नहीं होता, जो अपने बचपन को बहुत पीछे छोड़ चुका होता है। यदि उसके भीतर बालक जीवित नहीं होगा तो वह कृत्रिम, उपदेशात्मक बाल-साहित्य ही लिख सकता है। इसीलिए बाल-साहित्य के नाम पर जो कुछ प्रकाशित होता है उसमें 90-95 प्रतिशत साहित्य लोक-कथाएं तथा उपदेशात्मक शिक्षा-प्रधान सामग्री होती है।

नारी-मन को अभिव्यक्ति देने या नारी को परिभाषित करने का काम अब तक पुरुषों ने ही किया है उसी तरह जैसे दलित मन को अभिव्यक्त करने का काम सवर्णों ने किया है। महिलाओं और दलितों द्वारा लेखन में प्रवेश से कुछ दशकों

से स्थिति में परिवर्तन हुआ है हालांकि महिलाओं और दलितों को अपनी रचनाओं पर मान्यता की मुहर लगवाने के लिए उन्हीं मानदंडों के अनुसार लिखना पड़ता है जो पुरुषों और सवर्णों ने निर्धारित किए हैं । यह स्थिति कैसे बदलेगी, कहना कठिन है । जो साहित्य-शास्त्र स्कूलों-कालेजों में पढ़ाया जाता है वह पुरानी सोच और पुरानी मान्यताओं में इतना जकड़ा हुआ है कि उसमें नये प्राण फूंकने की संभावना ही नहीं दिखाई देती । दो हजार साल पुरानी मान्यताएं और वह भी हमारे उत्कर्षकाल की नहीं, ह्रासकाल की जिनके अनुसार शूद्र पशु के समान है और स्त्री नरक की खान, भोग की वस्तु, सिर्फ बच्चे जनने-पालने और पुरुष की वासना तृप्त करने के लिए । वह सिर्फ प्रेम का आलंबन है, आश्रय नहीं, गोया स्त्री कभी प्रेम नहीं करती वह सिर्फ प्रेम का विषय होती है । पूरे साहित्य-शास्त्र में एक भी उदाहरण नहीं मिलेगा जिसमें स्त्री को आश्रय बताया गया हो । रामचन्द्र शुक्ल आदि आचार्य जिन्होंने भारतीय साहित्य-शास्त्र की पश्चिम के विचारों के संदर्भ में पुनर्व्याख्या करने की कोशिश की, भारतीय साहित्य-शास्त्र की इस विसंगति को नहीं देख पाए । उन्होंने यह नहीं देखा कि स्त्री-शूद्र की मूलभूत मानवीय इच्छाओं की उपेक्षा की एकांगी दृष्टि वाला साहित्य-शास्त्र एकांगी साहित्य को ही जन्म दे सकता है । आचार्य शुक्ल ने साहित्य की ऐसी सीमाएं बांध दीं कि पिछले छः-सात दशकों में साहित्य का पठन-पाठन और लेखन उनके आस-पास ही घूम रहा है । किसी आचार्य में उन सीमाओं को तोड़ने का साहस नहीं हुआ । हजारी प्रसाद द्विवेदी ने कुछ प्रयास अवश्य किया लेकिन उनके अधूरे काम को आगे नहीं बढ़ाया जा सका ।

आचार्य शुक्ल ने तुलसी को तो महान कवि कह दिया जो साहित्यकार से ज्यादा भक्त थे, जिन्होंने साहित्य को धर्म का दास बनाया तथा दासता को महिमा-मंडित किया लेकिन कबीर, सूर और मीरा को वे नहीं समझ सके जिन्होंने समाज की दबी हुई शक्तियों को मुक्त किया । साहित्य हर प्रकार की दासता से मुक्त करता है, ईश्वर की दासता से भी, और ऊंच-नीच, स्त्री-पुरुष के तमाम घेरों को तोड़कर समता और बंधुता का अहसास कराता है । साहित्य की यह कल्पना शुक्ल में या उनके अनुयायियों में कैसे आ सकती थी जब तुलसी के राम वर्णाश्रम धर्म की रक्षा के लिए ही अवतरित हुए थे ?

कुछ लोग दावा करते हैं कि साहित्य-रचना से स्त्री-शूद्र को बाहर रखकर भी इनकी भावनाओं को अभिव्यक्ति देने वाला साहित्य लिखा गया है और लिखा जा सकता है । एक आचार्य के शब्दों में हम साहित्य में स्त्री-शूद्र का प्रतिनिधित्व कर सकते हैं । अब साहित्य-रचना या सृजन जीवन की सर्वोत्तम क्रिया है और हर व्यक्ति को इसमें प्रवृत्त होना चाहिए । इसके बिना वह जीवन को सम्पूर्ण रूप से नहीं जी सकता है । यह ठीक है कि सबमें यह क्षमता नहीं होती और ऐसे लोग

परोक्ष रूप में साहित्य-पठन से इसकी आंशिक उपलब्धि प्राप्त करते हैं। सृजन का सुख (और पीड़ा भी) ऐसी अनुभूति है जिसे व्यक्ति स्वयं उस प्रक्रिया से गुजर कर ही प्राप्त कर सकता है। यह कहना कि साहित्य-रचना में स्वयं प्रवृत्ति हुए बिना वह सम्पूर्ण सुख प्राप्त कर सकता है वैसा ही है जैसे पंडों को खिलाए गए भोजन से पितरों की तुष्टि मान लेना। अतः साहित्य के मामले में प्रतिनिधित्व का सिद्धांत अनर्गल सिद्धांत है। स्त्री-शूद्र के मन की बात स्त्री-शूद्र ही सामान्यता कह सकते हैं।

यह बात उपलब्ध साहित्य पर नजर डालने से साफ हो जाती है। स्त्री की कल्पना व्यक्ति के रूप में नहीं, वस्तु के रूप में करने वाले प्राचीन साहित्य में स्वतंत्र और सम्पूर्ण व्यक्तित्व वाले नारी-पात्रों की बहुत कम गुंजाइश थी क्योंकि ऐसा आमतौर पर माना जाता था कि पुरुष द्वारा खींची गई रेखा (लक्ष्मण-रेखा) को पार करते ही स्त्री का व्यक्तित्व-लोप हो जाता था और वह छाया या माया बन जाती थी (हालांकि द्रौपदी जैसे कुछ सशक्त नारी-पात्र अपवादस्वरूप मिल जाते हैं)। आधुनिक साहित्य में भी स्वतंत्र और सम्पूर्ण व्यक्तित्व वाले नारी-पात्रों का नितांत अभाव दिखाई देता है। मैथिलीशरण गुप्त की उर्मिला और यशोधरा का सारा जीवन पति के विरह में बीत गया। उन्होंने तो स्त्री-जीवन की व्याख्या भी आंचल में दूध और आंखों में पानी के रूप में दे दी। जयशंकर प्रसाद के महाकाव्य का नाम तो स्त्री के नाम पर रखा गया किन्तु उनके दोनों नारी-पात्र मनु की दो लालसाएं मात्र हैं, उनका स्वतंत्र अस्तित्व नहीं है। हिन्दी के आधुनिक उपन्यासों में की गई नारी-पात्रों की सृष्टि अधिकतर सृष्टि नहीं है बल्कि लेखक द्वारा व्यक्तिगत सम्पर्क में आई नारियों को अपनी पूर्वधारणाओं के खांचे में फिट करने का प्रयास भर है। पूर्णधारणाएं अर्थात् स्त्री भोग, विवाह, प्रेम और संतानोत्पत्ति में काम आने वाली चीज है। इन्हीं जरूरतों को पूरा करने के लिए उपन्यास में स्त्री-पात्रों को लाया गया। यदि लेखक ने समझा कि चाट-मसाला अच्छी मात्रा में होना चाहिए तो ऐसी नारियों को खोजा गया या फूहड़ ढंग से गढ़ा गया जो दर्जनों पुरुषों द्वारा भोगे-सताए जाने के बाद लेखक की किसी पूर्वधारणा को सिद्ध कर सकें। यह काम यथार्थ चित्रण के नाम पर किया गया। कुछ लेखक इस बात पर गर्व करते हैं कि उनके पात्र प्रत्यक्ष जीवन के जीते-जागते पात्र हैं। ऐसे लेखकों में पात्रों का सृजन करने की क्षमता नहीं होती और जब उन्हें जीवन में उपयुक्त पात्र नहीं मिलते तो उनका लिखना भी बन्द हो जाता है।

रांगेय राघव ने बहुत उपन्यास लिखे हैं और अनेक नारी-पात्रों की तथाकथित सृष्टि भी की है। लेकिन नारी-मन संबंधी उनकी धारणाएं बताती हैं कि वे नारी का संसार प्रेम, विवाह, सेक्स और संतानोत्पत्ति की चारदीवारी से बाहर

नहीं मानते थे। 'छोटी सी बात' की सुशीला कहती है कि स्त्री का तन ही उसके मन का शत्रु है। 'कल्पना' में लेखक कहता है : "नारी-तत्व उत्सर्ग में निहित है। जहां कहीं अपने आप को उत्सर्ग करने की, अपने को खपा देने की भावना प्रधान है, वही नारी है।" 'छोटी सी बात' में लेखक का एक विचार-कण इस प्रकार है : "पुरानी नारी अपने को भोग्या मानती थी। आधुनिक नारी पुरुष को अपना भोग्य मानती है पर यह नहीं जानती कि वासना के संघर्ष में वह पुरुष पर विजय पाना तो दूर, उसके समान भी नहीं हो सकती।" फिर 'राह न रुकी' में पात्र के माध्यम से एक स्थान पर कहते हैं : "भाग्य का नाम मत दो उसे, वह तुम्हारे कर्मों का फल है (जैसे कर्मफल और भाग्य दो अलग चीजें हों)। यह झूठ है कि स्त्री पर अत्याचार हों रहा है, अत्याचार स्त्री और पुरुष दोनों पर हो रहा है।"

क्या आश्चर्य कि उनके अधिकांश नारी-पात्र सेक्स की असीम भूख के सताए हैं जैसे, 'उबाल' की चंदा, 'आखिरी आवाज' की निहाल आदि। नागार्जुन के उपन्यासों में भी ऐसे पात्रों की भरमार है। वर्ग-संघर्ष की प्रक्रिया को तीव्र करने के लिए स्त्री का जितना भयानक शोषण दिखाया जा सकता है, जायज है, भले ही पाठकों को यह चाट-मसाला लगे। 'नई पौध' की बिसेसरी, 'कुम्भीपाक' की चम्पा और 'उग्रतारा' की उगनी इसके कुछ उदाहरण हैं। भगवतीचरण वर्मा के नारी-पात्र भी लगभग इसी सांचे में ढले हैं जैसे 'अचल मेरा कोई' की कुंती, 'रेखा' की रेखा। चित्रलेखा तो सेक्स की ज्वाला है जिसे एक पुरुष झेल लेता है किन्तु दूसरा विदग्ध हो जाता है। यशपाल के नारी-पात्रों में 'मनुष्य के रूप' की सोमा का व्यक्तित्व भी उसकी सेक्स अपील में सीमित है। उनके 'झूठा सच' की कनक और तारा को व्यक्तित्व का विस्तार देने का प्रयास हुआ है किंतु इस मार्क्सवादी धारणा ने कि आर्थिक शक्ति सब रोगों की दवा है, उनमें वह विस्तार नहीं आने दिया है जो आना चाहिए था। वास्तव में मार्क्सवाद और फ्रायडवाद से प्रभावित लेखकों की नारियां गिनीपिग मात्र हैं जिन पर लेखक अपने दर्शन के प्रयोग कर सकता है। प्रेम एक बुर्जुआ विचार है और सेक्स, भूख की तरह एक सहज क्रिया जिसमें आत्मिक लगाव के लिए कोई स्थान नहीं है, इस विचार ने प्रगतिवादी उपन्यासों के नारी-पात्रों को भोग की वस्तु बनाया है। कहीं-कहीं उन्हें कुछ सामाजिक-राजनैतिक भूमिका भी दी गई है लेकिन पर्चे बांटने, प्रूफ पढ़ने या कहीं-कहीं तमंचा दागने तक। मुख्य काम उनका दादा कामरेडों की सहज भूख की तृप्ति ही रहा है।

जैनेंद्र, शरत के हिंदी अवतार हैं (विष्णु प्रभाकर को उनकी कड़ी कहा जा सकता है) और उनकी नारियां विद्रोहिणियां होते हुए भी अपनी सार्थकता पुरुष के आगे समर्पण में मानती हैं। एक स्थान पर 'सुखदा' में वे कहते हैं : "स्त्रियां चाहती हैं पुरुषों को झुकाएं और झुक जाता है तो उससे नाराज होती हैं। पुरुष का ताड़ना

करने के बजाय नम्र रह जाना ही औरत को असह्य हो जाता है।" अपने अंतिम उपन्यास 'दशार्क' में भी वे इस विचार को नहीं छोड़ पाए कि औरत को पुरुष की ताड़ना या उग्रता में सुख मिलता है। बल्कि 'दशार्क' में पुरुष की हिंसा को धैर्य से सहना और इस प्रकार पुरुष को पशु बनने से रोकना स्त्री का सबसे बड़ा धर्म माना गया।

अज्ञेय इस मायने में अलग हैं कि उनकी नारियां सेक्स की पूर्ण तृप्ति (फुलफिलमेंट) को विवाह से अधिक महत्व देती है जैसे: 'नदी के द्वीप' की रेखा लेकिन उनकी उपयोगिता पुरुष पात्रों के व्यक्तित्व के विकास में सहायक होने के अलावा कुछ खास नहीं है जैसे शशि की 'शेखर एक जीवनी' में। नरेश मेहता के नारी-पात्रों में वही 'प्रगतिशील' स्पर्श है। उनके 'डूबते मस्तूल' की रंजना दर्जनों पुरुषों द्वारा बलात्कार का शिकार बनाए जाने के बाद भी निष्काम कर्म-योगी की तरह बनी रहती है और 'यह पथबंधु था' की रत्ना अंत समय कामरेड दादा का चुम्बन कर अपनी सार्थकता सिद्ध करती है। अमृतलाल नागर ने अलबत्ता निरगुनियां के रूप में स्वतंत्र व्यक्तित्व वाले नारी-पात्र की रचना की। हालांकि वे उसे वास्तविक घटना पर आधारित कहते हैं, उसका अपना व्यक्तित्व है चाहे जैसा भी हो। यह कर्ता है, कर्ता का विषय नहीं।

स्वातंत्र्योत्तर पीढ़ी के लेखकों में, जिन्होंने पुरानी पीढ़ी के लेखकों के खिलाफ विद्रोह करके 'नई जमीन तोड़ने' का दावा किया, स्त्री-पात्रों की सृष्टि के संबंध में इतना ही अंतर आया कि उन्होंने स्त्री-पात्रों को किन्हीं दार्शनिक विचारों के परीक्षण के लिए गिनीपिग नहीं बनाया। किन्तु उन्होंने 'भोगे हुए यथार्थ' के नाम पर एक सरल नुसखे की खोज कर ली। इसके अनुसार लेखक जिन औरतों के सम्पर्क में (यथार्थ या कल्पना में) आया उसे उठाकर उपन्यास-कहानी में रख दिया। अपने भोगे हुए यथार्थ को उन्होंने स्त्री का भोगा हुआ यथार्थ भी मान लिया और वे इस विचार-संकट से बच गए कि उनके स्त्री-पात्र स्त्रियों के मन की अभिव्यक्ति करते हैं या नहीं। लेखन जारी रहे इसके लिए कोशिश की गई कि औरतों के अधिक से अधिक सम्पर्क में (विवाह, प्रेम या महज इश्कबाजी द्वारा) आया जाए और जब वह क्षमता नहीं रही तो लिखना भी बंद हो गया। राजेन्द्र यादव, कमलेश्वर, कृष्ण बलदेव वैद, महेन्द्र भल्ला, रमेश बख्शी आदि के लेखन को इसी परिप्रेक्ष्य में समझा जा सकता है। मोहन राकेश और राजकमल चौधरी असमय चले गए वरना उनके लेखन का भी वही हश्र होता।

प्रश्न उठता है कि हिन्दी साहित्य में क्यों नहीं ऐसे नारी-पात्रों की रचना हुई जो सेक्स, प्रेम, विवाह, तलाक, संतानोत्पत्ति के घेरे से बाहर जीवन के विभिन्न क्षेत्रों के तनावों को झेलते, उनसे टकराते एक सम्पूर्ण जीवन जीते हैं? क्या इन घेरों से निकलकर विभिन्न क्षेत्रों में काम करने वाली महिलाएं हैं ही नहीं?

इंदिरा गांधी, विजय लक्ष्मी पंडित, प्रमिला दंडवते, मृणाल गोरे, मेघा पाटकर, किरण बेदी, संतोष यादव, बछिंद्री पाल, शाइनी, पी. टी. ऊषा या अन्य क्षत्रों में काम करने वाली महिलाएं क्या पैदा नहीं होती जो अपनी पहचान प्रेयसी-पत्नी के अलावा किसी और रूप में भी बनाती हैं ? प्रसिद्ध महिलाएं ही क्यों, सामान्य जीवन जीने वाली महिलाएं भी सिर्फ प्रेयसी, पत्नी या मां-बहन नहीं होतीं वे कुछ और भी होती हैं। खेतों, कल-कारखानों, दुकानों, दफ्तरों, रक्षा-सेवाओं आदि में काम करने वाली महिलाओं की एकमात्र समस्या सेक्स नहीं होती, उन्हें पचासों तरह की समस्याओं का सामना करना पड़ता है, तनाव झेलने पड़ते हैं और चुनौतियों का मुकाबला करना पड़ता है तथा सामाजिक, राजनैतिक, धार्मिक सत्ताओं के मारक बोझ से अपने व्यक्तित्व को बचाना पड़ता है। कौन करेगा इस संघर्ष की, इस यातना की अभिव्यक्ति, सिवा महिलाओं के ?

नहीं, पुरुष लेखक यह काम नहीं कर सकता। न उसे इसका ज्ञान होता है और न यह उसका भोगा हुआ यथार्थ होता है। अपनी चमड़ी से बाहर निकलने की क्षमता हिन्दी लेखक में (और भाषाओं की बात नहीं करता, संभवत: वहां भी यही स्थिति हो) विकसित नहीं हुई है। वह तो औरत के संबंध में 'मनुस्मृति' की धारणाओं से भी मुक्त नहीं हो पाया है। सिनेमा, टेलीविजन और विज्ञापन माध्यमों ने (जिनमें अधिकतर गैर-साहित्यकार होते हैं) तो औरत की बहुत वाहियात तसवीर पेश की है और उसको सेक्स की पुड़िया बना दिया है किन्तु साहित्य-कर्मियों ने भी अब तक कोई अच्छा काम नहीं किया है।

महिलाएं भी उस तरह के स्त्री-पात्रों की सृष्टि नहीं कर पा रही हैं जिस तरह के पात्र होने चाहिए। लेकिन यह मुख्य रूप से इसलिए कि उनके सामने साहित्य के जो मानदंड हैं वे पुरुषों द्वारा निर्धारित हैं और साहित्य में स्थान बनाना है तो उन्हें उन्हीं मानदंडों को अपनाना पड़ता है। यही स्थिति दलित-लेखन की भी है। दलित लेखकों को भी उन्हीं मानदंडों के चौखटे में अपनी रचनाओं को फिट करना पड़ता है जो सवर्ण समाज ने बनाए हैं। उनके आत्मकथ्यात्मक लेखन में समाज की जो विद्रूपता सामने आ रही है, यथार्थ चित्रण के नाम पर उसे सवर्णों के बीच प्रशंसा मिल रही है। किन्तु क्या इससे सवर्णों की संकीर्ण धारणाएं भी बदल रही हैं ? नहीं, उन्हें एक तरह से मानसिक सुख मिल रहा है यह सोचकर कि हम समाज की इस विद्रूपता से अलग हैं।

महिलाओं के लेखन की भी लगभग यह स्थिति है। महिलाओं के आत्म-कथ्यात्मक लेखन को पुरुष समाज में कुछ चटकारे के साथ स्वीकार किया गया जिससे उत्साह पाकर कुछ लेखिकाओं को महिला-लेखक कहा जाना भी अच्छा नहीं लगता। हालांकि जब कृष्णा सोबती और मृदुला गर्ग जैसी प्रखर लेखिकाओं ने निधड़क होकर कुछ बातें कहीं तो पुरुष को नागवार गुजरा। तथापि इस समय

कई प्रतिभाशाली लेखिकाएं लेखन को अपनी पहचान बनाने का गंभीर प्रयास कर रही हैं और नये मुहावरे, नई सोच की तलाश में हैं। दरअसल वे बिना यह जाने लिख रही हैं (दलित लेखकों की तरह ही) कि उनके लेखन की प्रेरक शक्ति समता की चाह है। समता की चाह के साहित्य में नारी आब्जेक्ट या आलंबन नहीं, सब्जेक्ट या आश्रय होगी। उसका चित्रण पुरुष के निमित्त नहीं, अपने निमित्त होगा। इस तरह की साहित्य-रचना महिलाओं और पुरुष-लेखकों दोनों के लिए जबर्दस्त चुनौती है।

दलित साहित्य : दिशा, दृष्टि और विचार

मराठी के दलित साहित्य का आंदोलन साठ के दशक में शुरू हुआ और अब वह तीन दशक पुराना हो चुका है। तेलुगु में दिगंबर कविता और कन्नड़ में बंडाय साहित्य का आंदोलन भी पृथक साहित्यिक धारा के रूप में स्वीकृत है। किंतु हिंदी में दलित साहित्य का अभी उन्मेष ही हुआ है। कारण संभवतः यह है कि इसके लिए काफी बड़ी संख्या में दलित लेखकों का आगे आना जरूरी है और हिंदी में उसके लिए स्थितियां अनुकूल नहीं हैं।

इसका कारण यह नहीं है कि दलित वर्ग में लेखक पैदा करने की क्षमता नहीं है। इस तरह का वाहियात तर्क देने वालों की कमी नहीं है। कारण संभवतः यह है कि हिंदी शुरू से ही सवर्ण जातियों की भाषा रही। ब्राह्मण, ठाकुर, कायस्थ, बनियों के अलावा अन्य जातियों के लेखक दीया लेकर ढूंढ़ने पर ही मिल सकते हैं। जातियों का उल्लेख बेहूदगी हो सकता है लेकिन हिंदी लेखन-जगत के चरित्र को समझने के लिए यह जरूरी है। जातियों के उल्लेख से बचने की हमारी प्रवृत्ति हमारे पाखंड की द्योतक है। हम जातिवाद से ऊपर उठने का ढोंग करते हैं जबकि हमारा हर व्यवहार जातिवाद से चालित होता है। जातिवाद हमारे समाज में मवाद की तरह भरा हुआ है और इसे छिपाने के बजाय बाहर निकालने की आवश्यकता है।

दलित जातियों के लेखक न उभर पाने का एक और कारण रहा हिंदी को शुरू से ही संस्कृतनिष्ठ बनाने की प्रवृत्ति। अच्छी हिंदी लिखने का मतलब ही यह माना जाता था कि उसमें साधारण बोलचाल के शब्द बहिष्कृत हों और निरुक्त-निघंटु का ज्ञान अधिक से अधिक प्रतिबिंबित हो। भारतेन्दु काल में अवश्य बोलचाल की भाषा की प्रधानता रही किंतु शुक्ल-द्विवेदी काल में हिंदी ऐसी हो गई कि विभक्तियों को हटा दिया जाए तो बताना मुश्किल हो कि रचना हिंदी की है या संस्कृत की। संभवतः संस्कृतनिष्ठ और बोलचाल की भाषा का द्वंद्व ब्राह्मण-कायस्थ द्वंद्व का द्योतक था। विश्वविद्यालयों में आज भी संस्कृतनिष्ठ भाषा का साम्राज्य है। इस देववाणी-प्रधान भाषा के साहित्य में दलितों के लिए कहां स्थान हो सकता है जिन्हें सदियों तक इसे सुनने और बोलने की मनाही थी।

हिंदी के इस पहलू पर प्रखर दलित लेखक डा० धर्मवीर की पुस्तक 'हिंदी की आत्मा' का अध्ययन किया जाना चाहिए।

हिंदी में जैसे नारी पात्र पुरुषों के निमित्त हैं वैसे ही दलित पात्र भी अधिकतर सवर्णों के निमित्त हैं क्योंकि जैसे स्त्री-मन के बारे में अधिकतर पुरुषों ने लिखा उसी तरह दलित-मन के बारे में अधिकतर सवर्णों ने लिखा। या तो दलित-पात्र सवर्णों में करुणा जगाने के लिए हैं या उनका संस्कार करने के लिए, उनकी उदारता, महानता या नीचता दिखाने के लिए। दूसरे शब्दों में वे सब्जेक्ट नहीं बने, आब्जेक्ट ही रहे। हिंदी साहित्य को पढ़ने के बाद हम नहीं जान सकते कि दलित अपने बारे में क्या सोचते हैं, क्या महसूस करते हैं क्योंकि जो कुछ इसमें अभिव्यक्त हुआ वह सवर्णों के मन से निकला। सवर्णों ने जैसा देखा, जैसा महसूस किया उसीकी जानकारी हमको मिलती है। इस दृष्टि से यह कहना गलत नहीं होगा कि जब तक दलितों में से बड़ी संख्या में लेखक नहीं आएंगे तब तक सही मायनों में हिंदी में दलित साहित्य नहीं आएगा। स्मरणीय है कि किसी समय साहित्य में नायकत्व का स्थान देवी-देवताओं को मिलता था जैसे पौराणिक साहित्य में। मध्यकाल में राजाओं-सामंतों को भी यह स्थान मिला। साधारण आदमी को नायकत्व का स्थान आधुनिक काल में मिला। स्त्री-शूद्र को नायकत्व का स्थान केवल समता की चाह से प्रेरित साहित्य में ही मिल सकता है।

हिंदी में दलित-साहित्य प्रचुर मात्रा में होने का दावा कई लोगों ने किया है। किंतु घूम-फिर कर प्रेमचंद की 'कफन' और 'सद्‌गति' कहानियों को ही उदाहरण के रूप में आम तौर पर पेश किया जाता है। इसमें 'कफन' कहानी तो निश्चय ही दलित-विरोधी है। इस कहानी में आर्थिक विषमता के कुपरिणामों को दिखाया गया है इसलिए प्रगतिशीलों की दृष्टि में यह क्रांतिकारी कहानी है और वे इसे दलित चेतना की कहानी भी कहते हैं। किंतु आर्थिक विषमता का कुपरिणाम दलित वर्गों के पाशवीकरण में ही क्यों दिखाया गया, ब्राह्मण-क्षत्रिय भी तो गरीबी में अधम, नीच हो सकते हैं। आखिर विश्वामित्र ने कुत्ते का मांस खाया ही था। यह कहानी प्रगतिशीलता की कसौटी पर भी खरी नहीं उतरती। प्रगतिशील दृष्टि शोषित पात्र को पशु के स्तर तक नहीं गिराती, वह सर्वहारा का लुम्पीकरण नहीं करती। अतः यह कहानी प्रेमचंद की प्रगतिशीलता की नहीं, प्रगतिशीलता से उनके मोह-भंग की कहानी है। 'सद्‌गति' भी दलित साहित्य की कहानी नहीं है। इस कहानी में लेखक का प्रयोजन कर्मकांडी ब्राह्मण की धूर्तता और स्वार्थ का पर्दाफाश करना था और वह बहुत सटीक ढंग से किया भी गया है।

यहां कोई प्रश्न कर सकता है कि दलित साहित्य से मेरी मुराद क्या है? निश्चय ही मैं इस बात को नहीं मानता कि दलित साहित्य केवल दलितों द्वारा

ही लिखा जा सकता है। किंतु यह मैं अवश्य मानता हूं जब तक दलितों में से बड़ी संख्या में लेखक नहीं आएंगे हिंदी में दलित साहित्य का अभाव ही रहेगा क्योंकि सवर्णों में असाधारण लेखक ही दलित साहित्य लिख सकता है।

मराठी का अधिकांश दलित साहित्य दलित लेखकों द्वारा आत्मकथ्य के रूप में लिखा गया। यह समाज की भयानक और वीभत्स तस्वीर थी जो पहले देखने को नहीं मिली थी। हिंदी में भी कुछ लेखकों ने इस फारमूले को अपनाया है। ओमप्रकाश बाल्मीकि ने इस तरह की एक कहानी लिखी है। मराठी में इस साहित्य को नवीनता के कारण मान्यता मिली और दिग्गज साहित्यकारों एवं समीक्षकों ने इसे मराठी साहित्य की बहुमूल्य देन के रूप में स्वीकृत किया। किंतु अब इस साहित्य का वह आकर्षण नहीं रह गया है और यह धारा शिथिल पड़ती जा रही है। एक ही तरह के अनुभवों की पुनरावृत्ति हो रही है। साहित्यिक गुणों के अभाव के बावजूद कई रचनाएं प्रतिष्ठित और पुरस्कृत हुईं। युवा लेखक लक्ष्मण गायकवाड़ की पहली ही रचना पर साहित्य अकादेमी का पुरस्कार मिलने पर विजय तेंडुलकर जैसे प्रसिद्ध लेखक को भी कहना पड़ा कि यह साहित्य के लिए अच्छा नहीं है। दलित लेखक भी अनुभव करने लगे हैं कि अपने को नंगा करने वाला यह साहित्य दलित समाज में लोकप्रिय अथवा स्वीकृत नहीं हुआ बल्कि नापसंद ही किया गया किंतु सवर्ण समाज ने इसे सराहा और इसका स्वागत किया। दलित लेखकों को सवर्णों में प्रतिष्ठा अवश्य मिली किंतु अपने समाज से वे कट गए। संभवतः सवर्ण समाज को इससे एक तरह का पैशाचिक सुख मिला, वैसा ही जैसा दर्दनाक दुर्घटना से आदमी को मिलता है, इस अहसास से कि मैं इससे अलग हूं। सवर्णों को इससे सुरक्षा-कवच मिला जिसमें बंद रह कर वे दलितों के प्रति 'सहानुभूति' का सुख ले सकते थे। यदि मराठी दलित साहित्य से सवर्ण लोगों को अपने पापों का बोध हुआ होता और उनके श्रेष्ठता-बोध में कमी आती तो इस साहित्य की सार्थकता मानी जा सकती थी। किंतु ऐसा कुछ नहीं हुआ। महाराष्ट्र के ब्राह्मण-प्रभु-मराठे उतने ही संकीर्ण हैं। वे आंबेडकर या महात्मा फुले के प्रति उतने ही असहिष्णु हैं और मराठवाड़ा विश्वविद्यालय का नाम बदलने के सवाल पर उसी तरह लोगों के घर फूंकने तथा दंगे भड़काने के लिए तैयार रहते हैं। न तो यह साहित्य दलितों के हीनता-बोध को कम करता है और न सवर्णों के श्रेष्ठता-बोध को। तो फिर इसकी सार्थकता क्या हुई? साहित्य तो जीवन के प्रति आस्था जगाता है, हारे-थके मनों को जीने का हौसला देता है, आदमी को पशु-स्तर से ऊपर उठाता है और सही मायनों में उसे आदमी बनाता है। यह सब काम इस साहित्य के द्वारा कहां हो रहा है?

नहीं। दलित साहित्य के लेखकों को ही नहीं सभी लेखकों को इस बात पर विचार करना होगा कि साहित्य की सार्थकता हम किसमें मानेंगे। आखिर लेखक

लेखक है। उसमें जाति, धर्म, लिंग, नस्ल आदि के भेद हो सकते हैं किंतु लेखक के रूप में उनमें कोई भेद नहीं होता। साहित्य का धर्म एक है, उसके मूल आधार एक हैं, उसकी रचना-प्रक्रिया और ग्रहण-प्रक्रिया भी एक है। तो फिर साहित्य को हम किस रूप में परिभाषित करें कि दलित साहित्य उसकी चौखट में आ सके। प्राचीन साहित्य-शास्त्र की दृष्टि अथवा तथाकथित आधुनिक मार्क्सवादी-गैर मार्क्सवादी दृष्टि इसमें सहायक नहीं होगी। हमें नए ढंग से साहित्य को परिभाषित करना होगा और साहित्य की मूलभूत प्रेरणा स्वतंत्रता, समता आदि को बनाना होगा।

साहित्य आदमी की कुछ मूल इच्छाओं या आवश्यकताओं की पूर्ति करता है। ये इच्छाएं आहार, निद्रा, भयमुक्ति की भौतिक जरूरतों से अलग हैं। भौतिक आवश्यकताएं आदमी के भौतिक अस्तित्व के लिए होती हैं और ये आदमी और पशु सबके लिए समान हैं। इनके अलावा आदमी की कुछ आध्यात्मिक आवश्यकताएं होती हैं जिनकी पूर्ति न हो तो आदमी आदमी नहीं रहता, बिना सींग-पूंछ का पशु बन जाता है। कुछ लोगों ने इन्हें सत्य, शिव और सुंदर की इच्छाएं कहा और किसी दैवी सत्ता को उनका मूल स्रोत मानकर आदमी को धर्म की ओर उन्मुख किया। किंतु सत्य, शिव और सुंदर फल हैं, किन्हीं मूल प्रवृत्तियों का परिणाम हैं, इसीलिए उनके मूल स्रोत की खोज की जाती है। कोई रचना, कोई काम हमें सत्य, शिव, सुंदर क्यों लगता है, इस प्रश्न का उत्तर देना आवश्यक हो जाता है अतः इन्हें मूल इच्छाएं नहीं कहा जा सकता। मूल इच्छाएं हैं स्वतंत्रता, समता और बंधुता। यही साहित्य-कलाओं की प्रेरक भी हैं और इन्हीं की तुष्टि साहित्य-कलाओं का लक्ष्य भी है।

जैसा कि पीछे कहा गया, विश्व का अधिकांश साहित्य स्वतंत्रता की चाह का साहित्य है। स्वतंत्रता धार्मिक, राजनैतिक, सामाजिक सत्ताओं से हो या अपने मन के पूर्वाग्रहों और जड़ संस्कारों से हो, है वह स्वतंत्रता की चाह की अभिव्यक्ति। समता की चाह की अभिव्यक्ति अभी हाल ही की चीज है। साम्राज्यवाद से मुक्ति प्राप्त करने के बाद दलित-शोषित समाजों को इसका तीव्र बोध हुआ। भारत में इस चाह को जगाने का काम डा० आंबेडकर और डा० लोहिया ने किया। दलित साहित्य और नारी-चेतना का साहित्य अन्य प्रकार के साहित्य से इस रूप में भिन्न है कि यह समता की चाह का साहित्य है। अमरीकी और लैटिन अमरीकी देशों के साहित्य में भी समता की चीख सुनाई पड़ती है इसलिए उसमें नई ताजगी और विशिष्टता दिखाई देती है। नारी-चेतना के साहित्य में भी, जिसे 'फैमिनिस्ट' कहकर 'डिसमिस' करने की कोशिश की जाती है, समता की चाह अपनी अभिव्यक्ति पाती है। आगे आने वाले वर्षों में इन दो धाराओं का ही वर्चस्व रहेगा। इसका कारण है कि समता की चाह सारे विश्व में नया आवेश,

नया रचनात्मक तनाव प्रस्तुत कर रही है। यह भी सही है कि इस तरह का साहित्य अधिकतर दलितों और महिलाओं द्वारा ही लिखा जाएगा क्योंकि जिसने विषमता की यातना भोगी है वही यह साहित्य लिख सकता है। लेकिन यह भी सच है कि इस लेखन के पीछे स्पष्ट विचार और ठोस दर्शन नहीं होगा तो इसकी दिशा गलत हो जाएगी जैसाकि मराठी दलित साहित्य में हुआ और वह सवर्णों की पैशाचिक तुष्टि का और दलितों के अवसाद का साहित्य बन गया या नारी-चेतना के साहित्य में हो रहा है जहां सेक्स संबंधों की 'बोल्डनेस' को ही स्त्री-स्वातंत्र्य की अभिव्यक्ति मानने से पुरुष समाज को पैशाचिक तुष्टि मिल रही है।

गैर-दलित और पुरुष भी समता की चाह से प्रेरित साहित्य लिख सकते हैं। किंतु यह कठिन साधना से ही होगा। भारतीय समाज जो दो-अढ़ाई हजार वर्ष से जड़ता-ग्रस्त रहा है अपने रूढ़ संस्कारों से लड़ना नहीं सिखाता। आमतौर पर हमें विषमता की पीड़ा नहीं सताती, उन लोगों को भी नहीं जो विषमता की चक्की में पिसते हैं। तथापि अच्छे लेखक में अपने बंधनों को तोड़ने की क्षमता होती है और यह मानने का कोई कारण नहीं कि दलित साहित्य गैर-दलितों द्वारा तथा नारी-चेतना का साहित्य पुरुषों द्वारा नहीं लिखा जा सकता है।

विभूति नारायण राय और से० रा० यात्री द्वारा सम्पादित 'वर्तमान साहित्य' का दो भागों में कहानी विशेषांक प्रकाशित हुआ था जिसमें से दो कहानियों का उल्लेख इस संदर्भ में किया जा सकता है। एक कहानी है मार्कंडेय की 'हलयोग' और दूसरी हृदयेश की 'मनु'। आज की पीढ़ी के संदर्भ में इन दोनों कहानीकारों को पुरानी पीढ़ी का कहा जा सकता है। इन दो कहानियों को मैं दलित साहित्य की अच्छी रचनाएं कह सकता हूं हालांकि इनके लेखक दलित नहीं हैं। 'हलयोग' कहानी दिल दहला देने वाली कहानी है। इसमें दलित परिवार का एक प्रतिभाशाली लड़का पढ़-लिखकर गांव के प्रायमरी स्कूल में अध्यापक बन जाता है। चौथे वर्ण का होने के कारण उसका नाम चौथीराम रख दिया जाता है। सवर्ण अपने बच्चों को उसकी कक्षा में नहीं भेजना चाहते क्योंकि चौथीराम ने फैसला किया कि हरिजन और सवर्ण बच्चों को समानता के आधार पर या तो टाटपट्टी मुहैया कराई जाएगी या दोनों को जमीन पर बैठना होगा। चौथीराम मैले-कुचैले हरिजन बच्चों के हाथ-मुंह धुलाता था और उनकी साफ-सफाई का ध्यान रखता था। सवर्णों ने उसको निकलवाने की साजिशें रचीं। जब वे उनमें सफल नहीं हुए तो उसे किसी जिन्न-भूत की आत्मा का शिकार बता कर पागल बना दिया। यह सब इस तरह से किया गया कि उसके घरवाले भी उसे पागल समझने लगे और गांव के ओझों-चेलों से उसे भयानक यातनाएं दिलाई गईं। इनमें एक यातना थी 'हलयोग' अर्थात् लकड़ी के बड़े लट्ठे को चीर कर उसके बीच उसकी टांग जकड़ दी गई जिससे वह कई दिनों तक वहीं लट्ठे से

बंधा रहा। वह बंधा-बंधा ही खाता-पीता और वहीं टट्टी-पेशाब करता और उसके नजदीक कोई नहीं जाता था। चौथीराम के हमदर्द केवल कुछ बच्चे थे जिनमें सवर्णों के बच्चे भी थे जो अपने मास्टर जी को बहुत प्यार करते थे। लेकिन ये बच्चे लाचार थे, अपने माता-पिताओं की क्रूरता को वे समझ नहीं पाते थे और उन्होंने दहशत भरे मन से इन सारी घटनाओं को देखा। कुल मिलाकर यह एक भयानक किंतु खूबसूरत कहानी है।

हृदयेश की कहानी 'मनु' में सत्यनारायण झिंगरन नाम के एक कर्मकांडी ब्राह्मण का प्रसंग है जो बेहद गरीबी में जीने के बावजूद जमाने की बदलती हवा के साथ अपने जीवन का तालमेल नहीं बिठा सका। हरिजनों के हौसले बुलंद हुए और वे पंडितों के साथ मुंहजोरी तथा हाथपाई करने लगे। थाने में शिकायत भी नहीं सुनी जाती थी क्योंकि वहां भी हरिजन थानेदार आ गए थे। पड़ौस के बाल्मीकि मरे हुए कुत्ते को उठाने से आनाकानी करते हैं और अपने सूअरों-मुर्गियों को पंडित जी के घर के अंदर भेज कर उसे अपवित्र कर देते हैं। तंग आ कर वह आत्महत्या कर लेता है और उसके आत्मदाह को आरक्षण-विरोधी आत्मदाह कह कर प्रचारित किया जाता है।

यदि हम नारी-चेतना के साहित्य को भी दलित साहित्य मान कर चलें, जो गलत नहीं होगा, तो इसके उदाहरण के रूप में मैं नयनतारा सहगल और ई० एन० मंगतराय के प्रेमपत्रों के संग्रह 'रिलेशनशिप' का जिक्र करूंगा। प्रेम स्वतंत्रता, समता और बंधुता का साधक सबसे सुंदर और प्रबल भाव है। इसे रसराज ठीक ही कहा गया है। यह बड़ी से बड़ी सत्ता के खिलाफ विद्रोह है। आदम और हौवा ने ईश्वर से विद्रोह और स्वर्ग के सुखों का त्याग किया था। प्रेम धनी-निर्धन, सवर्ण-असवर्ण, श्वेत-अश्वेत की दीवारों को तोड़ने में समर्थ है। एक सुंदर प्रेम-कथा आदमी को वह अहसास दिलाती है जो पोथी-ज्ञान और अध्यात्म की साधना से नहीं मिल सकता। 'रिलेशनशिप' में प्रेम का ऐसा उदात्त रूप देखने को मिलता है जो मन के सारे मैल धो देता है।

मेरे विचार से दलित साहित्य को दलित लेखकों द्वारा अपने घर के चिथड़े बिखरने तक सीमित नहीं रखा जाना चाहिए। यह अत्यंत शक्तिशाली धारा है और इसकी अनंत संभावनाएं हैं। गैर-दलितों को भी पूरी गंभीरता के साथ इसमें प्रवृत्त होना चाहिए। कविता में तो दलित साहित्य की दृष्टि अद्भुत सौंदर्य-सृष्टि कर सकती है क्योंकि कविता प्रथम भावोन्मेष से, फर्स्टहैंड इंम्प्रेशन से, आती है अतः नितांत नई दृष्टि से वस्तुओं के देखे जाने के कारण स्थितियों पर नया प्रकाश पड़ेगा। कथा साहित्य में भी बंधी-बंधाई परिपाटियां टूट सकती हैं और नपुंसक क्रोध और आवेश के बजाय विद्रोह और उत्सर्ग को वाणी देने वाली प्रेमादि कोमल मनोभावों की उत्कृष्ट, कालजयी रचनाएं आ सकती हैं।

साहित्य की कुछ प्रमुख धारणाएं : पुर्नविचार

हमारा साहित्य-शास्त्र जीवन की जिस अवधारणा पर आधारित था, वह अवधारणा आज कोरे विश्वास के स्तर पर ही अपनाई जा सकती है, बुद्धि के स्तर पर नहीं। पूर्वजन्म-परजन्म, भाग्य अथवा कर्मफलवाद, मोक्ष-निर्वाण आदि से जुड़ी जीवन की अवधारणा के कारण हमारे साहित्य-शास्त्र में भी अलौकिकता का तत्त्व आया और कभी साहित्य से मिलने वाले रस को ब्रह्मानंद सहोदर कहा गया, कभी साहित्यकार को भावयोगी या मधुमति भूमिका का साधक कहा गया।

किंतु आज साहित्य-कला, राजनैतिक-सामाजिक कार्य-व्यापार के लिए हमें जीवन की यथार्थ तथा अनुभवगम्य दृष्टि को ही अपनाना पड़ेगा। हमें यह मानकर चलना होगा कि जीवन जन्म से शुरू होकर मृत्यु पर खत्म हो जाता है। इस जीवन का न पिछले किसी जीवन से सम्बन्ध है और न अगले किसी जीवन से। न इस जीवन के सुख-दुख के कारण किसी पूर्व जन्म में है और न इसकी पूर्णता किसी अगले जन्म पर निर्भर है। न मनुष्य जन्म के साथ पूर्व जन्म की किसी चीज को लेकर आता है और न मरने के बाद रूह या आत्मा जैसी कोई चीज बची रहती है जो स्वर्ग-नरक पाती है अथवा ब्रह्म में विलीन होती है। जीवन की इस अवधारणा को स्वीकार करने का यह मतलब भी है कि जन्म एक संयोग है, एक आकस्मिक घटना है। कौन किस परिवार या भू-भाग में जन्म लेता है यह न तो किसी पूर्व कारण पर निर्भर करता है और न दैवी इच्छा पर। इसलिए जन्म के साथ हर मनुष्य स्वतंत्र होता है और उसके अधिकार हर मनुष्य के बराबर होते हैं। दूसरे शब्दों में स्वतंत्रता, समता और बंधुता हर मनुष्य के जन्मसिद्ध अधिकार होते हैं हैं जिन्हें छीनना जीवन-विरोधी काम है। चूंकि ये अधिकार मनुष्य के जीने की अनिवार्य शर्त हैं साहित्य-कलाओं का काम सभी प्रकार के दबावों और बंधनों से इन अधिकारों की रक्षा करना है।

हर जीव की प्रवृत्ति होती है जीवन की ओर बढ़ना और मृत्यु से अपनी रक्षा करना। जीवन-मृत्यु के इस द्वंद्व का अंत मृत्यु है जो अटल है और इसलिए जीवन का सारा व्यापार एक तरह से बेतुका और निराशापूर्ण होता है। मनुष्य इस बेतुके-

पन और निराशा से बचने के लिए कई तरह के झूठमूठ के विश्वास ओढ़ता है जैसे आत्मा की अनश्वरता, मृत्यु के बाद का जीवन या परमात्मा के साथ सहवास, मोक्ष आदि। किंतु ये झूठमूठ के विश्वास उसे कृत्रिम शांति देते हैं, वास्तविक शांति नहीं। वास्तविक शांति उसे तभी मिल सकती है जब वह जिंदगी के इस बेतुकेपन को सहज भाव से स्वीकार करे। वह यह मानकर चले कि इस द्वंद्व का अंतिम परिणाम मृत्यु है किंतु इससे जीवन की सार्थकता कम नहीं हो जाती। बेतुकेपन के बावजूद, निराशा के बावजूद उसे जीवन की ओर बढ़ना है और अपने जन्मजात अधिकारों—स्वतंत्रता, समता आदि—को जीते हुए मृत्यु को, जो अवश्यंभावी है सहज भाव से ग्रहण करना है। यही उसकी मृत्यु पर विजय है। अपने व्यक्तिगत संघर्ष को मानव-जाति के व्यापक संघर्ष का अंग मानकर वह निराशा के बावजूद जीवन की सार्थकता को बोध प्राप्त कर सकता है। जिस अनुपात में वह व्यक्तिगत संघर्ष को मानव-जति के व्यापक संघर्ष के साथ जोड़ने में समर्थ होता है उसी अनुपात में उसमें जिंदगी के बेतुकेपन को सहने, निराशा में काम करने और मृत्यु के भय पर विजय प्राप्त करने की शक्ति विकसित होती है। यही निराश कर्म, सृजन और निष्काम कर्म है।

अक्सर आदमी जीवन में घटी आकस्मिक दुर्घटनाओं से अभिभूत होकर पूर्व जन्म के कर्मफल, प्रारब्ध या दैवी हस्तक्षेप में विश्वास करने लगता है। उसे लगता है कि किसी अदृश्य शक्ति ने उसे अपने क्रोध का लक्ष्य बनाया है इसलिए वह उन अदृश्य शक्तियों के आगे आत्मसमर्पण द्वारा अपने मन को सांत्वना देने का प्रयत्न करता है। यह उसके हारे हुए, टूटे हुए मन की प्रतिक्रिया है। संयोग, आकस्मिक दुर्घटना या अकारण दुख को प्राकृतिक जीवन की विशेषता मानकर दुःखों को सहज भाव से स्वीकार करने के लिए बहुत मजबूत मन की जरूरत होती है। ऐसे मन की साधना बहुत कठिन होती है। हम इस कठिन साधना से गुजरने के बजाय अदृश्य शक्तियों की आस्था का सरल मार्ग चुनते हैं। यह जीवन के यथार्थ से पलायन है।

जीवन की यथार्थवादी दृष्टि से जिस साहित्य की रचना होगी उसकी सौंदर्य संबंधी अवधारणाएं प्राचीन साहित्य की अवधारणाओं से अलग होंगीं। उदाहरण के लिए प्राचीन समाजों में सौंदर्य को ईश्वरीय गुण माना जाता था। सत्य, शिव और सुन्दर शब्दों की व्याख्या हम अनिर्वचनीय भाषा में ही कर सकते थे। जैसे सुंदर के संबंध में आमतौर पर कहा जाता है कि जो हमारे मन को आकृष्ट करे, जिसे देखकर हम अपनी सुध-बुध भूल जाएं और किसी विराट की लय में खो जाएं, या जो हमारे मन के संताप हर कर हमें अपूर्व आनंद में डुबो दे वह सुंदर है। किंतु मन को आकृष्ट करने, सुध-बुध भुलाने वाला अपूर्व आनंद क्या है, क्यों मिलता है या किस प्रक्रिया के द्वारा मिलता है, इन सवालों में जाने की हम

जरूरत नहीं समझते। हम मान लेते हैं कि यह एक दैवी वरदान है, एक दिव्य विकिरण है।

महात्मा गांधी ने सत्य के संबंध में सभी प्राचीन धार्मिक समाजों में स्वीकृत दृष्टि 'ईश्वर ही सत्य है' को मानने के बजाय 'सत्य ही ईश्वर है' कहा। इसके साथ ही उन्होंने स्वतंत्रता को सबसे बड़ा सत्य माना। अतः गांधीजी के अनुसार जिसने आजादी को पा लिया उसने मानो ईश्वर को पा लिया। साहित्य की सही दृष्टि यही है। जो चीज हमें स्वतंत्रता, समता और बंधुता की ओर ले जाए, हममें इनका बोध जगाए, वही सुंदर है। राजमहल में बैठे किसी कवि को भयानक आंधी-तूफान में भी दिव्य सौंदर्य की झलक मिल सकती है किंतु झोंपड़ी में रहने वाले आदमी के लिए उस आंधी-तूफान में कोई सौंदर्य नहीं होगा। अतः सौंदर्य कोई सर्वसामान्य कल्पना नहीं हो सकती। सौंदर्य जीवन की ओर बढ़ने और बाधाओं से लड़ने में है। यह प्रत्येक व्यक्ति की स्वतंत्रता, समता, बंधुता की मूल आकांक्षाओं से जुड़ी कल्पना है। गुलामी में कोई सौंदर्य नहीं हो सकता और न ही विषमता और शत्रुता में सौंदर्य हो सकता है। साहित्य में सौंदर्य की सृष्टि इसी रूप में होती है कि साहित्य हमें विभिन्न प्रकार की गुलामी से निजात दिलाता है और वह विषमता और द्वेष की दीवारों को तोड़ता है।

नदी, वन, पर्वत, जल-प्रपात, पुष्पोद्यान, सूर्योदय-सूर्यास्त अथवा चंद्रमा की विभिन्न छटाओं में हमें जिस सौंदर्य के दर्शन होते हैं वह इसलिए हमें आह्लाद और उल्लास देता है कि इन प्राकृतिक दृश्यों को देखकर हम अपनी संकीर्णताओं के पिंजड़े से मुक्ति का अहसास पाते हैं और एक विराट जगत के साथ अपने को एकाकार महसूस करते हैं। ठीक यही बोध हमें सुंदर साहित्यिक रचना को पढ़ने या अच्छी कलाकृति को देखने पर मिलता है। जिस मात्रा में कोई रचना हमें अपनी संकीर्णताओं से मुक्त करती है, विषमताओं से ऊपर उठाती है और दीवारों को तोड़कर समूची मानव-जाति अथवा सृष्टि के साथ हमें जोड़ती है, उसी मात्रा में वह रचना सुंदर कही जा सकती है।

देह-सौंदर्य

मानव शरीर प्रकृति की सर्वश्रेष्ठ कलात्मक रचना है। वैसे सभी प्राणियों के शरीर का अपना सौंदर्य होता है। यह सौंदर्य होता है उनकी जीवन-शक्ति या प्राण-शक्ति का जो मृत्यु पर विजय पाने की आकांक्षा का ही दूसरा नाम है। मृत्यु की ओर गति दुखदायी, भयानक और असुंदर है। जीवन की ओर हर गति सुख-कारक, आह्लादक और सुंदर है। प्रत्येक प्राणी का दैहिक सौंदर्य बचपन में अपनी पराकाष्ठा पर होता है, क्योंकि बचपन अम्लान प्राण-शक्ति का छलछलाता स्रोत होता है। यौवन का सौंदर्य जीवन की आकांक्षाओं और क्षमताओं के पूर्ण विकास

के कारण अत्यंत प्रखर और दैदीप्यमान हो उठता है। सौंदर्य आध्यात्मिक कल्पना है किंतु उसकी अभिव्यक्ति हमेशा देह के माध्यम से होती है। रूप, आकार, पदार्थ से देह की निर्मिति होती है। हम प्रेम आदि भावों के सौंदर्य की बात करते हैं किंतु ये भाव देह के माध्यम से व्यक्त होते हैं। देह अपने में सुंदर नहीं होती, उसकी सुंदरता उसके भीतर प्रवाहित जीवन-शक्ति में, मानव चेतना में जिसका स्वभाव स्वतंत्रता समता और बंधुता है, निहित होती है। चेतना-शून्य, निर्जीव देह में कोई सौंदर्य नहीं हो सकता। जीवन की ऊर्जा, मानव-चेतना से स्पंदित नग्न या निरावरण देह बहुत संदर होती है, उसमें अश्लील कुछ नहीं होता बशर्ते कि हमारे भीतर अश्लील भाव न हों। छोटे बच्चे की नग्न देह में अश्लीलता का बोध केवल विकृत मन व्यक्ति को ही हो सकता है। दैहिक सौंदर्य को त्वचा के रंग, नस्ल या लिंग के चश्मे से देखना सौंदर्य की सही दृष्टि नहीं है। सौंदर्य स्वस्थ शरीर और अच्छी भावनाओं से स्पंदित चेतना में होता है। घृणा और द्वेष से ओतप्रोत सुंदर देह का व्यक्ति भी वस्तुतः सुंदर नहीं होता, वह आकर्षण नहीं, विकर्षण का प्रभाव उत्पन्न करता है। दैहिक सौन्दर्य में पुरुष-देह और स्त्री-देह का भेद करना भी सौन्दर्य की संकीर्ण-दृष्टि है।

दैहिक सौन्दर्य में अश्लीलता का तत्त्व तब प्रवेश करता है जब वह अश्लील भावनाओं का वाहक होता है। दैहिक सौन्दर्य का बाजारू माल बनना उसका अश्लील बनना है। दैहिक सौन्दर्य जब देह की सहज लय के साथ प्रकट होता है, प्रदर्शन के प्रयास के बिना प्रकट होता है, तो वह ग्रेस, शील या प्रसाद की अभिव्यक्ति होता है। यह अदृश्य और अस्पृश्य सम्पूर्ण दैहिक सौन्दर्य की स्थिति है। इसमें दैहिक सौन्दर्य दिव्य और पावन अनुभूति देता है। जब देह की सहज लय को तोड़कर उरोज-नितंब आदि अंगों का संचालन-प्रदर्शन ध्यानाकर्षण के प्रयोजन से सायास किया जाता है और ऐसा लगता है कि ये अंग समूची देह से अलग, ऊपर से आरोपित हैं जो देह की लय से नहीं, गुरुत्वाकर्षण के नियमों से चालित हैं तो श्लीलता भंग होती है और अश्लीलता प्रकट होती है। सौन्दर्य-प्रतियोगिताओं और मॉडलिंग के पीछे सौन्दर्य को पण्यवस्तु बनाने का भाव निहित है इसलिए इनमें प्रसाद (ग्रेस) का अभाव होता है। उसमें धन के लिए स्वतंत्रता को बेचने की गंध आती है।

सौन्दर्य मनुष्य को स्वतंत्रता, समता आदि के रूबरू खड़ा करके उसे अपनी मुक्तावस्था का आभास देता है। यदि ऐसा करने के बजाय वह भोग की लालसा जगाए तो उसका कारण या तो सुन्दरता का अधूरापन होगा या द्रष्टा की संस्कार-हीनता।

सौन्दर्य की भोगवादी दृष्टि संकीर्ण दृष्टि है, बल्कि यह दृष्टि कई तरह की विकृतियां पैदा करती है। सुन्दरता को भोग की वस्तु या भोग का निमंत्रण मानने

वालों में परपीड़ारति (सैडिज्म) की प्रवृत्ति पनपने की काफी संभावना होती है। फूल का सौन्दर्य भौंरे को आकर्षित करने के लिए है, ऐसा तर्क देने वाले यह भूल जाते हैं कि भौंरा रंग या गंध से आकृष्ट होता है किंतु रंग अथवा गंध अपने में सौन्दर्य नहीं है। शब्द, स्पर्श, रस, रूप और गंध इंद्रियों के विषय हैं और उन्हें आकृष्ट करते हैं किंतु सौन्दर्य इन गुणों से परे की चीज़ होती है। प्राकृतिक सौन्दर्य के संबंध में इमर्सन ने कहा कि प्रकृति का सौन्दर्य अंतिम (निरपेक्ष) नहीं है बल्कि यह आंतरिक और बाह्य सौन्दर्य की उद्घोषणा है। सार्त्र ने इसे इंद्रियातीत मूल्य कहा है जिसमें भूत, वर्तमान और भविष्य के विलय से कालिक समग्रता की निष्पत्ति होती है। सौन्दर्य विश्व की आदर्श स्थिति की अभिव्यक्ति है और यह स्थिति चेतना (मनुष्य) का आदर्शीकरण है। सौन्दर्य को इस प्रकार देखने से सत्व और अस्तित्व की ऐसी एकता प्रकट होती है जिसमें दर्शक सद्चिद् की सम्पूर्ण एकता का अनुभव करता है।

सौन्दर्य मानव-चेतना के आदर्श (स्वतंत्रता, समता, बंधुता) की अभिव्यक्ति है। इसीलिए सौन्दर्य को शाश्वत आनंद का स्रोत कहा जाता है। यह दर्शक को भीतर की ओर उन्मुख करके उसमें अपनी स्वतंत्रता, समता आदि की मूलवृत्तियों का अहसास जगाता है। यह देखने की वस्तु है, भोग करने की नहीं। इसे भोग वस्तु मानने वाले का लक्ष्य होता है इसकी 'ग्रेस' को नष्ट करना। ग्रेस में देह दूसरे की पहुंच से बाहर होती है। सौन्दर्य को भोग की वस्तु मानने वाले का लक्ष्य देह को पाना होता है और देह को पाते ही 'ग्रेस' नष्ट हो जाती है।

हमारे प्राचीन साहित्य-शास्त्र में सौन्दर्य की जो दृष्टि है और जिसे हम आज भी अपनाए हुए हैं वह मुख्यतया भोगवादी है। दैहिक सौन्दर्य के वर्णन के लिए कवियों ने अधिकतर स्त्री को ही चुना और स्त्री को भोग की वस्तु माना गया। स्त्री का हर वह व्यवहार सुन्दर हो गया जो पुरुष में उसके लिए चाह को जगाए। स्त्री के उठने-बैठने, चलने, अंगड़ाई लेने, अलसाने, थकने, हँसने, रोने, खीजने, तड़पने आदि में भी सौन्दर्य देखा जाने लगा। रीतिकालीन कविता ऐसी हास्यास्पद और विकारग्रस्त, सौन्दर्य-दृष्टि की कविता का उदाहरण है। स्त्री के कनक-छरी सी छीणकाय हो जाने में भी अपूर्व सौन्दर्य है। उसके विरह-तप्त होकर श्वास-प्रश्वास की क्रिया में कष्ट झेलने में भी सौन्दर्य है। उर्दू और फारसी की कविता में तो इस सौन्दर्य-दृष्टि की पराकाष्ठा है। वहां तो औरत के पर्दे या चिलमन के पीछे छिपे रहने में भी अद्भुत सौन्दर्य है। कई लेखकों को (विशेषकर बंगाली लेखकों को) पति के चरणों की धूल माथे पर लगाने और पति का जूठा खाने में भी महान सौन्दर्य दिखाई देता है। आभूषण जो स्त्री की गुलामी की बेड़ियां हैं, सुन्दरता के उपादान हो गए। लज्जा जो हीनताबोधक भाव है, स्त्री का आभूषण बन गया। इसे चंचल किशोर सुन्दरता की रखवाली करने वाला भाव मान लिया

गया। वास्तव में लज्जा इस बोध की अभिव्यक्ति है कि हमारी देह दूसरे के लिए है। यह बोध स्त्री-पुरुष दोनों को होता है किंतु इसे स्त्री का आभूषण बना कर स्त्री के मन में यह धारणा बिठा दी गई कि वह मात्र भोग-वस्तु है, भोक्ता कभी नहीं। प्राकृतिक सौन्दर्य को भी पुरुष के मन में स्त्री की चाह जगाने वाले उद्दीपनों के रूप में इस्तेमाल किया गया। पुरुष के सौन्दर्य का वर्णन करने की आवश्यकता महसूस नहीं की गई। यह इसलिए कि पुरुष के सौन्दर्य की भोक्ता स्त्री होगी और स्त्री को भोक्ता मानने के लिए कवि-साहित्यकार तैयार नहीं थे। वह तो भोग की वस्तु (आलंबन) ही हो सकती है, भोक्ता (आश्रय) नहीं।

सौन्दर्य की इस भोगवादी दृष्टि ने ऐसा समाज बनाया है जो प्रेम और सेक्स-संबंध में भेद करना नहीं जानता। यह ऐसा रुग्ण समाज है जो स्त्री पर किए गए हर अत्याचार को उचित ठहरा सकता है। किसी स्त्री के बन-ठनकर बाहर निकलने को पुरुष के लिए आमंत्रण मानकर बलात्कार जैसे घोर अपराधों का भी वह औचित्य सिद्ध कर सकता है। इसी दृष्टि ने हमारे समाज को परपीड़ारत (सैडिस्ट) समाज बनाया है जो सती-प्रथा, शिशु-कन्या हत्या और वधू-हत्या जैसे कुकर्मों को प्रश्रय देता है। प्राचीन भारतीय समाज की सौन्दर्य-दृष्टि भोगवादी रही जिसके फलस्वरूप स्त्री-पुरुष संबंध को बीज और खेत की उपमा से देखा गया। वैसे सभी प्राचीन समाजों की दृष्टि यही रही और वहां भी स्त्री भोग-वस्तु ही रही।

प्रेम

सौन्दर्य की अनुभूति की सबसे श्रेष्ठ अभिव्यक्ति है प्रेम। प्रेम उतना ही व्यापक शब्द है जितना कि सौन्दर्य। सौन्दर्य को भोग की वस्तु मानने वाला व्यक्ति कभी प्रेम नहीं कर सकता। जैसे सौन्दर्य हमें अपने भीतर की स्वतंत्रता, समता आदि से साक्षात्कार करा कर आध्यात्मिक आनंद देता है उसी तरह प्रेम भी हमारी इन भीतरी शक्तियों को जगाकर हमें आध्यात्मिक भूमि पर ले जाता है। सूफी संतों की दुनियावी इश्क को रुहानी इश्क में बदल देने की साधना वस्तुतः प्रेम की सच्ची साधना है।

प्रेम आदमी के अस्तित्व की, उसके वुजूद की घोषणा है अर्थात् वह उसके स्वतंत्रता, समता, बंधुता के अधिकारों की सशक्त विज्ञप्ति है। प्रेम से वंचित व्यक्ति सूखा ठूंठ होता है। स्वतंत्रता, समता आदि के अधिकारों की घोषणा का मतलब होता है उन तमाम शक्तियों और सत्ताओं से विद्रोह जो इन अधिकारों पर पाबंदी लगाती हैं। प्रेम का उद्‌गम दुनिया की सबसे बड़ी शक्ति (ईश्वर) के खिलाफ विद्रोह से होता है। आदि पुरुष और आदि स्त्री (आदम और हौवा) को इसी विद्रोह के कारण स्वर्ग से निकाला गया। यह सुखों को त्याग कर कष्ट झेलने का मार्ग है।

प्रेम करने वाला प्रेम करने की अपनी स्वतंत्रता का कभी सौदा नहीं करता। वह जात-पात, धनी-निर्धन, गोरे-काले और संकीर्ण राष्ट्रीयताओं की दीवारों को तोड़ने का हौसला रखता है और इस प्रकार समता तथा बंधुता के अपने अधिकारों को जीने का संकल्प करता है।

प्रेम इसलिए सबसे सुन्दर भाव माना जाता है (इसे रसराज कहा जाता है) क्योंकि इसकी प्रवृत्ति न केवल अपनी स्वतंत्रता को बनाए रखने की होती है बल्कि जिससे प्रेम किया जाता है, उसकी स्वतंत्रता को बनाए रखने में भी उसकी प्रवृत्ति होती है। प्रेमी जिस अभाव की अनुभूति करता है उसकी पूर्ति वह प्रिय की स्वतंत्रता में ही कर सकता है। हम अपना मूल्य स्वयं नहीं आंक सकते। मैं क्या हूं, कैसा हूं, कितना अच्छा या बुरा हूं, इसे हम दूसरे के माध्यम से ही जान सकते हैं। विषयि के रूप में हम अपने को विषय के रूप में (तथ्यगत रूप में) नहीं जान सकते क्योंकि हम एक साथ विषयि और विषय नहीं बन सकते। अपने को विषय के रूप में जानने के लिए हमें किसी अन्य की नजरों का विषय बनना पड़ता है। प्रेम की चाह वास्तव में अन्य की निगाह में स्वीकृति पाने और इस प्रकार अपने को जानने की चाह है। जीवन में किसी की नजरों में स्वीकृत न होने का बोध अपने जीवन की व्यर्थता का बोध होता है और यह अत्यंत कष्टकर एवं आत्महत्या की ओर ले जाने वाला होता है। किन्तु प्रेमी प्रिय का विषय तभी बन सकता है जब प्रिय विषयि के रूप में उसे देखे अर्थात् वह अपनी पूरी स्वतंत्रता के साथ प्रेमी को पसंद करे। बंदी बनाए गए या धन से खरीदे गए या भय से वश में किए गए प्रिय की नजरों में स्वीकृति प्रेमी को संतोष नहीं दे सकती क्योंकि वह प्रेमी का सही मूल्यांकन नहीं हो सकता। अतः प्रेम की निष्पत्ति जो दूसरे की नजर से अपने को जानने और पाने की चाह है, प्रिय की स्वतंत्रता में ही निहित है। इसका अर्थ है कि जिन समाजों में स्त्री को गुलाम बनाकर रखने की प्रथा है, उनमें प्रेम असंभव कल्पना है।

जीवन का अंत जैसे निराशा है, प्रेम का अंत भी निराशा है। इसका कारण है कि प्रेमी जब अपने को विषय के रूप में देखना और पाना चाहता है तो वह प्रिय को जो विषयि होता है, अपने में लीन या जज्ब करना चाहता है ताकि वह खुद प्रिय की तरह विषयि बनकर अपने को विषय रूप में देख-पा सके। किन्तु ऐसा करते ही प्रिय उसका विषय बना जाता है अर्थात् प्रिय का विषयिभाव लुप्त हो जाता है और प्रेमी का प्रयास विफल हो जाता है। प्रेम की इस स्थिति का वर्णन राधा और कृष्ण के प्रेम के कुछ पदों में मिलता है जिनमें राधा को कृष्णमय होकर अपने ही वियोग में तड़पता दिखाया गया है। किन्तु जैसे निराशा के बावजूद जीना एक सार्थक और सृजनात्मक क्रिया है उसी तरह विफलता के बावजूद प्रेम करना सार्थक और सृजनात्मक प्रयास है। दोनों अंतिम मंजिल की

कामना किए बिना सतत यात्रा का संकल्प है। प्रेम का अंतिम लक्ष्य विषयि और विषय का एकत्व असंभव है उसी तरह जैसे जीवन का अंतिम ध्येय सद् और चिद् का एकत्व असंभव है किन्तु जितना संभव है उसके लिए प्रयत्न करना भी सार्थक है।

यह कहना मुश्किल है कि प्रेम की यह संभव उपलब्धि वैवाहिक प्रेम में कितनी संभव है। एक बात निश्चित है कि वेश्या-गमन में यह प्रेम संभव नहीं क्योंकि यह परतंत्र प्रिय (अर्थ से अपने प्रेम का विनिमय करने वाले प्रिय) का प्रेम है जो नितांत अधूरा होता है। स्वतंत्र प्रेमी-प्रिय के अविवाहित प्रेम में भी इसकी कम संभावना है क्योंकि इसमें प्रेमी और प्रिय के बीच स्वतंत्रता तो बनी रहती है किन्तु विषयि-विषय के तादात्म्य की संभावना कम होती है। इसमें एक-दूसरे के लिए पूर्ण समर्पण की भावना नहीं होती। वैवाहिक प्रेम में इस तादात्म्य की अधिक संभावनाएं हैं, यदि विवाह स्त्री की स्वतंत्रता का दमन न करता हो। जहां नर-नारी समता का संभव लक्ष्य वस्तुतः प्राप्त कर लिया गया हो अर्थात् जहां विवाह के बाद स्त्री को पुरुष के बराबर अधिकार प्राप्त हों और पत्नी को पति के चरणों की दासी या पति को पत्नी का परमेश्वर नहीं माना जाता हो वहां प्रेम, की अधिक से अधिक सफलता की संभावना है क्योंकि वैवाहिक बंधन में एक-दूसरे के प्रति मर मिटने की भावना या दूसरे के व्यक्तित्व में अपने व्यक्तित्व को विलीन कर देने की भावना निहित होती है और इसलिए विषयि-विषय का एक सीमा तक तादात्म्य स्थापित हो सकता है। एक-दूसरे के लिए उपस्थिति जो मार्सेल के प्रेम का आदर्श है, विवाह में संभव है।

प्रेम हवाई संबंध नहीं है। यह ठोस दैहिक सबंध है किन्तु यह दैहिक भोग नहीं है। प्लेटोनिक प्रेम जिसमें मात्र गुणों से प्यार किया जाता है, महज कल्पना है। दर्शन का प्रसिद्ध सिद्धांत है कि गुण-गुणी का पार्थक्य नहीं हो सकता। किसी के गुणों को प्यार करने का मतलब है उसकी देह से भी प्यार करना। देह में जो भी शुचि-अशुचि तत्व हैं उन्हें समग्र रूप से स्वीकार करना। नाक, कान, आंख, होंठ आदि अलग-अलग अंगों से नहीं, समूची देह से। इसीलिए प्यार करने वाला जातिगत या नस्लगत पूर्वाग्रहों पर विजय पाने में समर्थ होता है। प्यार का लक्ष्य प्रिय की देह को अपने अधिकार, अपने संरक्षण में लेना होता है। इसका मतलब संभोग-क्रिया नहीं, देह को सहलाना होता है। यह इसलिए कि देह जो मांस-पिंड (चेतना शून्य) होती है चेतना के संचरण से सजीव हो उठे। सहलाने की क्रिया में प्रेमी मांस-पिंड के माध्यम से प्रिय की चेतना का अनुभव करता है और साथ ही अपने देह में चेतना के संचार को महसूस करता है। मांस-पिंड में चेतना के प्रवाह के अनुभव की अभिव्यक्ति सिहरन, रोमांच आदि में होती है और यही प्रेम का लक्ष्य होता है। इसके लिए शरीर के मांसल भागों नितंब, उरोज आदि को विशेष रूप से

चुना जाता है क्योंकि इन भागों में चेतना के संचार का बोध तत्काल होता है। मां जब बच्चे को थपकी देती है तो उससे बच्चे को भी चेतना के संचरण का अनुभव होता है और मां को भी। प्रिय व्यक्ति से मिलने पर हमारी सहज क्रिया होती है उस व्यक्ति को स्पर्श करना। हाथ मिलाना, गले लगना, चुम्बन-आलिंगन यह सब सहज क्रियाएं हैं। अपने सहज रूप में इनमें कामोत्तेजन नहीं होना चाहिए। कामोत्तेजन में यह सहजता नहीं रहती और स्पर्श और सहलाने की क्रिया मर्दन और घर्षण की यांत्रिक क्रिया में बदल जाती है। चेतना के अनुभव के बजाय लक्ष्य हो जाता है संभोग-सुख और इसकी निष्पत्ति के साथ ही चेतना के स्पर्श का सुख जो प्रेम का वास्तविक लक्ष्य होता है, समाप्त हो जाता है और शेष बचती है अवसाद मिश्रित सुख की स्मृति। इस प्रकार संभोग वास्तव में प्रेम का निषेध है। यह इच्छाशक्ति पर तथ्यात्मकता अथवा भौतिकता की विजय है। आहार, निद्रा और भय की तरह संभोग (मैथुन) भी एक पशुसम क्रिया है। यह शरीर की भूख है, मन की भूख नहीं। मन की भूख प्रेम है।

साहित्य में प्रेम के इस आध्यात्मिक और दैहिक स्वरूप का वर्णन करने के लिए असाधारण प्रतिभा, गहन संवेदना, उच्चकोटि के सौन्दर्य-बोध तथा उद्दाम राग की आवश्यकता होती है। इस रूप में प्रेम स्वतंत्रता, समता और बंधुता को जीने का सशक्त माध्यम बनता है और रचना महान सौन्दर्य से विभूषित होती है। अनाड़ी लेखक प्रेम का चित्रण कामोद्दीपन के लिए करता है।

जहां प्रेम अन्य (दूसरे व्यक्ति) के विषयिभाव का स्वीकार है अर्थात् वह अन्य की स्वतंत्रता को स्वीकार करता है, वासना, उपेक्षा, घृणा और हिंसा में अन्य की स्वतंत्रता का नकार है। वासना में अन्य की विषय के रूप में चाह निहित है अर्थात् वह अन्य को उसकी स्वतंत्रता से वंचित करके अपने अधिकार में करना चाहता है। इसकी प्रवृत्ति भोग की होती है। उपेक्षा में अन्य की सत्ता को ही नकारा जाता है। यह काम आदमी अन्य द्वारा विषय बनाए जाने के खतरे से बचने के लिए करता है किन्तु इससे उसका खतरा कम नहीं होता, बढ़ जाता है। अन्य की सत्ता समाप्त नहीं होती। अन्य उसे देख सकता है अर्थात् उसे अपनी निगाहों का विषय बना सकता है किन्तु वह उन निगाहों के हमले से अपनी रक्षा नहीं कर सकता क्योंकि वह अन्य को नहीं देखता। बिना देखे देखे जाने की स्थिति अरक्षित बना देती है। घृणा अन्य की सत्ता के प्रति असहिष्णुता का भाव है और उसकी गति हिंसा की ओर होती है। यह प्रेम का विपरीत भाव है।

इस प्रकार हमारा भाव-संसार अन्य के साथ हमारे संबंधों का परिणाम है। समाजिक प्राणी होने के नाते हमारा अन्य की सत्ता के साथ सरोकार होता है, इसलिए कि हम अपने को, विशेष कर अपनी देह को, दूसरों की नजर से ही जान सकते हैं। हम विषयि के रूप में अन्य को विषय बनाते हैं और अन्य भी विषयि

होने के कारण हमें विषय बनाता है। विषयि-विषय के इसी द्वंद्व से सभी संबंधों का निर्माण होता है और ये संबंध, प्रेम, घृणा, क्रोध, भय आदि भावों-अनुभावों के रूप में व्यक्त होते हैं। साहित्य में इस भाव-संसार का जितना विशद और यथार्थ वर्णन होता है, रचना उतनी ही सुन्दर बनती है। किन्तु इसके लिए, भावों-अनुभावों का उल्लेख मात्र कर देना काफी नहीं होता (जैसा कि हमारे रीतिकालीन लक्षण ग्रंथों में हुआ है)। भाव, विभाव-अनुभाव और संचारी भावों के संयोग से रस की निष्पत्ति के सूत्र ने इस तरह के साहित्य को प्रेरणा दी है। किन्तु इनका संयोग मात्र कर देने से रचना अच्छी नहीं बन जाती। जब तक इन भावों-अनुभावों को जन्म देने वाले विषयि-विषय द्वंद्व का विशद चित्रण नहीं होगा, उसमें प्रभावोत्पादकता नहीं आएगी।

अन्य के साथ समूहगत संबंध

अन्य के साथ हमारा संबंध व्यक्तिगत ही नहीं होता है, समूहगत भी होता है। मनुष्य व्यक्ति होने के साथ-साथ किसी समूह का सदस्य भी होता है। यह समूह परिवार, कबीला, गांव, शहर, राज्य, राष्ट्र, वर्ग, क्लब, श्रमिक संगठन कुछ भी हो सकता है और इन समूहों में भी परस्पर विषय-विषयि द्वंद्व चलता है। विषयि के रूप में 'हम' और विषय के रूप में 'वे' के बीच चलने वाले इस द्वंद्व को हम सुपरिचित 'वर्ग-संघर्ष' से भी अभिहित कर सकते हैं।

इस द्वंद्व में व्यक्तिगत राग, द्वेष, प्रेम, घृणा आदि के भाव समूहगत रूप धारण करते हैं जिनसे मैत्री शत्रुता, अलगाव, अविश्वास, भय, युद्ध आदि की सामाजिक-राजनैतिक समस्याएं पैदा होती हैं। ये समस्याएं भी साहित्य का विषय होती हैं और इनसे कन्नी काटकर केवल व्यक्तिगत संबंधों तक साहित्य को सीमित रखना साहित्य की संकीर्ण दृष्टि है।

जिस प्रकार व्यक्तिगत संबंधों के तनावों का समाधान न कर पाने के कारण व्यक्ति कई प्रकार के मनोरोगों और विकृतियों का शिकार हो जाता है उसी प्रकार सामाजिक संबंधों के तनावों का समाधान न होने से सामाजिक विकृतियां आती हैं। साहित्य का काम इन विकृतियों का यथार्थ चित्रण करके इन्हें समाज के लिए उद्‌घाटित करना या प्रकाश में लाना होता है। इससे समाज में इन विकृतियों के संबंध में चेतना पैदा होती है और बदलाव की प्रक्रिया शुरू होती है। साहित्यकार का काम सीधे तौर पर समाधान प्रस्तुत करना नहीं होता। उपदेश देने की अदा में प्रस्तुत समाधान से पाठकों की स्वतंत्रता का व्याघात होता है। लेखक का काम पाठक में स्वतंत्र सोच की प्रक्रिया को तेज करना है। पाठक के ऊपर हावी हो जाना, उसे खुद सोचने का मौका न देना, अच्छे लेखन के लक्षण नहीं है। इसीलिए जिस लेखन में पाठकों की भावनाओं को उभाड़ कर उन्हें अश्रु-

विमोचन आदि की अपस्मारक स्थिति में पहुंचा दिया जाता है (जैसा कि आमतौर पर फिल्मों में देखा जाता है) उसे अच्छा नहीं माना जाता क्योंकि भावावेग पाठक को सोचने में असमर्थ बनाते हैं। सामाजिक समस्याओं के प्रति लेखक का सरोकार पात्रों अथवा कथा-योजना के माध्यम से व्यक्त होना चाहिए न कि भाषण या उपदेश द्वारा।

प्रतिबद्ध लेखक स्थितियों में बदलाव लाने के लिए, विश्व को अपने ढंग से बदलने के लिए लिखता है। वह वर्तमान स्थितियों में अभाव (लैक) देखकर उस अभाव की पूर्ति का लक्ष्य सामने रखकर रचना करता है। इसलिए वह अपने पाठकों से उम्मीद करता है कि वे उस लक्ष्य की निष्पत्ति में सहायक हों। वह पाठकों का मनोरंजन करने के लिए, उन्हें हंसाने-रुलाने के लिए, उनकी ऊब मिटाने के लिए, उनकी मांग के अनुसार भोग-सामग्री उपलब्ध कराने के लिए नहीं लिखता है। वह उपभोक्ता माल का निर्माता नहीं होता। वह ऐसी चीज का सृजन करना चाहता है जो सारे मानव-समाज की भलाई के लिए हो। लेकिन उसका यह काम प्रबुद्ध पाठक की मदद के बिना पूरा नहीं हो सकता और वह भी तब जब पाठक उसके शुरु किए गए काम को उसकी परिणति तक पहुंचाने के लिए स्वत्तंत्र मन से साथ दे। इसलिए लेखक के लिए यह बहुत जरूरी है कि जहां अपनी स्वतंत्रता पर पाठक की मांग को हावी न होने दे वहां पाठक की स्वतंत्रता को भी अभिभूत न करे। उसकी अपील पाठक की भावनाओं को नहीं उसके विवेक को होनी चाहिए।

लेखक का काम समाधान प्रस्तुत करना नहीं है, इसका यह मतलब नहीं कि उसे समस्याओं के मूल में जाकर उनके उपचार के संबंध में अपनी राय बनाने या अपना लक्ष्य तय करने की भी जरूरत नहीं है। यह काम तो उसे करना ही पड़ता है क्योंकि इसके बिना वह भविष्य को चुनने या लक्ष्य निर्धारित करने का काम नहीं कर सकता जो सृजन की अनिवार्य शर्त है। किन्तु अपने निर्णय को वह पाठकों पर लादता नहीं है बल्कि स्थितियों का विश्लेपण करके वह पाठकों को अपना निर्णय लेने के लिए प्रेरित करता है।

विभिन्न प्रकार के संबंधों की सही दृष्टि न होने के कारण इस समय हमारे समाज में कई विकृतियों ने प्रवेश किया है। इनमें से कुछ प्रमुख विकृतियों पर विचार किया जा सकता है।

देह और आत्मा के संबंध की विकृतियां

भारतीय समाज में देह को नश्वर और गर्हित और आत्मा को सुख-दुख, जरा-मृत्यु से परे शुद्ध, बुद्ध और निर्मल माना जाता रहा है। देह पिंजड़ा है और आत्मा पंछी जो पिंजड़े के अंदर-बाहर आता जाता रहता है। दोनों के बीच इतना

पार्थक्य है कि आत्मा की मुक्ति के लिए देह का उत्पीड़न उचित बन जाता है। इस दृष्टि के अतिशय के कारण हत्या आदि नृशंस कृत्यों का औचित्य सिद्ध किया जा सकता है क्योंकि हत्या चोला बदलने की तरह हानि-रहित बन जाती है। आत्मा की मुक्ति के लिए नर-बलि या पशु-बलि तो दी ही जाती थी। किसी दैवी पुरुष के हाथ से वध को आत्मा की विमुक्ति कह कर उचित ठहराने वाली कहानियां भी हमारे प्राचीन ग्रंथों में मिल जाती हैं। इस विकृति का सबसे भयानक रूप है वर्तमान जीवन के कष्टों तथा मानव-कृत अथवा व्यवस्था-कृत अन्याय-अत्याचार को आत्मा के पूर्वजन्म के कर्मों के फल के रूप में देखना। यह नियतिवाद आदमी को एकदम अवश बना देता है तथा उसमें अपनी स्थिति में सुधार करने की इच्छा मर जाती है।

देह और आत्मा में भेद अवश्य है किंतु दोनों एक दूसरे पर निर्भर हैं। एक के बिना दूसरी नहीं रह सकती। दोनों में भेद यह है कि दोनों की जरूरतें अलग-अलग हैं। शरीर की भूख और आत्मा की भूख में अंतर है। न शरीर की भूख तृप्त करके (भोग से) आत्मा की भूख शांत की जा सकती है और न आत्मा की भूख शांत करके (ज्ञान, चिंतन आदि से) शरीर की भूख को शांत किया जा सकता है। शरीर की पीड़ा और आत्मा (मन) की पीड़ा में भी हर कोई स्पष्ट भेद कर सकता है। शरीर के रोग और मन के रोग भी अलग-अलग होते हैं। किंतु आत्मा शरीर के बिना कुछ नहीं है और शरीर आत्मा के बिना लाश या मिट्टी है।

पश्चिमी सभ्यता जिसे आधुनिक सभ्यता और वैज्ञानिक सभ्यता भी कहा जाता है, देह को ही आत्मा मानने की दूसरी अतिवादी दृष्टि अपनाती है। वैज्ञानिक खोजों ने देह का सूक्ष्मातिसूक्ष्म विश्लेषण किया और आत्मा या मन की सारी क्रियाओं को भी भौतिक या रासायनिक परिणामों के रूप में देखा। इस दृष्टि की विकृति भोगवाद के रूप में प्रकट हुई जिसमें शरीर की मांगों की अधिकाधिक तृप्ति का भाव था। इस भोगवादी दृष्टि ने आत्मा की सबसे बड़ी भूख (स्वतंत्रता समता और बंधुता की भूख) की उपेक्षा की। उसने शरीर की भूख की तृप्ति के लिए, उपभोगवादी समाज की जरूरतों को पूरा करने के लिए, कमजोर देशों को लूटने, उनकी स्वतंत्रता को छीनने, महाविनाश के हथियार जमा करने तथा पर्यावरण के विनाश का काम किया जिसके कारण आज मानव-जाति का अस्तित्व ही संकट में पड़ गया है।

अस्तित्ववाद देह को आत्मा का अतीत मानता है जो निरंतर उसके साथ रहती है। आत्मा कोई भी काम देह के बिना नहीं कर सकती किंतु वह देह के निर्देश को मानने के लिए बाध्य नहीं है। उसे देह की सीमाओं में काम करना पड़ता है किंतु उसका प्रयास इन सीमाओं को तोड़ने का होता है। देह और आत्मा के बीच निरंतर चलने वाले इस द्वंद्व का अंत मृत्यु है जिसमें न देह, देह रह जाती

है और न आत्मा (अनश्वर आत्मा के रूप में) शेष बचती है।

अपनी देह से प्यार करना (देह अन्य के प्यार का विषय है) आत्मरति का विकार है और अपनी देह से घृणा आत्महत्या की ओर ले जानेवाला भाव है। देह को आत्मा का साधन अर्थात् ध्येय का साधन मानना सम्यक दृष्टि है किंतु देह को आत्मा मानकर उसी की पूजा करना भोगवाद है। देह को नकारना हिंसा की प्रवृत्ति को आमंत्रित करना है। हमारे दर्शनों का निचोड़ और अस्तित्ववाद का निचोड़ एक ही है और वह यह कि देह को आत्मा मानना अज्ञान और दुखों का मूल है किंतु जहां हमारे दर्शनों में देह और आत्मा के बीच आग-पानी का संबंध माना गया अस्तित्ववाद में दोनों के सहअस्तित्व को स्वीकार किया गया।

स्त्री-पुरुष संबंध की विकृतियां

हमारी अधिकांश वैयक्तिक और सामाजिक समस्याओं का मूल स्त्री-पुरुष संबंधों की असंगतियों में है। स्त्री-पुरुष संबंधों में समता की दृष्टि की सर्वश्रेष्ठ कल्पना अर्धनारीश्वर की कल्पना है जिसके अनुसार स्त्री में आधे गुण पुरुष के और पुरुष में आधे गुण स्त्री के हों। लेकिन इस आदर्श कल्पना की ओर मानव-समाज के बढ़ने का अभी कोई प्रमाण नहीं मिलता। जिस भारतीय समाज से यह कल्पना आई उसमें तो स्त्री को पशु का दर्जा ही दिया गया। पश्चिमी समाज में भी स्त्री को हीन-सैक्स ही माना गया। अन्य समाजों की स्थिति भी लगभग यही है। नारी-प्रधान समाज यदि कभी रहे होंगे या आज भी कहीं होंगे तो उनकी स्थिति कैसी होगी यह कहना मुश्किल है। किंतु यदि वहां इससे उल्टी स्थिति होगी तो वह भी अच्छी नहीं होगी। संभवतः इसीलिए नारी-प्रधान समाज लुप्त हो गए।

स्त्री-पुरुष संबंधों की दो विकृतियां आज प्रबल रूप में हमारे सामने हैं—पुरुष का अहंकार और स्त्री का दैन्य। वस्तुतः ये एक ही समस्या के दो पहलू हैं। ये पुरुष को भोक्ता और स्त्री को भोग्या मानने के परिणाम हैं। यह स्त्री में मानव-चेतना के (जिसका स्वभाव स्वतंत्रता, समता और बंधुता है) नकार का फल है। फिल्म, टेलीविजन और विज्ञापन-प्रचार आदि के माध्यमों ने तो स्त्री को भोग-वस्तु के रूप में प्रस्तुत किया ही है, साहित्य में भी अधिकतर यही हुआ है। फिल्मों की भूमिका इसमें सबसे अधिक भौंडी है, विशेषकर इनके गीतकारों की, जिनमें स्त्री के स्वाभिमान को ध्वस्त करने की होड़ रही है। क्या आश्चर्य यदि इन फिल्मों तथा अन्य दृश्य-प्रचार माध्यमों से एकमात्र संस्कार ग्रहण करने वाली युवा पीढ़ियां सैक्स-संबंधों के मामलों में रोगी हैं। प्यार जो जिंदगी का सबसे सुंदर वरदान है, उनके लिए इतना ही अर्थ रखता है कि शारीरिक भूख की तृप्ति हो। यदि इसके साथ धन, मान-सम्मान भी प्राप्त हो तब तो कहना ही क्या? प्यार के लिए न जाति,

धर्म या खानदान छोड़ा जा सकता है, न मां-बाप से मिलने वाली सुख-सुविधाओं का त्याग किया जा सकता है, न कष्ट झेला जा सकता है और न अपने पुरुष-अहंकार में कोई कमी की जा सकती है। विवाह कुल मिला कर स्त्री को युद्ध में जीतने या अपहरण करने का प्रभाव छोड़ते हैं। जैसे ही विवाह सम्पन्न होता है, स्त्री दासी बन जाती है। यह प्यार नहीं, प्यार का विद्रूप है क्योंकि प्यार की सच्ची अनुभूति प्रिय की स्वतंत्रता में ही संभव है।

इस समय सारे विश्व में समता की भूख प्रबल है। जाति और नस्ल की समता के आंदोलन के साथ नर-नारी समता का आंदोलन मानव-समाज में नई क्रांति की दस्तक दे रहा है। इस क्रांति से स्त्री-पुरुष संबंधों में आमूल परिवर्तन होगा। साहित्य को इस क्रांति का वाहक बनना पड़ेगा। इसके लिए आवश्यक है कि सौंदर्य की भोगवादी दृष्टि को त्यागा जाए, स्त्री-पुरुष संबंध में किसान-खेत की संकीर्ण दृष्टि के विपरीत समता के संबंध की स्वस्थ दृष्टि अपनाई जाए।

काल के साथ संबंध की विकृतियां

हर मनुष्य और हर समाज को काल के साथ सुसंगत संबंध स्थापित करना पड़ता है। जीवन अतीत से अनागत की ओर चलने वाला क्रम है। यह अविरल प्रवाह है। वर्तमान अतीत से कटकर नहीं रह सकता और न वह भविष्य की ओर गमन किए बिना रुक सकता है। वर्तमान को तत्क्षण के रूप में पकड़ना असंभव है क्योंकि वह ठहरा हुआ नहीं होता, वह गति के रूप में ही रह सकता है। वर्तमान अतीत का निषेध है, उसी तरह जैसे चिद् सद् का निषेध है किंतु जैसे सद् के बिना चिद् नहीं रह सकता उसी तरह अतीत के बिना वर्तमान नहीं रह सकता। इसका निहितार्थ है कि हमारा हर निश्चय (भविष्य का चुनाव) अतीत के संदर्भ में, उसे ध्यान में रखते हुए, होना चाहिए किंतु यह निश्चय अतीत के दबाव में आकर नहीं किया जाना चाहिए। जैसे चेतना देह की सीमाओं को मद्देनजर रखकर अपना लक्ष्य चुनती है किंतु देह द्वारा निर्देशित नहीं होती (नहीं होनी चाहिए) उसी तरह अनागत का चुनाव या कर्म का संकल्प अतीत के दबाव में नहीं किया जाना चाहिए।

काल के साथ इस सुसंगत संबंध को न अपना पाने के कारण आदमी अतीत के बदले चुकाने या अतीत को पुनर्जीवित करके उसे वर्तमान की तरह जीने का प्रयास करता है और प्रतिशोध की आग में जलता है। मानव सभ्यता के इतिहास में होने वाली अधिकांश हिंसापूर्ण घटनाएं अतीत के बदले चुकाने या अतीत को वर्तमान की तरह जीने की कोशिशों का परिणाम है। दुनिया में चले क्रुसेड, जिहाद और धर्मयुद्ध इसकी मिसालें हैं। हमारे वर्तमान में रामजन्मभूमि और बाबरी मस्जिद का विवाद भी इसी सदोष काल-दृष्टि का परिणाम है।

भविष्य संभावना है। भविष्य उसी का हो सकता है जिसकी संभावनाएं हैं जिसे अभी कुछ होना है। जो हो चुका (जो अतीत बन गया) उसका भविष्य नहीं हो सकता। अतः अतीत को पुनर्जीवित करने का प्रयास व्यर्थ है। हमारा अतीत स्मृति के रूप में, इतिहास के रूप में हमेशा हमारे साथ रहता है। वह भविष्य का मार्ग तय करने में सहायक होता है लेकिन वह भविष्य नहीं बन सकता क्योंकि वह शव की तरह राग-द्वेष से परे है।

व्यक्तिगत जीवन में भी जब हम अतीत को अपने वर्तमान से अलग नहीं करते अर्थात् अतीत को वर्तमान पर हावी होने देते हैं तो मनोविकार का शिकार होते हैं। अपने प्रियजन की मृत्यु के बाद हम उसके शव को आग या मिट्टी के हवाले कर देते हैं और धीरे-धीरे उसे अपने वर्तमान से काटकर उसकी याद को स्मृति के गर्भ में धकेल देते हैं। जो ऐसा नहीं कर पाते उनका मनोविकार ग्रस्त होना अवश्यंभावी होता है। दिक् और काल के साथ हमारा संबंध कर्मकांडों और धार्मिक अनुष्ठानों का विषय नहीं है (जैसाकि कुछ भारतीयता-प्रेमी बताते हैं), यह संबंध दैनिक व्यवहार से है। दिक् के साथ हमारा व्यावहारिक संबंध अपने संसार को क्रम और विन्यास देना है। चित्रकला में स्पेस के उपयोग में इसी दिक्-संबंध की आवश्यकता पड़ती है।

निज-पर संबंध की विकृतियां

निज का अस्तित्व पर के अस्तित्व पर निर्भर है। मैं क्या हूं, कैसा हूं इसका निर्धारण मैं खुद नहीं कर सकता, इसके लिए मुझे दूसरे पर निर्भर होना पड़ता है। मुझे यदि अपने आप को जानना है (जो मेरे जीवन की सबसे बड़ी चाह है) तो मुझे पर की उपस्थिति की कामना करनी चाहिए, पर का मेरे प्रति प्रेम-भाव है तो भी और शत्रु-भाव है तो भी। शत्रु-भाव वाला पर भी मेरे व्यक्तित्व के किसी पहलू को देखता है जो शायद प्रेम-भाव वाले पर को नहीं दिखाई देता। इसलिए शत्रु-भाव वाला पर भी मेरे लिए उपयोगी है। उसकी उपस्थिति को समाप्त करके, उसे हिंसा, दया आदि द्वारा दूर करके मैं अपना ही अहित करता हूं।

पर को वश में करके मैं उसके माध्यम से अपने निजत्व को पाता हूं। इसका एकमात्र रास्ता है प्रेम। हिंसा इससे विपरीत रास्ता है जिस पर चल कर मैं पर का अस्तित्व समाप्त करता हूं और अपने निजत्व को पाने में विफल रहता हूं। शत्रु-भाव वाले पर को वश में करने की संभावनाएं होती हैं। इन संभावनाओं को प्रेम के माध्यम से ही प्राप्त किया जा सकता है। हिंसा पर को वश में करने की सारी संभावनाओं को समाप्त कर देती है। वैसे हिंसा भी पर को वश में करने के उद्देश्य से की जाती है। हिंसा करने वाले का लक्ष्य होता है कि शत्रु उसके वश में हो जाए और उसकी बात माने किंतु इसकी परिणति हत्या है, पर की अनुपस्थिति है, जो

उसके उद्देश्य को पूर्ण विफल बना देती है।

मानव-जाति ने निज-पर संबंध के तनावों के समाधान के लिए अधिकतर हिंसा का रास्ता अपनाया है जिसके कारण असंख्य युद्धों और अत्याचारों से मानव-जाति पीड़ित रही है। लेकिन इससे घृणा, द्वेष आदि का अंत नहीं हुआ, बल्कि वृद्धि ही हुई। हम इन समस्याओं का बेहतर समाधान प्रेम और अहिंसा के मार्ग पर चलकर कर सकते हैं, भले ही यह रास्ता लंबा हो और हमारे धैर्य तथा हमारी सहनशीलता के लिए चुनौती उपस्थित करता हो। इस प्रकार निज-पर संबंधों के समाधान के लिए (द्वंद्व-रहित और वर्ग-रहित समाज की क्रांति के लिए भी) हिंसा के मार्ग की असफलता निश्चित है। सभी अस्तित्ववादी लेखकों ने इसे स्वीकार किया जिसके कारण वे रक्त-क्रांति के सिद्धांत को मानने वाले साम्यवाद से दूर हो गए। किंतु वे अपने संघर्ष में (प्रतिरोध आंदोलन में) अहिंसा के मार्ग के प्रति पूर्णतया प्रतिश्रुत नहीं रहे। इस मार्ग का सर्वोत्तम उदाहरण गांधी-लोहिया ने ही प्रस्तुत किया जो आने वाली मानव-सभ्यता का मुख्य आधार बन सकता है।

निज-पर के संबंध का एक आयाम भाषा है। भाषा अन्य व्यक्ति के व्यक्तित्व को स्वीकार करने की घोषणा है। सार्त्र के शब्दों में "मैं अपनी भाषा को नहीं समझता हूं, उसी तरह जैसे मैं अपनी देह को जो दूसरों के लिए है, नहीं जानता हूं।" सार्त्र का कहना है कि शब्द जब बोला या लिखा जाता है तो पवित्र होता है किन्तु जब वह दूसरे के पास पहुंचता है तो वह जादू बन जाता है। इसका निहितार्थ यह है कि लेखक को अपनी भाषा की शक्ति जानने के लिए पाठक पर निर्भर करना पड़ता है। इसके अतिरिक्त इसका एक निहितार्थ यह भी है कि भाषा के भी दो रास्ते हैं—प्रेम का और हिंसा का। प्रेम की भाषा का लक्ष्य भिन्न विचार के व्यक्ति को अपने अनुकूल बनाना होता है और हिंसा की भाषा का लक्ष्य विरोधी को ध्वस्त करना होता है। यह विरोधी के विनाश, उसकी अनुपस्थिति की दिशा में प्रयास है जो उसे अनुकूल बनाने के लक्ष्य को विफल करता है। यह रूठी हुई महबूबा की हत्या के समान पागलपन है। भाषा (शब्द) की हिंसा शस्त्र की हिंसा से भी ज्यादा भयानक होती है। इसका एक उदाहरण है हिन्दू-शास्त्रों द्वारा मंत्र अथवा धार्मिक शब्द के माध्यम से स्त्री-शूद्र की हिंसा जिसने हजारों साल से उन्हें स्वाभिमान और गर्व से वंचित कर रखा है। यह एक तरह से हत्या ही है। विरोधी पक्ष के विचारों के प्रति असहिष्णु होकर कुतर्क और वितंडावाद करना या गाली देना भी शाब्दिक हिंसा है। आदमी इसका सहारा तभी लेता है जब वह अपने को विरोधी पक्ष की तुलना में कमजोर पाता है।

संबंध अनन्त हैं इसीलिए जीवन अनंत है। इस अनंतता के पीछे है मानव-

चेतना की स्वतंत्रता जो अननुमेय है। मानव कब क्या करेगा, कैसे व्यवहार करेगा, इसका न तो पूर्वानुमान लगाया जा सकता है और न उसे नियंत्रित और निर्देशित किया जा सकता है। चूंकि साहित्य संबंधों की तलाश करता है अतः साहित्य में हमेशा नई-नई चुनौतियां उपस्थित होती रहेंगी। हर नई पीढ़ी को सर्जक प्रतिभाओं को अपने समय की नई चुनौतियों का सामना करना होगा।

उपसंहार

हर रचना की नियति उसका अधूरा रह जाना है। एक तो इसलिए कि कोई भी सत्ता या वस्तुस्थिति मानव-चेतना के समक्ष पूरी तरह अनावृत्त नहीं होती। चेतना उसके कुछ पहलुओं को ही देख सकती है। दूसरे इसलिए भी कि मानव ने अभी ऐसी भाषा का विकास नहीं किया है जो उसके अहसासों को पूर्ण रूप से व्यक्त कर सके। इसीलिए किसी भी रचनाकार को अपनी रचना से पूर्ण तृप्ति नहीं मिलती है। इस मायने में मेरी यह पुस्तक भी अधूरी है।

लेकिन रचना के अधूरेपन को भरने का काम पाठक करता है बशर्ते कि पाठक स्वतंत्र मन से उसे ग्रहण करे। लेखक की स्वतंत्रता रचना को जन्म देती है और पाठक की स्वतंत्रता उसे पूर्णता की ओर ले जाती है। किन्तु यह तब होता है जब पठन सृजनात्मक क्रिया बनती है, जब पाठक अपनी स्वतंत्रता को हर तरह के दबावों से मुक्त रखता है। यदि वह रचना को किसी मजबूरी में पढ़ता है (जैसे परीक्षा या समीक्षा की मजबूरी) या प्रचार-विज्ञापन अथवा किसी बड़े समीक्षक की टिप्पणी से प्रभावित होकर पढ़ता है तो वह अपनी स्वतंत्रता का प्रयोग नहीं करता और इसीलिए रचना के अधूरेपन को पूर्णता की ओर ले जाने की अपनी भूमिका नहीं निभा सकता। कोई भी साहित्यिक रचना विद्यार्थियों द्वारा परीक्षा की मजबूरी से पढ़ी जाए या चर्चित-पुरस्कृत का लेबल लगाने के बाद कुतूहल की तृप्ति के लिए पढ़ी जाए तो यह उस रचना या उसके रचनाकार के लिए विशेष सम्मान की बात नहीं हो सकती क्योंकि इससे रचनाकार का उद्देश्य सिद्ध नहीं होता। रचनाकार का उद्देश्य होता है कि जो प्रक्रिया उसने शुरू की है उसे कोई सही परिणति की ओर ले जाए और यह काम पाठक की स्वतंत्रता ही कर सकती है। इसीलिए जहां लेखक अपनी स्वतंत्रता से कोई समझौता किए बिना, हर तरह के दबावों और प्रलोभनों से मुक्त रहकर लिखता है, उसे ऐसे पाठक की तलाश होती है जो हर तरह के दबावों से मुक्त रहकर रचना को पढ़े। यदि ऐसा एक भी पाठक लेखक को मिल जाता है तो उसकी रचना अपनी सार्थकता प्राप्त करती है। रचनाकार की यह उपलब्धि ही उसका असली सुख है। इसकी तुलना में पुरस्कार

सम्मान हेच हैं।

लेकिन कभी-कभी (या अक्सर) लेखक भी पाठक की स्वतंत्रता पर हावी होने लगता है या उसकी स्वतंत्रता को प्रभावित करता है। सुनियोजित और सुविचारित ढंग से पाठक की भावनाओं के साथ खेलना, शब्द-चमत्कार या भाषा की कलाबाजियों से पाठक को अभिभूत करना अथवा उसे अपने पांडित्य से आतंकित करना इसी दिशा के प्रयास होते हैं। मैं इसे लेखन का दुर्गुण मानता रहा हूं हालांकि मैं विश्वास के साथ नहीं कह सकता कि मैं इस बीमारी से पूरी तरह मुक्त हूं। तथापि मैं इस बीमारी के प्रति हमेशा जागरूक जरूर रहा हूं। यदि यह दुर्गुण इस पुस्तक में प्रवेश कर गया हो तो मैं प्रबुद्ध पाठक से उम्मीद करूंगा कि वह इसे मेरी कमजोरी मानकर नजरअंदाज कर दे।

जैसाकि मैंने शुरू में कहा था यह पुस्तक वैचारिक संकट से बने घटाटोप कुहासे में भविष्य का रास्ता टटोलने का प्रयास है। बचपन में घने बीहड़ जंगल में घुटनों के बल चलकर, कांटों से हाथ-पैर मुंह छिदवाते हुए रास्ता ढूंढ़ने का अनुभव प्राप्त किया था। मुझे याद है वह जितना यातना-भरा था उतना ही संतोषदायक भी हालांकि उस बीहड़ में मेरा प्रयास हल्की-सी खरोंच से ज्यादा नहीं था। न जाने मेरे बाद कितने ही बच्चों ने अपनी नन्हीं-नन्हीं खरोंचों से उस जंगल को मापा तब कहीं वहां पगडंडी जैसी कोई लकीर उभरी थी। यह पुस्तक खरोंच बनेगी, यह उम्मीद लेकर चलना अपने को छलना है। लेकिन क्या प्रयास अपना औचित्य स्वयं नहीं होता? क्या स्थितियों से अनासक्त रहते हुए या उन्हें मात्र झेलते हुए जीने की अपेक्षा उन्हें बदलने के लिए हाथ-पैर मारना बेहतर नहीं है? इस कोशिश में मैंने इस पुस्तक के निष्कर्ष के रूप में जो कुछ पाया वह नितांत मेरा है और मैं इन निष्कर्षों को किसी के ऊपर थोपना अनैतिक मानता हूं।

मैं मानता हूं कि विश्व का समस्त महान साहित्य स्वतंत्रता की चाह से प्रेरित है। इसका मतलब यह नहीं कि इस प्रकार के साहित्य की संभावनाएं चुक गई हैं। स्वतंत्रता का संघर्ष शाश्वत संघर्ष है। यह ऐसा युद्ध है जो कभी खत्म नहीं होता और इसके लिए प्रतिक्षण नया मोर्चा लेना पड़ता है। गुलामी के अनंत रूप हैं। बाहरी गुलामी से अधिक लेखक को भीतरी गुलामी से लड़ना पड़ता है। इसमें हार-जीत का फैसला नहीं होता, केवल युद्ध होता है और इस युद्ध से बचने की कोशिश छद्म लेखन है तथा यह लेखक की आत्महत्या है। समता और बंधुता का युद्ध भी वास्तव में स्वतंत्रता का ही युद्ध होता है। इस युद्ध की केवल रणनीति किंचित भिन्न होती है। समता की चाह के साहित्य के लिए विषमता की यातना का तीव्र बोध जरूरी है। इसमें तिक्तता और उग्रता अनिवार्य है। बंधुता की चाह वैसे तो हर साहित्य में निहित होती है किन्तु देश और काल की सीमाओं का पारगमन करने वाला विशिष्ट प्रकार का साहित्य भी लिखा जा सकता है। महान रोमांस

और फंतासी कथाएं इस प्रकार का साहित्य होती हैं। उच्च कोटि का बाल-साहित्य भी इस श्रेणी में आता है।

स्वतंत्रता को जीने का एक मात्र रास्ता है विद्रोह। निषेध, असहयोग, बहिष्कार आदि विद्रोह के ही रूप हैं। इस विद्रोह का अहिंसात्मक होना जरूरी है। प्रेम विद्रोह का सर्वश्रेष्ठ रूप है। प्रेम अपनी स्वतंत्रता की घोषणा भी है और दूसरे (प्रिय) की स्वतंत्रता की प्रतिबद्धता भी। स्वतंत्रता को जीने का अर्थ है कष्ट और त्याग के रास्ते को चुनना। सुख-सुविधा की चाह का मतलब है किसी न किसी रूप में गुलामी को आमंत्रित करना।

साहित्य का सौंदर्य (उसका सत्य और शिव भी) स्वतंत्रता, समता और बंधुता की अभिव्यक्ति का परिणाम होता है। जिस अनुपात में किसी रचना में हमें इनकी अनुभूति होती है उसी अनुपात में वह रचना हमारे लिए सुंदर होती है। रसात्मकता और रमणीयता भी इसी में निहित होती है।

राजनीति अथवा धर्म के लक्ष्यों के लिए साहित्य का सृजन करना गैर-साहित्यिक काम है क्योंकि साहित्य के लक्ष्य इन दोनों के लक्ष्यों के विपरीत होते हैं। राजनीति, धर्म जहां स्वतंत्रता, समता आदि पर अंकुश लगाते हैं, साहित्य का काम इन अंकुशों को तोड़ना होता है।

साहित्य में स्त्री-शूद्र को आश्रय या नायकत्व का दर्जा देना, उसे आलंबन या विषय के रूप में नहीं, विषयि के रूप में प्रस्तुत करना, वर्तमान और भविष्य के साहित्य के लिए सबसे बड़ी चुनौती है। इस कसौटी पर जो रचना खरी उतरेगी उसे किसी आलोचक की बैसाखी की जरूरत नहीं होगी।

साहित्य के दादाओं की भूमिका अदा करने वाले आलोचकों एवं समीक्षकों के लिए जहां सार्त्र का विशेषण, 'कब्रिस्तान का चौकीदार' सटीक बैठता है वहां सच्चे आलोचकों और समीक्षकों का होना किसी भाषा के लिए गौरव की बात भी है। यह लेखक और पाठक के बीच महत्त्वपूर्ण कड़ी है। लेकिन यह भूमिका आलोचक तभी निभा सकता है जब वह अपने पूर्वाग्रहों से ऊपर उठने की क्षमता रखता हो।

मुझे लगता है कि हिन्दी लेखक आम तौर पर सामान्य पाठक के लिए नहीं लिखता। लिखते समय वह इस बात के प्रति सचेत होता है कि उसकी रचना लेखक बन्धुओं, समीक्षकों, साहित्य के विद्वानों या विद्यार्थियों अथवा तथाकथित प्रबुद्ध व्यक्तियों के हाथ में जानी है और उनकी पसन्द-नापसन्द पर ही रचना का भाग्य निर्भर है (भाग्य, अर्थात् उसका पुरस्कृत, सम्मानित होना अथवा पाठ्य-पुस्तक बनना)। इसीलिए लेखक सचेत होकर ऐसी भाषा लिखता है जो उसकी सहज भाषा नहीं होती और उसमें कृत्रिम भाषा, फालतू शब्द-क्रीड़ा, पांडित्य-प्रदर्शन, आदि बातें प्रमुख हो जाती हैं। वैसे हर रचना एक विशिष्ट पाठक वर्ग को

सम्बोधित होनी चाहिए जैसे—बाल-साहित्य बालक वर्ग को। इसमें शहरी बच्चे या ग्रामीण बच्चे, उच्च वर्गीय बच्चे या साधारण वर्गीय बच्चे की कल्पना लेखक में अपने वातावरण के अनुसार, हो सकती है। इसी तरह हिन्दी में लिखी गई रचना हिन्दी क्षेत्र के लोगों को या सारे भारत के हिन्दी जानने वालों को संबोधित हो सकती है किन्तु वह फ्रांस-अमेरिका के लोगों को संबोधित नहीं हो सकती (जैसाकि अंग्रेजी में लिखने वाले भारतीय लेखकों की रचनाएं आम तौर पर होती हैं)। कुछ रचनाएं महिलाओं, दलितों अथवा नवसाक्षरों के वर्ग को भी संबोधित होती हैं। किन्तु यदि रचना सिर्फ लेखक बंधुओं, आलोचकों, समीक्षकों और तथाकथित साहित्य-मर्मज्ञों को ही संबोधित हो तो रचना का दायरा स्वतः ही छोटा हो जाता है। हिन्दी साहित्य पाठकों से आज इसी कारण कटा हुआ है।

साहित्य समाज का दर्पण है, यह कथन इस मायने में तो सच है कि समाज इसमें अपना चेहरा देख सकता है। किन्तु वह यथास्थिति का जड़ चित्र नहीं होता बल्कि समाज में होने वाले भावी परिवर्तनों का सूचक भी होता है। इसका कारण है कि लेखक साहित्य में समाज को उद्‌घाटित करता है, उस पर पड़े पर्दों को हटाता है तो वास्तव में वह भविष्य को चुन रहा होता है। भविष्य की प्रतिबद्धता के बिना वह उद्‌घाटन का काम भी नहीं कर सकता। उद्‌घाटन का मतलब ही है प्रकाश डालना और प्रकाश लेखक को उस संकल्प से मिलता है जिसे वह भविष्य के संबंध में करता है। इस प्रकार साहित्य समाज का जड़ प्रतिबिंब प्रस्तुत नहीं करता बल्कि निर्माणात्मक संभावनाओं से युक्त प्रतिबिंब प्रस्तुत करता है।

साहित्य में कलाकार और अदाकार का भेद बना रहना चाहिए (और क्षेत्रों में रहे न रहे) क्योंकि अदाकारी साहित्य को बाजारू माल बना देती है। साहित्य को फिल्म-दूरदर्शन आदि प्रचार माध्यमों का अनुचर बनाने में भी यही खतरा है। इससे लेखक की रचना को व्यापक प्रचार तो मिल सकता है लेकिन यह प्रचार उसका बाजार-भाव ही बढ़ा सकता है, रचना की सृजनात्मक प्रक्रिया को आगे नहीं बढ़ा सकता क्योंकि उसके लिए पाठक की स्वतंत्रता जरूरी शर्त है और फिल्म-दूरदर्शन के दर्शकों की स्वतंत्रता बंधक होती है।

पुरस्कार साहित्यिक गतिविधि को कुल मिलाकर फूहड़ता प्रदान करते हैं। लेखक को उसका उचित पारिश्रमिक देने के बजाय खाल उतार कर शाल पहनाने का प्रहसन तो यह है ही, यह ऊंच-नीच की सीढ़ीनुमा वर्णव्यवस्था को मजबूत करने की साजिश भी है। पुरस्कार लेखक से उसकी स्वतंत्रता भी छीनते हैं जिसका बोध लेखक को भले ही न हो किन्तु जिसका प्रभाव उसके लेखन पर अवश्य पड़ता है।

लेखक जब अपने हर सामान्य अनुभव को बहुमूल्य मानने लगता है तो वह दूसरों के अनुभव को अपना अनुभव बनाने (संवेदना, सहानुभूति) की क्षमता खोता है। इस स्थिति में उसका लेखन आत्ममुग्धता अथवा अहंमात्रवाद (सोलिप्सिज्म)

से प्रेरित होता है। भोगे हुए यथार्थ का लेखन अधिकतर इसी श्रेणी में आता है। अपने शब्दों से विमोहित लेखन भी इस कोटि का होता है। आत्मकथात्मक लेखन में इसका बहुत अधिक खतरा रहता है। यह अतीत-मोह या नास्टॉल्जिया का लेखन बन जाता है।

जैसे मॉडेल को सामने अथवा स्मृति में बिठाकर बनाया गया चित्र कल्पना-सृजित चित्र की ऊंचाई को नहीं छू सकता, वैसे ही जीवन के वास्तविक पात्रों को आधार बनाकर लिखी गई कहानी-उपन्यास कृति उस ऊंचाई को नहीं छू पाती जिसमें लेखक अपनी मौलिक कल्पना से पात्रों की सृष्टि करता है। पात्रों को जीवन से ज्यों-का-त्यों उठाना और कल्पना-सृजित पात्रों का जीवन से उठाए गए पात्र लगना दो अलग बातें हैं। लेखक की कला दूसरे प्रकार के पात्रों में निखरती है।

मिथक कथाओं और ऐतिहासिक घटनाओं के पुनर्कथन के रूप में किया गया लेखन भी मॉडेल पेंटिंग जैसा प्रयास है जिसमें विशेष लेखकीय प्रतिभा दरकार नहीं होती। मिथक और इतिहास को भविष्य के प्रकाश में पुनः आलोकित करना महत्त्वपूर्ण काम है लेकिन इन्हें मनमाने ढंग से तोड़ना-मरोड़ना या इनकी सामग्री को किंचित हेरफेर के साथ अपने मौलिक लेखन के रूप में प्रस्तुत करना सस्ता लेखन है।

कविता, कहानी, उपन्यास, निबंध आदि सभी साहित्यिक विधाओं की अपनी-अपनी विशेष शक्ति है। एक विधा का काम दूसरी विधा नहीं कर सकती। कहानी में कविता करना या कविता में कहानी कहना अच्छा प्रयास नहीं माना जा सकता। कविता राग या पैशन की चीज है और कहानी अनुचिंतन या रिफ्लेक्शन की। दोनों के अनुभव अलग-अलग किस्म के होते हैं। कविता में प्रत्यक्ष अनुभव होता है तो कहानी में उस अनुभव का ज्ञान। कहानी और उपन्यास भी अलग-अलग विधाएं हैं। दोनों के बीच अन्तर केवल आकार का नहीं है। कहानी जीवन का व्यष्टिगत विश्लेषण (माइक्रो एनेलेसिस) करती है, उपन्यास जीवन का समष्टिगत विश्लेषण (मैक्रो एनेलेसिस) करता है। कहानी में बायोप्सी और उपन्यास में ऑटोप्सी की प्रक्रिया अपनाई जाती है। दोनों के लिए अलग-अलग क्षमता की जरूरत होती है। निबंध के लिए अलग ही मनःस्थिति की अपेक्षा होती है और बाल-साहित्य के लिए भी। एक लेखक के लिए इन अलग-अलग मनःस्थितियों को प्राप्त करना असंभव नहीं होता किन्तु एक विधा की मनःस्थिति दूसरी विधा की रचना में दोष पैदा करती है।

साहित्य में एक अच्छी रचना का जन्म धर्म में किसी महापुरुष के अवतार से कम महत्त्वपूर्ण नहीं होता किन्तु अच्छी रचना को पहचानना और उसे स्वीकार करना बहुत कष्टकर होता है। सहृदय पाठक और आलोचक के लिए ऐसी रचना

से साक्षात्कार अपार आनंद का अवसर होता है और इस आनन्द को छिपाकर रखना उसके लिए असंभव हो जाता है। वह नये लेखक में भी इस प्रकार की संभावना देखता है इसलिए वह किसी लेखक और रचना को अपने पूर्वाग्रहों से देखने की कोशिश नहीं करता। कुटिल आलोचक अपने पूर्वाग्रहों का बंदी होने के कारण या तो उस रचना को देखने से इन्कार करता है और देखता है तो चुप्पी मारकर अस्वीकार कर देता है। इस प्रकार सच्चे आलोचकों और पारखियों का अभाव अनेक अच्छी रचनाओं की असमय मृत्यु का कारण बनता है जो किसी भी भाषा के लिए दुर्भाग्य की बात है।

समाज में सर्जक की भूमिका विषपायी शिव की होती है जिसे विध्वंस और निर्माण साथ-साथ करना होता है। उसका रौद्र रूप समाज के लिए सहज-ग्राह्य नहीं होता, इसलिए उसे अधिकतर समाज की उपेक्षा ही मिलती है। धर्म, राज-नीति, समाज की तमाम संस्थाएं और व्यवस्थाएं उसे प्रतिद्वंद्वी शक्ति मानकर उस पर अंकुश लगाने की कोशिश करती है। किन्तु वे उसे बांध नहीं सकतीं क्योंकि सर्जक स्वयंभू होता है। वह धर्म, समाज, राजनीति की निर्मिति नहीं, स्वयं की निर्मिति होता है।

परिशिष्ट एक

ज्यां पाल सार्त्र और बंधुता का मूल स्रोत

ज्यां पाल सार्त्र और बेनी लेवी के बीच 'हिंसा, क्रांति और बंधुता' विषय पर एक लंबी बातचीत हुई थी। इसका विवरण हैदराबाद से प्रकाशित, केशवराव जाधव द्वारा सम्पादित पत्र 'औलिम्पस' के मार्च-अगस्त, 1992 अंक में छपा था। बातचीत इस मुद्दे से शुरू हुई कि 1793 के विद्रोहियों के बीच जो भाईचारे की भावना बनी थी उस वामपंथी बंधुता का ह्रास क्यों हुआ और वामपंथी एकता क्यों टूटी ? बातचीत के दौरान वे लोकतंत्र, वोट और वयस्क मताधिकार पर विचार करने के बाद बंधुता पर आते हैं। बातचीत के कुछ अंश नीचे दिए जा रहे हैं :

बेनी लेवी : क्या आप मार्क्स की यह बात दुहरा रहे हैं कि वोट राजनैतिक व्यक्ति की अभिव्यक्ति है और यह ठोस सामाजिक संबंधों अर्थात् उत्पादन संबंधों की मूल अभिव्यक्ति का फल है ?

ज्यां पाल सार्त्र : एक मायने में हां। लेकिन मैं उत्पादन संबंधों को प्राथमिक संबंध नहीं मानता। वोट के संदर्भ में यह प्राथमिक है। शहरों में बसने वाले मजदूर एक ही इलाके में रहते हैं, एक ही तरह का काम करते हैं और वे वोट देने जाते हैं। लेकिन मेरी दृष्टि में यह बहुत महत्वपूर्ण नहीं है। जो चीज उन्हें उत्पादन संबंधों से भी ज्यादा मजबूती से बांधती है, जो उन्हें उत्पादक होने से अधिक इस बात का अहसास कराती है कि उन्हें एक-दूसरे की जरूरत है, वह यह है कि वे सब मनुष्य हैं। इस तथ्य का अध्ययन किया जाना चाहिए। हमें यह जानने का प्रयत्न करना चाहिए कि एक व्यक्ति होने और अन्य पड़ोसी व्यक्तियों के साथ मिलकर कानून बनाने, संस्थाएं चलाने तथा अपने आप को वोट के जरिए नागरिक बनाने का क्या मतलब है। सुपरस्ट्रक्चर के बारे में मार्क्स ने अच्छा काम किया लेकिन यह कल्पना बिलकुल गलत है क्योंकि व्यक्ति-व्यक्ति के बीच

प्राथमिक संबंध कुछ और होता है और उसी का हमें पता लगाना है।

बेनी लेवी : आपको नहीं लगता कि आपने 'सर्च फार मेथड' में इसका पता लगाया है ?

सार्त्र : मैं उसे ढूंढ रहा था लेकिन मैं कुछ और भी ढूंढ रहा था। बड़ी बात यह कि मैंने उसका दूसरा खंड नहीं लिखा। आपको मालूम ही है कि मैंने 'सर्च फार मेथड' किनारे रख दिया क्योंकि मेरे भीतर यह विचार परिपक्व नहीं हुआ। मैं उसके साथ नहीं चल सका। मुद्दा यह है कि मैं समाज को उस रूप में लूं जिस रूप में 'सर्च फार मेथड' में मैंने उसकी कल्पना की तो मुझे कहना पड़ेगा कि बंधुता के लिए इसमें जगह नहीं है। इसके विपरीत यदि मैं समाज को लोगों के बीच संबंध का परिणाम मानूं जो राजनीति से ज्यादा मूलभूत है तो मुझे मानना होगा कि लोगों के बीच एक प्राथमिक संबंध होना चाहिए, हो सकता है, होता है और यह है बंधुता।

बेनी लेवी : बंधुता प्राथमिक संबंध क्यों है ? हम एक ही पिता की संतानें तो नहीं हैं ?

सार्त्र : नहीं। लेकिन किसी भी अन्य प्रकार के संबंध में पारिवारिक संबंध प्राथमिक है।

बेनी लेवी : लोग एक परिवार होते हैं ?

सार्त्र : एक मायने में वे एक परिवार होते हैं।

बेनी लेवी : आप इस प्राथमिक संबंध को किस रूप में देखते हैं ?

सार्त्र : प्रत्येक व्यक्ति का जन्म वैसी ही घटना है जैसी उसके पड़ोसी का जन्म। यहां तक कि एक तरह से, आपस में बातें करने वाले दो व्यक्तियों की मां एक ही होती है। वास्तविक मां नहीं, ऐसी मां जिसकी न आंखें हैं न चेहरा। यह एक विचित्र प्रकार का विचार है लेकिन हम दोनों इस विचार के साझेदार हैं बल्कि हम सभी इसके साझेदार हैं। एक ही प्रजाति के होने का मतलब है एक ही माता-पिता का होना। इस नाते हम सब भाई हैं। वास्तव में मानव प्रजाति को इसी रूप में परिभाषित किया जाता है, जैवशास्त्रीय गुणों के रूप में इतना नहीं जितना हमारे बीच के किसी और संबंध, बंधुता के रूप में। यह एक ही मां से जन्म लेने का संबंध है। मेरा यही अभिप्राय है।

बेनी लेवी : प्लेटो की 'रिपब्लिक' में सुकरात ने अच्छे नगर की आवश्यकताएं बताईं—हर वर्ग का एक स्थान आदि—और फिर कहा : "सुनो प्रिय, मैं एक और बात जोड़ना चाहता हूं। इसका जिक्र थकान पैदा करने वाला होगा किंतु मैं कहना जरूर चाहता हूं। एक और चीज की आवश्यकता है। नगर के सभी लोगों में यह भावना जगानी होगी कि वे सब आपस में भाई हैं। उनमें यह विश्वास जगाना होगा कि वे एक ही मां की संतानें हैं और मैं यह कहना चाहता

हूं कि यह मां हमारी धरती है। हमें इस रूप में इस विचार को रखना होगा और तब लोग मानेंगे कि हम एक ही धरती की संतानें हैं और इसीलिए भाई-भाई हैं। निस्संदेह सबके स्वभाव अलग-अलग हैं जो बात स्पष्ट करती है कि क्यों एक योद्धा है, दूसरा किसान और तीसरा मैजिस्ट्रेट लेकिन मूल रूप में सब भाई-भाई हैं।"···इसका मतलब कि आप जिस मां की बात मुझसे कर रहे हैं—एक पवित्र और संदेहशील असत्य के द्वारा—वह ग्रीक संदर्भ की धरती मां तथा नेशन (राष्ट्र) के आधुनिक सदर्भ की भी धरती मां हो सकती है।

सार्त्र : मैंने सुकरात के वक्तव्य को कभी पवित्र असत्य नहीं माना। वे वास्तव में मानते थे कि सब मनुष्य आपस में भाई-भाई हैं। किंतु वे इसे ठीक-ठीक नहीं कह पाए। इस तरह सत्य को परिभाषित करने के लिए उन्हें सम्प्रेषणीय शब्दावली नहीं मिली तो उन्होंने इसे मिथक बना दिया।

बेनी लेवी : ठीक है, सुकरात के अभिप्राय का समर्थन किया जा सकता है। तथापि यह तथ्य तो बना ही हुआ है कि उनके सामने कठिनाई आई जो वर्तमान समय की कठिनाई है और सारे ढांचे के लिए खतरा बन गई है। मन ऐसी स्थिति में मिथक में भटकने से कैसे बच सकता है जब मूल समस्या यह हो कि हम कैसे भाई-भाई की तरह रह सकते हैं या बंधुता को जीवन में ला सकते हैं।

सार्त्र : इसका मिथक से कोई लेना-देना नहीं है। बंधुता वह संबंध है जो एक प्रजाति के सदस्यों के बीच होता है। हजारों साल पूर्व प्रारंभिक सामाजिक विभाजन कबीलों या गणों के रूप में हुआ जिनकी पहचान टोटम या गण-चिह्न था। टोटम ने सारे कबीले को बांधा और उनके सारे संबंधों को वास्तविकता प्रदान की, उदाहरण के लिए उन्हें आपस में विवाह करने से रोकने के मामले में। यह संबंध बंधुता था। मेरा मतलब है कबीले की उस महान संकल्पना को, मातृ-संबंध की एकता को—उदाहरण के लिए उस पशु से जिसने हम सब को जन्म दिया—आज हमें पुनः पहचानना होगा क्योंकि यही सच्ची बंधुता थी। एक अर्थ में यह निश्चय ही मिथक था, इसमें कोई संदेह नहीं। लेकिन यह सच भी था।

बेनी लेवी : क्या आप वहीं नहीं कर रहे हैं जो सुकरात ने करने का प्रयास किया, अर्थात् समस्या खड़ी हुई तो मिथक का सहारा ले लिया ?

सार्त्र : नहीं, मैं ऐसा नहीं मानता हूं। मेरा मतलब है कि मिथक की खोज समूह के लोगों ने अपने पारस्परिक संबंध, समूह-संबंध को समझने-समझाने के लिए की। दूसरे शब्दों यह जाने बिना खोज की कि वे जन्म देने वाले की खोजकर रहे हैं जिसके परिणाम स्वरूप वे भाई-भाई हैं। क्यों ? क्योंकि प्रारंभ में उन्हें लगा कि वे भाई-भाई हैं। बाद में उनकी खोज ने भाईचारे को निश्चित अर्थ दिया। लेकिन खोज से बंधुता का भाव मिला ऐसी बात नहीं है।

बेनी लेवी : लेकिन हमारी समस्या है कि हम बंधुता को मूल कल्पना के

लिए मिथक में न जाएं। हम इस जाल से कैसे बच सकते हैं जिसमें सुकरात फंस गए थे ?

सार्त्र : हम जाल में नहीं फंस रहे हैं। कबीले के सभी लोग भाई-भाई होते हैं बशर्ते कि वे एक ही औरत से पैदा हों जिसका प्रतीक गणचिह्न है। उस क्षण औरत का व्यक्तितव विचारणीय विषय नहीं है, वह मात्र एक औरत होनी चाहिए जिसके गर्भ में भ्रूण विकास कर सके, जिसके पास दूध पिलाने के लिए स्तन हों या शायद बच्चे को उठाने के लिए पीठ हो। यह औरत टोटमिक पक्षी भी हो सकता हैं।

बेनी लेवी : लेकिन यह तो मानते हैं (या नहीं ?) कि जैवशास्त्रीय संबंध को बिल्कुल छोड़ा नहीं जा सकता। अन्यथा बंधुता के बजाय कुछ और भी कहा जा सकता है, जैसे समता। लेकिन मुझे लगता है कि आप बंधुता की कल्पना की ओर बहुत आकृष्ट हुए हैं और समता की कल्पना से उतने नहीं जुड़े हैं जितने कभी थे। अतः हमें ऐसी परिभाषा ढूंढनी है जिसमें जैवशास्त्रीय संदर्भ को मानकर चला जाए किंतु उसका इतना विस्तार किया जा सके कि वह जैवशास्त्रीय न रहे और मिथक भी न बने।

सार्त्र : बिल्कुल ठीक। तो फिर एक मानव और दूसरे मानव के बीच वह कौन-सा संबंध हैं जिसे बंधुता कहा जा सकता है ? यह संबंध समता का तो नहीं है। यह ऐसा संबंध है जिसमें काम करने की प्रेरणा रागात्मक क्षेत्र से मिलती है जबकि काम का क्षेत्र व्यावहारिक होता है। दूसरे शब्दों में समाज में व्यक्ति और उसके पड़ोसी के बीच संबंध सबसे पहले रागात्मक/व्यावहारिक होता है। कहा जा सकता है कि शुरू में लोगों में यह चेतना रही होगी। लेकिन यह ऐसा उपहार है जिसकी पुनः खोज होनी चाहिए। जब मैं किसी आदमी को देखता हूं तो सोचता हूं कि उसका और मेरा उद्‌गम एक ही है। मेरी तरह वह भी, हम कह सकते हैं, मानवता रूपी मां से पैदा हुआ है या जैसाकि सुकरात ने कहा, धरती रूपी मां से पैदा हुआ है या किसी अन्य मां से···

बेनी लेवी : यह मां, मानवता, धरती क्या है ? हम अब भी मिथक में भटक रहे हैं। क्या इस मिथक से अपने को अलग करने का कोई रास्ता नहीं ?

सार्त्र : मैं समझता हूं कि मेरे और आपके बीच या आपके और मेरे बीच जो संबंध है वह मिथकीय नहीं वास्तविक है। हम आदमी और उसके पड़ोसी के बीच के संबंध को बंधुता कहते हैं क्योंकि वे समझते हैं कि उनका उद्‌गम एक ही है। उद्‌गम एक है और भविष्य में लक्ष्य एक है। एक उद्‌गम एक लक्ष्य, यह है बंधुता।

बेनी लेवी : क्या यह सच्चा और बोधगम्य अनुभव है ?

सार्त्र : मैं समझता हूं कि मुकम्मिल और वस्तुतः बोधगम्य अनुभव यह तब

होगा जब प्रत्येक व्यक्ति के भीतर विद्यमान लक्ष्य—मानव का निर्माण—प्राप्त कर लिया जाएगा। उस वक्त यह कहना संभव होगा कि सब लोग एक ही उद्‌गम से आए हैं, माता या पिता के सेक्स की वजह से नहीं बल्कि हजारों साल की उस प्रक्रिया के फलस्वरूप जिसने अंत में मानव की रचना की। तब सच्ची बंधुता होगी।

बेनी लेवी : मैं सहमत हूं किंतु यह अंतिम परिणाम किस चीज से इंगित होता है?

सार्त्र : इस तथ्य से कि यह नैतिकता नाम की चीज है।

बेनी लेवी : अपने वर्तमान अनुभव में हम मिथक का सहारा लिए बिना बंधुता को कैसे स्पष्ट कर सकते हैं?

सार्त्र : क्योंकि बंधुता भविष्य की चीज है। मिथक का सहारा लेने की आवश्यकता नहीं क्योंकि मिथक अतीत की चीज है। बंधुता वह संबंध है जो मनुष्यों के बीच भविष्य में तब बनेगा जब सारे इतिहास से गुजर कर वे अपने से यह कह सकेंगे कि वे भावना और कार्य में एक-दूसरे से जुड़े हैं। नैतिकता अपरिहार्य है क्योंकि इसका मतलब है कि मानव या अधोमानव का भविष्य मुश्तरिका कार्रवाई के सिद्धांतों पर आधारित है जबकि इसके साथ-साथ ही उनके आस-पास भौतिकता (जिसका मतलब मूलतः अभाव है) के आधार पर भविष्य बन रहा है। इसका अर्थ है यह मानना कि तुम्हारा सब कुछ मेरा है और मेरा सब कुछ तुम्हारा। मुझे जरूरत होगी तो तुम मुझे दोगे और तुम्हें जरूरत पड़ेगी तो मैं तुम्हें दूंगा। यही नैतिकता का भविष्य है। और आदमियों की कुछ ऐसी जरूरतें होती हैं जिन्हें वे अपनी बाहरी स्थितियों के कारण पूरा नहीं कर पाते। यहां जितना होना चाहिए उससे हमेशा कम होता है। आदमी की जरूरतों से कम खाद्य पदार्थ और उस खाद्य पदार्थ के उत्पादन में लगे कम लोग। हम अभाव या किल्लत से घिरे हैं जो एक वास्तविक तथ्य है। हमें हमेशा किसी न किसी चीज की कमी रहती है। इसके दो समाधान हैं। दोनों मानवीय हैं किंतु एक-दूसरे से मेल नहीं खाते। तथापि हमें एक-साथ दोनों को लेकर जीना है। एक है मानव का निर्माण करना, मानव की उपलब्धि जो एक नैतिक संबंध है और दूसरा है अभाव के खिलाफ युद्ध।···

इस वार्तालाप में हिंसा और क्रांति की कल्पनाओं पर भी विचार किया गया है किन्तु हमने बंधुता से संबंधित अंश को ही यहां उद्धृत किया है। सार्त्र ने कभी बंधुता को हिंसा से भी जोड़ा था, अल्जीरिया की हिंसक क्रांति के समर्थन के दौरान, और कहा था कि समान शत्रु के खिलाफ हिंसा की भावना भी बंधुता की भावना पैदा करती है। किंतु इस वार्तालाप में आगे चलकर उन्होंने माना है कि वे अब उस विचार को नहीं मानते। हिंसा जड़ता या गुलामी का शिकंजा तोड़ने के लिए

(क्रांति के लिए) आवश्यक हो सकती है लेकिन आजादी मिलने के बाद तो बंधुता का कोई और स्रोत ढूंढ़ना पड़ेगा।

यह देखकर आश्चर्य होता है कि फ्रांस के दार्शनिकों ने इन संकल्पनाओं पर गहराई से विचार किया किंतु हमारे यहां इन पर बहस हुई ही नहीं जबकि इन संकल्पनाओं का जन्म यहां हुआ और इन्हें संविधान में रखा गया। कुछ समय पहले राजमोहन गांधी ने एक बहुचर्चित व्याख्यान में 'शत्रुता से बंधुता' के सार्त्र के थीसिस को 'शत्रुता से एकता' के अपने थीसिस के रूप में पेश किया था बिना यह जाने कि सार्त्र ने इस थीसिस को बाद में खुद ही अस्वीकार कर दिया था। समता के मुद्दे पर तब लोग सोचने लगे जब आरक्षण का मसला गरम हुआ और उच्चतम न्यायालय ने उस पर ऐतिहासिक निर्णय दिया। बंधुता को हमने संविधान में मानव की गरिमा और राष्ट्र की एकता का साधक कहा है अतः इस शब्द की गहरी छानबीन की आवश्यकता है। सुकरात ने बंधुता को स्पष्ट करने के लिए धरती मां की कल्पना रखी और सार्त्र ने भी उससे मिलते-जुलते एक उद्गम का विचार रखा। हमारे यहां मोक्ष की कल्पना के अंतर्गत मानव को विराट का अंश माना गया। यह भी एक मिथकीय विचार है। मनुष्य को जब विराट के अंश होने का बोध हो जाता है तभी वह अपने को पहचानने लगता है अर्थात् उसकी अस्मिता बनती है तथा गरिमा का बोध होता है और तभी सच्ची बंधुता प्रकट होती है। राष्ट्र की निष्ठा मानव-जाति के प्रति निष्ठा से कैसे मेल खाए इस पर भी विचार होना चाहिए।

परिशिष्ट दो

वर्तमान सभ्यता का संकट और गांधी-लोहिया

डंकेल प्रस्तावों के माध्यम से भारत और तीसरी दुनिया के देशों पर लादी जा रही 'ऋणं कृत्वाघृतं पिवेत्' की अर्थनीतियों को पूंजीवादी सभ्यता द्वारा अपने विनाश को रोकने की अंतिम हताश कोशिश कहा जा सकता है। ऐसा लगता है कि पूंजीवादी सभ्यता जिसे आधुनिक सभ्यता, पश्चिमी सभ्यता भी कहा जा सकता है, दो सदियों की जीवन-लीला पूरी करके अस्ताचल की ओर तेजी से बढ़ रही है और एक नई सभ्यता का उदय होने वाला है। अत: इस अस्ताचलगामी सभ्यता की कहानी पर सरसरी नजर डालना रोचक होगा।

पूंजीवाद को आधुनिक सभ्यता का पर्याय बनाने के कारण कुछ लोगों को लेख के शुरू में ही आपत्ति हो सकती है अत: यह स्पष्ट करना जरूरी है कि मैं पूंजीवाद को न सिर्फ आधुनिक सभ्यता का पर्याय मानकर चल रहा हूं बल्कि इसे पश्चिमी सभ्यता, औद्योगिक सभ्यता का समानार्थक शब्द भी मानकर चल रहा हूं और साम्यवाद को भी इसी सभ्यता का एकरूप मान रहा हूं। इसका कारण है कि ये तमाम नाम उस सभ्यता को दिए गए हैं जो औद्योगिक क्रांति के गर्भ से पैदा हुई थी।

इस कथन का यह अभिप्राय नहीं कि यह सभ्यता इंग्लैंड, जर्मनी या फ्रांस के किसी कारखाने का उत्पाद है और न ही यह कि औद्योगिक क्रांति अचानक कुकरमुत्ते की तरह जमीन से फूटी। औद्योगिक क्रांति स्वयं यूरोप के नवजागरण काल में हुए उस विचार-मंथन का परिणाम है जो पूर्वी देशों के साहित्य के साथ सम्पर्क के बाद बुद्धिजीवी वर्ग में चला। औद्योगिक क्रांति से पहले ही मानव जीवन के अंतिम लक्ष्यों के सम्बन्ध में काफी सोच-विचार हो चुका था जिसका सार फ्रांस के इंसाइक्लोपीडिया लेखकों (वालटेयर, दिदरा और डेलम्बर्ट आदि) ने प्रस्तुत किया था। स्वतंत्रता, समता और बंधुता को जीवन के मूलभूत मूल्य और अंतिम

लक्ष्य मानने का अर्थ था पूर्वकालीन ईसाइयत के मूल्यों से विलगाव और यह एक नई सभ्यता का सूचक था। ये मूल्य भारतीय समाज के परम लक्ष्य मोक्ष के विखंडित रूप थे जिसे धर्म, अर्थ और काम के क्षेत्र की सभी गतिविधियों का अंतिम लक्ष्य माना जाता। इस 'मोक्ष' शब्द के अंतर्गत भी सर्वोच्च स्वतंत्रता, सर्वोच्च समता और बंधुता का आशय निहित था हालांकि जन्म-मरण की शृंखला के साथ जुड़ कर इसका अर्थ भारतीय साहित्य में बहुत संकुचित हो गया था।

सभ्यता के दोहरे लक्ष्य

ध्यान में रखने वाली बात है कि हर सभ्यता अपने लिए दो तरह के लक्ष्य निर्धारित करती है, एक दूरगामी लक्ष्य और एक तात्कालिक लक्ष्य। दार्शनिकों को हमेशा इन दो लक्ष्यों या आदर्शों से जूझना पड़ता है। एक तो उन्हें यह तय करना होता है कि मनुष्य क्या है, कहां से आया, उसे कहां जाना है और दूसरे यह निश्चित करना होता है कि वह किस मार्ग पर चल कर अपनी मंजिल तक पहुंच सकता है। इन्हें आध्यात्मिक और भौतिक लक्ष्य भी कहा जा सकता है। इन दो प्रकार के लक्ष्यों के लिए विभिन्न समाजों में विभिन्न संकल्पनाओं का इस्तेमाल हुआ है। भारतीय समाज में इनके लिए ब्रह्म और माया शब्द हैं। पश्चिमी दार्शनिकों ने इनके लिए आध्यात्मिक और भौतिक या आदर्श और यथार्थ (स्पिरिट और मैटर) शब्दों का इस्तेमाल किया है। इन दो प्रकार के लक्ष्यों का पारस्परिक सम्बन्ध क्या हो, दर्शन शास्त्र की अधिकांश ऊहापोह इसी सवाल को लेकर रही है। कुछ दार्शनिक एक लक्ष्य की सिद्धि से दूसरे लक्ष्य की स्वतःसिद्धि मानते हैं, कुछ दोनों को बिलकुल पृथक् और असंबद्ध मानते हैं और कुछ दोनों को स्वायत्त होते हुए भी परस्पर संबद्ध मानते हैं। गांधी आध्यात्मिक लक्ष्य की सिद्धि से भौतिक लक्ष्यों की स्वतः सिद्धि मानते थे। मार्क्स भौतिक लक्ष्य की सिद्धि से आध्यात्मिक लक्ष्य की स्वतः सिद्धि मानते थे। डॉ० राममनोहर लोहिया दोनों के बीच स्वायत्त सह-सम्बन्ध मानते थे। इस निबंध के प्रयोजन के लिए इतना ही कहना पर्याप्त होगा कि किसी भी सभ्यता के विवेचन के लिए उसके दूरगामी लक्ष्यों और तात्कालिक लक्ष्यों अथवा आध्यात्मिक और भौतिक लक्ष्यों का विवेचन जरूरी हो जाता है। आध्यात्मिक लक्ष्य तो सभी सभ्यताओं में लगभग एक-से होते हैं हालांकि उनके मूल स्रोतों की कल्पना अलग-अलग हो सकती है जैसे ब्रह्म, ईश्वर, खुदा, ईसा, पैगम्बर आदि। भौतिक लक्ष्य ही किसी सभ्यता का वास्तविक स्वरूप निर्धारित करते हैं क्योंकि इनसे उस सभ्यता का मूल ढांचा खड़ा होता है। इनके चिंतन-मनन को भारतीय साहित्य में परा और अपरा विद्या कहा गया है।

औद्योगिक सभ्यता का मूल ढांचा

औद्योगिक सभ्यता के निर्माण के लिए सामाजिक ढांचे में मूलभूत परिवर्तन की जरूरत थी और यह परिवर्तन औद्योगिक क्रांति से आया। इस क्रांति ने समाज में एक नया वर्ग पैदा किया जिसे बुर्जुआ वर्ग या मध्य वर्ग कहा जाता था। सामंती युग में समाज दो ही वर्गों में विभाजित था, एक सामंत या शासक वर्ग और दूसरा उसकी छत्रछाया में पलने वाला प्रजा वर्ग, कृषि-दास आदि। औद्योगिक क्रांति ने इन दोनों के मध्यवर्ती तबके के हाथ में पूंजी और उत्पादन की शक्तियां देकर इसे इतना शक्तिशाली बना दिया कि वह समाज की दिशा को निर्धारित करने में सक्षम हो गया। उसने सामंती युग के मूल्यों को चुनौती दी और उसके स्थान पर अपने मूल्य निर्धारित किए —समाज, धर्म और राजनीति में ही नहीं, साहित्य और कलाओं में भी। प्राचीन मूल्यों की तुलना में उसने अपने मूल्यों को आधुनिक बताया और अपने द्वारा स्थापित सभ्यता को आधुनिक सभ्यता का नाम दिया।

इस प्रकार इस सभ्यता के आध्यात्मिक मूल्य या सर्वोच्च लक्ष्य (आदर्श) तो स्वतंत्रता समता और बंधुता बने किन्तु इसका ढांचा (यथार्थ) बना वैज्ञानिक आविष्कारों पर जिसकी प्रतीक मशीन या प्रौद्योगिकी थी। न्यूटन की भौतिक विज्ञान की खोजों ने मशीन का रूप स्थिर किया और उसके अनुरूप ही मानव और समाज की कल्पना की गई। राजनैतिक, आर्थिक और सामाजिक संस्थाओं का निर्माण एक जटिल मशीन के रूप में किया गया और मानव शरीर की कल्पना भी मशीन के रूप में ही हुई। इतना ही नहीं मानव-मन को भी मशीन का हिस्सा मानकर उसे नियंत्रणीय मान लिया गया और प्रौद्योगिकी इस लक्ष्य को प्राप्त करने में जुट गई। इसका मतलब था यंत्रवाद का मानव-मन की मूलभूत प्रवृत्तियों —स्वतंत्रता, समता और बंधुता—के साथ शत्रुतापूर्ण संबंध। यंत्रवाद ने शिक्षा का स्वरूप भी निश्चित किया। स्कूल, कारखानों की तरह चारदीवारी में बंद, घंटे की आवाज पर खुलने और बन्द होने वाले बने। स्कूल के बच्चों के लिए कारखाना मजदूरों की तरह वर्दी तय की गई। मशीन की एक ही क्रिया के अनुरूप स्कूलों के लिए एक-से पाठ्यक्रम को पढ़ाने-रटाने की प्रथा चली। साहित्य और कला में भी रूपवाद और ज्यामितीय आकारों की प्रधानता हुई और डिज़ाइन तथा कम्पोजीशन का महत्व बढ़ा। संगीत में मशीनी कोलाहल के स्वरों की लोकप्रियता बढ़ी और नृत्य में प्रकृति की लय-ताल का स्थान मशीन की गति, झटकों और विसंगत स्वरों ने ले लिया।

इस सभ्यता का स्वरूप निश्चित करने वाली दूसरी बड़ी खोज थी डार्विन की जिसने 'सर्वाइवल आफ दि फिटेस्ट' (शक्तिशाली की उत्तरजीविता) के सिद्धांत का प्रतिपादन करके प्रतियोगितावाद तथा अधिक-से-अधिक शक्ति-संचय की ओर

इस सभ्यता को उन्मुख किया। सामाजिक, आर्थिक और राजनैतिक ढांचे के निर्माण में प्रतियोगिता और शक्ति-संचय की दो प्रेरणाओं ने महत्वपूर्ण योगदान दिया। यंत्रवाद ने भौतिक प्रकृति के नियमों को अपनाया और प्रतियोगितावाद ने प्राणी जगत के नियमों का सहारा लिया। यह मूल्य भी मानव के आध्यात्मिक मूल्यों (स्वतंत्रता, समता, बंधुता) के विपरीत था।

लोकतंत्र, पूंजीवाद, साम्यवाद

इन संकल्पनाओं के आधार पर जो राजनैतिक ढांचा बना वह लोकतंत्र कहलाया और जो आर्थिक ढांचा बना वह पूंजीवाद कहलाया। हालांकि इन दोनों व्यवस्थाओं को स्वतंत्रता, समता और बंधुता के आध्यात्मिक लक्ष्यों से प्रेरित बताया गया किन्तु इनके व्यावहारिक प्रेरणा-स्रोत उद्योगवाद, और प्रतियोगितावाद आदि ही थे। चूंकि आध्यात्मिक मूल्यों और व्यावहारिक मूल्यों में विरोध था इसलिए यह लोकतंत्र और पूंजीवाद सही मायनों में स्वतंत्रता, समता और बंधुता का साधक नहीं बन सका। कुछ चिंतकों का ध्यान इस विसंगति की ओर गया और वे एक वैकल्पिक व्यवस्था के बारे में सोचने लगे जिसमें स्वतंत्रता, समता और बंधुता के लक्ष्यों को बेहतर ढंग से प्राप्त किया जा सकता। फ्रांस का समाजवाद इस चिंतन का परिणाम था जिसे मार्क्स-एंगल्स ने आगे चलकर साम्यवाद का रूप दिया। लेकिन इस वैकल्पिक व्यवस्था की कल्पना भी औद्योगिक सभ्यता के भौतिक मूल्यों पर आधारित थी अर्थात् उद्योगवाद, प्रतियोगितावाद, शक्तिशाली के जीने का अधिकार, शक्ति-संचय या शक्ति का केन्द्रीकरण, उपभोगवाद और मानव-मन की मशीन के रूप में अवधारणा आदि बातें वैकल्पिक व्यवस्था में भी ज्यों की त्यों रहीं इसलिए साम्यवादी व्यवस्था को पूंजीवादी व्यवस्था का ही जरा-सा बदला हुआ रूप कहा जा सकता है।

पूंजीवाद की मूल अवधारणाएं

पूंजीवादी अर्थव्यवस्था में पूंजी को शक्ति का स्रोत मानकर उसके अधिक से अधिक केन्द्रीकरण को लक्ष्य बनाया गया। धन का अधिक से अधिक संचय तभी हो सकता है जब अधिक से अधिक उत्पादन हो और अधिक से अधिक उत्पादन तब संभव है जब उद्योगों का तथा प्रौद्योगिकी का सतत विकास हो। किन्तु अधिक से अधिक उत्पादन की खपत के लिए लोगों में अधिक से अधिक उपभोग की लालसा जगाना भी जरूरी है। उत्पादन की परिभाषा ही तुष्टिगुण के सृजन के रूप में की गई अर्थात् मनुष्य की आवश्यकताओं को तुष्ट करने की शक्ति के रूप में जिसका अर्थ था कि मनुष्य की आवश्यकताओं को निरन्तर बढ़ाया जाना जरूरी है ताकि उत्पादन निरंतर बढ़ता रहे और लाभ का भी अधिक से अधिक संचय

हो। पूंजीवादी अर्थव्यवस्था की बाइबिल एडम स्मिथ की पुस्तक 'दि वैल्थ आफ नेशन्स' को माना जाता है। इस पुस्तक में उत्पादन उसी कार्य को कहा गया है जिसके फल को भविष्य के उपयोग में (बाजार के माध्यम से) लाया जा सकता है। इसमें अर्थशास्त्री केयर्नक्रॉस के अनुसार "चर्च के लोगों, वकीलों, सभी प्रकार के लेखकों, अभिनेताओं, विदूषकों, ओपेरा नर्तकों आदि कतिपय गम्भीर और महत्वपूर्ण और कतिपय अत्यन्त नगण्य व्यवसायों को अनुत्पादक कह कर उपेक्षित कर दिया गया है क्योंकि इन सबका काम निष्पन्न होते ही नष्ट हो जाता है।" हालांकि आगे के अर्थशास्त्रियों ने एडम स्मिथ की कई प्रस्थापनाओं से असहमति दर्ज की और उनमें कई सुधार किए गए, उनकी उत्पादन सम्बन्धी प्रस्थापना अपरिवर्तित रही और हाल के वर्षों में ही इस पर पुनर्विचार होने लगा है। स्मरणीय है कि साम्यवाद की उत्पादन सम्बन्धी अवधारणा और उससे जुड़ी बड़े पैमाने के उत्पादन तथा उपभोग आदि की धारणाएं वही रहीं जो पूंजीवाद की थीं केवल सम्पत्ति और बाजार का स्वामित्व पूंजीपति वर्ग के स्थान पर सरकार के पास आया। इसके विपरीत गांधी ने पश्चिमी सभ्यता के स्थान पर एक नई सभ्यता की कल्पना रखी और इसलिए उन्होंने उत्पादन की इस परिभाषा को स्वीकार नहीं किया और कहा कि अपने लिए किया गया उत्पादन भी उत्पादन है (स्वावलम्बी जीवन) तथा उपभोग को सीमित करके सादगी और संयम का जीवन एक बेहतर आदर्श है। इसका मतलब है कि मार्क्स ने पूंजीवाद का विकल्प नहीं दिया किन्तु गांधी ने निश्चय ही एक विकल्प देने की कोशिश की।

राष्ट्रों की समृद्धि का माप

उत्पादन और उपभोग की धारणाओं की चर्चा इसलिए महत्वपूर्ण हो जाती है कि इन्हीं धारणाओं के आधार पर पूंजीवाद में (और साम्यवाद में भी—कुल मिलाकर आधुनिक, पश्चिमी सभ्यता में) राष्ट्रों की समृद्धि और उन्नति को मापा गया। यह माप राष्ट्रीय आय कहलाता है और इसकी परिभाषा भी एडम स्मिथ से लेकर अब तक स्वयंसिद्ध तथ्य के रूप में स्वीकार की जाती रही है। राष्ट्रीय आय को तीन रूपों में पेश किया जाता है : (1) प्रत्येक व्यक्ति की आय के जोड़ के रूप में, (2) प्रत्येक व्यक्ति के उत्पादन के जोड़ के रूप में (अर्थात् उन सेवाओं और वस्तुओं का मूल्य जिनके उत्पादन के लिए लोगों को मुद्रा दी जाती है—अपने उपयोग के लिए किया गया वस्तुओं और सेवाओं का उत्पादन इसमें सम्मिलित नहीं होता) और (3) प्रत्येक व्यक्ति द्वारा खरीदी जाने वाली सभी वस्तुओं और सेवाओं के मूल्य के जोड़ के रूप में (इसमें भी अपने उपयोग के लिए किया गया उत्पादन शामिल नहीं है)। दूसरे शब्दों में किसी देश का राष्ट्रीय उत्पादन, किसी अवधि में (सामान्यतया एक वर्ष में) उसके श्रम, भूमि, पूंजी

आदि उत्पादन कारकों के सम्मिलित उत्पादन का जोड़ है अथवा यह उन वस्तुओं और सेवाओं का मौद्रिक मूल्य है जो उस अवधि में प्रवाहित होती हैं और जिनका सामान्यतया मुद्रा से विनिमय होता है।

राष्ट्रीय आय की यह परिभाषा बहुत अनर्गल और मनमानी है इसलिए कि इसमें गैर-पूंजीवादी देशों में हजारों साल से चली आ रही अर्थ-प्रणाली को जिसमें अपने लिए किया गया उत्पादन भी उत्पादन माना जाता था, बिल्कुल नजर-अंदाज किया गया है। यदि उत्पादन को मुद्रा के मूल्य के बजाय उपभोग की शक्ति (तुष्टिगुण) से मापा जाए तो संभव है तथाकथित उन्नत देशों की आर्थिक स्थिति और भारत, चीन आदि तीसरी दुनिया के देशों की आर्थिक स्थिति में बहुत अंतर न रह जाए क्योंकि जो तुष्टि भारत में दस रुपये में प्राप्त की जा सकती है वही तुष्टि अमरीका और यूरोप के उन्नत देशों में कम से कम तीस गुणा अधिक दाम पर (जैसे दस डालर पर) प्राप्त की जा सकती है।

मार्क्सवाद पूंजीवाद का विकल्प नहीं

ऐसा माना जाता है कि मार्क्स ने अर्थव्यवस्था में एडम स्मिथ की प्रस्थापनाओं का विकल्प प्रस्तुत करने का प्रयास किया और समाजशास्त्र अथवा ऐतिहासिक विकास की व्याख्या में हीगेल को सिर के बल खड़ा किया। उनकी प्रसिद्ध पुस्तक 'पूंजी' एडम स्मिथ की प्रस्थापनाओं की समीक्षा के रूप में है और उनका महत्वपूर्ण सिद्धांत अतिरिक्त मूल्य का सिद्धांत है। इस सिद्धांत के अंतर्गत उन्होंने सिद्ध किया कि श्रम के मूल्य का बहुत ही कम अंश श्रमिक को मजदूरी के रूप में मिलता है और अतिरिक्त मूल्य पूंजपति का लाभ बनकर, धन का चंद लोगों के हाथ में केन्द्रीकरण करके मजदूर का निर्धनीकरण करता है। उन्होंने कहा कि पूंजीवाद की यह विसंगति ही पूंजीवाद का नाश करेगी क्योंकि मजदूर के निर्धनीकरण की प्रक्रिया एक दिन ऐसे बिंदु पर पहुंच जाएगी जहां क्रांति फूटेगी और पूंजीपति वर्ग को धन-सम्पत्ति से वंचित कर दिया जाएगा। मार्क्स के इस सिद्धांत की बड़ी विसंगति यह थी कि उन्होंने जिस मजदूर वर्ग को सामने रखा वह औद्योगिक रूप से उन्नत देशों का मजदूर था, साम्राज्यवाद के शिकंजे में जकड़े तीसरी दुनिया के देशों के मजदूरों को उन्होंने नजरअंदाज किया। बावजूद 'दुनिया के मजदूरों एक हो जाओ' के नारे के वे यह कल्पना नहीं कर पाए कि औपनिवेशिक क्षेत्रों के मजदूरों के शोषण से उन्नत देशों के मजदूरों की स्थिति, निर्धनीकरण के बजाय, बेहतर होती जाएगी और यह समृद्ध मजदूर वर्ग क्रांति से विरक्त हो जाएगा। साम्यवादी क्रांति की विफलता का यह एक बड़ा कारण रहा। इस सिद्धांत के अलावा (जो उत्पादन सम्बन्धों को पुनर्व्याख्यायित करता है और जो विफल हुआ) मार्क्स ने पूंजीवाद के सारे साधनों को स्वीकार कर लिया जैसे बड़े

उद्योगों से बड़े पैमाने का उत्पादन, उपभोगवाद, शक्ति का संचय और एकत्रीकरण (व्यक्ति के बजाय राज्य के हाथ में) आदि। अतः मार्क्सवाद या साम्यवाद को पूंजीवादी सभ्यता का विकल्प नहीं कहा जा सकता।

पश्चिमी लोकतंत्र की विसंगतियां

पूंजीवादी सभ्यता का राजनैतिक आदर्श लोकतंत्र कहलाया जिसमें स्वतंत्रता, समता और बंधुता के आध्यात्मिक मूल्यों को सामाजिक जीवन में लाने का लक्ष्य अपनाया गया। जैसाकि पीछे कहा गया ये आध्यात्मिक मूल्य नवजागरण काल की उपलब्धि थे और इनके साक्षात्कार का श्रेय अनेक लेखकों, कवियों और चिंतकों को जाता है। सत्रहवीं शताब्दी के फ्रांसीसी दार्शनिक डेकार्त और इंग्लैंड के शिक्षा-शास्त्री लॉक से लेकर अठारहवीं शताब्दी के विचारकों, मोंटेस्क्यू, वाल्टेयर, रूसो, दिदरा, डेलम्बर्ट, तुर्गोट और अमरीका के थामस पेन आदि विचारकों तथा ब्रिटेन के शैली, बायरन आदि कवियों तक कितनी ही श्रेष्ठ प्रतिभाओं ने इन संकल्पनाओं का विकास किया था। औद्योगिक क्रांति ने इन महान और सुन्दर मूल्यों का बुर्जुआ हितों को आगे बढ़ाने में इस्तेमाल किया। इससे इन आदर्शों का व्यावहारिक स्वरूप अपने वास्तविक स्वरूप की तुलना में काफी भिन्न रहा। इस क्रांति को बुर्जुआ क्रांति कहा गया।

इंग्लैंड के बादशाह चार्ल्स प्रथम ने (जिसे फांसी दी गई थी) कभी स्वतंत्रता की मांग करने वालों के संदर्भ में कहा था : "उनकी स्वतंत्रता इस बात में है कि उनकी सरकार हो न कि इस बात में कि उनकी अपनी सरकार हो।" कुछ इसी तरह की तर्क-प्रणाली का उपयोग बुर्जुआ वर्ग ने स्वतंत्रता, समता और बंधुता के आदर्शों को अपनी स्वार्थ-सिद्धि में लगाने के लिए किया। उदाहरण के लिए उसने भाषण की स्वतंत्रता और प्रेस की स्वतंत्रता पर जोर दिया क्योंकि प्रेस पर उसका कब्जा था। उसने सम्पत्ति के अधिकार पर जोर दिया क्योंकि वह खुद विशाल सम्पत्ति का स्वामी बन चुका था। किन्तु उसने भूख और शोषण से स्वतंत्रता की व्यवस्था करने को जरूरी नहीं समझा। इसी तरह उसने सब को वोट का अधिकार देकर मान लिया कि समता स्थापित हो गयी किन्तु शोषण की प्रक्रिया के जारी रहते (जिसका भयानक उदाहरण औपनिवेशिक शोषण था) यह समता दिखावा मात्र थी। उनकी बंधुता भी इस्लाम की बंधुता की तरह थी अर्थात् 'अपने' लोगों के बीच बंधुता और जो 'अपने' नहीं थे उनके प्रति शत्रु-भाव। यह एशिया-अफ्रीका के देशों के लोगों के प्रति अब भी विद्यमान है। इस बुर्जुआ वर्ग की मानसिकता हिन्दू समाज के द्विज वर्णों की मानसिकता से मिलती-जुलती थी जिसके आदर्श तो बहुत खूबसूरत थे किन्तु व्यवहार अत्यन्त क्रूर था जैसे स्त्री-शूद्रों के प्रति व्यवहार।

सर्वहारा की क्रांति

मार्क्स और ऐंगल्स ने बुर्जुआ क्रांति की इन विसंगतियों को देखा और उसके अगले चरण के रूप में सर्वहारा की क्रांति का विचार रखा। यह बात सर्वविदित है कि मार्क्स और ऐंगल्स बुर्जुआ क्रांति से बहुत प्रभावित थे और लेनिन भी जर्मनी के तत्वज्ञान, अंग्रेजों के अर्थशास्त्र और फ्रांस के समाजवाद को मार्क्सवाद की विरासत मानते थे। संभवतः मार्क्स और ऐंगल्स समता, स्वतंत्रता और बंधुता के मूल्यों को पूर्णता तक ले जाना चाहते थे और इसके लिए उन्होंने सारे विश्व में शोषण-मुक्त समाज की कल्पना की। लेकिन उनकी शोषण की कल्पना केवल आर्थिक शोषण तक सीमित रही और जाति, नस्ल, लिंग आदि के आधार पर होने वाले शोषण की तरफ उनका ध्यान नहीं गया अथवा उन्होंने इसे आर्थिक शोषण के आगे महत्व नहीं दिया। इसके अतिरिक्त उन्होंने शोषण-मुक्त समाज के निर्माण के लिए सर्वहारा की तानाशाही का जो सिद्धांत रखा, उसने स्वतंत्रता को गैर-जरूरी मूल्य बना दिया। उनकी बंधुता भी सर्वहारा वर्ग के भाईचारे तक सीमित रही और इतर वर्गों के प्रति घृणा, हिंसा और क्रूरता को भी उन्होंने जायज माना। इस प्रकार बुर्जुआ व्यवस्था में जहां बिना रोटी की आजादी का आह्वान था वहां साम्यवादी व्यवस्था में बिना आजादी की रोटी का आह्वान किया गया। इस साध्यगत भिन्नता को छोड़कर दोनों व्यवस्थाओं में साधनगत साम्यता थी।

वास्तव में पश्चिमी सभ्यता के स्वरूप-निर्धारण के लिए फ्रांस-इंग्लैंड के दार्शनिकों और जर्मनी के दार्शनिकों के बीच जो तीव्र होड़ उन्नीसवीं शताब्दी के पूर्वार्द्ध में चली उसने तीन तरह की राज्य-व्यवस्थाओं को जन्म दिया। हीगेल ने मनुष्य की आध्यात्मिक उपलब्धि के सर्वोच्च प्रतीक के रूप में राज्य की कल्पना की और उसे मनुष्य की तमाम आकांक्षाओं का स्रोत बनाया। यह डार्विन के सिद्धांत के अनुसार शक्ति के केन्द्रीकरण का ही उपक्रम था। नीत्शे ने शक्तिशाली की चरम कल्पना 'सुपर रेस' के रूप में की और अन्य सबके जिंदा रहने के अधिकार पर प्रश्न-चिह्न लगाकर फासीवाद तथा नाज़ीवाद का मार्ग प्रशस्त किया। मार्क्स और ऐंगल्स ने इन दोनों के विपरीत सर्वहारा की क्रांति की कल्पना रखकर शक्ति का केन्द्रीकरण मजदूर वर्ग में किया और पूंजीपतियों, सामंतों के ही नहीं, किसानों के भी जिन्दा रहने के अधिकार को नकारा। इस प्रकार ये तीनों व्यवस्थाएं 'सर्वाइवल आफ दि फिटेस्ट' के मूल्य से प्रेरित थीं अतः औद्योगिक सभ्यता की संतानें थीं। उद्योगवाद, उपभोगवाद और प्रतियोगितावाद की समानता के कारण इनमें से कोई भी पश्चिमी सभ्यता से भिन्न नहीं थी।

विद्रोह के स्वर

किन्तु इस समूची व्यवस्था के खिलाफ जो अब तक पश्चिमी सभ्यता के नाम से जानी जाने लगी थी, एक तरफ से विद्रोह की आवाज उठ रही थी। यह आवाज आर्थोडक्स चर्च के देशों से उठ रही थी जिसका केन्द्र रूस था और जिसका पश्चिमी सभ्यता से पुराना वैर था।

रोम को ईसाई धर्म की प्रधान पीठ मानने वाले पश्चिमी यूरोप के रोमन कैथलिक देश और जर्मनी जैसे प्रोटेस्टेंट देश ईश्वर के साम्राज्य और धरती के साम्राज्य को अलग-अलग मानते थे। अधिकतर लोगों का यहां विश्वास था कि ईश्वर का साम्राज्य इस दुनिया का नहीं है और ईसाई धर्म किसी राज्य का धर्म नहीं हो सकता। रोमन चर्च (ईसा के शब्दों के हवाले से) मानता था कि वह (रोमन चर्च) ईश्वर के साम्राज्य का प्रवेश-द्वार मात्र है। किन्तु येरुशलम, कंस्तुनतुनिया (बाइजेंटाइन), एंटियॉक और एलेंक्जेंड्रिया के चर्च इस बात पर रोमन चर्च से सहमत नहीं थे। आगे चलकर कंस्तुनतुनिया के आर्थोडक्स चर्च को ही महत्त्व मिला जिसका केन्द्र रूस बना। यहां के लोगों का विश्वास था कि धरती का साम्राज्य ईश्वर के साम्राज्य का ही रूप है और बादशाह (ज़ार) ईश्वर का प्रतिनिधि।

रूस में आर्थोडक्स चर्च से जुड़े कुछ लेखक पश्चिमी सभ्यता की विसंगतियों को अपने नजरिये से देख रहे थे। हालांकि वहां के अधिकांश बुद्धिजीवी पश्चिम की बुर्जुआ क्रांति से बहुत प्रभावित थे और वे जारशाही के खिलाफ गुप्त आंदोलन भी चला रहे थे, दास्तोएव्स्की जैसे कुछ लेखक आर्थोडक्स चर्च के आध्यात्मिक मूल्यों के आधार पर पश्चिमी सभ्यता का विकल्प खोजने लगे थे। ध्यान में रखने वाली बात है कि उस समय रूसियों में पश्चिम-प्रेमी बड़ी संख्या में थे जो आज के हिंदुस्तानियों की तरह अपने बच्चों को विदेशी भाषा में तुतलाते देख गर्व महसूस करते थे। रूसियों में उस समय फ्रेंच बहुत लोकप्रिय थी। दास्तोव्स्की जैसे लोगों को ब्याज-स्तुति में स्लाव-प्रेमी कहा जाता था क्योंकि वे आर्थोडक्स चर्च की बुनियाद पर स्लाव-राष्ट्रवाद के हामी थे।

दास्तोएव्स्की और पश्चिमी सभ्यता

दास्तोएव्स्की की डायरी (दि डायरी आफ ए राइटर) में पश्चिमी सभ्यता के बारे में बहुत महत्वपूर्ण टिप्पणियां दर्ज हैं। एक स्थान पर दास्तोएव्स्की लिखते हैं: "पश्चिमी सभ्यता का नाश निश्चित है और रूस के ऊपर यह दायित्व आता है कि वह युरोप के प्रतियोगी राष्ट्रवाद के विग्रहों का समस्त मानव-जाति की नई विश्व-व्यवस्था से समाधान करे।"

फ्रांस के बारे में दास्तोएव्स्की ने लिखा कि रिपब्लिकन वही बुर्जुआ वर्ग के

लोग हैं जो पहली क्रांति के बाद उत्प्रवासियों तथा चर्च की सम्पत्ति को लूट-बेचकर धनी बने थे। अब वहां के आम तबके (डेमोज-सर्वहारा) भी सोचने लगे हैं कि वे भी लूटपाट करके अपनी स्थिति सुधार सकते हैं और उनके नेताओं (रिंग लीडरों) ने समाजवाद का जो विचार दिया है उसका मतलब यही है।

रूस की शक्ति का वर्णन करते हुए उन्होंने लिखा : "रूस युरोप के किसी भी देश से अधिक शक्तिशाली होकर उभरेगा। युरोप की सभी बड़ी शक्तियां नष्ट हो जाएंगी क्योंकि वे अपने आम वर्गों (सर्वहारा) की असंतुष्ट लोकतांत्रिक आकांक्षाओं का भार नहीं सह पाएंगी। दूसरी ओर रूस में ऐसा नहीं होगा क्योंकि यहां की आम जनता सन्तुष्ट हैं तथा आम मानसिकता अथवा आम सहमति के कारण यह संतोष बढ़ता रहेगा जिसके फलस्वरूप रूस ही एक विशाल शक्ति के रूप में उभरेगा।"

एक लेख में पश्चिमी सभ्यता (बुर्जुआ क्रांति) पर विस्तार से विचार करते हुए दास्तोएव्स्की ने लिखा : "हमारी सदी में एक भयानक क्रांति हुई और इसमें बुर्जुआ वर्ग विजयी हुआ। बुर्जुआ वर्ग के उदय के साथ-साथ वहां भयानक शहर बने जिनकी कोई कल्पना भी नहीं कर सकता था। इन शहरों में आलीशान महल थे, अंतर्राष्ट्रीय प्रदर्शनियां थीं, बैंक, बजट, प्रदूषित नदियां, रेलवे प्लेटफार्म और कई तरह की संस्थाएं थीं और इनके चारों ओर थे कारखाने। इस समय लोग एक तीसरे चरण की प्रतीक्षा कर रहे हैं जिसमें बुर्जुआ वर्ग का अन्त होगा, आम जनता जागेगी और वह सारी भूमि को कम्यूनों में वितरित करके बाग-बगीचों में रहने लगेगी। बाग-बगीचे ही नई सभ्यता को लाएंगे। इस प्रकार, सामंती युग के किलों की जगह शहरों ने ली और शहरों की जगह बाग-बगीचे लेंगे। यही सभ्यता के विकास की दिशा होगी।"

स्वतंत्रता, समता आदि के आदर्शों पर टिप्पणी करते हुए दास्तोएव्स्की ने लिखा : "रूस में स्वतंत्रता, समता और बंधुता के सम्बन्ध में अलग धारणाओं का प्रचार किया जाना चाहिए। इस समय स्वतंत्रता का अर्थ किया जाता है सब काम करने की छूट जबकि सच्ची स्वतंत्रता अपने मन को जीतने में है, अपनी इच्छा को जीतने में है ताकि आदमी एक ऐसी नैतिक स्थिति प्राप्त करें जिसमें वह विशेष क्षण में अपने को अपना वास्तविक स्वामी कह सके। इच्छाओं के पीछे भागने की छूट से केवल गुलामी ही आ सकती है।···

"यही कारण है कि इस समय सारी दुनिया में स्वतंत्रता को आर्थिक सुरक्षा में और उसे सुनिश्चित करने वाले कानूनों में देखा जा रहा है। 'मेरे पास पैसा है इसलिए मैं जो मरजी कर सकता हूं। चूंकि मेरे पास पैसा है अत: मैं खत्म होने वाला नहीं हूं, मुझे किसी की मदद की जरूरत नहीं और किसी की मदद की जरूरत न होना ही सर्वोच्च स्वतंत्रता है।' किंतु वस्तुतः यह स्वतंत्रता नहीं है

बल्कि यह धन की गुलामी है। इसके विपरीत सर्वोच्च स्वतंत्रता धन को जमा करने में नहीं और उसमें अपनी सुरक्षा मानने में नहीं बल्कि अपनी सम्पत्ति को सब लोगों में वितरित करने और सब की सेवा करने में है।"

दास्तोएव्स्की आर्थोडक्स चर्च को और उसके माध्यम से ईसा को सारी नैतिकताओं का मूल स्रोत मानते थे इसलिए उनका दृढ़ विश्वास था कि चर्च के आध्यात्मिक मूल्यों पर ही नई सभ्यता का निर्माण होगा। उन्होंने कहा कि "युरोप की सभ्यता भौतिक सुखों के पुराने मांसल देवता की विजय के अलावा कुछ नहीं है। यह विजय आध्यात्मिक सिद्धांत (ईसाइयत) के ऊपर प्राप्त की गई जिसने कभी युरोप की सारी मानव-जाति को प्रेरणा दी थी।"

कहने का मतलब है कि पश्चिमी सभ्यता (पूंजीवादी, आधुनिक और औद्योगिक सभ्यता भी) उन्नीसवीं शताब्दी में ही एक अधूरी तथा असफल सभ्यता के रूप में देखी जाने लगी थी। उसके लिए चुनौती मुख्य रूप से धर्म की ओर से, आर्थोडक्स चर्च की ओर से मिली। बीसवीं शताब्दी के शुरू में भारत में गांधी ने उसे चुनौती दी और गांधी भी धार्मिक आस्था वाले व्यक्ति थे यद्यपि उनका धर्म किसी सम्प्रदाय तक सीमित नहीं था। उन्होंने नैतिकता के आधार पर पश्चिमी सभ्यता को चुनौती दी। स्मरणीय है कि न तो दास्तोएव्स्की ने और न गांधी ने पश्चिमी सभ्यता के आध्यात्मिक मूल्यों (स्वतंत्रता, समता और बंधुता) को अस्वीकार किया बल्कि दोनों ने इन मूल्यों को मानव की नैतिकता या धार्मिकता से जोड़कर उनको व्यापक संदर्भ में पेश किया। दास्तोएव्स्की ने मानव की स्वतंत्रता के सम्बन्ध में जो कतिपय विचार प्रकट किए उनसे आगे चलकर अस्तित्ववाद की पृष्ठभूमि तैयार हुई और गांधी ने तो स्वतंत्रता की रक्षा के लिए अहिंसात्मक सत्याग्रह, सिविल नाफरमानी और 'करो या मरो' के हथियारों की ईजाद करके तथा स्वतंत्रता, समता और बंधुता की अविभाज्य संकल्पना देकर इसे ही अपनी कल्पना की नई सभ्यता का आधारभूत मूल्य बनाया। पश्चिमी सभ्यता का विरोध उन व्यावहारिक मूल्यों के सम्बन्ध में हुआ जो इसके औद्योगिक सभ्यता होने के कारण विकसित हुए थे जैसे यंत्रवाद, उपभोगवाद, प्रतियोगितावाद आदि। अमरीका के संत थोरो और रूस के संत लेखक टाल्सटाय की परंपरा में गांधी ने पश्चिमी सभ्यता के इन मूल्यों को नकारा।

गांधी की चुनौती

गांधी जी ने बीसवीं सदी के शुरू में (1909) 'हिन्द स्वराज' पुस्तक लिखकर न केवल भारत के संदर्भ में बल्कि सारे विश्व के संदर्भ में एक नई सभ्यता की कल्पना रखी। वे पश्चिमी सभ्यता को मशीनी सभ्यता मानते थे और उसकी अनेक मूलभूत संकल्पनाओं से उनकी असहमति थी। पश्चिमी सभ्यता का आर्थिक

ढांचा (जिसे हमने भी अपनाया) विशेषीकृत उत्पादन पद्धति पर आधारित था अर्थात् एक इलाका एक ही वस्तु का विशेष उत्पादन करे और उसे बाजार में बेचकर प्राप्त मुद्रा से अपनी अन्य जरूरत की वस्तुएं खरीदे। गांधी जी ने आत्म-निर्भर गांव की कल्पना की। ऐसी इकाई जो अपनी जरूरत की सारी चीजें पैदा करे। दूसरे शब्दों में पश्चिमी अर्थ-व्यवस्था की उत्पादन-धारणा बाजार-मूलक थी अर्थात् उत्पादन वही है जो बाजार के लिए किया जाए। इस सिद्धांत के अनुसार अपने लिए किया गया उत्पादन, उत्पादन नहीं है। गांधी जी ने कहा अपने लिए किया गया उत्पादन भी उत्पादन है।

मानव और प्रकृति के बीच प्रतिस्पर्धात्मक एवं शत्रुतापूर्ण द्वंद्व पश्चिमी सभ्यता की एक और प्रमुख विशेषता है। गांधी जी ने इसके विपरीत मानव और प्रकृति के बीच समरस तथा सौहार्दपूर्ण संबंध की कल्पना की।

पश्चिमी सभ्यता डार्विन के 'सर्वाइवल आफ दि फिटेस्ट' के सिद्धांत को लेकर चली और उसने शक्तिशाली के जिंदा रहने के अधिकार को अपना मूल्य बनाया। गांधी जी ने इसके ठीक विपरीत दरिद्रनारायण की कल्पना रखी और सबसे कमजोर के जिंदा रहने के अधिकार को न केवल प्रस्थापित किया बल्कि उसके लिए अहिंसात्मक सत्याग्रह के हथियार की ईजाद करके निर्बल की निर्बलता को महान शक्ति में बदल दिया। मानव-विकास की हर योजना की उपयोगिता निर्धारित करने के लिए उन्होंने कसौटी रखी कि योजना से सबसे नीचे बैठे निर्धन-कमजोर व्यक्ति को कितना फायदा होगा। उन्होंने राष्ट्रीय आय या राष्ट्रीय उत्पादन के मनमाने सूचकों को विकास की कसौटी मानने के बजाय निम्नतम स्तर की स्थिति को विकास का मापदंड बनाया।

पश्चिमी सभ्यता ने मानव की मशीन के रूप में कल्पना की, ऐसी मशीन जिसे किसी एक स्थान से नियंत्रित किया जा सकता है। न्यूटन के सिद्धांतों पर मानव-मन का नियंत्रण और संचालन करने वाली पश्चिमी सभ्यता ने गांधी के मन में इतनी अरुचि पैदा की कि उन्होंने मशीन का ही बहिष्कार किया और मानव के श्रम को धार्मिक पवित्रता प्रदान की। अपनी शिक्षा की कल्पना में उन्होंने श्रम को ऊबाऊ मशीनी क्रिया से मुक्त करके उसके साथ सृजन का सुख जोड़ दिया और इस प्रकार मानव-श्रम को मानव-सृजन बना दिया।

पश्चिमी सभ्यता का सबसे बड़ा और सबसे आकर्षक मूल्य था उपभोगवाद जिसे सतत बढ़ता जीवन-स्तर भी कहा जा सकता है। मानव की जरूरतें जितनी बढ़ती जाएंगी मानव उतना ही विकास करता जाएगा, पश्चिमी सभ्यता के इस मूल्य के विपरीत गांधी ने संयम और सादगी का मूल्य रखा। अपनी जरूरतें कम करके पैसे और सम्पत्ति तथा भौतिक सुख-सुविधाओं के मोह से अपने को मुक्त रखना, इसे गांधी जी ने आदर्श जीवन बनाया और वे आजीवन इसी आदर्श को

अपना कर चले। किंतु गांधी जी का इस सभ्यता के आध्यात्मिक लक्ष्यों के साथ कोई विरोध नहीं था। वास्तव में उन्होंने इन लक्ष्यों को परिमार्जित किया, उन्हें और पैना तथा सहजगम्य बनाया। मिसाल के तौर पर प्राचीन भारतीय सभ्यता में ये मूल्य या इनका एकीकृत रूप मोक्ष, एक वायवी लक्ष्य ही था। चौरासी लाख योनियों में भटकने के बाद ही जन्म-मरण की शृंखला से मुक्ति मिल सकती थी। कौन जानता है कि मनुष्य मरने के बाद दूसरी योनि में जन्म लेता है या नहीं। मरने के बाद कुछ बचा भी रहता है या नहीं जो दूसरी योनि में जाता है। एक विश्वास मात्र ही तो था और वह भी सिर्फ भारत के लोगों का। दुनिया के अधिकांश समाजों में यह विश्वास भी नहीं था। इस्लाम, ईसाई, यहूदी धर्मों में तो माना जाता था कि मरने के बाद अनंत काल तक मृत शरीर का अस्तित्व केवल कब्र के मिट्टी-पत्थरों के रूप में रहता है और सृष्टि के अंतिम दिन सब आत्माएं ईश्वर के सामने जाती हैं। यह अंतिम दिन भी महज विश्वास है, किसी ने यह दिन देखा नहीं। कहने का मतलब प्राचीन हिन्दू समाज में (तथा अन्य प्राचीन समाजों में भी) सभ्यता का आध्यात्मिक या दूरगामी लक्ष्य (मोक्ष, स्वर्ग, जन्नत, या वर्गहीन समाज आदि) इस दुनिया की, इस जीवन की चीज नहीं थी और गालिब के शब्दों में यह दिल बहलाने का खूबसूरत खयाल था।

गांधी ने इन वायवी मूल्यों को इस जीवन की, इस लोक की चीज बनाया, कम से कम एक मूल्य स्वतंत्रता को उन्होंने इस ढंग से अपने जीवन से व्याख्यायित किया कि वह हर आदमी के लिए इस जीवन की सबसे कीमती चीज बन गई जिसके लिए प्राणों का उत्सर्ग भी बहुत मामूली बात थी। पश्चिमी सभ्यता की आध्यात्मिक पृष्ठभूमि तैयार करने वाले दार्शनिकों लेखकों ने भी स्वतंत्रता आदि को इस जीवन की चीज कहा लेकिन उस सभ्यता का जो ढांचा तैयार हुआ उसमें इन मूल्यों को बहुत सीमित अर्थ में लिया गया बल्कि उन्हें विकृत किया गया। उदाहरण के लिए उसकी स्वतंत्रता व्यवहार में बुर्जुआ वर्ग की स्वतंत्रता ही रही जैसे सम्पत्ति की स्वतंत्रता और भाषण-प्रेस आदि की स्वतंत्रता लेकिन भूख और शोषण से स्वतंत्रता नहीं। उसकी सहोदर-व्यवस्था, साम्यवाद में स्वतंत्रता का अधिकार सिर्फ सर्वहारा वर्ग को रहा। समता और बंधुता की धारणाएं भी वहां बहुत संकीर्ण रहीं जिसके फलस्वरूप वहां औपनिवेशिक शोषण, गोरे-काले का भेद, अपने से भिन्न दूसरे मानव-समाजों को असभ्य, जंगली, अछूत मानने के दुराग्रह बने रहे। लेकिन गांधी ने अपने जीवन से सिद्ध कर दिया कि स्वतंत्रता इस जीवन का सबसे बड़ा आदर्श और सबसे बड़ी उपलब्धि है। यह प्रत्येक मनुष्य का जन्मजात अधिकार है, सिर्फ बुर्जुआ वर्ग या सिर्फ सर्वहारा वर्ग का नहीं।

गांधी जी ने सत्य और अहिंसा के जीवन को अपनाया। इन दोनों शब्दों का उनके लिए एक ही अस्तित्व था। अहिंसा के बिना सत्य की और सत्य के बिना

अहिंसा की वे कल्पना ही नहीं कर सकते थे। उन्होंने अपने जीवन को सत्य के प्रयोग कहा और उनका सत्य था आजादी जिसके लिए उन्होंने सारा जीवन सत्य-अहिंसापूर्ण सत्याग्रही के रूप में बिताया। इस सत्य (आजादी) को पाने के लिए उन्होंने अहिंसा की शर्त के साथ असहयोग, सविनय अवज्ञा और 'करो या मरो' के कार्यक्रम दिए और उन पर एक-दो को नहीं, करोड़ों लोगों को चलना सिखाया। अपने देश में ही नहीं, सुदूर प्रदेशों में भी जहां गांधीजी कभी गए भी नहीं और उनकी मृत्यु के बाद भी लोग आजादी को इस जिंदगी की सबसे कीमती चीज के रूप में सहेजने के लिए खुशी-खुशी अपने प्राणों का बलिदान करने के लिए तैयार होते रहे जैसे, मार्टिन लूथर किंग के नेतृत्व में अमरीका के अश्वेत, थ्यान आनमन चौराहे पर एकत्रित चीनी छात्र या मास्को की सड़कों पर सेना के हथियारों के सामने छाती तान कर खड़ी होने वाली जनता।

पश्चिमी सभ्यता के मूल्यों को चुनौती ईसाई धर्म की नैतिकता के आधार पर भी दी गई थी। किंतु गांधी जी द्वारा पश्चिमी सभ्यता को दी गई चुनौती किसी एक धर्म के आधार पर नहीं थी नैतिकता के आधार पर तो थी। लेकिन उन्होंने नैतिकता का स्रोत ईसाई महात्माओं-संतों की तरह ईश्वर को नहीं, आजादी को माना। 'ईश्वर सत्य है' कहने के बजाय उन्होंने 'सत्य ही ईश्वर है' कहा। इसका मतलब था कि जिसने सत्य को पा लिया (और आजादी उनका सबसे बड़ा सत्य था) उसने ईश्वर को पा लिया। यह एक असाधारण प्रस्थापना थी।

सुकरात आदि ग्रीक दार्शनिकों से लेकर ही सत्य, शिव और सुन्दर के मूल स्रोत की खोज के प्रयत्न हो रहे थे। साहित्य और कलाओं के मूल के रूप में इन तीन मूल्यों पर लम्बी बहस होती रही लेकिन इन मूल्यों का मूल स्रोत क्या है इसके बारे में काफी विवाद बना रहा। कुल मिलाकर एक सर्वोच्च सत्ता, ईश्वर, खुदा, ब्रह्म आदि को इनका मूल स्रोत माना जाता रहा। इस मायने में हिंदू, ईसाई, यहूदी आदि तमाम समाजों की दृष्टि एक-सी थी। लेकिन गांधी ने असाधारण बात कही। उन्होंने सत्य को स्वतंत्रता का फल कहा। शायद वे शिव और सुन्दर को भी स्वतंत्रता से निकले हुए मूल्य मानते थे हालांकि इस तरह की बहस का उन्हें, ऐसा लगता है, मौका नहीं मिला। शायद डॉ० भीमराव आंबेडकर से पूछा जाता कि वे सत्य, शिव और सुन्दर किसे कहेंगे तो वे कहते जो समता का बोध कराए वही सत्य, शिव और सुन्दर है और डॉ० राममनोहर लोहिया से पूछा जाता कि वे सत्य, शिव और सुन्दर किसे कहेंगे तो वे स्वतंत्रता, समता और बंधुता का अहसास कराने वाले कर्म को सत्य, शिव और सुन्दर कहते। गांधी ने एक सूत्र दिया और आंबेडकर तथा राममनोहर लोहिया ने उसका विकास किया। इस प्रकार गांधी की प्रेरणा से आध्यात्मिकता की एक नई परिभाषा सामने आई जिसके अनुसार सत्य, शिव और सुन्दर की आध्यात्मिक एवं

कलात्मक उपलब्धियों का स्रोत कोई कल्पित सत्ता नहीं, स्वतन्त्रता, समता और बंधुता की ऐहिक और वास्तविक आकांक्षाएं हैं।

गांधी की बातों को समझने में आज भी लोगों को बहुत कठिनाई पेश आती है। वे अपने समय से बहुत आगे के व्यक्ति थे। 1909 में 'हिन्द स्वराज' लिखकर जब उन्होंने मानव-सभ्यता के सम्बन्ध में अपनी कल्पना सर्वप्रथम रखी तब से लेकर ही उनके समकालीन उन्हें समझने में असमर्थ रहे हैं। असहयोग आंदोलन के दिनों में गुरुदेव रवीन्द्र जैसे संवेदनशील और प्रतिभाशाली व्यक्ति ने भी गांधी जी से लम्बी बहस चलाई थी और उनसे असहमति व्यक्त की थी। गांधीजी के प्रशंसक महान लेखक और संत रोमां रोलां भी एक बार गांधी की बात सुनकर धक रह गए थे। गोलमेज सम्मेलन की यात्रा के दौरान वे रोमां रोलां के मेहमान बने और चर्चा के दौरान जब गांधी जी ने सविनय अवज्ञा के कार्यक्रम की व्याख्या करते हुए कहा कि अपनी सरकार के खिलाफ भी इस हथियार का उपयोग किया जाना चाहिए तो रोमां रोलां चकित रह गये। उनके पटु शिष्य नेहरू-पटेल ने तो स्वाधीनता के कुछ दिन पहले उन्हें अव्यावहारिक कहकर दरकिनार ही कर दिया था। ब्रिटिश सरकार उन्हें दुश्मन नंबर एक मानती रही हालांकि गांधी के मन में किसी के प्रति शत्रुता का भाव नहीं था। क्षुद्र, सतही सोच वाले लोग तो उन्हें ढोंगी, पाखंडी आदि विशेषण भी देते रहे। लेकिन जैसे-जैसे समय बीतता गया, गांधी अधिकाधिक प्रासंगिक होते गए और आज नई सभ्यता की तलाश करने वाले विचारकों की नजरें गांधी पर लगी हुई हैं।

लोगों को सबसे अधिक कठिनाई उनकी अहिंसा को समझने में होती है। प्राकृतिक जीवन में प्राणी एक-दूसरे का खाद्य बनते हैं। मानव-सभ्यताएं अब तक पाशविक बल से अनुशासित रही हैं। शस्त्र-बल के बिना शासन-व्यवस्था की कल्पना ही कोई नहीं कर सकता है। ऐसी स्थिति में मानव-जीवन के हर कार्य-कलाप में अहिंसा के प्रयोग को महज सनक ही कहा जा सकता है। किन्तु गांधी जी को विश्वास था कि ऐसी व्यवस्था संभव है।

उनकी अहिंसा, मुंह पर कपड़ा बांध कर चलने वाले जैन साधुओं की अहिंसा नहीं थी और न 'वैदिकी हिंसा-हिंसा न भवति' कहने वाले हिन्दुओं की अहिंसा थी। उनकी अहिंसा दसलक्षणी धर्म के सर्वोत्तम मूल्य अक्रोध से उत्पन्न मूल्य था जिसमें शत्रुता का पूर्ण निषेध था। गांधी की दृष्टि से यह एक महान नैतिक मूल्य था क्योंकि अपने प्रतिद्वन्द्वी को हिंसा द्वारा हटाना मानव की सबसे बड़ी पराजय है। मानव का प्रयास प्रतिद्वन्द्वी को जीतने, उसे अपना बनाने को लक्ष्य बनाता है। यदि ऐसा करने के बजाय उसका नाश होता है तो यह मानव की पराजय है। यह एक तरह से अपनी महबूबा की हत्या करने जैसा कुकर्म है। धृति (सहनशीलता), क्षमा, दम (संयम), अस्तेय (पराई वस्तु को अपना न समझना), शौच (शरीर और मन की

शुद्धि), इंद्रिय-निग्रह (लालसाओं पर नियंत्रण), धी: (बुद्धि की उपासना), विद्या-व्यसन, सत्य और अक्रोध (सत्य-अहिंसा) धर्म के इन दस लक्षणों को गांधी जी ने अपने जीवन में उतारा। इस दृष्टि से वे परम धार्मिक व्यक्ति थे। लेकिन उनकी हत्या ऐसे 'धार्मिक' लोगों के कारण हुई जिनमें धर्म के दस लक्षणों में से एक भी लक्षण नहीं था।

सार्त्र और लोहिया का योगदान

अब तक दास्तोएव्स्की और गांधी आदि ने धर्म अथवा नैतिकता के आधार पर पश्चिमी सभ्यता को चुनौती दी थी। अभी तक इस सभ्यता को ठोस दार्शनिक और समाजशास्त्रीय आधार पर चुनौती नहीं मिली थी। यह चुनौनी फ्रांस के अस्तित्ववादी दार्शनिकों विशेषकर ज्यां पाल सार्त्र और भारत के राजनैतिक चिंतक डॉ० राममनोहर लोहिया ने प्रस्तुत की। वे अनीश्वरवादी थे और उन्होंने अपने दार्शनिक विवेचन में ईश्वर का सहारा नहीं लिया बल्कि स्वतंत्रता, समता और बंधुता को मनुष्य की जन्मजात नैसर्गिक आकांक्षाएं मानकर इन्हें ही तमाम नैतिकताओं का मूल स्रोत बताया, हालांकि इस मूल स्रोत का प्रथम संकेत गांधी ने सत्य को ईश्वर कह कर दिया था। सार्त्र का प्रमुख कार्यक्षेत्र साहित्य था और लोहिया का राजनीति। सार्त्र तथा अन्य अस्तित्ववादी लेखकों ने स्वतंत्रता, समता और बंधुता के अपने अधिकारों की रक्षा को ही सही जीना कहा। हालांकि उनका संघर्ष अधिकतर स्वतंत्रता के संघर्ष तक सीमित रहा, सार्त्र ने समता और बंधुता पर भी चिन्तन किया यद्यपि उसके व्यावहारिक प्रयोग के लिए उन्होंने कोई कार्यक्रम नहीं दिया जैसाकि स्वतंत्रता के व्यवहारिक प्रयोग के लिए उन्होंने विरोध (रिजिस्टेंस) और विद्रोह को सही जीवन की अनिवार्य गतिविधि बनाया। इससे पहले महात्मा गांधी भी सत्याग्रह, सविनय अवज्ञा और 'करो या मरो' के रूप में इसकी प्रस्थापना कर चुके थे। अस्तित्ववादी लेखकों का एक महत्त्वपूर्ण योगदान यह है कि उन्होंने मन के यंत्र की तरह नियंत्रणीय होने के मिथ को तोड़ दिया, यह कह कर कि मन परिस्थितियों का दास नहीं है, वह परिस्थितियों को बदल सकता है। दास्तोएव्स्की ने एक बार कहा था कि हमारा मूल्यांकन हमारे वर्तमान से नहीं हमारे इरादों से किया जाना चाहिए। अस्तित्ववादियों ने इसे सिद्धांत का रूप दिया और कहा कि मनुष्य का सर्वश्रेष्ठ कर्म (सृजन) उसके अतीत और वर्तमान की स्वाभाविक परिणति नहीं उसकी स्वतंत्र इच्छा का परिणाम है। स्मरणीय है कि औद्योगिक सभ्यता (साम्यवादी रूप सहित) यह मान कर चल रही थी कि मनुष्य परिस्थितियों का दास है और ईश्वर को सर्वोच्च शक्ति मानने वाले भी कहते थे कि मनुष्य वही करता है जो ईश्वर उससे कराता है। किन्तु अस्तित्ववादियों ने इन दोनों दृष्टियों

से हटकर यह विचार दिया कि मनुष्य स्वयं कर्ता है। डॉ० लोहिया ने भी मनुष्य के स्वतंत्र एवं निराश कर्म को उसका सर्वश्रेष्ठ कर्म (सृजन) कहा।

डॉ० राममनोहर लोहिया ने 1951 में अपनी अमरीका यात्रा के दौरान यह घोषणा की थी कि पूंजीवादी या पश्चिमी सभ्यता, जिसकी चरमसीमा अमरीकी सभ्यता है, मर चुकी है और यह पचास-एक साल तक लाश के रूप में घिसटती रह सकती है। उनका कहना था कि सभ्यताएं आंशिक क्षमता को पूर्ण क्षमता मानकर आंशिक क्षमता की दिशा में ही अंधाधुंध बढ़ती जाती हैं और फिर उनके बोझ से डायनासोरों की तरह खुद ही नष्ट हो जाती है। पश्चिमी सभ्यता के बारे में उन्होंने कहा कि यह सभ्यता सतत बढ़ते उपभोग, सतत विकासशील प्रौद्योगिकी और सतत बढ़ते रहन-सहन के स्तर के भौतिक लक्ष्यों की ओर अंधाधुंध बढ़ी और इसने मानव-मन को सुंदर, स्वस्थ एवं सृजनशील बनाने वाले स्वतंत्रता, समता, बंधुता आदि आध्यात्मिक लक्ष्यों को नजरअंदाज किया जिसके फलस्वरूप अब वह भौतिकता के भार से ही नष्ट होने वाली है।

डॉ० लोहिया ने नई सभ्यता की रूपरेखा प्रस्तुत नहीं की किन्तु उन्होंने कई बार यह विश्वास व्यक्त किया कि इस नई सभ्यता का जो भी स्वरूप होगा उसके निर्माण में तीसरी दुनिया के देशों का महत्वपूर्ण योगदान होगा। इसका कारण वे बताते थे कि पश्चिमी समाज रहन-सहन के जिन तौर-तरीकों का आदी हो गया है उनमें परिवर्तन करना खुद पश्चिमी समाज के लिए बहुत कठिन होगा। नई सभ्यता के लिए वे एक तरफ गांधी की स्वतंत्रता और स्वावलंबन की धारणाओं को बहुत महत्वपूर्ण मानते थे और दूसरी तरफ वे विशेष अवसरों के सिद्धांत द्वारा सम्भव समता की स्थापना और विश्व पंचायत की कल्पना द्वारा बंधुता का व्यावहारिक प्रयोग करना चाहते थे। सम्पत्ति के उन्मूलन के बजाय वे सम्पत्ति के मोह का उन्मूलन करना चाहते थे। रहन-सहन के सतत बढ़ते स्तर के स्थान पर वे सबके लिए सम्मानजनक जीवन-स्तर को लक्ष्य बनाना चाहते थे। विनाशकारी हथियारों की शक्ति को वे सत्याग्रह और सिविल नाफरमानी की अहिंसक शक्ति से अनुशासित करना चाहते थे और ऐसा समाज बनाना चाहते थे जिसमें स्वतंत्रता, समता और बंधुता के लक्ष्यों को 'यथासंभव' मात्रा में प्राप्त करने की सुविधा हो। उनके मन में मानव-सभ्यता की ऐसी कल्पना थी जिसमें विश्व के सारे देश और आबादी के सारे तबके समता के स्तर पर विकास कर सकें, जिसमें समाज और विश्व के एक हिस्से का उत्थान दूसरे हिस्से के पतन का कारण न बने, जिसमें आदमी की मूल उपनिष्ठाओं का दमन न हो बल्कि उत्तरोत्तर बड़ी निष्ठा की ओर उनका उदात्तीकरण हो, जिसमें समाज के भौतिक लक्ष्य आध्यात्मिक लक्ष्यों की ओर बढ़ा कदम हों और आध्यात्मिक लक्ष्य भौतिक लक्ष्यों से बिलकुल

दूर, पहुंच के बाहर न हों, जिसका अंतिम लक्ष्य कोई ऐसा स्वर्ग, ऐसी जन्नत, ऐसा बायवी समाज न हो जिसे प्राप्त करने के लिए मनुष्य को हिंसक, क्रूर अमानव बनना पड़े, जिसमें किसी भी तरह की जाति-व्यवस्था अथवा जन्म, रंग, नस्ल, सेक्स आदि के आधार पर भेदभाव करने वाली व्यवस्था न हो और जिसमें प्रत्येक व्यक्ति को स्वतंत्रता, समता और बंधुता के अपने जन्मसिद्ध अधिकारों को भोगने की सुविधा मिले।

आधुनिकता का अन्त

पश्चिमी सभ्यता को एक बड़ा झटका वियतनाम युद्ध में अमरीका की पराजय से लगा। अब तक आमतौर पर पूंजीवाद को अपराजेय शक्ति माना जाता था। इस घटना के बाद युरोपीय देशों में नया विचार-मंथन हुआ और लोगों ने महसूस किया कि मनुष्य ऐतिहासिक शक्तियों का निष्क्रिय औजार नहीं है, वह खुद भी अपने जीवन की परिस्थितियों में गुणात्मक परिवर्तन ला सकता है। इस आंदोलन ने लेनिनवाद की इस धारणा को भी तोड़ा कि पूंजीवादी व्यवस्था के अन्तर्गत कुछ भी परिवर्तन नहीं किया जा सकता और हम केवल पूंजीवाद को विस्थापित करने वाला संगठन बना सकते हैं। 1968-69 के छात्र-मजदूर आंदोलनों ने युरोप की (तथा कुछ हद तक विश्व की) फिजां को बदला। यह विचार उठा कि केवल मजदूरों को क्रांति का हरावल दस्ता मानने का कोई औचित्य नहीं है और हर क्षेत्र में काम करने वाले स्त्री-पुरुष क्रांति में महत्वपूर्ण योगदान दे सकते हैं। स्त्रियों द्वारा घर के काम और बच्चों की देखभाल को भी कारखाना मजदूरों के श्रम की तरह उत्पादक श्रम माना जाने लगा। इससे पूंजीवादी व्यवस्था की उत्पादन संबंधी धारणा टूट गई। एक तरफ पूंजीवादी देशों की शोषणवादी नीतियों, युद्ध की विभीषिका तथा मनुष्य की आत्मा को कुचलने वाली, प्रदर्शन, फैशन, मास कल्चर, उपभोगवाद की पैतृक दुनिया के प्रति युवा पीढ़ी में तीव्र विरक्ति पैदा हुई, दूसरी तरफ साम्यवाद की कुछ बंधी-बंधाई धारणाएं भी टूटीं तथा उससे मोहभंग हुआ। इस हलचल को आधुनिकोत्तर हलचल का नाम दिया जाने लगा। संभवतः लोगों को महसूस हुआ कि आधुनिक सभ्यता का स्थान एक नई सभ्यता लेने जा रही है। इस आधुनिकोत्तर हलचल को दक्षिणपंथी और वामपंथी बुद्धिजीवियों ने अपने-अपने चश्मे से देखना शुरू किया लेकिन इसका स्वरूप गोरखधंधे की तरह उलझा था। किसी ने इस घटना को जनवाद का उभार कहा, किसी ने पूंजीवाद का नया अध्याय। वास्तव में यह घटना पूंजीवाद और साम्यवाद दोनों की मूल धारणाओं को ध्वस्त करने वाली थी। इसने साम्यवादी क्रांति की अनेक धारणाओं के लिए चुनौती प्रस्तुत की और पूंजीवाद के सबसे बड़े मूल्यों, उपभोगवाद, प्रतियोगितावाद और शक्तिवाद की व्यर्थता सिद्ध की। साम्यवादी

देशों से सर्वहारा की क्रांति के नाम पर स्वतंत्रता के दमन के खिलाफ विरोध के स्वर उठे और पूंजीवादी देशों में सतत विकासशील प्रौद्योगिकी से होने वाले पर्यावरण-विनाश की ओर लोगों का ध्यान आकृष्ट हुआ। उन्होंने विकास तथा उपभोग की संकल्पनाओं पर पुनर्विचार करना शुरू किया। जार्ज केनन जैसे लेखकों ने पर्यावरण-विनाश के खतरों का भयानक चित्र प्रस्तुत करते हुए ('क्लाउड्ज़ आफ डेंजर' में) शहरीकरण और औद्योगीकरण को त्यागने और गांधी जी की विकास-सम्बन्धी कल्पना को अपनाने का सुझाव दिया। एल्विन टॉफलर ने 'फ्यूचर शॉक' और 'थर्ड वेव' लिखकर पूंजीवादी सभ्यता के लगभग सभी मूल्यों को अधूरा सिद्ध करके नई सभ्यता की रूपरेखा रखी जो काफी हद तक गांधी-लोहिया की कल्पना से मिलती थी। उदाहरण के लिए उन्होंने आधुनिक सभ्यता के मूल्यों—मानकीकरण, विशेषीकरण, केंद्रीकरण, एकत्रीकरण, शहरीकरण, समकालक्रमण आदि—के विपरीत नई सभ्यता में कल्पना की कि इसमें "वस्तुओं और व्यक्तियों को एक ही सांचे में ढालने की प्रवृत्ति नहीं होगी, उत्पादक-उपभोक्ता का पार्थक्य नहीं होगा (अर्थात् अपने लिए किया गया उत्पादन भी उत्पादन होगा), आबादी का शहरों में एकत्रीकरण के बजाय ग्रामों में छितराव होगा, मशीन मनुष्य के कार्य-कलापों की गति निर्धारित नहीं करेगी, बड़े पैमाने के उत्पादन के बजाय छोटे पैमाने के उत्पादन और केंद्रीकरण के बजाय विकेन्द्रीकरण पर जोर दिया जाएगा।" उनके शब्दों में "यह एक तरह से पुरानी सभ्यता की तरफ वापस जाने जैसा होगा। श्रम की बचत करने वाली टेक्नोलाजी के स्थान पर कम पूंजी, कम ऊर्जा, निम्न कौशल वाली श्रम-प्रधान टेक्नोलाजी को प्रोत्साहन मिलेगा। यह टेक्नोलाजी दरांती और कंबाइन हार्वेस्टर के बीच की चीज होगी।"

विश्व इन परिवर्तनों को भली-भांति समझ नहीं पा रहा था। पूंजीवादी और साम्यवादी देश इन्हें हैरत और अबूझ पहेली के रूप में देख ही रहे थे कि तभी साम्य-वादी विश्व में भूचाल आया और सत्तर साल पुराना मजबूत किला भरभरा कर गिर गया। लोगों ने इसे पूंजीवाद की जीत कहा (भारत के वामपंथियों ने इसे पूंजीवाद की साजिश मात्र कहा)। लेकिन यह वास्तव में उपभोगवाद के राक्षस के तांडव का पहला झटका था और पश्चिमी सभ्यता के विनाश का संकेत था। दूसरे विश्व-युद्ध के बाद के समृद्धि के दौर में उपभोगवादी संस्कृति का जो उफान उठा था उसने युरोप-अमरीका के लोगों को ही नहीं, साम्यवादी देशों के लोगों को भी प्रभावित किया। इसी उपभोग-लालसा ने सोवियत संघ में पेरेस्त्रोइका और ग्लासनोस्त को आमंत्रित किया और फिर कुछ नेताओं की जल्दबाजी के कारण सोवियत संघ ही टूट गया। लेकिन साम्यवाद के महल के ढहने के साथ-साथ पूंजीवाद या पश्चिमी सभ्यता की नींव में भी दरारें पड़ गईं क्योंकि साम्यवाद अंततः इसी सभ्यता का हिस्सा था और इस सभ्यता का सबसे बड़ा देवता उप-

भोगवाद (जिसे दास्तोएव्स्की ने 'फ्लेश गॉड' कहा था), भस्मासुर बन गया था।

साम्यवादी दीवार के टूटने से पश्चिमी देशों की आबादी में जो उथल-पुथल हुई उसने वहां के उपभोग-सुख की कटौती का खतरा पैदा किया। फलस्वरूप वहां जातीय और नस्लीय द्वेष बढ़ा और दंगों की आग भड़की। पूर्वी युरोप के देशों में भी साम्यवाद के टूटने से लोगों की संकीर्ण अस्मिताएं प्रबल हुई। वैसे उपभोग-सुखों के असमान वितरण ने सारे विश्व में संकीर्ण अस्मिताओं को जगाया है और इनके संघर्ष वर्तमान सभ्यता के लिए सबसे बड़ा खतरा बन गए हैं। इस खतरे का मुकाबला करने के लिए और अधिक उपभोग-सुखों के निर्माण की ओर यह सभ्यता अग्रसर है। पूंजीवादी समृद्ध देश अपने उपभोग-स्तर को बनाए रखने के उद्देश्य से अपने उपभोक्ता माल के लिए भारत और चीन जैसे बड़े बाजारों को लेकर होड़ कर रहे हैं और भारत, चीन तथा तीसरी दुनिया के अन्य देश उपभोगवादी संस्कृति का दास बनने के लिए उतावले हो रहे हैं। हम सब एक गहरी खंदक की ओर बढ़ रहे हैं।

पूंजीवाद का अंतिम मोर्चा

बुझने से पहले दीये की लौ एक बार तेजी से भड़कती है। सभ्यताएं भी नष्ट होने से पहले एक बार अपना पूरा जलवा दिखाती हैं। पश्चिमी सभ्यता की लौ भी इस समय अत्यन्त प्रदीप्त दीख रही है। डंकेल प्रस्ताव (विश्व व्यापार संगठन) इसी का एक लक्षण है।

साठ के दशक के अंतिम वर्षों में युरोपीय देशों में छात्र-मजदूर आंदोलन के रूप में जो बवंडर उठा था उसने साम्यवाद और पूंजीवाद दोनों को निरर्थक मानकर एक नए युग के लिए जमीन तैयार की। उसने पूंजीवाद को अपनी तमाम शक्तियां बटोर कर अपने ढहते हुए किले को बचाने की युक्ति खोजने के लिए विवश किया। उसके सामने यह तो स्पष्ट हो गया कि परमाणु हथियारों या अंतरिक्ष युद्ध के साजो-सामान से वह अपनी रक्षा नहीं कर सकेगा (वियतनाम युद्ध की पराजय के बाद) और न तीसरी दुनिया के संसाधनों के दोहन से अपने उपभोग-स्तर को बनाए रखना उसके लिए संभव होगा क्योंकि ये संसाधन अब खत्म होने वाले थे। संसाधनों के दोहन के लिए तीसरी दुनिया के देशों के पर्यावरण का विनाश करने के बाद जब इसका खतरा स्वयं उस पर मंडराने लगा तो उसने तीसरी दुनिया के देशों में जनसंख्या-नियंत्रण, पर्यावरण-रक्षा तथा उसके लिए आवश्यक शिक्षा-साक्षरता के प्रचार पर धन खर्च करना शुरू किया। इसके साथ ही भौतिक वस्तुओं के उत्पादन की क्षमता क्षीण हुई या उसकी आवश्यकता नहीं रही, तो उत्पादनहीन-उत्पादन की कल्पना सामने आई अर्थात् कालाबाजारी, सूदखोरी, दलाली, मुद्रा-मूल्य और कीमतों की हेरा-फेरी से होने वाली आय को

भी राष्ट्रीय उत्पादन और राष्ट्रीय आय में शामिल किया जाने लगा। अवैध धन की समांतर व्यवस्था से इस प्रक्रिया को बल मिला क्योंकि वैध और अवैध आर्थिक गतिविधियों का भेद लगभग समाप्त हो गया जिसका उदाहरण बैंकों और प्रतिभूतियों के घोटाले हैं। इस तरह पूंजीवादी देशों में एक कृत्रिम समृद्धि का उफान आया और इस उफान के स्पर्श ने तीसरी दुनिया के कुछ देशों, विशेषकर उसके मध्य वर्ग को भी प्रभावित किया। इलेक्ट्रानिक प्रौद्योगिकी की क्रांति ने इस कृत्रिम समृद्धि को सौ गुना चकाचौंध के साथ प्रस्तुत किया और तीसरी दुनिया के बढ़ते हुए मध्य वर्ग को कृत्रिम समृद्धि तथा कृत्रिम उपभोग का नशई बना दिया। अब समृद्ध पूंजीवादी देश अपने छद्म धन से सारे विश्व को कर्ज से लाद सकते थे और साहूकार की हैसियत से सारे विश्व पर मनमाना हुक्म चला सकते थे। डंकेल प्रस्ताव इस हुक्मनामे की इबारत है।

पूंजीवाद की इस कृत्रिम समृद्धि ने जापानी मूल के अमरीकी लेखक फुकुयामा को एक पुस्तक लिखने के लिए प्रेरित किया जिसका नाम उसने रखा 'दि एण्ड आफ हिस्टरी' अर्थात् इतिहास का अंत। यह एक विडम्बना ही है कि समृद्ध पूंजीवादी देशों के बुद्धिजीवियों एवं सर्जकों में जहां इतिहास के अंत को प्रयोजनहीनता, लक्ष्यहीनता और विचारों के अंत के अर्थ में लिया जा रहा था (जिसके कारण यहां साहित्यिक रिक्ति पैदा हुई थी), इलेक्ट्रानिक क्रांति से चमत्कृत इस लेखक ने उसे पूंजीवादी सभ्यता के चरमोत्कर्ष के रूप में प्रस्तुत किया। यह एक तरह से सन्निपात ज्वर का लक्षण था। वास्तविकता यह थी कि पूंजीवाद की जड़ें बिल्कुल खोखली हो चुकी थीं और उसका केवल बाहरी ढांचा जैसे-तैसे खड़ा था।

यह बाहरी ढांचा उन तीन संस्थाओं पर टिका था जो दूसरे विश्व युद्ध के दौरान पूंजीवादी देशों ने (अमरीका के लगभग एकाधिकार के साथ), बनाई थीं। ये तीन संस्थाएं थीं अंतर्राष्ट्रीय मुद्रा कोष, विश्व बैंक और गैट (शुल्क और व्यापार से संबंधित सामान्य करार)। जब तक युरोप के देशों और जापान का आर्थिक विकास पिछड़ा रहा, अमरीका की इन संस्थाओं पर एकाधिकारपूर्ण स्थिति रही किन्तु इन देशों की स्थिति काफी अच्छी हो जाने के बाद और 'सुपर-स्टेट' की शक्ति वाली बहुराष्ट्रीय कम्पनियों के उदय के बाद अमरीका की चौधराहट कमजोर पड़ने लगी। 1986-91 के दौर में, जिसे उरुग्वे दौर कहा जाता है, यह महसूस किया कि यह चौधराहट अब नहीं चलेगी और यह भी देखा गया कि विश्व-बैंक, अंतर्राष्ट्रीय मुद्रा कोष तथा गैट संस्थाएं अपने वर्तमान रूप में पूंजीवाद के वर्चस्व की रक्षा नहीं कर सकती हैं। अत: इनके स्वरूप एवं चरित्र में संशोधन की आवश्यकता महसूस की गई। गैट के महाप्रबंधक आर्थर डंकेल ने पूंजीवाद की डूबती हुई नाव को बचाने के लिए एक प्रस्ताव तैयार किया जिसे डकेल प्रस्ताव कहा जाता है। तय हुआ कि इस प्रस्ताव पर विश्व के सारे छोटे-

बड़े देशों की सहमति ली जाए और इसे 1994 से लागू किया ज ए।

भविष्य क्या है ?

डंकेल प्रस्ताव पूंजीवादी, पश्चिमी सभ्यता का आखिरी दांव है। यदि यह सफल हुआ तो यह सभ्यता कुछ समय के लिए और जीवित रहेगी, संभवतः अत्यधिक प्रखरता के साथ। किन्तु यह कुछ समय के लिए ही होगा क्योंकि इस सभ्यता की सारी धारणाएं, सारी आस्थाएं टूट चुकी हैं और अब इसके बने रहने के लिए कोई आधार नहीं बचा है।

डंकेल प्रस्तावों को भारत और चीन सफल या विफल कर सकते हैं। ये विशाल देश हैं और मानव जाति की कुल आबादी का लगभग आधा भाग इन देशों में है। इन दो देशों के विशाल वर्धिष्णु मध्य वर्ग के सहारे उपभोक्ता संस्कृति अपने को लम्बे समय तक जिंदा रख सकती है। किन्तु ये देश इस संस्कृति को चुनौती भी दे सकते हैं। इनकी बहुसंख्यक आबादी अत्यंत प्राचीन काल से उपभोगवाद के विपरीत सादगी और संयम के जीवन की अभ्यस्त रही है। इसके अतिरिक्त इन देशों में बीसवीं शताब्दी के दो महापुरुषों ने (माओ और गांधी) एक नई जीवन पद्धति का विकल्प लोगों के सामने रखा था जो पश्चिमी सभ्यता के मानदंडों को अस्वीकार करता था। दुर्भाग्य से इन दोनों देशों में इस विकल्प की उपेक्षा हुई है और यहां का मध्य वर्ग पश्चिमी सभ्यता के छलावे में बह गया है। माओ की मृत्यु के बाद चीन में पश्चिमीकरण की प्रक्रिया बहुत तेजी के साथ चली और अब वहां माओ के विकल्प की तरफ जनता को मोड़ना बहुत कठिन हो गया है। भारत में स्थिति इतनी खराब नहीं है। यहां गांधी की विरासत को समाजवादियों ने अपनाया और उसे जिंदा रखने का भरसक प्रयास किया है। डॉ० राममनोहर लोहिया ने न केवल गांधी के विचारों को नई धार दी अपितु उसे विकसित करके उसके आधार पर नई विश्व-सभ्यता के कुछ सुस्पष्ट सूत्र भी दिए। गांधी-लोहिया की विरासत को लेकर चलने वाली राजनैतिक धारा अब भी देश में काफी शक्तिशाली है, हालांकि वह बिखराव और संकीर्णता का शिकार होने के कारण कुछ सकारात्मक एवं ठोस कर पाने में असमर्थ रही है। लेकिन इस राजनैतिक धारा ने समाज के जिन तबकों को अपना आधार बनाया है वे उपभोक्ता संस्कृति के गुलाम नहीं है और पश्चिम की उपभोक्ता संस्कृति के खिलाफ बगावत कर सकते हैं। वर्ण-व्यवस्था के अत्याचारों से सदियों से सताया जाता रहा यह तबका धनी-निर्धन, सबल-निर्बल के बीच खुली और निर्बाध प्रतियोगिता के अर्थ को समझने में अधिक समर्थ है। इस समय डंकेल प्रस्तावों और उनके द्वारा बनाई जा रही खुली लूट-खसोट वाली विश्व बाजार अर्थव्यवस्था को भारत में जिन राजनैतिक दलों का समर्थन मिल रहा है, वे वही दल हैं जो वर्ण-व्यवस्था के पोषक रहे हैं क्योंकि प्रस्तावित विश्व

बाजार व्यवस्था वर्ण-व्यवस्था का ही विश्व-व्यापी प्रयोग है। इन दलों का आधार तेजी से क्षीण हो रहा है और वे सिर्फ पैसे के बल पर अपने अस्तित्व को बनाए हुए हैं। यदि गांधी-लोहिया की विरासत वाली बिखरी हुई राजनैतिक धारा ने स्थितियों को समझकर ठीक रास्ता अपनाया तो वह डंकेल प्रस्तावों का निषेध करेगी और उसे एक नए ढंग की अर्थव्यवस्था, सामाजिक-राजनैतिक व्यवस्था का सूतपात्र करना पड़ेगा।

लेकिन यदि ये स्थितियां न भी बनीं और डंकेल प्रस्तावों को भारत सहित सारे विश्व ने मान लिया (15 दिसम्बर, 1993 को भारत सहित 116 देशों ने इन पर हस्ताक्षर कर दिए हैं) तो भी पंजीवादी पश्चिमी सभ्यता का अंत निश्चित है क्योंकि इसके सारे आधार खोखले हो चुके हैं।

पूंजीवादी क्रांति का हरावल दस्ता बुर्जुआ वर्ग था, उसी तरह जैसे साम्यवादी क्रांति का हरावल दस्ता मजदूर वर्ग था। जैसे मजदूर वर्ग का चरित्र बदलने से (उसके सफेदपोश टेक्नोक्रेट वर्ग बनने से) साम्यवादी क्रांति विफल हुई उसी तरह बुर्जुआ उद्यमी वर्ग का चरित्र भी बिल्कुल बदल गया है और वह सूदखोर, मुनाफाखोर, बही-खातों की हेराफेरी करने वाला वर्ग बन गया है। उद्यम का स्थान बही-खातों ने, सूझबूझ का स्थान प्रचार-पब्लिसिटी ने, पूंजी की शक्ति का स्थान राज-सत्ता की शक्ति ने, पूंजी-निवेश का स्थान घूस ने, वस्तुओं के उत्पादन का स्थान सूचनाओं के उत्पादन ने, विनिर्माण का स्थान पैकेजिंग ने, कारखानों और वर्कशापों का स्थान कंप्यूटर केन्द्रों ने, राष्ट्रवादी भावना का स्थान निर्राष्ट्रवादी भावना ने और उद्यमियों का स्थान कम्पनी एक्जीक्यूटिवों ने ले लिया है। इन उद्यमियों में न देश के प्रति लगाव है, न समाज के प्रति। इनकी निष्ठा का एकमात्र केन्द्र है कम्पनी, उसका मुनाफा और अपने वेतन-भत्ते। जाहिर है इस बुर्जुआ वर्ग को पूंजीवाद में अब कोई रुचि नहीं रह गई है उसी तरह जैसे कुछ समय पहले वेतन-भत्तों को एकमात्र लक्ष्य मानकर चलने वाले मजदूर वर्ग की क्रांति में कोई रुचि नहीं रही थी। इसका लक्ष्य उत्पादन बढ़ाना और विकास करना नहीं, जैसे-तैसे मुनाफा कमाना बन गया है और इसमें वैध तथा अवैध गतिविधियों का कोई विचार उसकी अन्तरात्मा को नहीं कचोटता। इस व्यवस्था में न उत्पादक मजदूर की भूमिका प्रमुख है और न जोखिम उठाने वाले और सूझबूझ का इस्तेमाल करने वाले उद्यमी की बल्कि मैनेजर, जनसम्पर्क अधिकारी, विज्ञापन-विशेषज्ञ और लेखाकार की भूमिका प्रमुख है। लेखाकार सबसे शक्तिशाली व्यक्ति है क्योंकि वह कृत्रिम धन का उत्पादन कर सकता है। वह दिवालियेपन की स्थिति पर पहुंचे देश को जादू के चमत्कार की तरह समृद्ध बना सकता है और उसकी राष्ट्रीय आय, उत्पादन तथा विदेशी मुद्रा के भंडारों में तुरन्त आश्चर्यजनक वृद्धि कर सकता है।

किन्तु पूंजीवादी सभ्यता के केवल औजार नहीं बदले उसके तमाम मूल्य भी

ध्वस्त हो गए हैं। उपभोगवाद की चरम सीमा ने जीवन को निरुद्देश्य बनाया है। जिन देशों में उपभोगवाद उस सीमा तक पहुंच चुका है, जैसे समृद्ध युरोपीय देशों तथा अमरीका में, वहां इतिहास के अंत की बातें होने लगी हैं। लोगों को ऐसा लग रहा है कि जो करना था वह कर लिया, जो पाना था वह पा लिया और अब करने या पाने के लिए कुछ शेष नहीं है। यह निरुद्देश्यता वहां के साहित्य में भी दिखाई देती है। यह इस समाज की मृत्यु का लक्षण है।

उपभोगवाद के बाद इस सभ्यता का दूसरा देवता था उद्योगवाद जिसने पर्यावरण-विनाश का खतरा पैदा करके सारी धरती के जीवन को ही संकट में डाल दिया है। सभी देशों के पर्यावरणशास्त्री और समाजशास्त्री एक ऐसी सभ्यता की तलाश में हैं जिसमें इस संकट को टाला जा सके। वे बड़े उद्योगों के स्थान पर छोटे और कुटीर उद्योगों पर, शहरीकरण के स्थान पर ग्रामीकरण पर, जटिल प्रौद्योगिकी के बजाय (जो मानव को कल-पुर्जा बनाकर उसकी आत्मा को कुचलती है) मानव द्वारा नियंत्रित सरल प्रौद्योगिकी पर जोर दे रहे हैं तथा प्रकृति के साथ शत्रु-संबंध के स्थान पर प्रकृति से साहचर्य भाव स्थापित करने की बात कर रहे हैं।

इस सभ्यता के तीसरे देवता प्रतियोगितावाद या शक्तिवाद से भी समाजशास्त्रियों का मोह-भंग हो चुका है। अधिक से अधिक शक्तिशाली बनने की होड़ में घातक हथियारों के जो अंबार खड़े किए गए वे बेकार सिद्ध हुए और अब उन्हें खत्म करने की दिशा में विश्व अग्रसर है। इन हथियारों ने न केवल शक्तिशाली की उत्तरजीविता को सुनिश्चित नहीं किया और करोड़ों लोगों को जीवनावश्यक सुविधाओं से वंचित रखा बल्कि इन हथियारों ने मानव-जाति के सर्वनाश का संकट भी पैदा किया। इसके विपरीत शक्तिशाली के जिंदा रहने का हक तीन-चौथाई कमजोर और निर्धन मानव-जाति के चलते गहरे संकट में पड़ गया और अब लोगों को महसूस होने लगा है कि जब तक दुनिया की अधिसंख्यक मानव-जाति घोर गरीबी में रहेगी, कोई भी सुख से नहीं जी सकता। नरक के महासागर के बीच स्वर्ग का द्वीप नहीं बचा रह सकता। समता और बंधुता के बिना स्वतंत्रता बेमानी है। भारत में वर्णव्यवस्था के खिलाफ चल रहा विशेष अवसर, आरक्षण या सामाजिक न्याय का आंदोलन इसी दिशा में अग्रसर है। इसी तरह का आंदोलन विश्व स्तर पर रंग, नस्ल, सेक्स और अर्थ की विषमताओं के खिलाफ भी चल रहा है।

संक्षेप में यह सभ्यता इसलिए ध्वस्त होने जा रही है क्योंकि यह दो तिहाई दुनिया को घोर गरीबी और लाचारी से निजात नहीं दे पाई। इस सभ्यता ने जो मोहक रूप इलैक्ट्रानिक क्रांति के बाद प्राप्त किया है वह इस विशाल मानव-समाज के लिए और भी आततायी सिद्ध होगा। वह इसके लिए अकाल, महामारियों और मौत का ही संदेश देगा। डंकेल प्रस्तावों के सर्वस्वीकृत हो जाने के बाद कुछ लोगों

के हाथ में इतनी शक्ति आ जाएगी कि वे किसी भी देश को चुटकी में राजा से भिखारी और भिखारी से राजा बना सकते हैं। शक्ति का यह केन्द्रीकरण ही इस सभ्यता के अंतिम विनाश का कारण बनेगा।

नई सभ्यता का स्वरूप

नई सभ्यता क्या रूप लेगी इस सम्बन्ध में कुछ अनुमान ही लगाए जा सकते हैं। यह सभ्यता इक्कीसवीं सदी में आए या बाईसवीं सदी में, इसके आध्यात्मिक मूल्य तो वही रहेंगे जो आधुनिक सभ्यता के थे। अर्थात् स्वतंत्रता, समता और बंधुता। जैसाकि कहा जा चुका है ये लक्ष्य भारत की प्राचीन सभ्यता के भी थे और इन्हें मोक्ष शब्द से जाना जाता था। सभी समाजों और सभी सभ्यताओं के आध्यात्मिक लक्ष्य यही रहे हैं लेकिन कुछ ने इन्हें परलोक की कल्पना से जोड़ा (जैसे भारतीय समाज ने) और कुछ ने इन्हें सर्वोच्च शक्ति ईश्वर की कल्पना से जिसके कारण ये मूल्य वायवी ही रहे। नई सभ्यता में ये आध्यात्मिक लक्ष्य लौकिक जीवन के लिए होंगे और इनकी प्राप्ति के लिए न जन्म-मरण की शृंखला के समाप्त होने की प्रतीक्षा करनी पड़ेगी और न किसी सर्वशक्तिमान सत्ता का सहारा लेने की जरूरत होगी। दूसरे शब्दों में यह ईश्वर-विहीन इहलौकिक सभ्यता होगी क्योंकि सत्य, शिव और सुन्दर का स्रोत स्वतंत्रता, समता और बंधुता का आदर्श होगा।

आध्यात्मिक लक्ष्यों और व्यावहारिक लक्ष्यों के बीच बहुत अधिक अन्तर होने से ही अब तक सभ्यताओं का ह्रास हुआ है। अतः नई सभ्यता में इन दोनों लक्ष्यों के अंतर को यथासंभव कम करने की प्रवृत्ति रहेगी। व्यावहारिक या तात्कालिक लक्ष्य ऐसे होंगे जिनमें मनुष्यों को स्वतंत्रता, समता और बंधुता की ऊर्जा मिले और आध्यात्मिक मूल्यों (स्वतंत्रता, समता आदि) को लौकिक जीवन की वस्तु माना जाएगा, महज खयाल नहीं जैसाकि ईश्वरवादी या परलोकवादी सभ्यताओं में होता है।

राजनैतिक ढांचे का स्वरूप ऐसा होगा जिसमें सब नागरिकों को स्वतंत्रता, समता आदि के सुख का बोध भी मिले। इसके अनुसार इस सभ्यता में किसी भी प्रकार की तानाशाही, आततायी सत्ता, पाशविक बल से चालित सत्ता की गुंजाइश नहीं होगी अर्थात् सरकार अधिक-से-अधिक, सही मायनों में लोकतांत्रिक होगी। उसमें समाज के सभी तबकों का उचित प्रतिनिधित्व और उनकी साझेदारी सुनिश्चित होगी। इसके लिए एक केन्द्र में सत्ता को केन्द्रित करने के बजाय उसे गांवों आदि की इकाइयों में विकेन्द्रित करना पड़ेगा।

राजनैतिक ढांचे के अनुरूप ही आर्थिक ढांचा भी विकेन्द्रित होगा और बड़ी-बड़ी फैक्टरियों में उत्पादन को केन्द्रित करने के बजाय उसे गांवों-कस्बों में छोटे-

छोटे उद्योगों में छितराना पड़ेगा। उत्पादन के साथ बाजार भी विकेन्द्रित होगा और उत्पादन की कल्पना में अपने लिए किया गया उत्पादन भी सम्मिलित होगा अर्थात् अर्थव्यवस्था स्वावलंबन की ओर बढ़ेगी। उपभोगवादी अर्थव्यवस्था के स्थान पर उपयोगवादी अर्थव्यवस्था बनेगी। समाज में धन का महत्व घटेगा और साहित्य-कलाओं का महत्व बढ़ेगा क्योंकि इनसे समता, स्वतंत्रता आदि आध्यात्मिक मूल्यों की अनुभूति मिलती है। पूजा-पाठ, मन्दिर-मस्जिद वाले धर्म का महत्व कम होगा और लोग मानसिक शांति के लिए साहित्य-कलाओं की ओर अधिक उन्मुख होंगे। कमजोर वर्गों के अधिकारों के प्रति चेतना बढ़ेगी और इसलिए समाज-कल्याण कार्यों का महत्व अधिक होगा। समाज रंग, रक्त, सेक्स आदि के भेदभावों को समाप्त करने की ओर बढ़ेगा। लोग पहरावों की समानता के बजाय भावनाओं की समानता की ओर अधिक उन्मुख होंगे। वे शस्त्र-बल के अनुशासन की अपेक्षा नैतिक अनुशासन की ओर बढ़ेंगे। वे आसमान के बजाय धरती से जुड़ने को अधिक लालायित होंगे इसलिए बहुमंजिले मकानों के बजाय वे एक-दो मंजिले मकानों में रहना अधिक पसंद करेंगे।

शुद्धि-पत्र

		अशुद्ध	शुद्ध
पृष्ठ 69 पर ऊपर से पहली पंक्ति		विषयिभाव	विषयभाव
,, 122 पर नीचे से 9वीं	,,	पूर्वस्थित	पूर्वस्थिति
,, 150 पर नीचे से 14वीं	,,	के खिलाफ	(हटाएं)
,, 168 पर ऊपर से 12वीं	,,	मानव-जति	मानव-जाति
,, 181 पर नीचे से 9वीं	,,	दया	हत्या

पारिभाषिक शब्दावली

Absolute	परम, निरपेक्ष
Abstract Universal	अमूर्त, सामान्य
Absurd	बेतुका, अनर्गल
Anguish	मानसिक पीड़ा, यातना, दुश्चिंता
Apprehension	अवबोध
A-priory	प्राक्अनुभविक, अनुभव-निरपेक्ष
Bad-Faith	बुरी नीयत, दुर्निष्ठा
Being	भाव, सद्
Non-Being	अभाव, असद्
Cogitatio	चिंतन
Consciousness	चैतना, चिद्
Category	पदार्थ, परतम जाति
Contigency	नियत, घटित तथ्य
Dèsire	इच्छा, चाह
Dogmatic	राद्धांतिक, पंथिक
Dread	संत्रास
Empirical	आनुभविक
Essence	सार, सत्त्व
Essentialism	सत्त्ववाद
Existence	अस्तित्व
Existentialism	अस्तित्ववाद
Facticity	तथ्यात्मकता, भौतिकता
Fear	भय
For-itself (Pour-soi)	चिद्, पुरुष
Heresay	जनश्रुति

Heresy	अपधर्म, विधर्म
Idea	विचार, प्रत्यय, आदर्श
Idealism	प्रत्ययवाद, आदर्शवाद
In-itself (En-soi)	सद्, प्रकृति
Metaphysical	तत्त्वमीमांसीय, तात्त्विक
Nausea	उबकाई, जुगुप्सा
Negation	निषेध
Nihilation	निषेध, नकार
Ontological	सत्तामीमांसीय
Passion	राग, उद्दाम भावना
Phenomenology	दृश्यघटना शास्त्र, प्रकटन शास्त्र
Reflection	स्वचिंतन, अनुचिंतन
Situation	स्थिति
Solipsism	अहंमात्रवाद
Space	दिक्, आकाश
Temporality	कालिकता
Transcendence	पारगमन, समतिक्रम, इंद्रियातीत
Will	इच्छा
World	जगत, विश्व, दुनिया

प्रमुख संदर्भ-ग्रंथ सूची

दि वर्क्स आफ प्लेटो	इरविन एडमैन
बीइंग एंड नथिंगनेस	ज्यां पाल सार्त्र
एक्जिस्टेंशियलिज्म एंड ह्यूमैनिज्म	,, ,,
व्हट इज लिटरेचर	,, ,,
टु फ्रीडम कंडेम्ड	,, ,,
गांधी वाङ्मय	महात्मा गांधी
फिनामिनालाजी एंड एक्जिस्टेंशियलिज्म	मृणाल कांति भद्र
काश्मीर शैविज्म	जे० सी० चैटर्जी
एंशेंट इंडिया	मैकक्रिंडेल
तत्वज्ञान	डॉ० दीवानचंद
दर्शन संग्रह	,, ,,
बोद्धधर्म-दर्शन	आचार्य नरेन्द्रदेव
सांख्य दर्शनम्	उदयवीर शास्त्री
वैशेषिक दर्शनम्	,, ,,
व्हील आफ हिस्टरी	डॉ० राममनोहर लोहिया
जाति प्रथा	,, ,,
इंटरवल ड्यूरिंग पालिटिक्स	,, ,,
फंडामेंटल्ज आफ वर्ल्ड माइंड	,, ,,
लोहिया एंड अमेरिका मीट	हैरिस वुफोर्ड
रोमांरोलां एंड गांधी कॉरोस्पोंडेंस :	रोमां रोलां
प्राइम मूवर्स	मधु लिमये
सोशलिस्ट-कम्युनिस्ट इंटरएक्शन	,, ,,
इंडियन नेशनल मूवमेंट	,, ,,
डॉ० आंबेडकर—एक चिंतन	,, ,,
आडियो	सिमों बुआ
दि डायरी आफ ए राइटर	दास्तोएव्स्की
ओलिम्पस—मार्च-अगस्त, 1992	सं० केशवराव जाधव